Das große neue schweizerische
Familien-kochbuch
Gut essen für weniger Geld

René Simmen

Das große neue schweizerische
Familien-
kochbuch

Gut essen für weniger Geld

Ringier-Verlag

«Das große neue schweizerische Familienkochbuch» ist eine neu bearbeitete, erweiterte Luxusausgabe des Buches «Gut essen für weniger Geld», das in der Ringier-Reihe «Die Frau und ihre Welt» erschienen ist.

Bildnachweis/Verdankungen

Die Fotos dieses Buches wurden vom Studio Visual, Zürich, ausgeführt. Die Illustrationen zeichneten Heinz von Arx und Urs Maltry. Die graphische Gestaltung besorgte Max Jäckle.

Gedankt sei noch der Agrosuisse, Zürich, der Culinas AG, dem Schweiz. Metzgermeisterverband, dem Schweiz. Tiefkühlinstitut, der Schweiz. Käseunion und andern für Rat und Mithilfe an diesem Buch.

Copyright © 1977
by Ringier & Co AG, Zürich/München
Alle Rechte vorbehalten.
Ohne ausdrückliche schriftliche
Genehmigung des Verlages ist es nicht
gestattet, das Buch oder Teile
daraus zu kopieren oder zu vervielfältigen.
Gedruckt in der Schweiz bei
C. J. Bucher AG, Luzern

ISBN 3 85859 054 1

Inhalt

Zu diesem Buch	7
Tips: oft sind sie eine große Hilfe	8
Das Zauberwort heißt «Sparen»	10
Kleine Ernährungslehre: Bleib nicht kugelrund, sondern iß gesund!	12
ABC der gebräuchlichsten Kochbegriffe	14
Über die Gliederung des vorliegenden Kochbuches	20

Rezepte für den Monat Januar 18
mit speziellen Hinweisen und Tips über:
- Gratins 23
- Sauerkraut 24
- Kartoffeln als Beilagen 27
- warme Saucen 30
- Brot/altes Brot 34
- berühmte Käsesorten (Käsekunde) 36

Rezepte für den Monat Februar 38
mit speziellen Hinweisen und Tips über:
- die beste Rösti 44
- Leber und Nieren 46

Mit Dampf voraus!
Schnelles Kochen mit dem Dampfkochtopf 50

Rezepte für den Monat März 54
mit speziellen Hinweisen und Tips über:
- Suppenbezeichnungen 56
- Meerfische 58
- Sellerie 60
- Champignons 61
- Siedfleischplatte 62

Wir haben Gäste
Rezepte und Tips 66

Rezepte für den Monat April 74
mit speziellen Hinweisen und Tips über:
- Kresse 76
- Eier und deren Zubereitung 77
- Käseschnitten 80
- Hackfleisch 85

Fleisch. Zubereitungsmethoden; das Beste und Günstigste von Rind, Kalb, Schwein und Lamm 88

Rezepte für den Monat Mai 94
mit speziellen Hinweisen und Tips über:
- Vorspeisen 96
- Spinat 98
- Kutteln 100
- Reis 102
- Rahmgarnituren 104

Fritieren – heiß geliebt und knusprig 106

Rezepte für den Monat Juni 110
mit speziellen Hinweisen und Tips über:
- Salate und Salatsaucen 112
- Omeletten und Pfannkuchen 115
- Süßwasserfische 116
- Fleischvögel 118
- Teigwaren 121
- Rhabarber 122

Vom Kochen und Essen im Grünen
Das Picknick 124
Das Grillfest 126

Rezepte für den Monat Juli 130
mit speziellen Hinweisen und Tips über:
- Gurken 132
- kalte Suppen 133
- Peperoni/Peperoncini 135
- Pizza 136
- Gefülltes Huhn 138

Tiefkühlen. Tiefkühlsaison; wie Beeren, Früchte, Gemüse, Fleisch, Gebäck und Milchprodukte richtig tiefgefroren werden; Lager-Zeittabelle 142

Rezepte für den Monat August 150
mit speziellen Hinweisen und Tips über:
- Salate als Hauptmahlzeit 152
- Pilze 155
- Würste, kantonale Wurstspezialitäten 158

Gesundes Schlemmen in Weiß
Kochen mit Joghurt und Quark 162

Rezepte für den Monat September 166
mit speziellen Hinweisen und Tips über:
- Lauch 171
- Gefülltes (Auberginen, Zucchetti, Tomaten) 172

Backen. Teige; Kuchen und Torten 178

Rezepte für den Monat Oktober 186
mit speziellen Hinweisen und Tips über:
- Gschwellti 191
- Hülsenfrüchte 192
- Mais/Polenta 195

Schon die alten Römer...
Kochen im Tontopf 198

Rezepte für den Monat November 202
mit speziellen Hinweisen und Tips über:
- Blatt-, Gemüse-, Knollen- und Wurzelsalate 204
- Zwiebeln 206
- Kohl 208
- Spätzli und Knöpfli 214

Guetzli/Feingebäck 216

Rezepte für den Monat Dezember 222
Zum Thema Hausfrauenpasteten 228

Getränke. Über Wasser, Mineralwasser, Limonaden, Milchgetränke, Obst- und Gemüsesäfte, Tee, Kaffee, Kakao, Aperitifs, Cocktails und Bowlen (mit und ohne Alkohol), Bier, Wein, Schnäpse 232

Rezept- und Sachregister	242
Wie decke ich den Tisch?	243
Welches Glas zu welchem Wein?	244
Tips für das Kinderfest	246

Gewürz- und Saisontabellen
dem Buch als Poster beigelegt

Die Rezepte sind, falls nicht anders angegeben, für vier Personen berechnet.

Zur Einleitung

« Eine Hauptbedingung für das Wohlbefinden einer jeden Familie ist die richtige und schmackhafte Bereitung der Nahrungsmittel; denn jeder, der seinen Tisch noch so einfach besetzt, möchte gern das Vorhandene so gut wie möglich und in der gehörigen Abwechslung bereitet genießen. Dies zu erreichen und dadurch zur Zufriedenheit der ihrigen wesentlich beizutragen, ist eine wichtige und schwierige Aufgabe einer jeden Hausfrau.»

Henriette Löffler, 1868

ieser aus Henriette Löfflers «Kochbuch für einfachen Tisch und die feine Küche» zitierte Satz hat trotz seines Alters von über hundert Jahren an Bedeutung nichts eingebüßt; nach wie vor möchte ein jeder auch heutzutage «das Vorhandene so gut wie möglich und in der gehörigen Abwechslung bereitet genießen».

*

Gutes und abwechslungsreiches Kochen kostete zu Henriettes Zeiten meist viel Geld. Heutzutage läßt sich bei dem überaus reichen Angebot an frischen und konservierten Nahrungsmitteln auch mit einem schmalen Portemonnaie ausgezeichnet – und zudem gesund – kochen; gutes Essen braucht nicht teuer zu sein.

Das vorliegende Kochbuch beweist es. Es enthält mehr als 1000 Rezepte und Tips für eine gute, gesunde und abwechslungsreiche Küche. Es sind zum Teil

- Rezepte, mit denen schon unsere Mütter und Großmütter bei jung und alt Erfolg hatten;
- Rezepte, die auch als international anerkannte Spezialitäten und trotz teilweise hochtrabenden Namen wenig kosten;
- Rezepte, die mir von kenntnisreichen Leserinnen und Lesern von Zeitschriften, deren Kochteil ich betreute, zugingen;
- Rezepte, die ich auf Grund von Anregungen von Bekannten und Fachkolleginnen* und aus mir lieben Kochbüchern erprobte.

Mit den Rezepten ist es so eine Sache: Verschiedene Bücher und Angaben halten jeweils genau jeden Arbeitsablauf fest, sie geben ganz genau «dreimaliges Drehen an der Pfeffermühle» oder «½ Msp. Salz» an. Diese angebliche Genauigkeit ist oftmals gar nicht gut. Denn nicht immer sind die Zutaten oder Bedingungen (z.B. Kochgeschirr, Hitze, Kalkgehalt des Wassers usw.) die gleichen.

---

* *Insbesondere denke ich an die Kochbuchautorinnen Eva Maria Borer, Nelly Hartmann, Alice Vollenweider und Marianne Kaltenbach, deren Mitarbeit ich besonders viel verdanke.*

Die Rezepte dieses Buches lassen den individuellen Bedürfnissen und Gegebenheiten bewußt etwas Spielraum. Das betrifft z.B. die Mengenangaben. Sie sind – falls nicht anders angegeben – für vier Personen berechnet. Nun gibt es große und kleine Esser; Jugendliche im Entwicklungsalter greifen meist kräftig zu. Entsprechend höheren Hauptzutaten erhöhen sich auch die Nebenzutaten. Hier ist das Gefühl oftmals besser als genaues Rechnen; jedenfalls ist es wichtig, daß Sie sich die Erfahrungen notieren.

Dies trifft auch auf den Kochherd (Backofen) bzw. Temperatur und Garzeiten zu. Denn jeder Herd hat seine Eigenheiten. Notieren Sie jeweils die Ergebnisse.

Gefühl braucht es auch beim Würzen, wobei zu viel Phantasie (d.h. zu viele und zuviel Gewürze) nicht immer ein Vorteil ist. Viel Phantasie hingegen ist beim Auftragen willkommen. Vergessen wir nicht, daß ein hübsch aufgetragenes Essen und ein sauber gedeckter Tisch unserem Wohlbefinden und somit unserer Gesundheit zuträglich sind. Mehr darüber lesen Sie auf Seite 12.

Tips

Angebrannte Speisen lassen sich noch retten, wenn sie nicht zu brenzlig schmecken.
Fleisch: Angebrannte Stellen abschneiden, neu anbraten.
Gemüse: Vorsichtig aus dem Topf holen und mit Wein, Bouillon oder Rahm neu abschmecken.
Kartoffeln: Angebrannte Stellen abschneiden, in einem anderen Topf mit kaltem Salzwasser aufsetzen und fertig kochen.
Reis: Den heißen Reistopf sofort für zehn Minuten in kaltes Wasser stellen. Reis in einem anderen Topf mit frischem Wasser fertig kochen.

Apfel-, Birnen- und Selleriescheiben bleiben weiß und appetitlich, wenn sie mit Zitronensaft oder auch etwas Essig beträufelt werden.

Blumenkohl, der ganz gekocht werden soll, etwa zwanzig Minuten lang in kaltes Salzwasser legen. Dadurch werden alle kleinen Tiere ausgeschwemmt. Blumenkohl immer mit einem Schuß Milch im Salzwasser kochen, damit er weiß bleibt.

Braten und andere Fleischstücke nie mit der Gabel einstechen, weil sonst wertvoller Saft ausfließt und das Fleisch zäh werden kann.

Bratenreste schmecken besser, wenn man sie in einem Sieb über kochendem Wasser aufwärmt und separat zur erhitzten Sauce reicht.

Bratwürste platzen nicht und werden besonders knusprig, wenn man sie in die sehr heiße, mit wenig Fett ausgepinselte Bratpfanne legt. Eine andere Methode: Bratwürste in kochendheißes Wasser legen, abtrocknen, in Mehl wenden und dann braten.

Brot und Brötchen schmecken wieder frisch und knusprig, wenn man sie kurz im heißen Backofen aufbäckt.

Chicorée schmeckt nicht bitter, wenn man am dicken Ende eine Scheibe abschneidet und dann mit einem spitzen Messer den bitteren Kern aus der Chicoréestange herausschneidet.

Dörrobst nicht in Tüten, sondern in sauberen luftigen Leinensäckchen oder in Aluminiumfolie aufbewahren.

Eier platzen nicht, wenn sie in Salzwasser gekocht werden. Man kann sie aber auch mit einer Nadel am untern oder obern Ende einstechen.

Eigelb trocknet nicht, wenn man es mit kaltem Wasser oder auch Öl bedeckt.

Eiweiß läßt sich schneller zu Schnee schlagen, wenn man einige Tropfen Zitronensaft zugibt.

Elektrisch quirlen ist besser als mit der Hand, auch wenn die Zeitersparnis klein ist: dafür wird aber die bearbeitete Masse luftiger.

Erfrorene Lebensmittel nie in heißem Wasser auftauen. Gemüse, Obst und Eier erholen sich nach drei bis vier Stunden in einem kalten Wasserbad.

Fischgeruch an Händen läßt sich durch Abreiben mit Zitronen- oder Tomatensaft beseitigen. – Fischgeruch an Holzbrettchen bringen Sie durch Abwaschen mit kaltem (ja nicht heißem) Wasser los.

Geld und Zeit sparen Sie, wenn Sie von jedem Gericht, das sich dazu eignet (Suppe, Eintopfgerichte, Gulasch usw.), die zwei- oder dreifache Menge kochen und einfrieren. So können Sie auch Sonderangebote ausnutzen. Über Tiefkühlen lesen Sie mehr auf Seite 142.

Gemüse stets unzerkleinert und erst kurz vor der Zubereitung unter fließendem Wasser säubern, damit Aroma und Vitamine erhalten bleiben.

Grünes Gemüse in offenem Topf kochen, damit es seine Farbe behält.

Hackfleisch klebt nicht am Papier fest, wenn es vor dem Auswickeln mit kaltem Wasser angefeuchtet wird.

Heringe, gesalzene, in Milch oder auch Mineralwasser legen, damit sich der oft scharfe Salzgeschmack lindert.

Johannisbeeren nicht einzeln abzupfen, sondern mit einer Gabel abstreifen, das geht schneller, und die Beeren bleiben heil.

Kalorien werden oftmals schon mit wenigen Tricks eingespart: Nehmen Sie die Butter bereits abends oder frühzeitig aus dem Kühlschrank, damit sie nicht zu hart auf den Frühstückstisch kommt – zu harte Butter streicht man nämlich dicker. Mehr über gesunde Ernährung und Kalorien lesen Sie auf Seite 12.

Käse in großen Stücken bleibt im feuchten Leinentuch, das durch Salzwasser gezogen wurde, lange frisch. Hartgewordener Käse wird wieder appetitlich, wenn er einige Stunden mit Milch bedeckt wird. Vor dem Servieren abtrocknen.

Kakao bleibt ohne Klümpchen, wenn das Kakaopulver mit Zucker und etwas kalter Milch angerührt und dann erst mit heißer Milch aufgegossen wird.

Kartoffeln, gekochte, lassen sich schnell mit dem Eierschneider scheibeln.

Kartoffelstock nur mit gekochter Milch zubereiten. Dadurch wird der Brei locker und hält sich länger frisch, falls Reste bleiben.

Kaufen Sie nicht ein, wenn Sie hungrig sind – besonders in Selbstbedienungsgeschäften ist der Hunger ein teurer Berater.

Knochenbrühe läßt sich sauber und splitterfrei durch die Papiertüte eines Kaffeefilters abgießen.

Kräuter, frische, zum Schluß zerkleinern und an die Speisen geben, damit Aroma, Vitamine und Mineralstoffe erhalten bleiben.

Kräuterbutter für Steaks oder Abendbrotplatten bleibt appetitlich und hält sich lange Zeit frisch, wenn man sie zwischen Aluminiumfolie zu einer Rolle dreht und im Kühlschrank erstarren läßt. Bequem und sauber lassen sich dann die Scheiben abschneiden.

Kräuterwürfel, tiefgefrorene, erhalten uns Frischgewürze am längsten. Frisches Basilikum, Estragon, Petersilie usw. werden gehackt, mit wenig Wasser in die Eiswürfelschale gelegt und tiefgefroren; jeweils den ganzen Würfel unaufgetaut dem Kochgut beigeben.

Kuchen und anderes Backwerk sitzen in Teflon-Backblechen nicht an. Sonst das Blech mit Alu-Folie auslegen.

Mandeln und Nüsse bleiben beim Hacken auf dem Brett liegen, wenn man sie mit etwas Zucker bestreut.

Nudeln immer in sprudelndem Salzwasser garen lassen, dem etwas Öl beigegeben ist. So kleben sie nicht aneinander.

Oliven, eingelegt, ein bis zwei Stunden wässern, ehe sie auf den Tisch kommen oder für Gerichte verwendet werden. Sonst schmekken sie zu stark nach Salzlake.

Orangen, Zitronen, Grapefruits geben mehr Saft, wenn man sie kurz in Ofennähe anwärmt und/oder einige Male kräftig hin- und herrollt.

Paprikapulver niemals mitbraten lassen, weil das Gericht sonst bitter wird. Curry hingegen lasse man schon von Anfang an mitdämpfen.

Petersilie und Schnittlauch kann man schnell und sauber mit der Küchenschere zerkleinern.

Pfirsiche lassen sich sehr leicht schälen, wenn man sie mit dem Messerrücken kräftig überall bestreicht.

Pudding bekommt keine Haut, wenn die heiße Puddingfläche mit Zucker bestreut wird.

Rosinen versinken nicht mehr im Kuchenteig auf den Grund, wenn man sie nach dem Waschen und Abtrocknen in Mehl wälzt.

Salat bleibt einige Tage lang frisch, wenn er gleich nach dem Einkauf geputzt, kalt gewaschen und in einem Plastikbeutel im Kühlschrank aufbewahrt wird. Welk gewordener Salat wird wieder frisch, wenn man ihn kurze Zeit in kaltes Wasser legt, dem ein Zitronenviertel beigegeben wurde.

Salatsauce auf Vorrat zuzubereiten ist dann von Vorteil, wenn es mittags und abends regelmäßig Salat gibt. Eine größere Menge Salatsauce in ein Schraubglas oder eine Flasche füllen und kühl stellen. Vor dem Gebrauch schütteln, damit sich alles gut vermischt.

Schlagrahm nur gut gekühlt in einem hohen gekühlten Gefäß schlagen. Bei elektrischen Mixern: Mit der kleinsten Geschwindigkeit schlagen.

Schnitzel, Koteletts, Rumpsteaks wölben sich beim Braten nicht zusammen, wenn man die Fleischränder vorher einschneidet.

Schwarzwurzeln nach dem Abschälen unter fließendem Wasser sofort in kaltes Essigwasser legen, damit sie nicht anlaufen und schwarz werden.

Sellerie für Salate mit der Schale kochen, damit die Knolle innen appetitlich weiß bleibt.

Sulz läßt sich leicht stürzen, wenn man das Sulzgefäß vorher kurz in heißes Wasser stellt. Spülen Sie den Teller, auf den die Sulz gestürzt wird, mit kalter Milch ab. Dadurch läßt sich die Sulz nach Wunsch hin- und herrücken und leichter garnieren.

Tomatenpüree hält sich länger frisch, wenn es mit etwas Öl bedeckt wird. Doch nicht in der Büchse aufbewahren!

Torten, Kuchen und frisches Brot lassen sich sauber und appetitlich schneiden, wenn das Messer vor jedem Schnitt in heißes Wasser getaucht wird.

Überbackene Gerichte immer sehr heiß auftragen, damit die Kruste schön knusprig bleibt.

Versalzene Gerichte kann man oftmals retten, wenn man einige rohe Kartoffelscheiben oder eine geröstete Brotscheibe in den Kochtopf gibt und etwa zehn Minuten darin ziehen läßt.

Würstchen kann man in einem schwachen Salzwasserbad bis zum nächsten Tag appetitlich halten.

Zwiebelgeruch an den Händen verschwindet sofort, wenn die Hände mit kaltem Wasser und, falls notwendig, etwas Zitrone gewaschen werden.

Zwiebelschneiden wird tränenlos, wenn wir a) eine brennende Kerze neben das Rüstbrett stellen oder b) ein Stückchen Brot im Munde halten, c) auch eine Brille bietet Ihnen Schutz.

Das Zauberwort heißt

Sparen

Doch wie es bei Zauberwörtern vielmals ist: man kennt sie nicht. Beim Sparen weiß man zwar einige, denn Ratschläge und Tips gibt es viele. Das einzige, wirklich erfolgreiche Spar-Zauberwort ist leider auch mir nicht bekannt. Doch hoffe ich, daß die nachstehenden Ratschläge und die Hinweise im Buch sparen helfen. Zudem: dieses Buch ist voller preisgünstiger Rezepte.

Etwas ist beim Thema Sparen jedoch zu berücksichtigen. Zum erfolgreichen Sparen braucht es – leider – etwas «Anfangskapital»: Denn ein Tiefkühlschrank, gute Pfannen wie auch praktisches Küchengerät sind nicht gerade billig.

Beim richtigen Einkaufen ist Zeit und Geld zu sparen

Jeder Haushalt hat seine eigene Struktur. Ein Haushalt mit einem Baby stellt andere Anforderungen als eine Familie mit zwei oder drei erwachsenen Kindern. Bei einem Wocheneinkauf für eine große Familie ergeben sich beispielsweise Platzprobleme; ebenfalls läßt ein auf den Rappen genau kalkuliertes Monatsbudget es weniger zu, günstige Angebote so zu nutzen, wie es ein finanziell unabhängigerer Haushalt vermag.

Mit dem Speiseplan der Woche Zeit sparen und die Marktempfehlungen berücksichtigen. Eine knappe Stunde brauchen Sie für einen Speiseplan mit Mittag- und Abendessen der kommenden Woche. Berücksichtigen Sie dabei die Marktempfehlungen von TV, Radio und Presse.

Eine wohlvorbereitete Einkaufsliste spart Zeit und Geld. Großeinkauf pro Woche. Notieren Sie auch, was Sie allgemein an Zutaten benötigen. Dieser Wochenzettel ermöglicht Ihnen, den Großteil aller Einkäufe in einem Mal zu erledigen.

Nicht zu Impulskäufen verleiten lassen. Halten Sie sich beim Einkaufen strikt an die Liste. Sie sparen Geld, wenn Sie sich nicht zu Impulseinkäufen verleiten lassen. Ausnahmen lohnen sich nur bei wirklich günstigen Aktionen. Passen Sie auf: Nicht alle «Sonderaktionen» sind zu Ihrem Vorteil!

Täglicher oder zweitäglicher Frischeinkauf. Dank dem Großeinkauf brauchen Sie nur noch einzukaufen, was Sie frisch haben möchten. Kaufen Sie möglichst frühmorgens ein, bevor die Geschäfte voll sind. Das Betten kann ruhig warten!

Getränke werden kistenweise ins Haus gebracht. Bier, Mineralwasser usw. können Sie kistenweise bestellen. Verschiedene Firmen haben sich auf Hauslieferdienste spezialisiert. Auch Ihr Milchmann oder Lebensmittelhändler übernimmt solche Aufträge.

Beim Einkaufen Ihr Geld zusammenhalten und auf aufwendige Verpackung verzichten. Auch für Teigwaren und Hülsenfrüchte gibt es neuerdings aufwendige Packungen, die dem Käufer mehr Inhalt und bessere Qualität vorgaukeln. Lassen Sie sich nicht täuschen.

Hausmarken sind oft am günstigsten. Eigenmarken bieten oft mehr: Den Firmen liegt daran, durch Eigenprodukte Kundschaft zu gewinnen.

Saisonangebote ausnutzen. Nutzen Sie Obst- und Gemüseschwemmen und saisonbedingte Sonderangebote. Einkochen, Sterilisieren und Tiefkühlen lohnen sich. Beachten Sie unsere Saisontabelle, die dem Buch beigelegt ist.

Großpackungen sind günstiger. Großpackungen an Waschpulver sind günstiger. Kaufen Sie solche, wenn Sie eine Lagermöglichkeit haben.

Zeit ist bekanntlich Geld. Und Zeit sparen kann man in der Küche

Über ein Drittel der Haushaltarbeit wird für Kochen und Küchenarbeit aufgewendet. Testversuche in praktisch eingerichteten Küchen haben eine Arbeitsersparnis von nahezu 40 % gezeigt. Doch solche ideal eingerichteten Küchen sind einerseits teuer und zudem meist nur Eigenheimbesitzern möglich, denn in Mietwohnungen ist die Küche in ihrer Anlage und Einrichtung bereits festgelegt. Und diese feststehenden Einrichtungen sind oft ungenügend, es fehlt an genügend Abstellfläche, einem ausreichenden Kühlschrank usw. Wie es auch sei: Fast jede Küche kann auch mit einfachen Mitteln besser organisiert werden. Die nachstehenden Ratschläge haben wir darum mit einer Reihe einfacher, von Hausfrauen in der Praxis erprobter Tips ergänzt, die Ihnen die Küchenarbeit erleichtern können (siehe Seite 8).

Doch möchten wir festhalten: Als Wertmaßstab dafür, ob eine Küche gut oder schlecht ist, gilt in der Regel die Qualität des Produktes, das die Hausfrau herstellt, der schöne Kuchen oder der prächtig gelungene Auflauf.

Die ideale Küche ist meist ein Wunschtraum. Trotzdem: Eine normale moderne Küche sollte mindestens so eingerichtet sein, daß sie uns viele unnütze Wege erspart. Die Faustregel für eine rationell eingerichtete Küche ist einfach. Für Rechtshänder heißt sie: von rechts nach links kleine Abstellfläche, Herd, große Arbeits- und Abstellfläche, Spülbecken. Die Zutaten und Geräte sind immer in unmittelbarer Nähe des Platzes aufzubewahren, an dem sie am häufigsten gebraucht werden. Die ideale Höhe von Arbeits- und Abstellfläche, Spültisch und Herd sollte 85 bis 90 cm sein; eine praktische Höhe der Gestelle liegt (angenommene Größe der Frau = 165 cm) um 155 cm; der Bewegungsraum vor dem Backofen und der Abwaschmaschine sollte 100 bis 120 cm, vor dem Spültisch 50 bis 80 cm und vor dem Eisschrank 80 bis 100 cm betragen. – In keiner Küche bzw. keinem Keller sollte aber ein Tiefkühlgerät fehlen.

Ein Tiefkühlgerät ist von unschätzbarem Wert
Die Weihnachtsgans wartet – bei einer Aktion günstig eingekauft – darin bereits 14 Tage vor dem Fest auf ihre Bestimmung. Ebenso Gemüse, Wurst, Pasteten und Brot. Von fast allen Mahlzeiten können Sie einige Portionen mehr kochen und einfrieren. Wie angenehm ist es doch für Sie, wenn Sie Wochen später nur das fertige Gulasch aus dem Gefrierschrank herauszuholen und aufzuwärmen brauchen.

Tiefkühlprobleme bei Großfamilien. Bei größeren Familien von fünf und mehr Personen wird das Tiefkühlen schwierig. Kochen wir ein Gericht doppelt, brauchen wir z.B. eine Pfanne, die 10 und mehr Portionen faßt. Ein den wirklichen Bedürfnissen entsprechendes Pfannensortiment ist aber nicht billig.

Über das Tiefkühlen lesen Sie mehr auf Seite 142.

Gute Pfannen sind die beste Kapitalanlage
Es ist jedoch auch Bequemlichkeit, daß auch bei größer werdender Familie noch immer die einst gekauften Pfannen benutzt werden, auch wenn sie den Bedürfnissen nicht mehr entsprechen. Da muß man sich einfach einen Ruck geben, die Neuanschaffungen können ja auch sukzessive erfolgen; gute, mit passenden Deckeln versehene Pfannen sind eine der besten Kapitalanlagen!

Fort mit unzweckmäßigem Küchengerät. Nicht nur die Pfannen, sondern alle Küchengeräte und Maschinen, insbesondere aber das Kleinwerkzeug sollten jeweils auf ihre Zweckmäßigkeit überprüft werden; es ist erstaunlich, wie selbst in modernen Haushalten stumpfe Rüstmesser und rostige (!) Raffeln unter viel Ärger täglich verwendet werden, obschon solche wenig kosten.

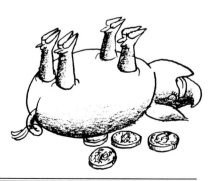

Bleib nicht kugelrund...

Das macht das Leben erst schön! Essen können, wie und was einem Freude macht. Ohne vor dem Mahnzeiger der Waage zittern zu müssen. Und ohne sich mit Kalorienadditionen zu plagen. Ohne sich auch nachher mit Fastenkuren mühsam die angegessenen Kilos abzuhungern. Und ohne Pillen, Appetitzügler und teure Kuraufenthalte. Ja, das gibt es. Jedenfalls von dem Moment an, da der Mensch erlernt, mit Verstand, das heißt «richtig» zu essen!

Es scheint, daß wir die Urgabe der richtigen Nahrungsaufnahme im Laufe der Zeit verlernt haben, ähnlich also den «zivilisationsverdorbenen» Hunden, die, vom Menschen verführt, zu vieles oder Falsches fressen. Der Instinkt, der normalerweise den Tieren die Grenze der Nahrungsaufnahme anzeigt, existiert beim Menschen nicht mehr. Es ist nicht anzunehmen, daß er je wieder zu wecken ist. Wir können uns einzig dazu erziehen, *mit Verstand und disziplinierter zu essen.*
Wobei wir eines festhalten müssen: In praktisch allen Büchern, Zeitungs- und Illustriertenartikeln, Radio- und TV-Sendungen über Ernährung werden nur die Auswirkungen auf den Körper behandelt. Die Seele, d.h. die Psyche, geht dabei leer aus, trotzdem Magen und Seele nahe Verwandte sind. Und trotzdem wir wissen, daß «Essen und Trinken Leib und Seele zusammenhalten».

Warum essen wir eigentlich?

Zum ersten: weil wir Hunger haben. Hunger gibt's, wenn der Körper zuviel Energie verbraucht hat. Dann knurrt der Magen. Darauf essen wir, d.h. dem Körper werden neue Energien in Form von Nahrungsmitteln zugeführt.
Der Mensch ißt aber auch aus andern, d.h. psychischen oder seelischen Gründen. Also nicht nur dann, wenn er Hunger hat. Er ißt aus Langeweile, aus Geselligkeit, um sich Gewicht (Persönlichkeit) zu geben, um sich etwas zu gönnen, aus Gier oder Freßlust, aus Liebeskummer oder um seinen Ärger los zu werden oder um sich zu entspannen... Oder einfach auch nur deshalb, weil es Essenszeit ist. Wir sehen also: Nicht der Körper verlangt hier nach Nahrung, sondern es ist die Psyche, also unsere Seele, die solche verlangt.
Auf diese haben wir meist wenig Einfluß. Hingegen zeigt es sich immer wieder, wie Gefühle uns und unsern Magen beeinflussen können. Das bekannteste Beispiel: Vor Aufregung oder Angst können wir kaum einen Bissen hinunterwürgen.

Nicht nur der Magen, sondern auch unsere Seele muß gefüttert werden

Wenn wir also schlanken oder unsere Ernährung umstellen wollen, müssen wir auch unsere Seele hätscheln. Und das tut man am besten damit, daß man sie verwöhnt. Und unser empfindliches Magen-Seele-Doppelgespann verwöhnt man am besten damit, daß man ihm gute Dinge füttert, daß man also vor allem das ißt, was uns Freude macht.
Es ist erstaunlich festzustellen, wie viele Leute von jenen Dingen dick werden, die sie eigentlich gar nicht mögen. Man bedenke einmal, was für Unmengen an öligen, schlampigen Pommes-frites, matschigen Teigwaren, ausgelaugten Gemüsen, saftlosem Fleisch und lampigem Salat tagtäglich in Kantinen, Restaurants, an Einladungen und im Kreise der Familie lustlos hinuntergewürgt werden. Nur weil man glaubt, es müsse so sein. Weil «man sich schließlich ernähren will». Weil man dafür bezahlt hat usw. Solches Essen gewährt keine Befriedigung. Es füllt lediglich den Magen. Für die Seele fällt dabei nichts ab
Essen gehört aber zu jenen Dingen, die uns Wohlbehagen bringen; solange wir also kauen und schlucken, sind wir befriedigt. Nach einer schlechten Mahlzeit sind wir daher meist schnell wieder bereit, zu essen, nur um uns Befriedigung zu verschaffen. Es ist also ein Irrtum zu glauben, bei schlechter Nahrung werde weniger gegessen. Tatsache ist, daß die Mehrzahl der Feinschmecker schlank ist; das mit Sachkenntnis ausgewählte oder selbst zubereitete Essen vermag sie voll zu befriedigen.

Wir alle sollten Feinschmecker werden

Um gut, d.h. richtig zu essen, sollte man versuchen, Feinschmecker zu werden. Also einer jener Leute, die es verstehen, das für sie Richtige in der ihnen schmeckenden Form auszuwählen. Gerade in dieser Kenntnis von gut und richtig unterscheidet sich der echte Feinschmecker (Gourmet) vom Vielesser (Gourmand).

Diese Kenntnis, also das Wie und Was unserer Nahrung und seiner richtigen Zubereitung, müssen wir erlernen. Wenn wir uns nämlich vorstellen, daß die Mehrzahl aller unserer Erkrankungen auf fehlerhafte Ernährung zurückzuführen ist, lohnt sich eine solche Lehre. Denn wenn wir, gleich dem echten Feinschmecker, unsere Auswahl und Zubereitung so treffen, wie sie uns am besten zusteht, werden wir Magen und Seele gleichermaßen befriedigen können. Wir werden also dank unsern Kenntnissen bewußter, disziplinierter, kurz: mit Verstand essen.

Was unsere Nahrungsmittel enthalten

Unsere Nahrungsmittel enthalten als wichtigste Bestandteile Eiweiß, Fett und Kohlehydrate. Der Wert unserer Nährmittel hängt jedoch nicht allein vom Gehalt dieser Nährstoffe ab, sondern auch von deren Verdaulichkeit und Aufnahme durch den Körper.

Entscheidend für unser Leben sind zudem die in unserer Nahrung enthaltenen Vitamine, Spurenstoffe und Mineralsalze. Nur bei richtiger Ernährung ist der Mensch körperlich und geistig gesund und leistungsfähig. Wir müssen also darauf achten, daß in unserer Nahrung alle oben erwähnten Nähr- und Vitalstoffe entsprechend unsern Bedürfnissen enthalten sind. Diese Erfordernisse sind bei den Rezepten dieses Buches berücksichtigt.

Er:
Der Teufel hol's! Ist die Welt doch ungerecht. Ich esse wie ein Spatz und nehme trotzdem zu!

Sie:
Wie ist das Essen doch schön! Ich esse, was mir Spaß macht, und trotzdem halte ich mein Gewicht konstant!

ABC der gebräuchlichsten Kochbegriffe

ablöschen: kalte oder warme Flüssigkeit an angebratenes Fleisch, Gemüse usw. gießen

abschäumen: Suppen (z.B. Fleischsuppen), Brühen und Saucen entwickeln nach dem ersten Aufkochen einen trübenden, unappetitlichen Eiweißschaum, der mit einem Schaumlöffel abgeschöpft wird.

abschmecken: eine Speise am Ende der Zubereitung mit Gewürzen, Salz oder Streuwürze, Würzsaucen, Zitronensaft usw. abschmecken, um sie geschmacklich zu vollenden.

abschmelzen: eine Speise mit zerlassener oder brauner Butter oder Margarine begießen.

abschrecken: 1 eine gekochte Speise in kaltes Wasser tauchen, um ihre Temperatur sehr schnell herabzusetzen (z.B. Eier, «Gschwellti»); 2 Geflügel oder Braten mit kaltem Wasser bespritzen, um eine appetitlich braune Kruste zu erzielen.

anschwitzen: Speisen in Butter, Fett oder Öl erhitzen, aber nicht braun werden lassen.

arrosieren: Große Bratenstücke wie auch Geflügel usw. werden bekanntlich bei starker Hitze kurz angebraten, um die Poren zu schließen. Damit kann der im Bratenstück enthaltene Saft nicht austreten. Während des weiteren Bratens bei Mittelhitze versucht der nunmehr heiß gewordene Saft als Dampf von innen her durch die Bratenkruste zu entweichen. Um dies zu verhindern, wird der Braten mit dem Fond (siehe dort) immer wieder begossen, d.h. arrosiert. Das Arrosieren bewirkt zudem eine appetitliche goldbraune Kruste.

aufwärmen: Das Aufwärmen von Speisen bedeutet in den meisten Fällen einen gewissen Verlust an Vitaminen und Nährstoffen. Das gilt insbesondere für Gemüse. Resten von Gemüse, Kartoffeln, Reis und Teigwaren werden deshalb mit Vorteil gratiniert (siehe «gratinieren» und Seite 23) oder geröstet (siehe dort): Salzkartoffeln ergeben dabei nahrhafte Röstkartoffeln, Teigwaren – knusprig gebraten und mit einem geklopften Ei und Petersilie bereichert – den allgemein geschätzten «Brägel».
Fleischresten in Sauce oder besonders heikle Speisen können im Wasserbad (siehe dort) wieder erwärmt werden.

ausbacken: Speisen in heißem Fett oder Öl schwimmend garen oder bräunen. Siehe auch «fritieren».

backen: im Backofen bei trockener Hitze garen. Das Backen von Kuchen, Torten und Aufläufen geschieht langsam, das Überbacken – um eine leckere Kruste zu erzielen – rasch.
Über das Backen von Süßgebäck lesen Sie mehr auf Seite 216.

bähen: im Ofen oder in der Pfanne Brotprodukte oder -scheiben aufbacken oder beidseitig leicht bräunen.

Bain-marie: siehe «Wasserbad»

bardieren: mageres Fleisch (z.B. Wild, kleines Geflügel, Filet) mit Speck umwickeln

Beize: säuerliche Lauge, um Fleisch zu würzen und mürbe zu machen. Sie dient auch für Fisch und Gemüse.

binden: eine Sauce oder Suppe durch Einrühren von Speisestärke, Mehlbutter (siehe dort), Eigelb oder Rahm binden oder sämig machen.

blanchieren: 1 Abbrühen von Gemüsen usw. zur besseren Verarbeitung (z.B. Kohlblätter für Rouladen) oder um sie von unangenehmen Geschmacksstoffen oder Verunreinigungen zu reinigen (Morcheln und Lorcheln von Giftstoffen usw.); 2 Aufsetzen von Fleisch, Knochen, Geflügel usw. in kaltem klarem Wasser, aufkochen, abschäumen, mit kaltem Wasser spülen, anschließend verarbeiten.

blaukochen: eine beliebte Zubereitungsart für Süßwasserfische wie Forelle, Aal, Karpfen, Hecht usw. Wichtig für die Blaufärbung ist die schleimige Haut, die beim Töten und Ausnehmen nicht verletzt werden darf; es ist dann nicht nötig, dem Sud (siehe dort) Essig beizugeben, damit die Fische eine Blaufärbung bekommen.

bleu/blau: Gradbezeichnung beim Fleischbraten (besonders bei Entrecôtes, Steaks, Roastbeef usw.) Das Fleisch hat eine braune, dünne Kruste und ist innen noch fast roh. Weitere Bezeichnungen sind: à l'anglaise = wie bleu (siehe oben); saignant = stark rot; à point = rosa; bien cuit = durchgebraten.

blind backen: ungefülltes Gebäck (z.B. Tortenböden, Pasteten) leer backen. Um ein Zusammensinken zu verhindern oder Blasenbildung zu vermeiden, wird das Gebäck mit Erbsen gefüllt, die dann herausgenommen werden.

Bouillon: Absud, Brühe von Fleisch, Geflügel und Gemüsen.

Bouquet garni, Gemüsebündel: 1 Lauchstengel, 1–2 Rüebli, ½ Knollensellerie, Petersiliestiele, 1–2 Zwiebeln, ½ Krautkopf (nach Belieben) und Gewürze werden je nach Verwendung zusammengebunden und für Bouillon, Brühen und Suppen verwendet.

braisieren: in wenig Flüssigkeit gar werden lassen (siehe «schmoren»).

braten: in heißem Fett oder Öl garen, bei Kurzgebratenem auch in Butter oder Margarine. Beim Braten gibt es drei Methoden: **1** das Braten in der Pfanne: für kurzgebratenes Fleisch (z.B. Leber, «Plätzli»), Spiegeleier usw.; **2** das Braten im Topf: es entspricht dem Braten in der Pfanne. Keine Deckel verwenden! **3** das Braten im Backofen: Bei Fleisch und Geflügel wird dieses vorher ringsum in einer Pfanne oder im Brattopf selbst angebraten, oder man gibt das gefettete Bratgut in den gefetteten Brattopf. Dabei bräunt die stark erhitzte Luft das Bratgut.

Man kann das Bratgut auch auf den Rost setzen, und zwar über eine mit Flüssigkeit gefüllte Wanne.

Mageres, im Backofen gebratenes Fleisch ist stets zu übergießen (arrosieren, siehe dort) oder zu umhüllen (bardieren, siehe dort), damit es durch die trockene Hitze nicht austrocknet.

Bratengarnitur: 1 mittelgroße geschälte Zwiebel bestecken mit einem Lorbeerblatt, 2 Nelken, 2 Pfefferkörnern, dazu 1 Rüebli, evtl. 1 Brotrinde.

bridieren: dem Geflügel, das unzerlegt zubereitet wird, Flügel und Beine an den Körper befestigen.

Chapelure: zum Panieren. Chapelure blonde: mit der Kruste zerriebenes altbackenes Weißbrot; Chapelure blanche: entrindetes geriebenes frisches Weißbrot.

chemisieren: Ausstreichen oder auskleiden einer Form oder Teighülle mit Gelée oder einer andern Masse.

Consommé: besonders kräftige, klare Fleischbouillon.

Crêpe: hauchdünne Omelette.

Courtbouillon: Fischsud aus Wasser, Weißwein, einer besteckten Zwiebel, Rüebli, Pfefferkörnern und Salz.

Croûton: dünn geschnittenes Weißbrot in beliebiger Form wie Würfelchen, Dreiecke, Scheiben bähen oder backen. Diese dienen zum Garnieren von Platten, als Suppeneinlage, als Unterlage für kleine Fleischstücke und Eier oder als Bereicherung für Fruchtspeisen. Croûtons können auch ausgehöhlt und mit Ragout und ähnlichem gefüllt werden; sie heißen dann Croûtes.

dämpfen: 1 Gemüse, Fleisch, Kartoffeln unter Zugabe von wenig Flüssigkeit oder/und Fett garen (gut schließender Deckel erforderlich); **2** im Wasserdampf auf einem Einsatz (Drahtkorb, Sieb, Gitter und dgl.) garen. Zum Dämpfen eignen sich vor allem zarte Gemüse, Kartoffeln, Getreideprodukte, fettarme Fische usw.

degraissieren: siehe «entfetten».

dekantieren: eine Flüssigkeit vorsichtig vom Bodensatz abgießen (z.B. alter Wein, siehe Seite 240).

Dressings: amerikanische Salatsaucen, meist auf Mayonnaise-Basis.

dressieren: Fisch, Geflügel usw. eine gefällige Form geben.

dünsten: bei gut schließendem Deckel im eigenen Saft bei kleiner Hitze garen. Eventuell unter Zugabe von Butter, Margarine, Fett oder Öl.

durchstreichen: Suppe, Saucen, Kompott usw. durch ein Sieb streichen.

Eclairs: gefülltes Gebäck, das, je nach Füllung (pikant oder süß), als Vorspeise oder Dessert zubereitet wird.

Einbrenne: (in deutschen Rezepten) siehe «Mehlschwitze».

entfetten (degraissieren): von fetten Gerichten das Fett von der Oberfläche entfernen. Wenn die Speisen abgekühlt sind, lassen sie sich besser entfetten.

Entrées: Vorspeisen.

Entremets: Zwischengerichte.

Farce: Füllung für Gemüse, Fleisch oder Pasteten.

flambieren: 1 beim Geflügel die feinen Härchen über der Flamme abbrennen; **2** ein Gericht mit Alkohol übergießen und kurz anzünden, um ihm einen besonderen Geschmack zu geben.

Flammeri: beliebte kalte Süßspeise (Pudding).

Fleurons: kleines Blätterteiggebäck zum Garnieren verschiedener Speisen.

Fond: der zurückbleibende Saft beim Braten von Fleisch, Fleischsaft.

fritieren: Ausbacken von rohen, gekochten oder in Teig gehüllten Nahrungsmitteln in einem Öl- oder Fettbad. Das heiße Öl oder Fett bewirkt einen schockartigen Oberflächenverschluß des Fritiergutes. Es bildet sich eine Kruste, die das Austreten der im Fritiergut enthaltenen Säfte, aber auch überflüssige Fettaufnahme, verhindert. Fritierte Speisen sind deshalb leichter verdaulich und kalorienärmer, als wenn sie im Fett gebraten werden (s. Seite 106).

Fritüren: in Fett schwimmend gebackene Speisen (Fisch, Gebäck).

Fruits confits: gezuckerte, kandierte Früchte zum Garnieren von Torten und Süßspeisen.

garen: Wir garen unser Essen mit Hilfe von Wärme. Dies geschieht:

– damit unsere Nahrung verdaulicher wird; gewisse Nahrungsmittel kann unser Körper in rohem Zustand nicht verarbeiten;
– damit uns das Essen besser schmeckt; erst beim Braten, Bakken usw. werden die meisten Geschmack- und Geruchstoffe entwickelt oder freigesetzt;
– damit unsere Speisen vor dem Verderben geschützt werden; die Nahrungsmittel werden durch das Garen entkeimt.

Das Garen kann aber auch negative Wirkungen haben:
– eine Reihe von Vitaminen wird zerstört;
– durch langes Sieden verflüchtigen sich die Nährwerte, das Essen laugt aus. Es ist besser, ein Gericht zu dünsten, zu dämpfen oder zu schmoren als zu sieden.

Garmethoden sind: kochen und sieden, dünsten, dämpfen, schmoren, braten, rösten, backen, fritieren, grillieren, gratinieren (siehe entsprechende Stichwörter).

garnieren: Platten, Gerichte usw. mit Beigaben geschmackvoll herrichten.

Gemüsebündel: siehe Bouquet garni.

glasieren: ein Gericht durch einen Überzug von Gelee, Sulze, Bratenfett, Fleischglace, Zuckerguß usw. glänzend machen.

gratinieren: im heißen Ofen überkrusten lassen (siehe Seite 23).

grillieren: Braten von Fleisch, Gemüse, Früchten auf dem Rost oder Grill (siehe Seite 127).

Grosse pièce: die Hauptplatte, Hauptgerichte eines Menüs.

Haschee: fein gehacktes, gekochtes oder gebratenes Fleisch.

Hors d'œuvre: Vorspeise, leichte Gerichte, kalt oder warm, Vorgerichte, meist vor der Suppe serviert.

Instant: Lebensmittel (z.B. Kaffee, Bratensauce aus der Tube), die sich sofort in Flüssigkeit auflösen, ohne zu klumpen.

Julienne: Gemüse, Fleisch, Pilze usw., die in Streifchen geschnitten sind.

Jus: leichter und nicht gebundener Bratensaft, der nach dem Erkalten geliert. Erkalteter Kalbsjus wird in Würfel geschnitten und zum Garnieren kalter Platten verwendet.

kandieren: überzuckern.

karamelisieren: Zucker bei großer Hitze (ca. 250 °C) hellgelb bis dunkelbraun bräunen. Für Süßspeisen und, dunkelbraun gebrannt, zum Färben von Saucen.

klären: eine Flüssigkeit durch Aufkochen mit einem geschlagenen Eiweiß klar machen.

kochen: allgemein der Begriff für die Zubereitung von Speisen mit Hilfe der Hitze; das eigentliche Garen also (siehe dort). Im engern Sinne ist mit dem Kochen das Garen in siedendem Wasser gemeint (siehe «sieden»).

köcheln: schwach brodelnd kochen.

Kroketten: eine Masse wird in Rollen gedreht, in Stücke geschnitten, im Ei oder Paniermehl gewendet und im Fett gebacken.

legieren/liieren: eine Sauce oder Suppe mit Eigelb und/oder Rahm oder Saucen und Gemüse mit Butter binden.

marinieren: Fleisch, Fisch, oft auch Gemüse, in eine Beize (siehe dort) oder eine Marinade legen (Marinade-Rezepte für Grill siehe Seite 127).

Mirepoix (Röstgemüse): würzende Zutat für Saucen und Fleischspeisen, besonders solche, denen Knochen beigegeben sind. Sie bestehen meist aus Zwiebeln, Rüebli, Sellerie, weißem Lauch, Petersiliestielen; sie sind je nach Verwendung in grobe oder feine Würfel geschnitten.

Mehlbutter: Halbweiche Butter und Weißmehl werden zu gleichen Teilen zusammengeknetet und zum Binden von Suppen und Saucen verwendet.

Mehlschwitze (Einbrenne): Grundlage und Bindemittel für Saucen. Für eine braune (geröstete) Mehlschwitze nehmen wir Fett, für eine weiße oder blonde Butter, und zwar für alle drei auf 30 g Mehl = 25 g. Das Fett wird stark, die Butter sorgfältig erhitzt und das Mehl hineingegeben. Mehr oder weniger stark anschwitzen und mit Wasser oder Bouillon ablöschen, glattrühren.

panieren: Fleisch-, Geflügel- und Fischspeisen nacheinander in Mehl, verquirltem Ei und dann in Paniermehl oder geriebenem Weißbrot wenden (siehe «Chapelure»). Dann braten oder fritieren. Dem Ei kann nach Belieben etwas Öl beigegeben werden, wodurch die panierten Stücke besser und schöner gebraten werden können.

parfümieren: einer Speise durch eine Zutat (meist Liqueur oder sonstigen Branntwein) einen bestimmten Geschmack geben.

parieren: Fleisch- oder Fischstücke zur Zubereitung herrichten, z.B. Haut abziehen, Fett entfernen usw.

passieren: Durchstreichen von Saucen, Suppen, Fruchtmus.

poschieren: aufgeschlagene Eier in kochendem Wasser mit Essig gar werden lassen.

reduzieren: auf einen gewünschten Dichtigkeitsgrad einkochen.

rösten: schon gegarte Nahrungsmittel in Fett, Öl, Butter oder Margarine bräunen. Man röstet meist in der Stielpfanne (z.B. Bratkartoffeln), manchmal auch im Ofen. Das Rösten gekochter Nahrungsmittel soll ihnen einen besseren Geschmack, eine kräftigere Farbe und durch Beigabe von Ei, Fett usw. einen höheren Kalorienwert geben oder sie aufwärmen (siehe dort).

Röstgemüse: siehe Mirepoix.

Roulade: große oder kleine Fleischplätzchen mit Füllung bestreichen oder belegen und rollen.

saucieren: mit Sauce überziehen oder begießen.

sautieren: klein geschnittenes, zartes Fleisch oder Geflügel in der Pfanne in heißem Fett schnell braten oder anbraten, Gemüse in Butter schwenken.

schmoren (braisieren): ein Nahrungsmittel – besonders Fleisch – im offenen Topf anbraten, Flüssigkeit zugießen, zugedeckt bei kleiner Hitze fertiggaren, von Zeit zu Zeit wenden.

sieden (kochen): bedeutet garen in kochendem Wasser (100 °C). Man kann das Kochgut (Fleisch, Gemüse) kalt aufsetzen, wenn wir z.B. eine kräftige Bouillon oder Suppe wünschen. Oder das Kochgut in bereits kochendes Wasser geben. Die Poren werden dann durch das gerinnende Eiweiß geschlossen, und die Nähr- und Geschmacksstoffe bleiben im Fleisch oder Gemüse erhalten. Wenn möglich mit geschlossenem Deckel kochen oder den Dampfkocher benutzen. Mit einem Dampfkochtopf sparen Sie bis zu $4/5$ der normalen Kochzeit.
Teigwaren und Fische werden ohne Deckel gekocht. Teigwaren läßt man nur leicht köcheln, Fische läßt man ziehen.

simmern: siehe «ziehen lassen».

spicken: Fleisch und Fisch mit Speckstreifen durchziehen (Spezialnadel verwenden, Speck vorher kühlen).

Sud: Kochwasser für Fisch. Siehe «Courtbouillon».

tranchieren: Geflügel, Fleisch oder Wild serviergerecht zerlegen.

unterheben: geschlagenes Eiweiß, Rahm usw. vorsichtig, ohne stark zu rühren, in einen Teig, eine Süßspeise oder auch eine Sauce einrühren, damit die Masse besonders locker wird.

Wasserbad (bain-marie): Speisen in kleinem Pfännchen in ein größeres mit Wasser stellen und darin garen (Eierstich) oder unter Rühren kochen (holländische Sauce).
Im Wasserbad werden auch empfindliche Speisen warm gehalten oder aufgewärmt.

ziehen lassen (simmern): ein Gericht auf sehr kleinem Feuer gar werden lassen, ohne es zu kochen. Fleisch wird z.B. auf diese Art nicht faserig, delikate Gemüse, Klöße usw. verkochen nicht.

Zeste: das dünn abgeschälte Gelbe von Zitronen- und Orangenschalen.

Zitronenzucker: die äußerste, gelbe Schicht einer gewaschenen Zitrone wird an einer Raffel abgerieben und in Grießzucker aufbewahrt. Er dient für Saucen, Gebäck und Getränke.

Maße und Mengen

1 Eßlöffel Zucker = 15 g
1 Eßlöffel Mehl = 10 g
1 Eßlöffel Butter/Fett = 15 g
1 Teelöffel Mehl = 5 g
1 Teelöffel Kartoffelmehl = 5 g
1 Teelöffel Butter oder Fett = 8 g
1 Teelöffel Salz = 8 g

Beachte: Falls nichts anderes angegeben, ist immer ein glattgestrichener Löffel gemeint.

1 nußgroßes Butterstück = 20 g
1 eigroßes Butterstück = 30 g
1 kleine Tasse = 2 dl
1 große Tasse = 2½ dl
1 Glas (Gobelet) = 1½ dl

1 Tasse Zucker = 200 g
1 Tasse Mehl = 150 g
1 Tasse Reis = 220 g
1 Tasse Mais = 190 g
1 Tasse Haferflocken = 80 g

Abkürzungen

l = Liter
dl = Deziliter ($1/10$ l)
g = Gramm
kg = Kilogramm
°C = Grad Celsius

Alle Rezepte in diesem Buch sind, wenn nichts anderes angegeben, für 4 Personen berechnet.

JANUAR

Das neue Jahr ist – wie man so sagt – «meist mit guten Vorsätzen gepflastert». Einer der wichtigsten ist das Sparen. Möglicherweise hat uns aber auch nur ein Blick in unser Portemonnaie belehrt, daß wir gar nicht anders können, als uns einzuschränken; das durch vergangene Dezember-Festtage entstandene Loch muß irgendwie gestopft werden. Und tatsächlich läßt sich gerade im Januar beim Essen einiges einsparen.

Bei Sparmenüs zeigt sich die Kunst einer guten Köchin. Dann nämlich, wenn es ihr gelingt, durch geschickte Restenverwertung (Gratins, Brotgerichte), überlegte Einkäufe und viel Phantasie für wenig Geld gute, gesunde und abwechslungsreiche Gerichte auf den Tisch zu stellen. Das ist gewiß nicht immer leicht. Doch bietet der Markt jetzt sehr preiswerte Wintergemüse (siehe Saisontabelle am Ende des Buches).

Sauerkraut ist ebenfalls günstig. Und nicht vergessen: die von Weihnachten in den Geschäften übriggebliebenen tiefgekühlten Enten, Gänse, Poulets usw. werden Anfang Januar meist billig abgestoßen und ermöglichen uns auch im Januar jeweils ein festliches Gericht.

TIP Servieren Sie gerade jetzt auch Süßspeisen. Sie nähren gut, sind bei Kindern und Männern beliebt – und sparen Fleisch- und Hauptgerichtquantitäten. Viele derselben eignen sich vorzüglich auch als Hauptgericht.

Fotzelschnitten (mit Zucker und mit oder ohne Zimt) sind, mit Kompott und mit einem Milchkaffee oder mit Milch genossen, ein überaus beliebtes Nachtessen für Kinder; aber auch Erwachsene wissen es zu schätzen. Über Brot und Gerichte aus altem Brot lesen Sie mehr auf Seite 34.

Das vorliegende Kochbuch ist gegliedert nach:

- **Sachthemen:** Gewisse wichtige Nahrungsmittel, Zubereitungsarten oder Anlässe (z.B. Fleisch, Teigwaren, Getränke; Backen, Tiefkühlen; Picknick, Gäste) sind in einzelnen, in sich abgeschlossenen größern und kleinern Beiträgen behandelt. Diese Beiträge – siehe Inhaltsverzeichnis – enthalten auch Rezepte. Weitere solche Rezepte sind jeweils unter den Monaten zu finden, wobei das Stichwort im Rezeptverzeichnis die entsprechenden Hinweise gibt.

- **Monaten:** Es wurden hier bei den Rezepten sowohl die klimatischen Gegebenheiten wie auch die Einkaufsmöglichkeiten von jahreszeitlich günstigem Gemüse und Obst berücksichtigt. Eine weitere Auswahl verwandter Rezepte finden Sie jeweils unter dem entsprechenden Stichwort im Rezeptverzeichnis am Schluß des Buches.

Innerhalb der Monate sind die Rezepte unterteilt nach den Gruppen:

Vorspeisen und Salate
Suppen
Käse- und Eiergerichte
Fischspeisen
Kartoffel- und Gemüsespeisen
Fleisch- und Geflügelgerichte
Mais-, Reis-, Teigwarengerichte
Desserts/Süßspeisen

Nebst dem Inhalts- und Rezeptverzeichnis bilden die dem Buch beigelegten Kräuter- und Saisontabellen ebenfalls eine praktische Orientierungshilfe.

Alle Rezepte in diesem Buch sind, wenn nichts anderes angegeben, für 4 Personen berechnet.

JANUAR

Endiviensalat mit Speck
1 gekrauster Endiviensalat, 150 g geräucherter Speck, Französische Salatsauce (siehe Seite 112), Baumnüsse (nach Belieben)
Den Salat so vorbereiten, wie im obern Rezept angegeben, mit Sauce 1 mischen. Den in Würfelchen geschnittenen Speck in etwas Öl knusprig braten, mit dem Öl über den Salat geben. Mit halben Baumnüssen garnieren (nach Belieben).
Mit einer «Rösti» (siehe Seite 44) oder Bauernbrot eine sättigende Mahlzeit.

Endiviensalat mit Orangen
1 gekrauster Endiviensalat, 2 Orangen, Französische Salatsauce (siehe Seite 112), frischgemahlener schwarzer Pfeffer
Den Salat auseinanderzupfen und die Blätter in mundgerechte Stücke schneiden, die äußersten grünen und zähen Blätter wegwerfen. Waschen, gut abtropfen lassen, mit den in Würfelchen geschnittenen Orangen in eine Schüssel geben, mit Salatsauce mischen und mit schwarzem Pfeffer bestreuen. Dem Salat können feingeschnittene Zwiebeln beigegeben werden.

Geflügelsalat mit Ananas
ca. 250 g Pouletfleisch (Resten), 1 Tasse Ananaswürfel (aus Büchse), 1 Tasse dünngeschnittene Orangenscheiben, 2 Äpfel, geschält und gewürfelt, Saft und geriebene Schale einer halben Zitrone, 1 Joghurt, ca. 100 g Mayonnaise, 1 bis 2 Teelöffel Curry oder 1 Prise Cayenne, gehackte Mandeln (nach Belieben)
Ananaswürfel, Orangenscheiben, Äpfel, einige gehackte Mandeln, Saft und Zitronenschale und die mit dem Joghurt und mit Curry oder etwas Cayennepfeffer gemischte Mayonnaise unter das Hühnerfleisch mischen. 30 Minuten ziehen lassen. Falls als leichte Hauptmahlzeit serviert, Toast dazugeben.

Salat Carmen
1 mittlere, rohe Rande, 1 mittlere Sellerieknolle, 100 g Endiviensalat, Joghurt-Salatsauce (siehe Seite 112), 1 Prise Kümmel
Rande und Sellerie schälen, raffeln und mit reichlich Salatsauce sofort anmachen, den Endiviensalat untermischen.

Hüttenkäsesalat
300 g Hüttenkäse (Cottage Cheese), ½ Gurke in Würfel geschnitten, 1 Büschel gescheibelte Radieschen, 1 Lattich in breiten Streifen, evtl. zur Dekoration 1 feste, geachtelte Tomate, Französische Salatsauce (Rezept siehe Seite 112)
Cottage Cheese, Gurke und Radieschen mit der Sauce sorgfältig vermischen, auf dem in Streifen geschnittenen Lattich anrichten, evtl. mit Tomatenschnitzen garnieren. Das angegebene Quantum reicht als Vorspeise für 7–8, als Hauptspeise für 4 Personen.

JANUAR

Grießsuppe

40–50 g Grieß, 1 l Bouillon, 1 Eigelb oder/und 1 Eßlöffel frischen Rahm, Schnittlauch und/oder Petersilie

Grieß unter Rühren in die strudelnde Bouillon einlaufen und 20 Minuten kochen lassen. Der Suppe kurz vor dem Anrichten Eigelb und Rahm unterrühren und feingehackten Schnittlauch oder Petersilie darüberstreuen.
Man kann den Grieß auch zuerst in etwas Butter oder Margarine anziehen. Ebenfalls kann feingeschnittenes Gemüse wie Lauch, Rüebli, Sellerie oder Blumenkohl mitgekocht werden.

Haferflockensuppe

3–4 Eßlöffel Haferflocken, 1–1½ l Bouillon, 2 Lauchstengel, etwas Sellerie, etwas Butter, 1 Eigelb oder/und 1 Eßlöffel Rahm, etwas Salz und Pfeffer

Haferflocken und den feingeschnittenen Lauch in Butter oder Margarine andämpfen, mit der Bouillon ablöschen, feingeschnittenen Sellerie, Salz und Pfeffer zufügen, 30 Minuten köcheln lassen. Abschmecken und das geschlagene Ei oder/und den Rahm beifügen.

Flämische Kartoffelsuppe

½ Zwiebel, 1 Rüebli, 1 Stück Sellerie, 1 kleiner Lauch, 500 g Kartoffelstock (Resten) oder zerstoßene, durch das Sieb gestrichene Salzkartoffeln, 1 l Wasser; 2–3 Eßlöffel Tomatenpüree, etwas Milch, Salz, Muskat, Pfeffer

Das Gemüse fein schneiden und in Fett andämpfen. Die Kartoffeln und dann das Wasser unter Rühren zugeben. 30 Minuten köcheln lassen, salzen. Dann Tomatenpüree mit etwas Milch der Suppe unterrühren. Diese nochmals aufkochen und mit Muskat und Pfeffer abschmecken.

Hühnerleber mit Ei

8 Eier, 200 g Hühnerleber, 40 g Butter, 2 Eßlöffel Rahm, Salz, Pfeffer, 2 Eßlöffel Madeira

Die in Scheiben geschnittene Leber in etwas Butter leicht braten, salzen und pfeffern, mit Madeira ablöschen und verdunsten lassen. Die Eier zerklopfen, den Rahm und die Leber beifügen. Aus dieser Mischung in der restlichen Butter eine Omelette backen.
Mit gebackenen Brotscheiben oder warmem Toast und einem Chicoréesalat eine leichte Hauptmahlzeit.

Omelette mit Fleischfüllung

Omeletten mit Mehl/Pfannkuchen gemäß Grundrezept auf Seite 115

Für die Füllung:
250 g Restenfleisch oder Gehacktes, 2 Zwiebeln, 1 Eßlöffel Fett, ½ Eßlöffel Mehl, 1 Tasse Bouillon, Salz, Pfeffer, Basilikum oder gehackte Petersilie

Zwiebeln fein hacken, in Fett andämpfen, Fleisch beigeben. Mit Mehl bestreuen, alles gut anbraten. Mit der Bouillon ablöschen, Basilikum oder Petersilie zugeben, salzen und pfeffern. Das Ganze auf kleinem Feuer zu Mus kochen. In dieser Zeit aus dem Teig dünne Omeletten backen. Das Fleischmus auf die Omelette streichen, diese aufrollen und die Rollen in etwa 4 cm breite Stücke schneiden. Nebeneinander in eine leicht bebutterte Gratinform geben, mit Käse bestreuen, hellgelb gratinieren.
Zu Salat oder Spinat servieren.

Käsewähe Hausfrauenart

750 g gekaufter Kuchenteig oder gleichviel geriebener Teig (siehe Seite 179), 200 g Emmentaler, 250 g Greyerzer, 2 Eßlöffel Mehl, 5 dl Milch, 3 Eier, 1 Joghurt, 1 geraffelte Zwiebel, Salz, Muskat

Den geriebenen Käse mit dem Mehl und der gehackten Zwiebel vermischen. Eier, Milch, Joghurt und Gewürze zerklopfen, die Käsemischung darunterziehen. Ein bebutertes Blech mit dem 3 mm dick ausgewallten Teig belegen, den Teigboden mit einer Gabel stupfen; Füllung darauf verteilen. Im vorgeheizten Ofen bei guter Unter- und schwächerer Oberhitze 30–40 Minuten backen.

Käsewähe Großmutterart

Die nach Hausfrauenart zubereitete Käsewähe nach der ersten Viertelstunde Backzeit mit Paniermehl bestreuen und mit Butterflöcklein belegen. Fertigbakken, bis sie braun und knusprig ist.

Käsewähen schmecken frisch aus dem Ofen am besten. Zusammen mit einem Salat bilden sie eine vollständige Mahlzeit. In vielen Familien gehört Milchkaffee oder Tee zum Wähenschmaus.

JANUAR

Blumenkohl mit Käseschnitten

1 Blumenkohl, 1 Beutel Weiße Sauce. Für Käsemasse: ½ Tasse Weiße Sauce (evtl. Rest), 8 Eßlöffel Reibkäse, 1 Ei, Salz, 3 Eßlöffel Rahm, 1 Prise Muskat

Den Blumenkohl wie gewohnt in Salzwasser knapp weichkochen, sorgfältig herausnehmen, gut abtropfen lassen. Mit weißer Sauce überziehen. Unterdessen haben wir gewöhnliches oder Kastenbrot in 1 cm dicke Scheiben geschnitten. Diese mit der Käsemasse bestreichen und auf einem gefetteten Blech im Ofen oder in der Omelettenpfanne halbschwimmend knusprig und hellbraun backen. Die Käseschnitten heiß zum Blumenkohl geben.

Käseauflauf mit Brot

500 g altbackenes oder Modelbrot, 250 g Greyerzer, grob gerieben, Senf, Butter für Auflaufform. Für Eierstich: 2 Eier, Salz, weißer Pfeffer, 1½ Tasse Milch

Das Brot in ca. 1 cm dicke Scheiben schneiden, mit etwas Senf bestreichen, schuppenförmig und lagenweise mit dem Käse in eine gebutterte Form schichten. Mit dem Eierstich übergießen und im Ofen fest und hellbraun backen.

Kartoffel-Käsegratin

1 kg Kartoffeln, 2 Eier, ¾ l Milch, Salz, Pfeffer, Muskat, Majoran, 150 g Greyerzer, Butterflocken

Die Hälfte der in Scheiben geschnittenen Kartoffeln in die bebutterte Form geben. Die andere Hälfte dachziegelartig darüberschichten, leicht salzen und pfeffern. Die Eier mit Milch verquirlen, gut würzen, Käse darunterziehen, über die Kartoffeln gießen und 40 Minuten im mittelheißen Ofen backen. Mit Aluminiumfolie abdecken. Dann restlichen Käse mit Butterflocken darübergeben und nochmals 10 Minuten in den Ofen schieben.

Zu beachten: Gratins sind eine gesund nährende Mahlzeit, wenn wir ausreichend Salat zugeben.

Kabisgratin

1,2 kg weißer Kabis, 100 g geriebener Käse, 100 g Schinken, in Streifen geschnitten, 2 gesottene Kartoffeln, 50 g Specktranchen, Butterflocken, Butter für die Form

Für den Guß: ½ l Milch, 2 dl Rahm, Salz, Pfeffer

Kabis in 1 cm dicke Streifen schneiden, gründlich waschen, in Salzwasser halbweich kochen und abtropfen lassen. In eine gebutterte Auflaufform eine Lage Kabis geben, darüber den Schinken und etwas Käse verteilen. Darauf kommen die in Scheiben geschnittenen Kartoffeln, die mit Käse bestreut und mit dem Rest Kabis zugedeckt werden. Die Zutaten für den Guß verquirlen, über den Auflauf gießen und mit Butterflocken belegen. Im vorgeheizten Ofen bei etwa 220 °C 30 bis 40 Minuten backen. Nach etwa 20 Minuten Backzeit den Gratin mit den Specktranchen belegen.

GRATINS

Die feinen Leckerbissen mit der goldenen Kruste

Gratins sind sowohl mit rohen, in der Regel aber mit vorgekochten Zutaten zubereitete Speisen, die entweder mit einer Gratinsauce oder mit einer Schicht von feingeriebenem Käse, Paniermehl und mit Butterflocken bedeckt sind. Während sie im Ofen garen, «werden sie unter Einwirkung der Hitze mit einer goldbraunen und knusprigen Kruste überzogen», wie im «Larousse gastronomique» geschrieben steht.

Je nach unserm Ofen müssen wir verschieden vorgehen:

1. Hat der Ofen nicht separat regulierbare Unter- und Oberhitze, schiebt man die Gratinform in den noch kalten Ofen auf der untersten Rille ein, schaltet dann auf die höchste Hitzestufe und läßt das Gericht (bei vorgekochten Zutaten 12–15, bei rohen zirka 40 Minuten oder länger) richtig heiß werden oder garen. Dann erst wird die Form im nunmehr ganz heiß gewordenen Ofen so hoch als möglich geschoben, damit das Gericht die gewünschte hellgoldene Oberfläche oder Kruste bekommt.

2. Bei Backöfen mit separat verstellbarer Unter- und Oberhitze wird die Form in die Mitte des kalten oder schon heißen Ofens eingeschoben. Zuerst mit stärkster Unterhitze und schwacher Oberhitze garen oder heiß werden lassen (Zeitdauer siehe oben). Dann die Unterhitze aus- und die Oberhitze auf höchste Stufe einschalten, damit die Gratinkruste entsteht.

Restengratins

Restengratins gehören zu den beliebtesten Speisen. Sie ersparen uns zudem viel Arbeit. Deshalb bereitet man mit Vorteil von einem Gericht die doppelte Portion zu und stellt gleich von vornherein einen Teil zum späteren Gratinieren beiseite. Einen Rest gebe man gleich nach dem Essen in eine passende mit Öl oder Butter ausgepinselte Gratinform aus Glas, Ton oder Porzellan.

Ist es ein Saucengericht, so bekommt es noch feingeriebenen Sbrinz oder Parmesan, manchmal auch Greyerzer oder Emmentaler sowie Butterflöckchen aufgestreut. Man kann jedoch auch hier noch eine dünne Schicht von feinem, hellem Paniermehl darüberstreuen, was den Vorteil hat, daß sich auf der Saucenoberfläche keine unschöne Haut bildet.

Ein trockenes Gericht überzieht man mit einer Gratinsauce oder belegt es mit Käse, Paniermehl und Butterflocken oder überdeckt es auch nur mit einem Gemisch aus Rahm und Käse.
Ein so vorbereitetes Gericht braucht man am nächsten oder übernächsten Tag nur noch aus dem Kühlschrank zu nehmen und in den Backofen zu schieben.

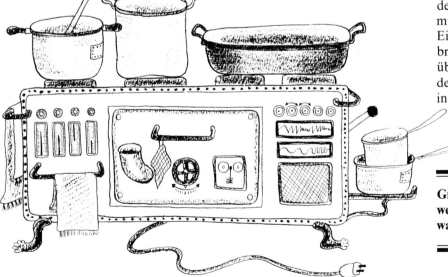

Grundregel: Es ist von Vorteil, wenn das Gericht gar und richtig warm ist, bevor wir es überbacken.

Fischkroketten mit Tomaten

400 g Fischkroketten, 1 200-g-Dose geschälte Tomaten (Pelati), 1 Büschel Petersilie, 1 feingehacktes Salbeiblatt oder Lorbeer, 2 hartgekochte Eier

Die Kroketten nach Anweisung goldbraun braten. Auf eine vorgewärmte Platte geben. Die gut abgetropften Tomaten erhitzen, mit Salz, Pfeffer und etwas Salbei oder zerriebenem Lorbeer würzen, die feingehackte Petersilie beifügen und die Kroketten mit dieser Sauce überziehen.
Mit Erbsli (aus der Büchse), weißem Reis oder Salzkartoffeln servieren.

Fisch im Erbsenbett

Ca. 400 g Fischfilets (tiefgefroren), 1 Büchse Sardellen, 1 kleine Büchse Erbsen, 1 Zwiebel, 1 Büschel Petersilie, 1 Zitrone, 1 kleines Glas Weißwein, Butter, Salz, frisch gemahlener weißer Pfeffer

Fischfilets auftauen, kräftig mit Zitrone beträufeln, wenig salzen. Die Zwiebel feinhacken, in Butter anziehen, die abgetropften gehackten Sardellen und die feingeschnittene Petersilie beigeben, ca. 3–4 Minuten dämpfen. Die Fischfilets mit dieser Masse bestreichen, rollen und nebeneinander in eine Gratinform geben. Die Zwischenräume mit Erbsen auffüllen, Wein zugießen. Etwa 30 g Butter schmelzen, 4–5 Drehungen Pfeffer hineingeben, über das Gericht gießen. Im vorgeheizten Ofen bei ca. 220 °C während 20 Minuten backen. Mit Petersilienkartoffeln servieren.

SAUERKRAUT

eines der wichtigsten Nahrungsmittel

Sauerkraut ist gesund. Es wird roh oder gekocht gegessen. Es ist preiswert und steht das ganze Jahr – beispielsweise als Konserve – zur Verfügung. Sauerkraut ist ein wertvolles Vitamindepot (Vitamin C) und reich an Milchsäure, Calcium, Phosphor, Eisen und Mineralsalzen. Da eiweiß- und fettarm, also kalorienarm, ist Sauerkraut ein ideales Nahrungsmittel für die schlanke Linie; es wird aber auch von Ärzten bei mancherlei Beschwerden mit Erfolg empfohlen. Für den Zuckerkranken ist es eine würzige Kost. Roh gegessen ist es ein mildes, verläßliches Abführmittel. Sauerkraut braucht nicht immer zu Schinken, Speck oder Würsten gegessen zu werden. Zu Sauerkraut passen auch kalorienärmere Beigaben, beispielsweise Geflügel wie Huhn (gesotten und gebraten), Ente, Fasan, Rebhuhn, Truthahn; geräucherte, gebratene oder poschierte Fische; gebratene oder geschnetzelte Leber wie auch Leberknödel; Wild, Muscheln und Schnecken usw. Unter das Sauerkraut kann man mischen oder als Garnitur beigeben: Äpfel, Ananasstücklein, Trauben, Peperoni, Silberzwiebeln, Rosinen usw.

Die guten Resten

Aufgekochtes Sauerkraut verliert vieles von seiner bekannten Heilkraft, vor allem von dem leichtlöslichen Vitamin C, das gegen Hitze und Sauerstoff besonders empfindlich ist. Doch geben wir einmal den Gaumenfreuden den Vorrang zum Nachteil der gesunden Kost.

Sauerkrautauflauf

Eine feuerfeste Auflaufform wird ausgebuttert und mit dem gekochten Sauerkraut bis zur Hälfte gefüllt. Darüber verteilen wir Speck- und Schinkenwürfel und füllen die Schüssel fast bis zum Rand mit Kartoffelstock. Auf diesen legen wir in einem Zuckersirup halbgar vorgekochte Apfelschnitze und lassen unter mittlerer Hitze etwa 20 Minuten backen.

Gratiniertes Sauerkraut

Wir streichen eine feuerfeste flache Platte mit Butter aus, belegen den Boden mit zwei geschälten, längsgeschnittenen Cervelats, schichten darüber die Reste des gekochten Sauerkrautes, belegen dieses mit feingeschnittenen Emmentalerscheiben und mit einigen Butterflocken und gießen Bouillon und ein Gläschen Weißwein darüber. Mit Paprika würzen. Wir lassen im Ofen bei mittlerer Hitze gratinieren und fügen, falls sie verdampfen sollte, im Bratofen noch etwas Flüssigkeit bei.

Sauerkraut mit Fisch

1 feingehackte Zwiebel, 1 kg Sauerkraut, einige Wacholderbeeren, Pfefferkörner, 2 Nelken, 2 Teelöffel Curry oder Paprika, etwas Mehl, ½ l Weißwein, etwa 3 dl kräftige Bouillon, 600 g Kabeljau oder anderer Meerfisch (tiefgekühlt), 1 Zitrone, etwas Butter oder Margarine, 1 dl Rahm, Petersilie, 2 Eßlöffel Paniermehl

In etwas Butter oder Margarine die Zwiebeln goldgelb dünsten. Das Sauerkraut zerpflücken, in die Pfanne geben und allseitig gut andämpfen. Die Gewürze beigeben. Mit etwas Mehl bestäuben und mit dem Weißwein ablöschen, etwa 10 Minuten kochen lassen. Die Fleischbrühe zufügen und das Kraut unter häufigem Wenden bei mittlerer Hitze während 2 Stunden kochen. Die vorher gewürzten und mit Zitronensaft beträufelten Fischscheiben in eine bebutterte Gratinplatte legen, etwas Weißwein dazugeben und im heißen Backofen während 15–20 Minuten weichdämpfen. Die Fische herausnehmen, das Sauerkraut hineingeben und die Fische darauflegen. Mit Rahm übergießen und mit Paniermehl bestreuen. Im heißen Backofen während etwa 15 Minuten überbacken und mit Salzkartoffeln auftischen. Mit Zitronenvierteln und Petersilie garnieren.

Enten- oder Huhnragout mit Sauerkraut

1 Ente (etwa 1½–2 kg) oder entsprechend Poulet, Salz, Pfeffer, Paprika, 2 Eßlöffel Fett, 3 große Zwiebeln, 2 Eßlöffel Tomatenpüree, 2 saure Äpfel, 1 kg Sauerkraut, 5 dl Bouillon

Ente oder Poulet in einzelne Teile schneiden, mit Salz und Pfeffer (Paprika siehe Anmerkung) einreiben und im erhitzten Fett braun werden lassen. Die in Ringe geschnittenen Zwiebeln dazugeben und mitbräunen lassen. Fügen Sie das Tomatenmark dazu und mischen Sie das Sauerkraut mit den feingeschnittenen Äpfeln darunter. Das Ganze mit der Bouillon ablöschen und im zugedeckten Topf im Ofen ungefähr 1–1½ Stunden schmoren lassen. Beim Anrichten geben Sie zuerst das Sauerkraut auf die vorgewärmte Platte und verteilen dann die gebräunten Enten- oder Pouletteile hübsch darüber.

Anmerkung: Erst dann mit Paprika überstreuen, wenn das Fleisch angebraten ist, da es sonst bitter wird.

Sauerkraut jurassienne

1–1½ kg Sauerkraut, 1–2 Eßlöffel Fett, 2 dl Weißwein oder etwas Bouillon, 1 Lorbeerblatt, 1 Teelöffel Koriander, 2–3 rohe Kartoffeln, 100 g Speckwürfel, 100 g Silberzwiebeln (aus dem Glas), 100 g Traubenbeeren

Das Sauerkraut mit dem Fett erwärmen, durchlockern. Flüssigkeit dazufügen, würzen und zugedeckt weich schmoren lassen. Gegen Schluß die rohen, feingeriebenen Kartoffeln unter das Sauerkraut mischen und 10 Minuten mitköcheln lassen.

Unterdessen die Speckwürfeli im eigenen Fett glasieren, die mit heißem Wasser kurz abgebrühten Silberzwiebeln und die Trauben kurz mitdämpfen, über das Sauerkraut geben.

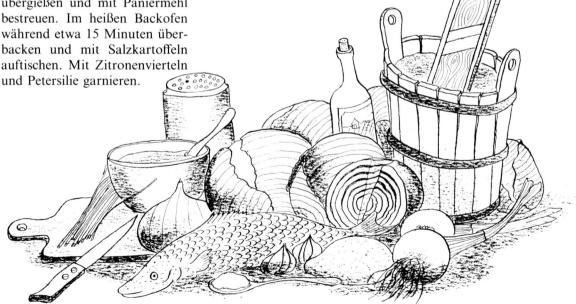

Bauernschmaus

750 g Kartoffeln, 2 große Zwiebeln, gewürfelt, Butter oder Margarine, 3–4 Eier, Pfeffer, Muskat, Petersilie

Die gekochten Kartoffeln erkalten lassen, in Scheiben schneiden und zusammen mit den Zwiebelwürfeln in der Butter bräunen. Eier mit Muskat und Pfeffer zerquirlen, über die Bratkartoffeln gießen und stocken lassen. Mit gehackter Petersilie bestreut servieren. Kabis- oder Chicoréesalat dazugeben.

Kartoffelgulasch

750 g Kartoffeln, 3 Cervelats, 4 Zwiebeln, 30 g Butter oder Margarine, Salz, Pfeffer, 2 Eßlöffel Paprika, 2 Eßlöffel Tomatenpüree, ½ l Bouillon

Gehackte Zwiebel in Butter oder Margarine dünsten. Salz, Pfeffer, Paprika und dann die geschälten, in Scheiben geschnittenen Kartoffeln zugeben und kurz dünsten. Bouillon und Tomatenpüree beifügen und bei kleiner Hitze 20 Minuten garen. Die Cervelats würfeln, in etwas Fett oder Öl gut anbraten, unter die Kartoffeln mischen.
Mit Kabissalat servieren.

JANUAR

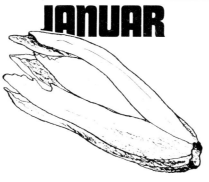

Linsen mit Gemüse

500 g Linsen (über Nacht einweichen); Lauch, Sellerie, gelbe Rüben oder Rüebli, Zwiebeln, zusammen etwa 500 g; Fett, Salz, Rotwein, 1 kleines Lorbeerblatt, Thymian und Rosmarin, Petersilie, Wurst, Fleisch oder Speck nach Belieben

Die Linsen mit dem Einweichwasser langsam weichkochen, die kleingeschnittenen Gemüse mitkochen. Wurst, Fleisch oder Speck beigeben. Vor dem Anrichten etwa 2 dl Rotwein darangeben. Nach Belieben mit Thymian, Rosmarin und Petersilie würzen.

Sellerie mit Speckwürfelchen

700–800 g Sellerie, Salz, 1 Zitrone, 1 Beutel holländische Sauce, je 1 Bund Petersilie und Schnittlauch, gehackt, Pfeffer, Fett oder Öl, 250 g Speck- oder Schinkenwürfel

Sellerie schälen und in Streifen schneiden. In leicht gesalzenem Wasser mit 2 Eßlöffel Zitronensaft etwa 30 Minuten kochen. Sauce nach Anweisung mit dem Selleriewasser zubereiten. Petersilie und Schnittlauch zugeben, mit Pfeffer und Zitronensaft würzen. Speckwürfelchen in Öl braten und darübergeben. Dazu Salzkartoffeln auftischen.

Pariser Chicorée

4 große Chicorée, 1 kleine Zwiebel, 1 Knoblauchzehe, 2 Eigelb, Saft und Schale von ½ Zitrone, knapp 1 dl Rahm, Olivenöl

Die sauber geputzten ganzen Chicorée bei kleinem Feuer etwa 20 Min. in Olivenöl dünsten. Dann die feingehackte Zwiebel zugeben und mitdünsten lassen, ohne daß sie Farbe annimmt. Unterdessen aus 4–5 Eßlöffeln Öl, Zitronensaft und -schale, dem durchgepreßten Knoblauch, dem Rahm und den Eidottern eine Sauce rühren, pikant mit Pfeffer, Muskat und Salz abschmecken. Über die in einer vorgewärmten Platte angerichteten noch heißen Chicorée gießen. Sofort servieren. Paßt gut zu weißem Brot oder Salzkartoffeln.

Lauch mit Pilzsauce

ca. 800 g Lauch, Salz, 1½ dl Milch, 250 g Champignons, 40 g Butter oder Margarine, 2 Eßlöffel Mehl, Pfeffer, Muskat, 1 Teelöffel Zitronensaft

Den gereinigten, von den harten grünen Blättern befreiten Lauch in Salzwasser mit Milch garen. Unterdessen die Champignons waschen, fein scheibeln, in Butter oder Margarine andünsten, mit Mehl überstäuben und unter Rühren mit 2–3 dl des Lauchwassers auffüllen. Mit Salz, Pfeffer und Muskat würzen und 10 Minuten köcheln lassen, mit Zitronensaft abschmecken. Die Pilze nun in den abgetropften Lauch geben. Zu weißem Reis oder Petersilienkartoffeln servieren, evtl. gebratenen Fleischkäse dazugeben.

KARTOFFELN

In der Schweiz sind über 150 Kartoffelgerichte – Hauptspeisen* wie auch Beilagen – bekannt. Es gibt keine Kartoffelsorte, die für alle Gerichte gleich gut geeignet ist; jede – wir stellen hier die sechs beliebtesten Sorten vor – hat ihre besonderen Eigenschaften:

Sirtema: Frühe Speisesorte, wenig lagerfähig, feucht. Vielseitig verwendbar. Besonders gut für Kartoffelsalat und Saucenkartoffeln.

Ostara: Frühe Speisesorte, weich und feucht. Für Kartoffelsalat, Saucenkartoffeln; auch für Chips und Pommes frites geeignet.

Bintje: Mittelfrühe Speisesorte, beschränkt lagerfähig. Vielseitig verwendbar: zum Backen in der Glut, als Gschwellti, für Kartoffelstock, Saucenkartoffeln, Kartoffelsalat; auch für Chips und Pommes frites geeignet.

Urgenta: Mittelfrühe Speisesorte, keine Lagerkartoffel. Verwendbarkeit ähnlich wie Bintje.

Désirée: Mittelfrühe Speisesorte, vielseitig verwendbar, etwas mehlig: zum Backen in der Glut, als Gschwellti, für Kartoffelstock und für Saucenkartoffeln besonders geeignet.

Patrones: Mittelspäte bis späte Sorte, gut lagerfähig. Etwas mehlige, weiche, doch gute Speisesorte: besonders gut für Gschwellti und Kartoffelstock.

(*Rezepte für Hauptspeisen aus Kartoffeln siehe Rezeptverzeichnis.)

Kartoffeln als Beilagen

Bratkartoffeln: Die Kartoffeln schälen, in Scheiben oder Würfel schneiden und in heißem Fett zugedeckt halbweich dämpfen. Dann den Deckel wegnehmen, die Kartoffeln salzen und unter gelegentlichem Wenden hellbraun braten. Es können zugefügt werden:

Kümmel: Vor dem Fertigbraten beigeben.
Reibkäse: Beigeben, wenn die Kartoffeln knapp gar sind.
Gehackte Zwiebeln: Separat dämpfen und den Kartoffeln vor dem Braunbraten zufügen.
Speckwürfelchen: In Fett glasig braten und den Kartoffeln beifügen.

In Bouillon gedämpfte Kartoffeln (Brühkartoffeln): In Fett oder Margarine gehackte frische Kräuter (Petersilie, Schnittlauch, Sellerieblätter, Kerbel) und nach Belieben feingeschnittenes Suppengemüse (Lauch, Zwiebel, Rüebli, Sellerie) anziehen. Mit Fleischbouillon ablöschen. Rohe geschälte Kartoffeln in kleine Würfel oder etwa 3 mm dicke Scheiben schneiden, zugeben, nach Belieben mit etwas Pfeffer würzen. Aufrühren und dann die Kartoffeln auf kleinem Feuer ohne Rühren so lange köcheln lassen, bis sie gar, jedoch noch nicht zerfallen sind. Die Bouillon sollte dann weitgehend eingekocht sein. Hinweis: Auf 800 g Kartoffeln werden ca. 5–6 dl Bouillon benötigt.

Diese Kartoffeln passen gut zu Siedfleisch, Wurst- und Fleischsalat, gekochtem Schinken, Rippli usw.

Gschwellti (geschwellte Kartoffeln, Schalenkartoffeln, Pellkartoffeln): Gschwellti sind – insbesondere im Dampftopf – rasch zubereitet. Wenn wir sie in größeren Mengen kochen, ergeben sie uns für die nächsten Tage Rösti, Bratkartoffeln, Lyoner Kartoffeln usw. Näheres über Gschwellti siehe Seite 191.

Junge Kartoffeln: Sie werden nicht geschält, sondern nur sauber gewaschen und dann mit Küchenpapier oder einem Tuch abgerieben.

Variante 1 (braten): In eine Bratpfanne Öl oder Fett heiß werden lassen, die Kartoffeln hineingeben und ringsum leicht anbraten, mit Kümmel (fakultativ) und wenig Salz bestreuen. Zugedeckt etwa 20 Min. dünsten. Zu grünem Salat, Fleischsalat oder gemischtem Salat servieren.

Variante 2 (dämpfen): Die Kartoffeln in Salzwasser weich kochen, abtropfen lassen und dann in heißer Butter noch etwas dämpfen. Wenig salzen und fein gehackte Petersilie oder/und frisch gehackte Pfefferminzblätter darübergeben. Zu Fleischspeisen (mit und ohne Saucen), Fisch und Fischsalaten und Salaten aller Art servieren.

Kartoffelschnee/Kartoffelstock:
Die Kartoffeln schälen, in Würfel schneiden und in leicht gesalzenem Wasser gar kochen (ca. 15–20 Min.). Das Wasser abgießen und die verdampften Kartoffeln durch ein Passevite in eine erwärmte Schüssel geben. Kartoffelschnee ist der schlanken Linie zuträglich. Er paßt ausgezeichnet zu Saucenfleisch.

Für Kartoffelstock geben wir den durch das Passevite getriebenen Schnee in mit Butter erwärmte Milch (4–5 dl Milch und ca. 20 g Butter auf 1 kg Kartoffeln). Gut umrühren, mit etwas Salz und Muskat würzen, nach Bedarf mit Rahm verfeinern.

Zu Saucenfleisch servieren.

Kartoffelsalat: Mit halb Öl, halb Essig, Salz, Pfeffer und Senf eine Sauce anrühren, Fleischbouillon zugeben. Gehackte Zwiebel und Kräuter (Petersilie, Schnittlauch) untermischen. Die in der Schale gekochten Kartoffeln noch warm schälen und in 3–5 mm dicken Scheiben in die Sauce schneiden. Warm oder kalt serviert, ist ein Kartoffelsalat eine ideale Beigabe zu Wurst, gesottenem und gebratenem Fleisch (mit und ohne Sauce), zu Thon, Sardellen, Sardinen, gekochten Eiern, Salaten usw.

Lauchkartoffeln: 800 g rohe Kartoffeln schälen und in Würfel schneiden. 2–3 Lauchstengel in Rädchen schneiden, 1 Zwiebel hacken und zusammen mit den Kartoffeln in 2–3 Eßlöffeln Öl andämpfen. 2–3 dl Wasser oder Bouillon zufügen, zugedeckt etwa 30 Min. dämpfen. Mit Pfeffer, Salz und Muskat abschmecken.

Lyoner Kartoffeln: 200–250 g Zwiebeln in Scheiben schneiden und in etwa 60 g heißer Butter oder Fett weich dämpfen. 600 g geschälte erkaltete Gschwellti in halbzentimeterdicke Scheiben schneiden, beifügen, mit Salz und Pfeffer würzen und unter Wenden schön goldbraun braten. Mit gehackter Petersilie bestreuen (fakultativ).
Dazu passen Rinds- oder Schweinsleberschnitten, Rindsplätzli, gekochter warmer Schinken, Siedfleisch usw.

Kräuterkartoffeln: Wir dämpfen in Butter reichlich gehackte frische Kräuter (Petersilie, Basilikum, Estragon, Thymian) leicht an und geben die in Viertel geschnittenen gekochten Kartoffeln bei. Mit Salz und etwas Pfeffer abschmecken. Wer es fülliger liebt: vor dem Auftragen den Kartoffeln mit Rahm oder Sauerrahm vermischte Bouillon beigeben.
Schmeckt gut zu gebratenem Fleischkäse oder gebratenen Cervelats, Bratwurst, Spiegelei.

Kümmelkartoffeln: Die ungeschälten rohen Kartoffeln waschen und bürsten, der Länge nach halbieren. Die Schnittfläche mit Öl bepinseln, in ein Gemisch von Kümmel und Salz drücken, obenauf eine Butterflocke setzen. Ein Backblech mit Öl auspinseln und die Kartoffeln, Schnittfläche nach oben, daraufstellen. Bei ca. 250° im vorgeheizten Ofen etwa 30–40 Min. backen. Paßt zu Kräuterquark oder Hüttenkäse, Käse, Thon oder Sardinen, Salat usw.

Pommes (de terre) chips und **Pommes bricelets** siehe Seite 106

Pommes frites siehe Seite 106

Pommes frites (falsche): Die Kartoffeln werden, wie zu echten Pommes frites, in Stengel geschnitten. Auf ein geöltes Backblech verteilen, mit Salz bestreuen und mit Öl beträufeln. Im vorgeheizten Backofen bei etwa 280° backen, bis sie knusprig und gar sind, was etwa 1 Stunde dauert. Von Zeit zu Zeit wenden.

Pommes paille (Strohkartoffeln) siehe Seite 106

Pommes soufflées siehe Seite 106

Rahmkartoffeln (mild): 800 g rohe, geschälte und in Scheiben geschnittene Kartoffeln werden in Salzwasser halbweich gekocht. Unterdessen in einer Pfanne 1 kleine gehackte Zwiebel anziehen, mit 2½ dl Milch ablöschen, 1½ dl Rahm zugeben und mit weißem Pfeffer, etwas Muskat und Salz abschmecken.

Rahmkartoffeln (säuerlich, pikant): 1 kleine Zwiebel fein hacken und in 2 Eßlöffeln Fett andämpfen. 1–2 Eßlöffel Mehl darüberstäuben, mit 2½ dl Bouillon ablöschen. Einige Min. köcheln lassen, 1–2 Eßlöffel Essig beifügen, 2 dl Sauerrahm oder halb Milch, halb Joghurt unterrühren, mit weißem Pfeffer, Salz und etwas Muskat (fakultativ) abschmecken. 800 g frischgekochte Gschwellti heiß schälen und sofort in Scheiben in die Sauce schneiden.
Rahmkartoffeln passen zu Wurst und zu allen Fleischgerichten ohne Sauce (gebratene Leberschnitten, Fleischchüechli, Siedfleisch usw.). Sie können auch als Hauptgericht zu Gemüse und Salat gereicht werden.

Rösti: Näheres siehe Seite 44.

Salzkartoffeln: Kartoffeln schälen, in Hälften oder gleichmäßig große Würfel oder Stengelchen schneiden, kleine Kartoffeln ganz lassen. In kaltem Salzwasser aufsetzen oder in Salzwasserdampf (im Einsatzsieb) gar kochen. Wasser abgießen und die Kartoffeln bei kleinem Feuer kurz abdämpfen. Nach Belieben mit gewiegter Petersilie überstreuen, mit brauner Butter abschmelzen oder in Butter oder Öl goldgelb geröstete Zwiebeln darübergeben.

SAUCEN

Ein berühmter Saucenkünstler stellte einmal die Behauptung auf, daß sogar zähestes Leder durch eine gute Sauce genießbar würde. Er legte seine alten Schuhe vier Wochen in fließendes Wasser. Anschließend kochte er das Leder 14 Tage lang in einer starken Fleischbouillon. Dann zerkleinerte und servierte er es in pikanter Burgunder Sauce – die Gäste waren über das delikate Gericht entzückt.

Aus dieser Anekdote ist zu ersehen, was man mit einer guten Sauce alles machen kann. Im Grunde genommen sind Saucen jedoch nicht dazu da, schlechte oder langweilige Gerichte zu verbessern. Vielmehr sollten sie ein Gericht abrunden, d.h. das Tüpfelchen auf dem i einer gut gekochten Speise sein. Solche Saucen sind meist gerade die einfachsten, oftmals unterschätzten Saucen, denen man vielfach nicht jene Aufmerksamkeit widmet, die sie für ihr gutes Gelingen benötigen.

Wichtig:

Die Lebensmittelindustrie hat uns viele Saucensorgen abgenommen. Wir können in Würfeln, Beuteln, Tuben und Dosen eine Vielfalt ausgezeichneter Grundsaucenprodukte kaufen, die uns als Basis oder als Ergänzung für unsere Saucengerichte beste Dienste leisten.

Es gibt diese idealen Küchenhilfsmittel als Bratensauce, Bratensauce gourmet, Instant-Bratensauce (körnig), klare Sauce, Bratenjus sowie als weiße Saucen (Sauce idéale, Rahmsauce, weiße Creme-Sauce, Instant weiße Sauce). In den Rezepten dieses Buches wurden solche Grundsaucen vielfach berücksichtigt, obschon «echte» braune und weiße Saucen ebenfalls wenig Mühe machen, wie nachstehende Rezepte zeigen.

Weiße Saucen

Wenn wir der Mehlschwitze (siehe nachstehendes Grundrezept) eine Fleisch-, Hühner- oder Gemüsebouillon beigeben, spricht der Fachmann von Samtsauce *oder* Velouté;
wenn wir Milch oder Milch und Rahm beigeben, ergibt dies eine Béchamel.

Weiße Samtsauce/Sauce béchamel
(Grundrezept)

20–25 g Butter, 25 g Weißmehl, 4–5 dl Flüssigkeit (je nach Art des Gerichtes: Milch, Milch und Rahm, Fleisch- oder Hühnerbouillon, Fischsud), Salz, weißer Pfeffer, Muskat

Die Butter in einer kleinen Chromstahl- oder Emailpfanne schmelzen lassen, das Mehl darin dämpfen, ohne Farbe annehmen zu lassen. Mit lauwarmer Flüssigkeit verrühren, so daß eine nicht zu dicke Sauce entsteht. Unter Rühren 12 bis 15 Min. köcheln lassen. Mit Salz, Pfeffer oder Muskat abschmecken.

Tip: *Wenn Sie für die Zubereitung der Weißen Sauce kalte Milch verwenden, nehmen Sie das Pfännchen vom Feuer, lassen etwas abkühlen und rühren die Milch mit dem Schwingbesen bei.*

Sauce mornay (zu Gemüse-, Kartoffeln- und andern Aufläufen, Teigwaren): eine Béchamel zubereiten, vom Feuer nehmen und ca. 2 Eßlöffel geriebenen Greyerzer, Sbrinz oder Parmesan unterrühren.

Kapernsauce (zu Fisch, Zunge, Spargel, Siedfleisch, Kalbskopf): der fertigen Velouté 2 Eßlöffel Kapern und etwas Zitronensaft beigeben; als Flüssigkeit Sud des Kochgutes oder Bouillon verwenden.

Tip: *Wir können die Sauce legieren, indem wir sie unter Rühren auf ein Eigelb gießen. Nicht mehr kochen lassen.*

Varianten:
Mit den gekauften wie auch echten Saucen können wir verschiedenste Abwandlungen machen.

Sardellensauce (zu gebratenem Fisch, gegrilltem oder gesottenem Fleisch): der fertigen Velouté auf einem Küchenpapier entfettete und zerstampfte Sardellenfilets (eine kleine Büchse) sowie 1 Teelöffel feingehackte Kapern unterrühren.

Senfsauce: der fertigen Velouté 1–2 Eßlöffel Senf und 1–2 Eßlöffel Rahm unterrühren. Nach Belieben eine feingehackte Gewürzgurke, feingeriebene Zwiebel und frisch gemahlenen Pfeffer zugeben.

Kräutersauce: der fertigen weißen Sauce feingehackte Kräuter nach Belieben beigeben.

Sauce soubise (zu Eiern, Schweinefleisch und gekochtem Rindfleisch): 150–200 g Zwiebeln fein schneiden und in etwas Butter oder Fett gar dünsten. Durch ein Sieb streichen und der weißen Sauce unterrühren.

Braune Saucen

Braune gebundene Sauce
(Grundrezept für ca. ½ l):

½ l Fleischbouillon (aus Würfel), 1½–2 Eßlöffel Mehl, nach Belieben 1 Lorbeerblatt, 1 gehackte Zwiebel, feingeschnittene Bratengemüse, 1–2 Eßlöffel Fett, Pfeffer, Zitronensaft, sauren Rahm

Das Mehl im Fett langsam braunrösten und unter Rühren langsam mit Wein ablöschen, in der Hälfte der Röstzeit nach Belieben Zwiebeln und Gemüse zugeben. Unter Rühren langsam mit Bouillon ablöschen, 12–15 Min. köcheln lassen. Je nach Geschmack mit Pfeffer, Zitronensaft oder etwas saurem Rahm abschmecken.

Rotweinsauce

1 kleine, feingehackte Zwiebel in Fett oder Butter anziehen lassen, mit Rotwein ablöschen, eindampfen lassen. Braune Sauce zugießen, 15 Min. köcheln lassen, nach Belieben mit etwas Cognac oder/und Knoblauchpulver abschmecken.

Tip: *Man kann, nach Bordelaiser Art, der Sauce gekochtes, in Würfel geschnittenes Mark beigeben.*

Bratenjus/klare Sauce

Zu Braten sollte man keine gebundene braune Sauce servieren. Um den oft spärlichen Bratenjus zu strecken, entferne man den mit Bratengemüse und einer Zwiebel gar gekochten Braten, kratze den Bratenfond mit 1–1½ Tasse klarer Sauce (aus Würfel oder Beutel) auf, lasse aufkochen und würze nach Belieben.

Buttersaucen

In der Fachsprache gelten nur die Sauce hollandaise und Sauce béarnaise als Buttersaucen. Um sie herzustellen, braucht es Geduld, einiges Können und erstklassige Zutaten. Eilige und ungeübte Köchinnen kaufen sich lieber eine Sauce hollandaise im Beutel.

So wird eine Buttersauce (Sauce hollandaise oder béarnaise) zubereitet:

1. Wasser, Essig, Pfefferkörner, Zwiebel und Zitronenscheibe so lange kochen, bis die Flüssigkeit nahezu verdampft ist; dann diese «Reduktion» durch ein Sieb in ein Wasserbadpfännchen gießen.

2. Dann Eigelb und Salz zugeben und alles zu einer sämigen Creme rühren.

3. Die in kleine Stücke geschnittene Butter unter Rühren zugeben. Die Sauce darf nicht kochen; die Pfanne vom Feuer nehmen. Dann mit Salz, Pfeffer und Zitronensaft abschmecken (bei der Sauce béarnaise noch gehackten Estragon unterrühren).

Sauce hollandaise

(Grundrezept; gut zu Spargeln, Artischocken, Fisch und Eiern):

Für die «Reduktion»: 2 Eßlöffel Wasser, 2 Eßlöffel Essig, 4 Pfefferkörner, 1 kleine Zwiebel, 1 Zitronenscheibe.

Für die Sauce: 3 Eigelb, 150 g Butter, etwas Salz, Pfeffer, Zitronensaft.

Zwiebel hacken, Pfefferkörner halbieren und mit den anderen Zutaten in einem Pfännchen einkochen lassen, bis noch 2 Eßlöffel der Flüssigkeit vorhanden sind. In eine kleinere Teigschüssel absieben.

Nun ein Wasserbad (Bain-marie) vorbereiten, d.h. eine Pfanne mit heißem Wasser auf das Feuer (kleine Hitze) stellen. Dann stellt man die Schüssel mit der Reduktion ins heiße, aber nie kochende Wasser. Zuerst mit dem Schwingbesen die Reduktion mit den Eigelb und dem Salz schwingen, dann langsam die in kleine Stücke geschnittene Butter beigeben. Am Schluß mit Zitronensaft, Salz und Pfeffer abschmecken, in eine vorgewärmte Saucière anrichten.

Sauce béarnaise

Sie wird wie die Sauce hollandaise zubereitet, doch mit folgenden Änderungen: Für die Reduktion nehme man nach Möglichkeit Estragonessig; der fertigen Sauce werden 1 knapper Eßlöffel frische, gehackte oder in etwas Essig eingelegte trockene Estragonblätter beigegeben.

Tip: *Sollte eine der beiden Buttersaucen gerinnen, gibt man 1½–2 dl kaltes Wasser oder Zitronenwasser in eine Schüssel und schwingt darin die Sauce so lange, bis sie wieder glatt ist.*

JANUAR

Gefüllter Kalbsrollbraten

Brust gehört zu den preisgünstigen Kalbfleischstückchen. Als Rollbraten, gerollt um eine Kalbsniere oder um ein Stotzenstück oder gefüllt, ist sie ein Festessen.

800 g Kalbsbrust für Rollbraten, 300 g Brät, Petersilie, Kerbel, Estragon, Salz, Pfeffer, Butter

Das Fleisch sorgfältig dünn klopfen, mit Brät bestreichen, die gehackten Kräuter darübergeben, aufrollen, binden, salzen und pfeffern, in der Kasserolle braun anbraten und in den auf 220 °C erhitzten Ofen geben; Temperatur auf 180 °C hinunterschalten, gut 1½ Stunden braten lassen, mit dem Saft, dem wir jeweils Bouillon beigeben, immer wieder begießen.

Truthahngulasch

600 g Fleisch von Brust und Keule, 3 Eßlöffel Öl, 2 Zwiebeln, 2 Peperoni, Salz, Pfeffer, Paprika, 1 Dose geschälte Tomaten (Pelati), 1 Eßlöffel gehackte Petersilie, 1 Glas Weißwein

Das gewürfelte Fleisch in Öl gut anbraten. Die grobgeschnittenen Zwiebeln und Peperoni sowie Salz, Pfeffer und Paprika dazugeben, gut andämpfen, mit 1 Glas Weißwein ablöschen, ca. 45 Minuten zugedeckt köcheln lassen. Dann Tomaten samt Saft beigeben und bei offenem Topf noch ca. 15 Minuten köcheln. Mit Petersilie bestreuen und zu Reis oder Nudeln servieren.

Weißes Lammvoressen

600 g Lammfleisch (Gigot oder Schulter), 2 Zwiebeln, 2 Eßlöffel eingesottene Butter, 1 Rüebli, 1 gespickte Zwiebel (mit Lorbeerblatt und Gewürznelke), 1 Stück Sellerie, 2 dl Weißwein, 1 dl Rahm, 2 dl Bouillon, Salz, Pfeffer, Rosmarin, 1 Eßlöffel frische Butter, 1 Eßlöffel Mehl, 1 Eigelb

Das Lammfleisch (zum Beispiel neuseeländisches, da es besonders preisgünstig ist) in mittelgroße Würfel schneiden. In Butter sehr schwach anbraten. Die gehackten Zwiebeln zugeben und unter Wenden dünsten. Nach einigen Minuten mit Weißwein und Bouillon ablöschen. Geteiltes Rüebli, gespickte Zwiebel und Sellerie zugeben. Eine Stunde auf kleinem Feuer zugedeckt kochen. Dann Rahm beifügen. Sauce mit Salz, Pfeffer und Rosmarin gut würzen und ohne Deckel etwas einkochen lassen. Butter und Mehl mit Hilfe einer Gabel zu Mehlbutter verarbeiten. Unter Rühren unter die Sauce mischen, bis sie sämig wird. Das Eigelb in einer kleinen Schüssel verquirlen, wenig Sauce dazurühren und die Eicreme zur Sauce gießen. Nur noch bis kurz vors Kochen kommen lassen und sofort anrichten.

Polenta mit Landjäger und Tomaten

350 g Maisgrieß, 3–4 Landjäger, 1 400-g-Dose geschälte Tomaten (Pelati), 100 g Butter oder Margarine, etwas Öl. 150 g Parmesan oder Sbrinz, Salz, Pfeffer, Muskatnuß, Rosmarin

Die Polenta nach Grundrezept (Seite 195) zubereiten. In einer Pfanne die Hälfte der Butter erhitzen, die in Scheibchen geschnittenen Landjäger (Salami eignet sich ebenfalls sehr gut) etwas anbraten, herausnehmen. In die Butter etwas zerbröckelten Lorbeer und die abgetropften Pelati geben, mit Salz, Pfeffer, Muskat und Rosmarin würzen und zu einer dicklichen Sauce einkochen lassen. In einer gebutterten Auflaufform den Boden mindestens 1½ cm dick mit Mais belegen, dann die Sauce und die Fleischwürfelchen darübergeben, mit einer zweiten Schicht Polenta decken. Den Käse darüberstreuen, dicht mit Butterflöckchen belegen und bei ca. 200 °C im Ofen goldbraun überbacken.

Tomatenreis

1 400-g-Dose geschälte Tomaten (Pelati), 250 g Langkorn-Reis, 1 Zwiebel, ca. ½ l kräftige Bouillon, 4–5 Eßlöffel Öl, Salz, 1 Eßlöffel Reibkäse

Die Zwiebel hacken und mit dem Reis im Öl rösten, bis dieser glasig ist. Die Tomaten dazugeben, mit der Bouillon ablöschen. Den Reis auf kleiner Hitze garen lassen, bis die Bouillon aufgesogen ist. Eventuell nachsalzen. Mit geriebenem Käse anrichten.
Anstelle der Pelati kann 1 Büchse Tomatenpüree verwendet werden, es ist dann etwas mehr Bouillon (ca. 6 dl) beizugeben.

JANUAR

Riso in cagnone
(Reis mit Kartoffeln)

300 g Reis, 3–4 mittlere Kartoffeln, Salz, 80 g Butter, 4–6 Knoblauchzehen, 100 g geriebener Sbrinz

Man schält und schneidet die Kartoffeln in mittelgroße Würfel, die man etwa 5 Minuten vor dem Reis ins siedende Salzwasser gibt. Dann fügt man den Reis dazu und läßt ihn kochen, bis er «al dente» ist. Nun läßt man Reis und Kartoffeln in einem Sieb gut abtropfen. Unterdessen hat man die Butter in einem Pfännchen heiß gemacht und die in feine Scheibchen geschnittenen Knoblauchzehen goldig geröstet. Man gibt die Reis-Kartoffel-Mischung lagenweise mit dem geriebenen Sbrinz in eine Schüssel und gießt am Schluß die Butter mit dem Knoblauch darüber.

Grießpfluten

150 g Grieß, ¾ l Milch, ½ l Wasser, 50 g Butter, 2–3 Eßlöffel Paniermehl (nach Belieben)

Milch und Wasser mit etwas Salz zum Kochen bringen. Den Grieß zugießen, unter Rühren in etwa 15 Minuten zu einem dicklichen Brei kochen. Die Butter in einem Pfännchen erwärmen, einen Löffel hineintauchen und von dem Grießbrei «Pfluten» abstechen, in einer erwärmten Schüssel anrichten. Die übrige Butter über die Pfluten gießen oder das Paniermehl darin rösten und darüber geben. Erwachsene lieben dazu Reibkäse und Salat, die Kinder hingegen eher Apfelmus.

Hörnliauflauf Emmentalerart

300 g Hörnli, 2 große Zwiebeln, 150 g geriebener Emmentaler, 3–4 Eßlöffel Paniermehl, 50 g Butter

Die Hörnli in reichlich Salzwasser garkochen. Unterdessen in einem Teil der Butter die zerschnittenen Zwiebelringe goldbraun backen. Nun lagenweise Hörnli, Zwiebeln und Emmentaler in eine gut ausgebutterte feuerfeste Form schichten. Mit Paniermehl überstreuen, dicht mit Butterflocken belegen und im heißen Ofen überbacken.

Hörnli oder Makkaroni mit Kartoffeln nach Glarnerart

300 g Hörnli oder Makkaroni, 200 g rohe Kartoffeln, 100 g Schabzieger, ½ Tasse Zwiebelringe, 50 g Butter oder Margarine

Die Kartoffeln würfeln und in Salzwasser knapp gar kochen, die Hörnli ebenfalls gar kochen. Beides gut abtropfen lassen und lagenweise mit dem vorher geriebenen Schabzieger in eine Auflaufform geben, die brutzelnde braune Butter, in der die Zwiebelringe gebräunt wurden, darübergießen.

Nudeln mit Spinat

400 g Nudeln, 200 g feingehackter mit etwas Knoblauch vorgedämpfter Spinat, 1 dl Rahm oder Milch, 40 g Butter, 4 Knoblauchzehen, 50–80 g geriebener Sbrinz oder Parmesan

Die Nudeln in Salzwasser al dente kochen. Abgießen und sofort in eine heiße Schüssel geben. Mit dem noch heißen Spinat, Butterflocken, Rahm und Käse mischen, bis alle Nudeln von der grünen Spinatcreme überzogen sind.

Spaghetti mit Thon

500 g Spaghetti, 2 Knoblauchzehen, 1 gehackte Zwiebel. 1 Rüebli, 1 Büschel Petersilie, 1 400-g-Dose geschälte Tomaten (Pelati), Salz, Pfeffer, Rosmarin, 1 Büchse Thon, 1 dl Öl (Olivenöl)

Zwiebel und Rüebli fein schneiden und mit den zerdrückten Knoblauchzehen im Öl anziehen. Die Tomaten ohne zuviel Saft beifügen, salzen, pfeffern, mit Rosmarin würzen, ½ Stunde köcheln lassen. Dann den grob zerpflückten Thon sowie die gehackte Petersilie zugeben, kurz aufkochen, abschmecken und über die inzwischen al dente gekochten Spaghetti gießen.

BROT

Das Brot ist uns zu einer solchen Selbstverständlichkeit geworden, daß wir meist vergessen, ihm jene Beachtung zu schenken, die es verdient. So geben wir uns denn meist mit einer oder zwei gleichbleibenden Brotsorten zufrieden und vergessen nur zu oft, wie groß in einer guten Bäckerei die Auswahl an verschiedenem schmackhaftem Brot (wieder) ist. Denn tatsächlich ist «chüschtiges» gesundes Brot – jedenfalls in den Städten – erst in letzter Zeit wieder gefragt. Lange war es nicht so:

Als der amerikanische Arzt Graham aufschrieb, was er von dem neuen Brot aus feingemahlenem Mehl hielt, war er ein erfahrener Arzt. Der Titel seiner kleinen Broschüre lautete: «Treatise of Bread and Bread-Making» und erschien 1837 in Boston. Seine These war, daß das Brot der Neuzeit ungesund sei, weil ihm wesentliche Stoffe fehlten, und daß man es deshalb durch ein «Gesundheitsbrot» ersetzen müsse.

Im Jahre 1830 hatten nämlich zwei Schweizer, Sulzberger und Müller, ein System aus Stahl- und Porzellanwalzen erfunden, mit denen man die Weizenkörner besser und feiner mahlen konnte als zuvor. Mit diesen Walzen gelang es, ein reineres Mehl herzustellen. Das neue, sogenannte «ungarische» oder «Schweizer» Verfahren revolutionierte die Mühlindustrie, und man lernte überall auf der Welt, ein Weizenmehl ohne Kleie und Schrot zu erzeugen.

Die Menschheit wurde mit Massen von reinem Weizenmehl versorgt. Es dauerte mehr als ein Menschenalter, bis man sich der Weisheiten des Mr. Graham entsann und begriff, daß man nicht ungestraft alle Kleie und alle Stärke, alle Keime und alle Vitamine aus dem Mehl entfernen durfte.

Klosterbrot-Rezept

700 g Klostermehl und 300 g Bauernmehl (in Reformhäusern erhältlich), 1 Eßlöffel Salz, 2 Päcklein Trockenhefe oder 25 g Hefe, 3 dl Wasser, 3 dl Milch, 1 Eßlöffel Öl

Mehl und Salz in eine Teigschüssel geben und mischen. Die Hefe oder nach Vorschrift angerührte Trockenhefe in die Milch/Wassermischung geben, das Öl unterrühren, zum Mehl rühren. Alles gut durchkneten. Die Schüssel mit einem feuchten Tuch bedecken, in der Nähe eines Ofens oder bei guter Zimmerwärme um das Doppelte aufgehen lassen.
Dann den Teig in eine gefettete oder mit Backpapier ausgelegte Cakeform geben, auf der untersten Rille in den Ofen schieben, bei 220 °C etwa 50–60 Minuten backen.
Wichtig: Der Ofen darf nicht vorgeheizt werden!

Altes Brot...

Altes Brot *lassen wir nicht verderben. Vielmehr gibt es uns Gelegenheit, daraus ausgezeichnete Suppen, Hauptgerichte und Desserts zuzubereiten.*

...als Hilfsmittel der guten Küche

Dünngeschnittene, im Backofen geröstete Brotscheibchen machen aus einer klaren Suppe ein wohlschmeckendes Gericht; für eine Pariser Zwiebelsuppe sind sie unentbehrlich, Erbsen-, Kartoffel-, Gersten- wie auch allerlei Gemüsesuppen lassen sich durch Brotwürfelchen verbessern. Brot- und Schinkenwürfelchen, unter weiße Spaghetti gemischt, ergeben – mit einem Salat – eine ausgezeichnete Mahlzeit.
Geriebenes hartes Brot gehört als Paniermehl zu den stets benötigten Hilfsmitteln einer guten Küche (siehe «Chapelure» auf Seite 15).

...für beliebte Gerichte

Vogelheu/Eierrösti/ Studentenfutter

Ca. 500 g Brot in Würfel oder feine Schnitten schneiden, 4 Eier, 2 dl Milch, Butter oder Margarine, Salz

Altbackenes Brot übergießt man zuerst mit etwas kochender Milch und läßt es einige Minuten stehen. Dann in einer großen Pfanne in reichlich Margarine oder Butter die Würfelchen oder Schnitten knusprig rösten. Die zerklopften Eier, die Milch und etwas Salz gut verrühren, über das Brot geben und alles mit dem Bratenschäufelchen so lange wenden, bis die Eiermasse flockig und fest geworden ist. Wenn man das Vogelheu süß will, wird es mit Zucker oder mit Zimtzucker bestreut.

Apfelrösti

250–300 g Brot (hell oder dunkel), 1 kg Äpfel, Butter oder Margarine, Zucker, Zimt (nach Belieben), oder Kompott, Vanillecreme

Das Brot in feine Scheiben schneiden und in Butter oder Margarine knusprig backen. Die Äpfel schälen, in Schnitze schneiden und mit Zucker weichdämpfen. Die gedämpften Äpfel zum Brot geben und gut vermischen. Ein paar Minuten zusammen dämpfen und anrichten. Nach Belieben mit Zucker und Zimt bestreuen, eventuell eine Vanillecreme dazu servieren.

Englischer Brotpudding
(Bread and butter pudding)

½ l Milch, 3 Eier, 100 g Zucker, 1 Vanillestengel, 8 Tranchen Modelbrot, 2 Eßlöffel Sultaninen, 1 Eßlöffel Butter

Brotschnitten in Butter leicht rösten und ziegelartig in Puddingform anrichten. Milch mit Zucker und Vanille aufkochen. Einige Minuten ziehen lassen und mit den gut verrührten Eiern vermischen. Diese Masse über die Brotschnitten gießen und die Sultaninen darüberstreuen. Die Form in ein Wasserbad stellen und im mittelheißen Ofen etwa 25–30 Minuten pochieren.

Fotzelschnitten

Zirka 8–10 Weiß- oder Schwarzbrotschnitten von etwa 1 cm Dicke, 4 bis 5 Eier, 1½–2 dl Milch, Margarine oder Kochbutter, Zucker und Zimt

Milch und die zerklopften Eier gut untereinanderrühren. Die Brotschnitten in der Ei-Milch-Masse wenden, bis sie gut durchfeuchtet sind. Dann in der heißen Margarine oder Butter beidseitig goldbraun backen. Nach Belieben mit Zucker oder mit Zimt und Zucker bestreuen.

Dazu reicht man Apfelmus (auch aus der Büchse) oder in Süßmost gekochte oder in Butter gedämpfte Apfelstückli. Oder ein Kompott aus gedörrten Zwetschgen, das man wie folgt zubereitet:

Zwetschgenkompott

300 g große gedörrte Zwetschgen über Nacht in etwa 4 dl warmes Wasser einlegen. Andertags im Einweichwasser auf kleinem Feuer so lange kochen, bis sie weich sind und appetitlich glänzen. Mit zirka 60–80 g Zucker und etwas Zimt bestreuen und das Kompott lauwarm oder kalt, bestreut mit Mandelsplittern oder Nüssen, servieren.

Die festlichere Variante der Fotzelschnitte ist die

Schyterbygi

400 g Modelbrot oder auch gewöhnliches Weißbrot, 3 dl Milch, 30 g Zucker, 1 Messerspitze Zimt, 3–4 Eier, Backfett, 5 dl Vanillesauce

Man schneidet die Rinde dünn ab und dann das Brot in zwei Zentimeter dicke Scheiben und diese wiederum in zwei Zentimeter dicke Stengelchen. Dann vermischt man die Milch mit Zucker und Zimt, weicht die Stengel darin ein, wendet sie in den zerklopften Eiern und bäckt sie schwimmend in heißem Backfett, bis sie gelbbraun sind. Darauf läßt man sie auf Küchenpapier abtropfen und schichtet sie dann gitterartig oder wie eine «Schyterbygi» aufeinander und begießt sie – das ist der Clou – mit einer heißen Vanillesauce (s. Seite 65).

Brotauflauf

300 g Brotwürfel, klein geschnitten, 6 dl kochende Milch, 40 g Butter, 80 g Zucker, eine halbe Zitronenschale, abgerieben, 3–4 Eier, 30 g Mandelsplitter, 40 g Sultaninen oder Rosinen

Man vermischt das Brot mit der kochenden Milch und läßt die Mischung erkalten. Dann rührt man Butter, Zucker, die abgeriebene Zitronenschale und die Eigelb schaumig, gibt die Mandelstifte und die gewaschenen Rosinen dazu und verrührt alles zusammen mit der Brotmasse. Dann zieht man die steifgeschlagenen Eiweiß vorsichtig darunter und füllt in eine gebutterte Auflaufform ein. In gut heißem Ofen bäckt man den Auflauf 40–50 Minuten, bis er eine schöne hellbraune Farbe hat.

KÄSE

Käse ist eines der besten Nahrungsmittel, vielleicht sogar das beste. Bekannt sind mehr als tausend Sorten; die berühmtesten kommen aus der Schweiz, aus Frankreich, Italien, Deutschland, Holland, Österreich und England. Doch wird praktisch in allen Ländern der Welt – mit Ausnahme von einigen in Afrika und Asien – Käse hergestellt.

Was ist Käse?

Käse besteht aus Milch, die durch Erwärmen und durch Zugabe von Lab und Bakterienkulturen zum Gerinnen gebracht wird. Die geronnene Milch wird mit der sogenannten «Käseharfe» zerschnitten, wodurch sich der wäßrige Teil – die Molke oder Sirte – von der Käsemasse scheidet. Ent-

sprechend der gewünschten Käseart wird dann die Masse in Formen gepreßt und mehr oder weniger lang gelagert usw.
Je nach Festigkeit unterscheidet man Hart-, Halbhart-, Weich- und Frischkäse (siehe unten).

Fett i. Tr.: ist nichts weiteres als die Angabe des Fettgehaltes in der Trockenmasse, nachdem dem Käse das Wasser entzogen wurde.

100 g Emmentaler enthält etwa 40 g Wasser. Das bedeutet bei «45% Fett i. Tr.» nicht ganz 30 g Fett. Das ist sogar weniger Fett, als eine 100 g schwere Cervelat enthält.

Die bekanntesten Käsesorten

Hartkäse: Emmentaler, Greyerzer, Sbrinz, Hobelkäse, Bergkäse
Halbhartkäse: Tilsiter, Edamer, Appenzeller, Tête de Moine
Weichkäse: Weißschimmelkäse (Camembert, Brie, Tomme); Grünschimmelkäse (Roquefort, Gorgonzola); Rotschmierkäse (Limburger, Münster, Reblochon, Romadur).

Die Lagerung von Käse

Käse wird kühl aufbewahrt, wobei er mit Vorteil möglichst luftdicht in Käsepapier, Alu- oder Saran-Folie eingeschlagen wird. Fehlen geeignete kühle Kellerräume, kann man den Käse auch im Kühlschrank lagern. Die etwas zu starke Kälte vermindert jedoch sein Aroma. Deshalb sollte der Käse gut ½ bis 1 Stunde vor dem Essen aus dem Kühlschrank genommen werden.

JANUAR

Englische Zitronencreme
(Männer schätzen sie sehr)

3 dl Rahm, Saft und abgeriebene Schale von 2 Zitronen, 1 dl Weißwein, 3 Eßlöffel Zucker, 3 Eiweiß, 2 Orangen

Den Rahm sehr steif schlagen. Zitronensaft, abgeriebene Schale, Wein und Zucker mischen und unter den Rahm geben. Die steifgeschlagenen Eiweiß sorgfältig darunterziehen. Die Creme kaltstellen. Vor dem Servieren in Coupe- oder Kelchgläser füllen, mit etwas geriebener Orangenschale bestreuen und mit Orangenschnitzen oder einer gezukkerten Orangen- oder Zitronenscheibe garnieren.

Orange surprise

4 schöne Orangen, 100 g geriebene Haselnüsse, 2½ dl Rahm, Zucker, kandierte Früchte zum Garnieren

Den Orangen einen Deckel abschneiden und das Fruchtfleisch auskratzen, ohne die Schale zu beschädigen. Das Fruchtfleisch fein zerschneiden, den Rahm schlagen und die Hälfte davon mit dem Fruchtfleisch, den Nüssen und etwas Zucker vermischen. In die Orangen füllen und kühl stellen. Mit geschlagenem Rahm und kandierten Früchten garnieren.

Apfeljalousien

250 g Blätterteig, 4–5 mittelgroße Äpfel, Saft von 1 Zitrone, wenig Zucker, 1 Ei

Den Blätterteig etwa 3 mm dick auswallen und in kleine Rechtecke von ungefähr 6 auf 10 cm schneiden. Die Äpfel waschen, schälen und in gleichmäßige Schnitzchen schneiden. Diese so auf die Teigstücke legen, daß auf allen Seiten ein Rand von etwa 1 cm frei bleibt. Die Äpfel leicht eindrücken und mit Zitronensaft beträufeln. Den Rand mit dem zerquirlten Ei bepinseln. Die Jalousien sorgfältig auf ein kalt abgespültes Backblech legen. Bei mittlerer Hitze im vorgeheizten Backofen mit spaltbreit offener Türe während rund 15 Minuten goldgelb backen. Noch warm mit Zucker bestreuen, auf dem Gitter abkühlen lassen.

Orangensoufflé

3 Orangen, 1 Eßlöffel Maizena, 1 Tasse Milch, 2 Eßlöffel Zucker, 3 Eiweiß, 2 Eigelb

Die Orangen auspressen und die Schale einer Orange sehr fein hacken, nachdem man die weiße Schicht säuberlich weggeschnitten hat. Mit dem Orangensaft vermengt man das Maizena, die Milch und den Zucker und bringt alles zusammen zum Kochen. Gut rühren, bis die Flüssigkeit dicklich wird. Nun fügt man die gehackte Orangenschale und zwei Eigelb hinzu. Wenn die Masse dick ist, läßt man sie erkalten und fügt den Schnee von 3 Eiweiß hinzu, schüttet die Masse in eine gebutterte Auflaufform und bäckt bei 180 °C 10–15 Minuten. Kurz vor dem Anrichten bestreut man den Auflauf im Ofen mit 1 Eßlöffel Zucker.

FEBRUAR

Noch immer sind uns im Monat Februar nahrhafte Saucengerichte und Eintöpfe lieb, wenn vielleicht auch die einen oder andern um ihre Linie fürchten. Daß diese Furcht unbegründet ist, haben wir bereits auf Seite 12 erklärt: Wenn es Sie also nach einem währschaften Gericht gelüstet, greifen Sie ruhig zu.

TIP Wichtiger als das Kalorien- scheint mir das Vitaminproblem; gerade im Winter ist der Bedarf an Vitaminen groß. In der jetzt an Frischgemüsen armen Zeit decken wir unseren Vitaminbedarf mit Kabis-, Wirz-, Sauerkrautgerichten, Rüebli sowie Sellerie (roh, als Salat), vor allem aber mit Zitrusfrüchten wie Orangen, Grapefruits und Zitronen. Gehen Sie großzügig mit diesen um: Zitronensaft vermag sehr gut den Essig zu ersetzen, Orangen eignen sich für Salate, als Fleischbeilagen und für feine Desserts, und auch mit Grapefruits lassen sich vorzügliche Speisen zubereiten.
Aber auch Niere und Leber sind vorzügliche Vitaminspender. Mehr darüber lesen Sie auf Seite 46.

Viele schweizerische Spezialitäten haben Eingang in die internationale Küche gefunden; neben dem Fondue ist es zweifellos die Rösti (siehe Bild), die untrennbar mit schweizerischer Kochkunst verbunden ist. Doch was für eine Rösti ist damit gemeint? Wie bei jeder Volksspeise, gibt es auch bei der Rösti verschiedene – vor allem kantonale – Varianten. Mehr darüber lesen Sie auf Seite 44.

Kabissalat nach Grossmutterart

400–500 g Weißkabis, 100–150 g Speckwürfeli, 1 Tasse Brotwürfeli, 2 Eßlöffel Butter, 1 feingehackte Zwiebel, Salz, Pfeffer, Essig

Die Speckwürfeli in Butter glasig dämpfen, dann die Brotwürfeli beifügen und goldbraun rösten. Herausnehmen und beiseitestellen. Den Kohl in feine Streifchen schneiden oder hobeln. Mit der feingehackten Zwiebel im restlichen Fett, dem wir noch etwas Butter beigefügt haben, andämpfen. Mit Salz, Pfeffer und Essig abschmecken. Dann zugedeckt auf kleinem Feuer noch ca. 10 Min. dämpfen, erkalten lassen und mit den Speck- und Brotwürfeln mischen.

Champignons mit Zwiebeln

350 g Champignons, 250 g Zwiebeln, Salz, Pfeffer, 1–2 zerriebene Lorbeerblätter, 3–4 Eßlöffel Olivenöl, 1 Tasse Weißwein, 1 kleine Dose Tomatenpüree

Zwiebeln und Champignons in Scheiben schneiden, mit Salz, Pfeffer und Lorbeer würzen, in einen kleinen Topf geben, mit Öl andämpfen, Wein, Tomatenpüree zugeben, 30 Min. köcheln lassen. Schmeckt kalt oder warm.

FEBRUAR

Russischer Randensalat

500 g gekochte Randen, Joghurtsauce (Seite 112), 1 Eßlöffel geriebener Meerrettich, 1 Teelöffel mildes Paprikapulver oder Kümmel

Die Sauce mit dem Meerrettich, dem Paprika oder Kümmel mischen, mit Zitronensaft abschmecken. Die Randen in Stäbchen schneiden und mit der Sauce mischen. Vor dem Servieren etwa ½ Std. in der Kälte ziehen lassen.

Linsensalat provençale

300 g Linsen, 1 große Zwiebel, 1 große Büchse Thon, 2 Büschel Petersilie, 3 hartgekochte Eier (fakultativ)

Die gargekochten, aber nicht zu weichen Linsen mit Wasser abspülen und, solange sie noch lauwarm sind, mit den feingehackten Zwiebeln und der Petersilie mischen. Den abgetropften Thon zerzupfen und mit 1 Tasse Salatsauce provençale (Rezept siehe Seite 112) den Linsen untermischen. Vor dem Essen gut ziehen lassen, mit Eierschnitzen und einigen Zwiebelringen garnieren.

Orangen-Grapefruit-Salat

2 Grapefruits, 2 Orangen, ½ Gurke, 3 Tomaten (fakultativ), 1 Schachtel Hüttenkäse, einige Salatblätter. Italienische Salatsauce (Rezept siehe Seite 112) mit 1 Schuß Tomatenketchup und einer Prise Zucker

Grapefruits und Orangen schälen, die Fruchtschnitze enthäuten (fakultativ) und in kleine Stücke schneiden. Gurke schälen, in Scheiben schneiden. Tomaten (fakultativ) in Achtel zerteilen. Alles mischen. Den Hüttenkäse in einer Schale auf einige Salatblätter geben, das Salatgemisch darüber verteilen, die Sauce gut verrühren, darübergießen.

Orangensalat mit Zwiebeln

4–5 Orangen, 200 g Zwiebeln, schwarze Oliven, 2 Eßlöffel, Salz, Zitronensaft, Zucker

Die Zwiebeln schälen, halbieren und in dünne Scheiben schneiden. Die Orangen so schälen*, daß keine weiße Haut stehenbleibt, ebenfalls in Scheiben schneiden. Die Sauce aus Öl, Salz, Zitronensaft und etwas Zucker daruntermischen. Einige Oliven beigeben und alles im Kühlschrank gut 1 Stunde ziehen lassen.

---

* **Tip:** *Orangen lassen sich besser schälen, wenn sie zuerst kurz in heißes Wasser getaucht werden.*

Serbische Bohnensuppe

300 g eingeweichte Bohnen, 150 g geräucherter Speck oder eine große Speckschwarte oder 1 gespaltenes Schweinsfüßchen, 150 g feingeschnittenes Suppengemüse (Lauch, Rüebli, Sellerie), 1 zerriebenes großes Lorbeerblatt, 1 gehackte Zwiebel und 1 in Ringe geschnittener Lauch, 1 Eßlöffel Essig, Salz, Pfeffer, Majoran, 200 g rohe Kartoffelwürfel, Fett oder Margarine. Nach Belieben sauren Rahm

Die Bohnen mit dem Einweichwasser auf das Feuer stellen, auf 1½ l Wasser auffüllen, aufkochen, Suppengemüse, Speck, Speckschwarte oder Schweinsfüßchen zugeben, gar kochen. In den letzten 10 Min. die Kartoffeln zugeben, mit den Gewürzen abschmecken. Zwiebel und Lauchringe in Fett oder Margarine goldbraun rösten und vor dem Anrichten der Suppe zufügen, nach Belieben sauren Rahm unterrühren.

Lauchsuppe

3 Stengel Lauch, 2–3 mittelgroße Kartoffeln, 50 g Butter, 1 gehackte Zwiebel, ½ l kalte Milch, ¾ l heiße Bouillon, Petersilie, 30 g geriebener Sbrinzkäse, Salz, Muskat, Majoran

Lauch und Kartoffeln säubern, fein schneiden und zusammen mit gehackter Petersilie und Zwiebel in Butter dünsten, bis der Lauch leicht Farbe annimmt. Mit Milch ablöschen und Bouillon zugeben. Salzen, auf kleinem Feuer 25 bis 30 Minuten köcheln lassen. Nun wird die Suppe durchs Passevite oder Sieb getrieben und in die Pfanne zurückgegeben. Jetzt fügen wir den feingeriebenen Sbrinz bei und lassen die Suppe unter ständigem Rühren nochmals aufkochen. Nach Ge-

FEBRUAR

schmack mit frisch geriebener Muskatnuß und/oder Majoran abschmecken. Eventuell mit etwas Butterflocken oder zerlassener Butter bereichern.

Großmutters Pfannkuchen

500 g Kartoffeln, ½–1 dl Milch, 3–4 Eßlöffel Mehl, 3 Eßlöffel Rahm oder Sauerrahm, 6 Eier, Salz, weißer Pfeffer, Muskatnuß, 2–3 Eßlöffel eingesottene Butter

Die Kartoffeln in der Schale weichkochen, gut abtropfen und verdampfen lassen. Sofort schälen und noch warm durchs Passevite treiben. Mit der heißen Milch zu einer festen Masse vermischen und abkühlen lassen. Dann das gesiebte Mehl und den Rahm beigeben. Die Eier eins nach dem andern darunterarbeiten. Würzen und etwa eine halbe Stunde ruhen lassen. Die Konsistenz des Teiges ist richtig, wenn er leicht fließt wie ein Omelettenteig. In der eingesottenen Butter kleine Pfannkuchen golden backen und heiß servieren.

Lothringer Zwiebel/Käse-Kuchen
(Quiche Lorraine)

Diese Quiche, die beliebteste in Frankreich, gibt es in verschiedenen Abwandlungen: mit oder ohne Käse und Zwiebeln, mit gewürfeltem oder in Tranchen geschnittenem Speck usw.

1 Paket Blätter- oder Kuchenteig (ca. 400 g), 100 g dünne Specktranchen, 1 große Zwiebel, 200 g geriebener Greyerzer, 2 dl Milch, 1–1½ dl Sauerrahm oder Joghurt, 1 knapper Eßlöffel Mehl, 3 Eier, Salz, Pfeffer, Muskat, Butter

Den Teig auswallen, auf ein Kuchenblech legen und stupfen (bei Verwendung von Blätterteig das Blech kalt abspülen, bei Kuchenteig dasselbe fetten).
Die in Streifen geschnittenen Specktranchen oder -würfelchen in Butter kurz anbraten, die Hälfte davon auf den Teigboden verteilen. Die feingehackte Zwiebel im verbleibenden Speckfett glasig dünsten, über den Speck geben. Den Käse darüberstreuen. Aus Milch, Sauerrahm oder Joghurt, Mehl und Eiern einen Guß rühren, mit Salz, Pfeffer und Muskat würzen und über den Käse gießen. Mit den verbliebenen Speckstreifen oder -würfelchen garnieren, im vorgeheizten Ofen bei 200°C zirka 30 Min. backen.

Tip: *Der Kuchen wird luftiger, wenn wir beim Guß nur die Eigelb verrühren und die zu Schnee geschlagenen Eiweiß darunterziehen.*

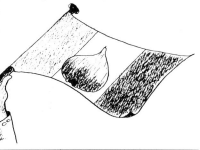

Fischfilets mit Grapefruitschnitzen

500 g (evtl. tiefgekühlte) Filets (Sole, Kabeljau), 3 Eßlöffel Butter, Fleisch einer Grapefruit in Schnitzen, 3 Eßlöffel Grapefruitsaft, 1 Prise Dillpulver, 1 Prise Estragonblätter, 1 Schuß Tabasco, 1 Eßlöffel Petersilie, ½ Teelöffel Paprika, Salz

Die (aufgetauten) Fische in eine bebutterte, feuerfeste Form geben. Salzen. Drei Eßlöffel Butter, Dill, Estragon, Tabasco zusammenmischen und über die Fische geben. Bei 250°C gratinieren. Drei Minuten vor dem Garpunkt den Grapefruitsaft darüberträufeln. Schnitze darauflegen und drei Minuten weiter gratinieren. Vor dem Anrichten die gehackte Petersilie darüberstreuen.

Schwedischer Dorschauflauf

800 g Dorschfilets (auch tiefgekühlte), je eine Tasse gehobelte oder geraspelte Rüebli, feingeschnittene rohe Kartoffelscheiben, junge grüne Erbsen oder Büchsenerbsen, 2 Eßlöffel feingewiegte Petersilie, Pfeffer, Salz, etwas Zitronensaft, 2 Eigelb, 1 dl Rahm, Paniermehl, Butter oder Margarine

Das Gemüse in reichlich Butter in einer Pfanne gut anziehen, die Petersilie zugeben, mit etwas Salz und Pfeffer würzen. In eine feuerfeste Form geben. Unterdessen die (angetauten) Dorschfilets in Würfel schneiden, mit etwas Zitronensaft säuern, mit dem Gemüse mischen. Die Eigelb mit dem Rahm verquirlen und darübergießen. Mit Paniermehl und Butterflocken bestreuen. Im vorgeheizten Ofen bei gut 220°C etwa 25 Min. gratinieren.

FEBRUAR

Gekochter Fisch mit Dillsauce

700–800 g tiefgekühlte Fischfilets (Colin, Dorsch, Kabeljau usw.), Saft von 2 Zitronen, 1 mit 2 Nelken besteckte Zwiebel, 1 Lorbeerblatt, 2–3 Eßlöffel Butter oder Margarine, 1 Eßlöffel Mehl, 2 Eigelb, 2 gehäufte Eßlöffel feingehackter frischer Dill oder 2 Eßlöffel feingehackte Petersilie und 1 Eßlöffel getrockneter Dill, etwas Salz und weißer Pfeffer

Knapp 2 l Wasser mit dem Saft 1 Zitrone, der besteckten Zwiebel und dem Lorbeerblatt zum Kochen bringen, die Fischfilets beigeben und ziehen lassen, bis sie gar sind. Unterdessen die Butter oder Margarine schmelzen, das Mehl darin leicht dämpfen, mit Fischsud unter Rühren zu einer sämigen Sauce ablöschen, gut 10 Min. köcheln lassen. Dann die geschlagenen Eigelb und die Kräuter zugeben, mit Zitronensaft und weißem Pfeffer gut würzen, eventuell etwas Rahm untermischen. Zum Fisch servieren.

Dazu passen Salzkartoffeln oder weißer Reis.

Gratinierter Blumenkohl mit Schinken und Käse

1 großer Blumenkohl (ca. 800 g), 100–150 g Schinkenwürfeli, 60–80 g geriebener Käse, 2 Eßlöffel Mehl, 3 dl Milch, 3 dl Blumenkohlsud, nach Belieben 3 Eßlöffel Rahm oder Sauerrahm, Salz, weißer Pfeffer, Butter oder Margarine

Den geputzten Blumenkohl in gesalzenem Wasser knapp gar kochen, in einzelne Rosen teilen und eine gebutterte Gratinform damit auslegen. Gut 3 Eßlöffel Butter in die Pfanne geben, Mehl zugeben und aufschäumen lassen, mit Blumenkohlsud und Milch ablöschen, gut umrühren, Schinkenwürfeli und Käse beifügen, mit Salz und Pfeffer würzen, köcheln lassen, bis die Sauce schön cremig ist (10–15 Min.), eventuell etwas Rahm oder Sauerrahm zugeben. Die Sauce über das Gemüse geben und im vorgeheizten Ofen bei 250°C goldgelb überbacken. Zu Salz- oder Bratkartoffeln servieren.

Lauchreis

250 g Langkornreis, 750 g Lauch, 250 g Rüebli, 1 Zwiebel, 400 g Hackfleisch halb/halb, Salz und Pfeffer

Langkornreis in viel Salzwasser körnig kochen, im Sieb abtropfen lassen. Lauch in Ringe, Rüebli in feine Stifte schneiden, Zwiebeln würfeln. Alles in heißem Öl andünsten. Hackfleisch zugeben und mitbraten. Salzen und pfeffern, mit etwas Bouillon oder Weißwein ablöschen, zugedeckt etwa 20 Minuten köcheln lassen. Dann Reis daruntermischen, abschmecken. Eine Tomatensauce dazu servieren.

FEBRUAR

Waadtländer Lauch/Kartoffel-Eintopf

(«Papet», d. h. Potée vaudoise)

Dieser Eintopf kann, wie alle Volksgerichte, nach eigenem Geschmack verändert werden; eine Variante ist beispielsweise die Beigabe von weißen Rüben (Navets) oder auch Sellerie usw. Hauptbestandteile sind jedoch immer Lauch und Kartoffeln (halb und halb oder 3/4 Lauch und 1/2 Kartoffeln).

1,5 kg Lauch, 500 g Kartoffeln, 1 Zwiebel, 30–40 g Butter oder Margarine, 1–2 Eßlöffel Mehl, Salz, Pfeffer, Muskat, Bouillon oder Weißwein, Waadtländer Würste, wie Saucisse au foie (mit Leber) und Saucisse aux choux (mit Kabis zubereitet), oder auch Schweinswürstli, Schüblig, Zungenwurst

Den Lauch in daumenlange Stücke schneiden und mit der gehackten Zwiebel in Butter oder Margarine 6 bis 7 Minuten andünsten, mit Salz, Pfeffer und Muskat würzen, das Mehl darüberstreuen, rühren und mit dem Weißwein oder etwas Bouillon ablöschen. Nun die grob geschnittenen Kartoffeln zufügen; wenn nötig, Bouillon nachgießen. Die Würste darauflegen und auf kleinem Feuer den Eintopf halb zugedeckt etwa 40 Minuten oder so lange köcheln lassen, bis Lauch und Kartoffeln etwas breiig sind. Bei Bedarf etwas Bouillon beigeben.
Den Eintopf mit den Würsten auftragen, die erst am Tisch aufgeschnitten werden.

Wirzauflauf

1 Wirz (ca. 1,2 kg), 1–2 rohe Kartoffeln, 1 Zwiebel, ca. 300 g Schinken- oder Speckwürfelchen, 3–4 Tassen körnig gekochter Reis, 1–2 Eier (fakultativ), 1½ dl Bouillon, 1 dl Sauerrahm oder Milch, 50 g Reibkäse, 2 Eßlöffel Fett, Salz, Pfeffer

Die Wirzblätter in Streifen schneiden und in Salzwasser knapp gar kochen. Abtropfen lassen. In Fett die feingehackte Zwiebel und die Fleischwürfelchen anziehen, die Wirzstreifen zugeben, mit den geschälten, geriebenen Kartoffeln binden, mit Pfeffer würzen. Lagenweise mit dem Reis in eine gefettete Gratinform geben. Bouillon und Sauerrahm oder Milch verrühren, nach Belieben die verquirlten Eier zugeben. Über den Gratin-Inhalt gießen. Mit Käse bestreuen und im vorgeheizten Ofen bei 220 °C eine knappe halbe Stunde backen.

Mexikanisches Fleisch-/Bohnengericht

(Chili con carne)

1 kg gekochte weiße Bohnen oder 1 große Dose weiße Bohnen, 1 Zwiebel, 1–2 Knoblauchzehen (fakultativ), 400 g Hackfleisch halb/halb, 1 Büschel Petersilie, 1 Büchschen Tomatenpüree, 1 Büchse Pelati, Salz, schwarzer Pfeffer, Cayenne- oder/und Chili-Pfeffer oder/und Chili-con-carne-Gewürz, Thymian, 1 Nelke, etwas Lorbeer, Bouillon oder Weißwein

Die Zwiebel würfeln und in Öl oder Margarine anziehen. Hackfleisch, etwas zerriebener Lorbeer und Nelke zugeben und unter ständigem Wenden scharf braten. Mit Salz, Pfeffer, den Pfeffergewürzen und Thymian gut würzen, Tomatenpüree und den durchgepreßten Knoblauch zufügen, mit Bouillon oder Wein ablöschen. Die grobgehackten Pelati mit etwas Saft zugeben.

Mit den Bohnen mischen. Auf dem Herd oder im Ofen köcheln, eventuell etwas Pelati-Saft nachgießen, damit das Gericht nicht zu trocken wird.

Um den Geschmack zu erhöhen, können Sie über die Bohnen gewürfelte, scharf angedämpfte Peperoni geben. In Mexiko werden zu diesem Gericht gerne rohe gehackte Zwiebeln serviert; oder man gibt ihm scharfe feingehackte Peperoncini aus der Dose bei.

Chili con carne gibt es in den verschiedensten Varianten; anstelle von Hackfleisch kann beispielsweise gewürfeltes Ragout-Fleisch genommen werden. Und statt der weißen Bohnen können Sie rote mexikanische Bohnen oder Indianerbohnen (ebenfalls in Dosen erhältlich) verwenden.

MEINE RÖSTI IST DIE BESTE!

Wer solches sagt, hält «sein» Rezept meist für das einzig richtige, und es wäre kühn zu widersprechen. Dabei gibt es gar kein einziges «richtiges» Röstirezept, sondern die verschiedensten Arten und Varianten, die alle wiederum ihre Vorzüge haben.

Die einen mögen «ihre» Rösti fettarm, wie eine Art Fladen. Andere wiederum möchten sie knuspriggolden und mit Butter gebraten. Viele schwören auf Pflanzenfett, andere wiederum lieben Margarine oder Öl oder Öl mit Butter vermischt. Dritten ist Schweinefett, eventuell mit etwas Butter, wiederum gerade richtig.

Viele lieben die Rösti mit gebratenen Speckwürfelchen oder mit etwas Kümmel. Viele dünsten – eine fettsparende Methode – zuerst fein geschnittene Zwiebeln hellgelb an, bevor sie die Kartoffeln in die Pfanne geben.

Man kann der Rösti geriebenen Greyerzer beigeben oder etwas Schabzieger darüber reiben. Beide Varianten machen sie pikant.

Oder man kann die Rösti auch aus feingeraffelten *rohen* Kartoffeln zubereiten. Sie wird etwa 10 Minuten länger als sonst auf dem Feuer gelassen, die Zubereitung bleibt sich sonst gleich wie bei der andern Rösti.

Und dann gibt es noch viele kantonale, kommunale und private Arten und Abarten.

Doch bevor wir zur berühmtesten aller Röstis, zur Berner Rösti, kommen, noch einige Tips. Wichtig ist beispielsweise:

● die Verwendung der richtigen Kartoffelsorte (rotschalige Urgenta; auch Désirée und Bintje sind geeignet).

● das Abdecken der Pfanne mit einer flachen Steingut- oder Keramikschüssel oder -platte. Dadurch wird die Rösti saftiger, Keramik gibt den Dampf besser an die Rösti zurück als ein Metalldeckel. Zudem ist die Platte zum Auftragen der Rösti bereits richtig vorgewärmt.

● der Besitz einer richtigen Röstipfanne. In der guten alten Zeit war sie aus solidem Gußeisen. Sie durfte nie mit Wasser in Berührung kommen, d.h. weder für Saucengerichte verwendet noch je abgewaschen werden. Man rieb sie trocken mit Salz aus. Heute gibt es vorbehandelte, nichtrostende Bratpfannen, welche die guten Eigenschaften alter Röstipfannen besitzen und dank ihrem – übrigens kratzfesten – Belag noch Fett sparen helfen.

Die «klassische» Berner Rösti

Die am Vortag nicht zu weich gekochten oder gut erkalteten Kartoffeln durch die Röstiraffel reiben. Fett, nicht zu knapp bemessen, in der Pfanne erhitzen. Die Kartoffeln hineingeben, leicht salzen und etwa 1 dl Wasser darüber träufeln. Zudecken. Nach etwa zwei Minuten die Kartoffeln wenden, wiederum leicht salzen, zudecken. Dies mehrmals wiederholen, bis die Rösti überall etwas angebraten ist. Dann mit dem Schäufelchen vom Pfannenrand weg einen flachen Kuchen zusammendrücken, dem Pfannenrandinneren entlang etwas Butter streichen. Nun nicht mehr zudecken, sondern auf etwas stärkerem Feuer unten gut anbraten lassen, was etwa 15 Minuten dauert. Dann Feuer löschen, die warme Steingutplatte auf die Rösti legen, das Ganze umdrehen, so daß die knusprig gebackene Unterfläche oben ist.

Bauernrösti

1 kg geschwellte Kartoffeln, 3 Eßlöffel Schweinefett oder Butterfett (oder beides gemischt), 100 g Bauernspeck, 1 große, feingehackte Zwiebel, Salz, Pfeffer

Den würflig geschnittenen Bauernspeck im Fett auslassen, die Zwiebel darin hellgelb rösten und die mit der Röstiraffel geriebenen Kartoffeln beifügen. Würzen, gut anbraten, zu einem Kuchen zusammenschieben, fertig braten und stürzen.

Urner Rösti

1 kg geschwellte Kartoffeln, 2–3 Eßlöffel Kochbutter, 1 große, feingehackte Zwiebel, Salz, 4 Eßlöffel geriebener Bergkäse, ½ dl Rahm oder Milch

Die Zwiebel in der Butter dämpfen, die geraffelten Kartoffeln beigeben, leicht salzen und unter Wenden braten. Kurz vor dem Anrichten den Bergkäse darüberstreuen, den Rahm zufügen und bei kleiner Flamme weiterbraten, bis aus Käse und Rahm das Fett leicht ausscheidet. (Nur hellbraun braten, sonst schmeckt der Käse bitter.)

Zürcher Rösti

1 kg geschwellte Kartoffeln, 3–4 Eßlöffel Kochbutter (oder Öl und Kochbutter gemischt), Salz und Pfeffer, 1 großes Stück frische Butter oder Butterfett

Die Rösti unbedeckt in der Butter allseitig knusprig braten, zu einem Kuchen leicht zusammenschieben (nicht zusammendrücken), fünf Minuten vor dem Anrichten frische Butter dem Pfannenrand entlang verteilen und fertig braten.

Schaffhauser Rösti

150–200 g Hörnli, 500 g geschwellte Kartoffeln, 4 Eßlöffel Kochbutter, Salz

In die erhitzte Kochbutter die geraffelten Kartoffeln geben, etwas durchbraten, die «al dente» gekochten Hörnli daruntermischen, salzen, zu einem Kuchen zusammenschieben, eine Kruste anbraten lassen und stürzen.

Diese Rösti kann auch so zubereitet werden, daß man die Mischung in 2 bis 3 Eßlöffeln Kochbutter und 50 g glasig gebratenen Speckwürfelchen durchbratet und locker anrichtet.

Glarner Rösti

1 kg geschwellte Kartoffeln, 4 Eßlöffel Fett oder Kochbutter, wenig Salz, 4 Eßlöffel geriebener Schabzieger

Die Rösti nach bekannter Art unter Wenden allseitig anbraten, dann den geriebenen Schabzieger dazutun, gut mischen, zu einem Kuchen zusammenschieben, krustig braten und stürzen.

Appenzeller Röstipfanne

1 kg geschwellte Kartoffeln, 30 g geräucherte Speckwürfelchen, 50 g Butter, 2 Eßlöffel Öl, 1 kleine Zwiebel, 60–80 g Appenzeller Käse

Die geschälten Kartoffeln in dünne Scheiben schneiden oder raffeln. Butter und Öl zusammen leicht erhitzen, die Zwiebel scheibeln und zusammen mit den Speckwürfeln darin goldgelb braten. Die Kartoffeln beifügen, unter öfterem Wenden anbraten, dann die Hälfte davon aus der Pfanne nehmen. Die in der Pfanne gebliebenen Kartoffeln zu einem flachen Kuchen zusammenschieben und den geraffelten Käse darüber verteilen, wobei ein Rand von 1 bis 2 Zentimetern freigelassen wird. Die restlichen Kartoffeln wieder darüber verteilen und anpressen. Sobald die Kartoffeln unten braun sind, wendet man sie mit Hilfe eines Pfannendeckels und läßt sie auf der anderen Seite knusprig braten. In eine Keramikplatte stürzen und heiß servieren.

Rösti à la romande

1 kg geschwellte Kartoffeln, 3–4 Eßlöffel Fett oder Kochbutter (evtl. mit etwas Öl gemischt), 1 große feingehackte Zwiebel, 1 ausgepreßte Knoblauchzehe, Salz, weißer Pfeffer, ½ dl Weißwein, 50 g geriebener Greyerzer

Das Fett erhitzen, Zwiebel und Knoblauchzehe darin durchdämpfen, die geraffelten Kartoffeln beifügen, salzen und pfeffern und locker durchbraten. In eine bebutterte niedere, wenn möglich runde Auflaufform füllen, den Weißwein darübergießen, mit dem Greyerzer bestreuen und im heißen Ofen 15–20 Minuten überbacken.

Tessiner Rösti

1 kg geschwellte Kartoffeln, 2 Eßlöffel Öl oder Butterfett (oder beides gemischt), 100 g Speckwürfelchen, 1 große feingehackte Zwiebel, 2 durchgepreßte Knoblauchzehen, etwas fein gehackte Petersilie, Salz, wenig Rosmarinpulver, Sbrinz

Die Speckwürfelchen in Öl auslassen, Zwiebel, Knoblauchzehen und Petersilie zufügen, kurz durchdämpfen, die geraffelten Kartoffeln zufügen, würzen und nach bekannter Art zu einem Kuchen braten. 5 Minuten vor dem Anrichten den Sbrinz darüberstreuen und – bei zugedeckter Pfanne – schmelzen lassen.

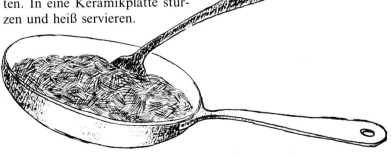

LEBER UND NIEREN

Jahrhundertelang galten Innereien als Teufels- und Hexenspeisen. Insbesondere Nieren und Leber standen im Verdacht, in sinnliche Verführung zu leiten. So mußten sie denn beim dörflichen Schweineschlachten an den Herrn Pfarrer abgegeben werden, der sie seiner Frömmigkeit wegen ruhig genießen durfte ...

Nieren

sind eisenhaltig, fettarm, eiweißreich und enthalten vor allem Vitamin C.

Kalbsnieren sind klein, hellrot und zart, aber teuer.

Lammnieren sind zart, vorzüglich, preisgünstig, leider aber selten erhältlich.

Rinds- und Schweinsnieren sind dunkler in der Farbe, weniger zart und derber im Geschmack. Junge, hellrote Schweinsnieren eignen sich als Ersatz für Kalbsnieren.

Tips für die Zubereitung:

• *Bei Rinds- und Schweinsnieren müssen Fett sowie Harnwege und Häute entfernt werden. Es ist empfehlenswert, diese beiden vor der Verwendung gut 1/2 Stunde in kalte Milch zu legen und gut zu wässern.*

• *Nieren nie lange braten und erst nach der Zubereitung salzen.*

Nieren auf Toast

500 g Kalbs- oder junge Rindsniere, je 250 g Spargelspitzen und Champignons aus der Dose, Salz und Pfeffer, Butter, Toastbrot oder Brot, getoastet

Die dicken Nierenscheiben in Butter kurz braten, salzen und pfeffern, auf die noch warmen Toastscheiben geben. Mit Spargelspitzen und gebratenen Champignonhälften garnieren.

Rindsnieren nach Schottenart

Etwa 500 g Rindsnieren, von der Fettschicht befreit, enthäutet und in dicke Scheiben geschnitten, 1 große gehackte Zwiebel, 50 g Butter, Margarine oder Fett, Salz, Pfeffer, Muskatnuß, Mehl zum Bestäuben, 1 Tasse Sherry, Zitronensaft, 1 Büschel gehackte Petersilie, Brot, 1–2 Eier (fakultativ)

Die Nierenscheiben mit den Zwiebeln und der Petersilie in heißem Fett anbraten, mit Salz, Pfeffer und Muskat würzen. Etwas Mehl darüberstäuben, den Sherry zufügen, kurz aufkochen, dann mit etwas Zitronensaft abschmecken. Vorbereitend haben Sie einige Scheiben dunkles oder helles Brot in etwas Butter gebäht und in eine heiße Auflaufform gelegt. Auf dem noch warmen Brot verteilen Sie das brodelnde Nierengericht. Nach Belieben 1–2 Eier darüberschlagen. Noch kurz in den heißen Ofen schieben.

Leber

Ihre vielseitige, abwechslungsreiche Verwendbarkeit macht die Leber zu einem bevorzugten Nahrungsmittel. Leber ist reich an Vitaminen (A, B, C, D) und sehr eisenhaltig.

Kalbsleber ist die gesuchteste, aber auch teuerste.

Lammleber kommt ihr in der Feinheit nahezu gleich.

Rindsleber ist die vitaminreichste, zudem preisgünstig. Durch Einlegen in Milch (etwa ½ Stunde) wird sie verfeinert.

Die **Schweinsleber** gilt, sehr zu Unrecht, als unfein. Sie wird deshalb von den Metzgern meist verwurstet. Richtig zubereitet (siehe Rezepte) ist aber auch sie eine – und zudem wirklich preisgünstige – Delikatesse; auch sie wird zuerst in Milch eingelegt.

Leberschnitten gibt's auf mancherlei Art

Die Schnitten stets mit etwas Mehl bestäuben und nur kurz in heißer (jedoch nicht rauchender) Butter braten, je nach Dicke 1 bis 2 Minuten pro Seite; das Fleisch sollte innen noch rosig sein. Dann salzen, würzen und sofort auftragen. Ausgezeichnet zu Reis, Teigwaren und Kartoffeln.

Schwedisch: *Mit feingehackten Zwiebeln angebraten, mit Paniermehl bedeckt und mit saurem Rahm übergossen. Fertig dünsten, würzen.*

Berlinerisch: *Mit goldgelb geschmorten Zwiebelringen und Apfelscheiben garniert, zu Kartoffelstock und Sauerkraut.*

Tirolerisch: *Mit im Bratrückstand glasig geschwitzten Zwiebelringen und mit ihnen weichgekochten entkernten Tomaten überdeckt.*

Leberschnitten mit Erbsli

500–600 g Rinds- oder Schweinslebertranchen, 1 Eßlöffel Mehl, 50 g Butter, Margarine oder Fett, etwa 1 Teelöffel Streuwürze oder Salz, je 1 Prise Majoran und Thymian, ½ Zwiebel, gehackt, 1 kleine Büchse Pelati, 1 Büchse Erbsli

Leberschnitten etwa 1 Stunde in Milch einlegen. Mehl mit Streuwürze, Majoran und Thymian mischen. Die abgetupften Leberschnitten darin wenden und in heißer Butter oder heißem Fett auf beiden Seiten rasch anbraten. Warm stellen. Im restlichen Fett die Zwiebeln andämpfen, Pelati und dann die abgetropften Erbsli hinzufügen, mit Salz und Pfeffer abschmecken, zu den Leberschnitten auf eine heiße Platte geben.

Panierte Leberschnitten

600 g Lebertranchen, 1 große Zwiebel, fein gehackt, 50 g Butter, Margarine oder Fett, Salz und Pfeffer, Paniermehl, 2–3 Tassen saurer Rahm oder M-Dessert

Die Leberscheiben mit den Zwiebeln kurz in Fett anbraten, salzen und pfeffern. Dann mit Paniermehl bedecken und den Rahm darübergeben. Kurz aufkochen. Zu Salzkartoffeln servieren.

Tips für die Zubereitung:

- Leber erst nach dem Braten salzen.
- Nie zu heiß oder zu lange braten, auch nicht lange in einer Sauce köcheln lassen, sie wird sonst hart.
- Gebratene Leber pikant würzen.

Ochsenschwanzragout

ist arbeitsintensiv, doch eine preiswerte Delikatesse. Zu einer Polenta (Rezept siehe Seite 195), Reis, Teigwaren oder Kartoffelstock gegeben, ist es auch ein ausgezeichnetes Essen für Gäste.

1,2 kg Ochsenschwanz in Stücken, Pfeffer, Streuwürze, Salz, 5 Eßlöffel Mehl, 1 dl Öl, 150 g gewürfelte Rüebli, 100 g gewürfelter Speck (fakultativ), 2 Eßlöffel gehackte Zwiebeln, 2 zerdrückte Knoblauchzehen, 1½ Eßlöffel Tomatenpüree, 6 dl Rotwein, 6 dl Bouillon, je ½ Teelöffel Majoran und Thymian, 250 g Champignons (evtl. Dose), 2 Eßlöffel Petersilie

Ochsenschwanzstücke kurz blanchieren, abtrocknen, salzen und pfeffern, mit Mehl bestäuben und in heißem Fett ringsum anbraten. Rüebli, Speck, Zwiebeln, Knoblauch und die Gewürze in die Pfanne geben, kurz andünsten, Tomatenpüree und Mehl einrühren, mit Rotwein ablöschen, mit Bouillon auffüllen und das Ragout 3 bis 4 Stunden zugedeckt garkochen lassen. Wenn nötig Wasser oder Bouillon nachgießen. 15 Minuten vor dem Servieren die gescheibelten Champignons und die gehackte Petersilie beifügen, Sauce abschmecken.

Nudelauflauf

400 g mittelbreite Nudeln, 100 g geriebener Sbrinz, 30 g Butter, 300–400 g gehacktes Rindfleisch, 1 fein gehackte Zwiebel, 1 Eßlöffel Butter oder Margarine, Pfeffer, Salz, 1 zerriebens Lorbeerblatt, Thymian, ½ Tasse Fleischbouillon

Das Hackfleisch in der heißen Butter oder Margarine gut anbraten, die gehackte Zwiebel zugeben und 5 Min. dünsten. Mit Salz, Pfeffer, Thymian und Lorbeer würzen und mit der Fleischbouillon ablöschen. Auf schwachem Feuer während gut 20 Min. köcheln lassen. Unterdessen die Nudeln in reichlich Salzwasser al dente kochen, abschütten und rasch mit heißem Wasser abspülen. Eine Gratinform gut ausbuttern und lagenweise mit den Nudeln, dem geriebenen Sbrinz und dem Hackfleisch auffüllen. Zuoberst kommt eine Lage Nudeln, die wir mit Käse und Butterflöcklein überstreuen. Das Gericht bei 250 °C während etwa 20 Min. überbacken.

Makkaroni mit Milch und Käse

400 g Makkaroni, ½–¾ Tasse Milch, 5–6 Eßlöffel geriebener Käse (nach Belieben Sbrinz, Greyerzer, Emmentaler), Pfeffer oder/und Muskat (fakultativ)

Die Makkaroni knapp al dente kochen, gut abtropfen lassen und mit der Milch und dem Käse in die Pfanne zurückgeben. Auf kleinem Feuer köcheln lassen, bis die Milch aufgesogen ist. Nach Wunsch mit etwas Pfeffer oder Muskat würzen.
Mit Salat, Kompott oder auch zu einem Braten servieren.

FEBRUAR

Überbackene Maisschnitten

300 g Maisgrieß oder Schnellmais, ⅔ l Milch, ⅓ l Wasser, 2–3 Eier, 60–80 g geriebener Käse, Salz, Pfeffer, Muskat

Polenta gemäß Grundrezept auf Seite 195 zubereiten, wobei dem gesalzenen Milchwasser bereits beim Aufkochen Butter, Muskat und etwas Pfeffer beigegeben wird. Wenn sich die Masse von Topf und Kelle löst, die verklopften Eier untermischen. Dann die Maismasse etwa fingerbreit auf ein nasses Holzbrett streichen. Ist sie erstarrt, schneidet man Vierecke oder runde Plätzchen aus und staffelt sie in eine feuerfeste Platte. Mit Käse überstreuen, einige Butterflocken darüber verteilen und im vorgeheizten Ofen bei 250 °C etwa 20 Min. überbacken. Dazu eine pikante Tomatensauce oder/und einen Salat servieren.

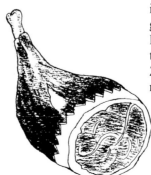

Piemonteser Reis
(Paniscia)

300 g Reis, 200 g Speck, 1 Speckschwarte, 2 Salamischeiben, je 1 cm dick, 200 g Borlottibohnen, 1 gehackte Zwiebel, 3 geviertelte Tomaten, 2 grob zerschnittene Rüebli, Wirzblätter, 1 feingehackte Knoblauchzehe, 1 Glas Rotwein, Salz, Pfeffer, ca. 1½ l Hühnerbouillon, 50 g Butter

Die über Nacht eingeweichten Borlottibohnen mit der Speckschwarte und wenig Wasser zusammen 1 Stunde vorkochen. Speck und Salami in kleine Würfel schneiden. Mit der Zwiebel leicht anbraten. Gemüse und Bohnen mit Schwarte und Brühe dazugeben. Eine halbe Stunde köcheln lassen. Den Reis daruntermischen. Salzen, pfeffern und mit Rotwein ablöschen. Bei kleiner Hitze weichkochen, indem man ab und zu umrührt und die Flüssigkeit nach und nach zugibt. Mit geriebenem Parmesan servieren.

Reisresten mit Schinken und Ei

Schinkenwürfelchen in Butter oder Margarine anbraten, Reisresten oder in Bouillon körnig gekochten Reis zugeben, etwas anbraten. Nach Belieben mit Pfeffer und Paprika gewürzte verquirlte Eier untermischen, das Gericht immer wieder wenden, bis diese gestockt sind. Mit feingehackter Petersilie überstreuen (fakultativ).
Zu Salat (z. B. Tomatensalat) und mit geriebenem Käse auftragen.

Bananencreme

6 Bananen, 1 Joghurt, 200 g Rahmquark, 2 Eßlöffel Zucker, 2 Eier, Saft und geriebene Schale einer halben Zitrone, evtl. Schlagrahm

Vier geschälte Bananen mit einer Gabel zerdrücken und mit dem Joghurt, dem Rahmquark, Zucker, den Eidottern und Zitronensaft und -schale schaumig rühren. Den steifen Schnee der Eiweiß und 1–2 Tassen steifen Schlagrahm (nach Belieben) unterrühren. Mit Scheibchen der verbliebenen beiden Bananen und Nüssen garnieren.

Früchtequarkspeise

200–250 g Quark, 2½ dl Rahm, 60 g Zucker, 3–4 Bananen, 1 Orange, etwas Zitronensaft, 1 Eiweiß

Den Quark durch ein Sieb streichen und unter den geschlagenen Rahm ziehen. Die Bananen zerdrücken, den Saft der Orange und den Zucker zugeben, alles vermischen, eventuell mit etwas Zitronensaft abschmecken. Zum Schluß den Eischnee unterziehen. Kalt servieren.

Bretonischer Fruchtsalat

150 g Paniermehl, 50 g Butter, 50 g Zucker, ½ Glas Fruchtsaft, ½ Glas Weißwein, 2 kleine Büchsen verschiedene Früchte oder frisches Obst

Paniermehl mit Zucker in Butter anrösten, dann mit dem Obstsaft und Weißwein ziehen lassen. Die Hälfte des Paniermehls in Glasschüssel füllen. Die abgetropften Früchte darauflegen und mit dem Rest des Paniermehls zudecken. Kann nach Belieben mit steifem Rahm und Nüssen garniert werden.

FEBRUAR

Schokoladepudding

75 g Kakao, 80 g gehackte Mandeln, 60 g Butter, 75 g Zucker, 20 g Maizena, 5 Eier, 1 dl Rahm

Butter schaumig rühren, Eigelb beifügen, dann den Zucker und den Kakao. Gut mischen, Mandeln, Maizena und das steife Eiweiß darunterziehen. Masse in eine ausgebutterte und bemehlte Form geben und im Wasserbad während etwa 1¼ Std. kochen. Nach dem Erkalten stürzen und mit dem geschlagenen Rahm dekorieren.

Grießköpfli mit Schokoladesauce

6 dl Milch, 3 Eßlöffel Grieß, 2 Eßlöffel Zucker, 1 Eßlöffel Butter, 1 Beutel Vanillezucker. Sauce: 100 g Kochschokolade, 1½ dl Rahm

Die Milch salzen, aufkochen, den Grieß einlaufen lassen und unter Rühren etwa 10 Minuten kochen. Dann Butter, Zucker und Vanille beifügen und den Brei in eine kalt ausgespülte Form füllen. Gut erkalten lassen und vor dem Servieren stürzen. – Die Schokolade in Stücklein brechen und mit dem Rahm in einem Pfännchen bei kleinem Feuer unter Rühren schmelzen, kurz vor dem Servieren über das Grießköpfchen geben.

Gefüllte Bratäpfel au Calvados

Pro Person:

1 Apfel (Boskop), 2 Eßlöffel Johannisbeerkonfitüre oder Quittengelee, 2–3 Teelöffel Mandelstifte, etwas Rosinen, Calvados, Zucker

Den ungeschälten Äpfeln das Kerngehäuse ausstechen. Dicht an dicht in eine mit Butter ausgestrichene feuerfeste Form setzen, mit Konfitüre oder Gelee und Rosinen füllen. Im vorgeheizten Ofen bei etwa 200 Grad etwa 20 Minuten lang backen. Unterdessen in eine Pfanne etwas Butter geben, zergehen lassen und darin Zucker und Mandeln karamelisieren, über die Äpfel geben, eventuell das Ganze im Ofen noch etwas backen lassen. Wer will, kann beim Auftragen die Äpfel mit erwärmtem Calvados übergießen und anzünden.

Mit Dampf voraus!

Der Schrecken, welcher der französische Physiker und Erfinder Denis Papin (1647–1714) vor nahezu 300 Jahren mit seiner gefährlichen « Marmite à pression » den damaligen Hausfrauen versetzte, wirkte da und dort bis in unsere Tage hinein nach. Erst in den letzten Jahren sprach sich allmählich herum, daß im Schnellkochtopf von heute kein Risiko mehr, hingegen mehrere Tugenden stecken.

Zum Beispiel, daß er die Garzeiten auf einen Fünftel der konventionellen Kochzeit schrumpfen läßt, daß er die Vitamine und Mineralien in den Lebensmitteln schont und daß er – ebenfalls wichtig! – einfach zu handhaben und zu pflegen ist.

VOM UMGANG MIT DAMPFKOCHTÖPFEN

Die Speisen wie beim konventionellen Kochen vorbereiten und würzen.

Stets Flüssigkeit zugeben, jedoch nur so viel, wie man beim fertigen Gericht erwartet.

Wichtig: Den Dampfkochtopf nie mehr als zu ¾ füllen, bei stark schäumenden Speisen wie Erbsen-, Hafer- und Gerstensuppe höchstens zu ⅔ füllen.

Der Kochprozeß beginnt, wenn am Druckanzeiger des Ventils der zweite Ring knapp sichtbar wird oder sich dieses durch starkes Schwenken (bei ältern Modellen) bemerkbar macht.

Zeitangaben (siehe Zeittabelle auf Seite 53) einhalten. Bei schnell verkochenden Speisen (in der Tabelle mit * bezeichnet) den Dampfkochtopf sofort unter dem Kaltwasserhahn abkühlen. Bei weniger empfindlichen Speisen wie Suppen, Saucengerichten, Braten usw. wird der Topf zum Abkühlen lediglich von der Heizquelle weggeschoben und stehen gelassen.

Es gibt eine Reihe von Gerichten, die, im Dampfkochtopf zubereitet, besser schmecken, als wenn sie normal gekocht werden. Das Fleisch bleibt saftiger, die Speisen sind besonders kräftig und aromatisch. Bei verschiedenen Gerichten aber wie zum Beispiel Spinat, Risotto, Fischfilets, Geschnetzeltes oder gar Teigwaren ist es nicht sinnvoll, den Dampfkochtopf in Funktion zu setzen.

Ganz generell reduziert sich die Kochzeit in einem modernen Dampfkochtopf **auf einen Fünftel** der normalen Garzeit. Das ist die Faustregel, die immer verbindlich ist. Bei den allermeisten Rezepten in diesem Kochbuch sind die normalen Kochzeiten angegeben; Sie können sich also die für den Dampfkochtopf zutreffende Zeit selbst ausrechnen, indem Sie die normale Kochzeit durch fünf dividieren.

Den Topf nie öffnen, bevor der Druckanzeiger ganz im Ventilkörper versenkt ist.

Den Topf nie mit Gewalt öffnen!

Ventil und Deckel in noch warmem Zustand ausspülen.

EINTOPFGERICHTE

sind ideal, um im Dampfkochtopf gegart zu werden. Wie beim konventionellen Kochen werden sie nach Rezept zubereitet und gewürzt, wobei man mit Vorteil etwas weniger Salz verwendet; die beim Kochen im Dampfkochtopf erhalten gebliebenen Mineralsalze verleihen dem Gericht bereits Geschmack.

Die hier im Kochbuch angegebenen Zeiten für Eintopfgerichte schrumpfen im Dampfkochtopf auf etwa einen Fünftel zusammen. Ein Irish-Stew beispielsweise (siehe Bild rechts, Rezept auf Seite 209) benötigt statt gut 1½ Stunden nur noch knapp 20 Minuten.

Bei verschiedenen Eintopfgerichten läßt sich das Kochen im Dampfkochtopf mit der konventionellen Kochweise ideal kombinieren (siehe nachstehende zwei Rezepte).

Provenzalischer Lammtopf

600–700 g Lammvoressen (nicht zu fett), Salz, Pfeffer, etwas Paprikapulver, 1 Eßlöffel Fett, 2–3 ausgepreßte Knoblauchzehen, 4 große Rüebli, geviertelt, 1 Kilodose geschälte Tomaten (die Hälfte des Saftes abgießen), je 1 Teelöffel Rosmarin und Thymian, 2 Eßlöffel Butter, 4 Eßlöffel Paniermehl, 2 Büschel Petersilie

Das Fleisch mit Pfeffer, Paprikapulver und etwas Salz würzen und einige Minuten ziehen lassen. Das Fett im Dampfkochtopf erhitzen, das Fleisch darin anbraten und den Knoblauch, die Rüebli, die Tomaten, Rosmarin und Thymian zugeben.

Vom Siedepunkt an 10 Minuten kochen, abkühlen und die Sauce ohne Deckel einige Minuten zur gewünschten Dicke eindampfen lassen. Die Butter erhitzen, das Paniermehl einen Moment darin anrösten und das angerichtete Voressen mit der Paniermehlmischung überschmelzen. Mit Petersilie überstreuen.

Separat gebratene Kartoffeln, Salzkartoffeln oder auch weißen Reis dazu servieren.

Kutteln Florentinerart

1 Eßlöffel Fett oder Kochbutter, 1 große, fein gehackte Zwiebel, 1 gepreßte Knoblauchzehe, 2 Rüebli, 1 kleine Sellerieknolle, 800 g Kutteln, in Streifen geschnitten, 1 dl Weißwein, 500 g geschälte Tomaten aus der Dose, 1–2 Eßlöffel Tomatenpüree, 1 Bouillonwürfel, 1 Teelöffel Basilikum, 1½ dl Sauerrahm

Nach Belieben 1 Teelöffel Kümmel, 50 g geriebener Parmesan, 2 Eßlöffel fein gehackte Petersilie

Das Fett im Dampfkochtopf erhitzen, Zwiebel und Knoblauch darin andämpfen. Rüebli und Sellerie in Streifen schneiden und mitdünsten, Kutteln beigeben. Mit Weißwein ablöschen, ihn einkochen lassen und die zerkleinerten Tomaten mit dem Saft und dem Tomatenpüree daruntermischen. Bouillonwürfel und Basilikum zufügen und den Dampfkochtopf schließen. Ab Siedepunkt 10 Minuten kochen lassen. Den Topf abkühlen, öffnen und den Sauerrahm mit dem Kümmel darunterziehen. Die Sauce ein paar Minuten abgedeckt stark eindämpfen lassen. Fleisch und Sauce in eine bebutterte Gratinform geben. Den Käse darüber streuen und mit Butterflocken belegen. In den auf 180 °C vorgeheizten Backofen schieben und bei etwa 250 °C Oberhitze 15 Minuten gratinieren. Vor dem Auftragen mit Petersilie bestreuen.

Dörrbohnen

200 g Dörrbohnen, 2 Eßlöffel Fett (Schweinefett), 1 Zwiebel, 1–2 Knoblauchzehen, 1 knappe Tasse Wasser, 1–2 Tomaten (fakultativ), Salz, Pfeffer

Die Bohnen über Nacht in kaltes Wasser einlegen. Im Dampfkochtopf die gehackte Zwiebel in Fett andämpfen, die abgetropften Bohnen mit dem feingeschnittenen Knoblauch und die geviertelte Tomate beigeben, (Einweich-)Wasser beifügen. Mit wenig Salz und Pfeffer würzen.

Zum Kochen bringen, 15 Minuten unter Dampf kochen.

Tip: *Den Bohnen kann geräucherter, in Scheiben oder Würfel geschnittener Speck beigegeben werden.*

> **Kochzeit sparen, heißt Energie (Heizkosten) sparen**
> *Dies zeigt sich beim Kochen mit dem Dampfkochtopf in sichtbaren Rappen und Franken besonders bei Eintopfgerichten mit langer Garzeit, bei Siedfleisch (vor allem Kuhfleisch), Zunge und Braten, aber auch bei vielen Gemüsen wie Artischocken, Randen, Sauerkraut, Schwarzwurzeln, Dörrbohnen und Kastanien.*

Gedörrte Kastanien
zu Rotkraut, Wild und Geflügel

400 g gedörrte Kastanien, 2 Eßlöffel Butter, 1–2 Teelöffel Zucker, 1 knappe Tasse Wasser, 1 Prise Streuwürze, Zitronensaft

Die Kastanien über Nacht in lauwarmes Wasser einlegen, dann von den noch festhaftenden Schalenteilen befreien. Im Dampfkochtopf die Butter schmelzen, und darin den Zucker hellbraun rösten. Die Kastanien beigeben, gut durchrütteln. Wasser und etwas Zitronensaft zufügen, mit Streuwürze würzen.

Zum Kochen bringen, Kochzeit 20 Minuten.

Gedämpfte Kastanien
zu Rotkraut, Wild und Geflügel

1 kg frische Kastanien, weitere Zutaten wie oben, doch nur etwa ½ dl Wasser

a) Die Kastanien auf der runden Seite kräftig einschneiden. Auf den Siebeinsatz in den Dampfkochtopf legen, 1 dl Wasser zufügen und zum Kochen bringen. Kochzeit: 10 Minuten.

b) Dann sofort schälen und wie im vorstehenden Rezept verfahren. Kochzeit jedoch nur noch knapp 4 Minuten.

Tip: *Die wie unter a) vorgekochten Kastanien ergeben – mit etwas Butter bestrichen und zu einem Glas Wein, Most oder einer Tasse Kaffee serviert – eine einfache, jedoch überraschend gute Mahlzeit. Die Kastanien können auch kurz in etwas Butter angebraten werden.*

KOCHZEITEN-TABELLE

Die Kochzeiten beginnen, sobald am Druckanzeiger des Ventils der zweite Ring sichtbar wird oder dieses durch starkes Schwingen (bei ältern Modellen) den effektiven Kochprozeß anzeigt. Stückform, Größe und Dicke des Kochgutes können die Kochdauer jeweils stark beeinflussen.

Suppen	Kochzeit in Minuten
Bohnensuppe, eingeweicht	20–25
Erbsensuppe, eingeweicht	10–12
Linsensuppe, eingeweicht	8–10
Gemüsesuppe, frisch	6– 8
Gerstensuppe, eingeweicht	25
Gerstensuppe, nicht eingeweicht	35–40
Hafersuppe	4– 5
Rindfleischsuppe	30–40
Knochenbrühe/Hühnersuppe	20–25
Minestra, Minestrone (Teigwaren zuletzt beigeben und ohne Deckel weichkochen)	10–15
Ochsenschwanzsuppe	25–30
Gulaschsuppe	15–20
Reissuppe/Kartoffelsuppe	7
Mehlsuppe	10
Zwiebelsuppe	5– 6

Rindfleisch	Kochzeit in Minuten
Kuhfleisch zum Sieden	40–50
Kuhfleisch zum Braten	40–50
Rindfleisch zum Sieden	20–40
Rindsbraten	20–40
Sauerbraten	30–40
Rindsplätzli	10–15
Rindszunge	40–50
Rindsvoressen	17–22

Kalbfleisch	Kochzeit in Minuten
Fleischvögel	6– 8
Kalbshaxen am Stück	25–28
Kalbshaxen in Tranchen	15–20
Kalbskopf	15–20
Kalbszunge	15
Kalbsvoressen	10–15

Schweinefleisch	Kochzeit in Minuten
Schweinswädli (Gnagi)	25–30
Schweinsbraten, Schweinsvoressen	15–20
Speck, geräuchert	12–15
Speck, grün	20–25
Schweinefleisch, geräuchert	15–19
Schweinefleisch aus dem Salz	15–17
Rollschinken	10–12

Andere Fleischsorten	Kochzeit in Minuten
Lammbraten	25–30
Lammvoressen	15–20
Rehpfeffer (Hirsch, Wildschwein, Gemse, Hase)	12–18
Geflügelteile (Poulet)*	7– 8
Poulet, ganz oder halbiert	15–18
Huhn, ganz	20–35

Gemüse	Kochzeit in Minuten
Artischocken	8–12
Auberginen*	2
Blumenkohl, ganz*	4– 6
Bohnen, grüne*	8–10
Dörrbohnen	15
Chicorée*	3
Erbsen, grüne*	2– 3
Fenchel, halbiert*	6– 8
Karotten (Rüebli)	6– 8
Kastanien, frische	10–12
Kartoffeln, ganz, in Schale (siehe Tip unten)	7–10
Salzkartoffeln*	3– 4
Kohl und Kabis	8–10
Kohlrabi*	3– 5
Krautstiele*	5– 7
Lauch*	3– 4
Maiskolben (Süßmais)	5– 6
Peperoni*	3– 4
Pilze, verschiedene*	2– 3
Randen	15–30
Rosenkohl*	5
Rotkraut	8– 9
Sauerkraut	20
Schwarzwurzeln	15
Sellerie, Knollen	5– 6
Spinat*	1– 3
Zucchetti, geschnitten*	2– 3

* = Den Dampfkochtopf sofort unter fließendem Wasser abkühlen!

Tip:
Bei Geschwellten den Topf langsam, ohne mit Wasser zu überbrausen, abkühlen lassen. Bei schockartigem Abkühlen springen die Kartoffeln auf. Möglichst gleich große Kartoffeln wählen, damit sie gleichmäßig weich werden.

MÄRZ

Erste wärmende Sonnenstrahlen bringen uns dem Frühling merklich näher. Dem damit verbundenen Wunsch nach knackigem, grünem Frischgemüse ist jedoch nicht leicht nachzukommen. Kopfsalat kostet meist noch viel, selbst wenn er aus dem Treibhaus kommt; günstig sind jetzt Nüßlisalat, Kresse und der rote Chicorée; auch frische Champignons sollten preiswert zu haben sein.

Die zurzeit noch verwendeten Lagergemüse wie Kartoffeln, Rüebli, Sellerie und Kohl haben merklich an Vitaminen eingebüßt. Kein Wunder, daß wir «frühlingsmüde» sind. Dagegen helfen nebst den erwähnten Frühsalaten die bereits im Vormonat gepriesenen Zitrusfrüchte.

TIP Noch weiteres tut unserer Gesundheit, unserem Gaumen und unserem Portemonnaie gut: **Fische. Die jetzt angebotenen Meerfische vermögen wie die spätern Süßwasserfische unsern Menüplan auf vielseitigste Art zu bereichern (siehe Rezeptverzeichnis) und sind – frisch oder tiefgekühlt (was den Meerfischen wenig ausmacht) – praktisch überall erhältlich.**

Über die Zusammensetzung einer richtigen Siedfleischplatte (Bœuf bouilli) – mit oder ohne Zunge, Würste, Huhn usw. – läßt sich wohl streiten. Nicht aber darüber, daß eine Siedfleischplatte zu den beliebtesten Essen gehört. Wie man es macht, daß dieses Gericht nicht auch eines der teuersten wird, lesen Sie auf Seite 62.

Griechischer Salat

150 g bulgarischer oder griechischer Schafkäse (wenn er scharf ist, kann er während ½ Std. in kaltes Wasser gelegt werden), 100 g schwarze Oliven, 1 Büchse Artischockenherzchen, weißer Chicorée oder grüner Salat, evtl. harte Eier zum Garnieren, Italienische Salatsauce (Rezepte Seite 112)

Salatsauce zubereiten und den in Würfel geschnittenen Käse beigeben. Mindestens ½ Stunde ziehen lassen. Dann die Oliven, die Artischocken und den gerüsteten und zerkleinerten Salat daruntermischen und mit den harten Eiern garnieren. Dem Salat können im Sommer Tomaten beigefügt werden.

Corned beef garniert

1 Büchse Corned beef, Rettichsalat oder/und Kabissalat, Mayonnaise-Senf-Sauce mit Kapern

Eine Büchse Corned beef auf beiden Seiten so öffnen, daß man das Fleisch herausstoßen und hart am Büchsenrand vorweg schöne Scheiben abschneiden kann. Diese Scheiben werden mit Mayonnaise (der wir etwas Senf und Kapern beimischen) garniert und die Platte mit Rettich- oder Kabissalat ergänzt.

Gefüllte Eier

4 Eier, Salz, Pfeffer, 1 Teelöffel Senf, 2 gestrichene Eßlöffel Mayonnaise, 1 Eßlöffel Kapern

Eier ca. 10 Min. kochen. Kalt abschrecken, schälen, halbieren. Das Eigelb herauslösen, in einem Suppenteller mit Salz, Pfeffer, Mayonnaise, Senf und den feingehackten Kapern, Zwiebeln oder/und Petersilie mischen, mit einer Gabel zerdrücken, cremig schlagen. Die Masse wieder in die Eiweißhälften füllen, mit Paprika bestäuben.

MÄRZ

Chicorée/Apfel-Salat

3 Brüsseler Chicorée, 2 säuerliche Äpfel, nach Belieben halbe Baumnüsse, amerikanische Joghurt-Sauce (Rezept siehe Seite 112), Zitronensaft

Den Chicorée waschen und in ca. 4 cm große Stücke schneiden, die Äpfel schälen, vom Kerngehäuse befreien und in daumengroße Würfel schneiden, mit etwas Zitronensaft beträufeln und sofort mit dem Chicorée und der Salatsauce vermischen. Etwas ziehen lassen, nach Belieben mit einigen Nußkernen garnieren.

Sardinen mit Kresse

Entgrätete Ölsardinen auf frische Kresse betten. Das Sardinenöl mit Zitronensaft gemischt darübergießen. Mit Tomatenscheiben oder/und Eiern garniert servieren.

Kräuterquark

250 g Quark, 2 Eßlöffel Kräuter (Schnittlauch, Petersilie, Zwiebelröhrchen usw.), etwas Salz, nach Belieben etwas Tomatenpüree und weißen Pfeffer

Alle Zutaten gut zusammen vermischen, kühl stellen. Mit Brot oder zu neuen Kartoffeln servieren.

SUPPEN

Von den Römern wurde von einer Suppe siebenfaches Heil erwartet. Sie mußte: – den Durst löschen | – den Hunger stillen | – die Verdauung fördern | – Kraft wecken | – die Zähne reinigen | – den Schlaf vertiefen | – der Schönheit zuträglich sein. Hoffen wir, daß die in diesem Buch aufgeführten Suppen (siehe Rezeptverzeichnis) die Mehrzahl dieser Erfordernisse erfüllen und noch ein weiteres: daß sie uns gut munden.

In der internationalen Küche wird bei Suppen zwischen «Soupe», «Potage» und «Pot» unterschieden; auch eine Bouillon erhält, je nach ihrer Machart, spezielle Bezeichnungen, wobei die Begriffe nicht genau abgegrenzt sind.

Als **Bouillon (Fleischbrühe)** wird die Flüssigkeit bezeichnet, die sich nach dem Kochen von Fleisch ergibt.

Die **Consommé double (Kraftbrühe)** ist eine starke Fleisch- und Knochenbrühe, abgekühlt und entfettet. Sie wird zur **Consommé riche,** wenn sie mit gehacktem Gemüse usw. bereichert wird. Fachleute bezeichnen diese bereits als **Potage clair.**

Eine **Potage** ist eine Bouillon, in der Teigwaren, Reis oder Gemüse mitgekocht werden. **Potages liés** sind gebundene Suppen, d.h. Püreesuppen (Potages purées), Rahmsuppen (Potages crèmes) und Samt- oder Schleimsuppen (Veloutés).

Suppe (Soupe) ist der eigentliche Oberbegriff für alles «Suppige»; genaugenommen ist sie jedoch ein nahrhaftes Gericht aus Wasser oder Bouillon mit Gemüse, Fleisch, Reis, Hülsenfrüchten usw. Ähnlich also dem **Eintopf,** der aber im Gegensatz zu den Suppen eine vollständige, in sich geschlossene Mahlzeit bildet.

Schaffhauser Zwiebelsuppe

3–4 Zwiebeln, 2 Eßlöffel Fett oder Butter, 50 g Speckwürfelchen, 2 Kartoffeln, 1,2 l Wasser oder Bouillon, Salz, weißer Pfeffer, 1 feingeschnittener Lauch, 2 Eßlöffel gehackte Petersilie, 2–3 Eßlöffel Rahm oder Milch, 1 Ei

Die in Scheiben geschnittenen Zwiebeln zusammen mit den Speckwürfelchen im Fett andämpfen. Feingeraffelte rohe Kartoffeln zugeben. Mit Wasser oder Bouillon ablöschen, salzen und pfeffern, Lauch und Petersilie beifügen, 20 Min. köcheln lassen, das mit Rahm oder Milch verquirlte Ei unterrühren.

Französische Brotsuppe
(Panade)

250 g altes Weißbrot, 1 mittelgroße Zwiebel, 2 Eßlöffel Margarine oder Pflanzenfett, gut 1–1¼ l Fleischbouillon (aus Würfeln), 1 Eigelb, 1 dl Rahm oder Milch, Pfeffer, Muskat

Die feingehackte Zwiebel in der Margarine oder dem Fett zart erblonden lassen, das in Würfel geschnittene Brot beifügen und unter Wenden leicht anrösten. Bouillon zugeben und ca. 20 Min. köcheln lassen. Das Eigelb mit dem Rahm vermischen und unter Peitschen der Suppe unterrühren, mit Pfeffer oder/und Muskat abschmecken. Gehackte Petersilie darüberstreuen. Dazu kann geriebener Sbrinz gereicht werden.

märz

Currysuppe mit Huhn

300 g gekochtes oder gebratenes Hühnerfleisch (Resten), 1 Bündel Suppenkraut, ½ Zwiebel, 1 Knoblauchzehe, 2–3 Eßlöffel Kochbutter oder Margarine, 1 Eßlöffel Mehl, ca. 1,2 l Hühnerbouillon (aus Würfeln), 4–5 Eßlöffel körnig gekochter Langkornreis, 1 Eßlöffel oder mehr Curry-Pulver, etwas Salz, Pfeffer, Cayennepfeffer (fakultativ), Saft von ½ Zitrone, 1 Tasse Joghurt oder Rahm

In Butter oder Margarine das feingeschnittene Suppenkraut mit der feingehackten Zwiebel und der zerquetschten Knoblauchzehe anziehen. Mehl und Curry-Pulver zufügen, leicht andämpfen. Unter Rühren die Bouillon zugießen, ca. 30 Min. köcheln lassen. Dann mit Salz, Pfeffer, eventuell Cayennepfeffer abschmecken. Das von Haut und Knochen befreite, in kleine Stücke geschnittene Hühnerfleisch zugeben, 5–10 Min. leicht köcheln lassen. Feuer abstellen und Zitronensaft sowie Joghurt oder Rahm beirühren.

Käsesoufflé

Zutaten für eine Vorspeise von 6–8 Personen, als Hauptgericht – mit einem gemischten Salat – für 4 Personen:

50 g Mehl, 3 dl Milch, 1 dl Rahm, ½ Teelöffel Salz, ½ Teelöffel Backpulver (fakultativ), 1 Prise Muskat, wenig schwarzer Pfeffer, 100 g geriebener Sbrinz oder Greyerzer (oder halb und halb), 4 Eigelb, 4 Eiweiß, Butter

2 Eßlöffel Butter schmelzen lassen, Mehl zugeben und durchschwitzen lassen, Milch und Rahm zufügen und unter Umrühren so lange köcheln (mindestens 10 Min.), bis daraus eine dicke Sauce geworden ist. Vom Feuer nehmen, etwas abkühlen lassen und Backpulver, Eigelb und Käse unterrühren, mit Salz, Pfeffer und etwas Muskat würzen. Die Eiweiß zu einem steifen Schnee schlagen und darunterziehen. Die Soufflé-Masse in eine bebutterte Soufflé- oder Auflaufform füllen. Die Form sollte zu etwa ⅔ gefüllt sein. Noch etwas geriebenen Käse auf die Oberfläche streuen (bräunt schöner) und mit einem breiten Messer etwa 2 cm vom Rand entfernt einen Einschnitt anbringen, damit das Soufflé an dieser Stelle aufreißt. Im vorgeheizten Ofen bei 200 °C etwa 35–40 Min. bakken. Den Ofen während dieser Zeit nicht öffnen und beim Herausnehmen Durchzug vermeiden, da sonst das Soufflé zusammenfällt.

Jetzt ist das Suppengemüse oder Suppengrün noch üppig; in den Monaten April und Mai werden sie knapp und die Bündel dünner.

Zum Suppengemüse gehört immer 1 Stengel Lauch, 1 Stückchen Sellerieknollen oder Selleriewurzel mit Kraut, 1 Rüebli, oftmals auch Petersilienwurzel.

Suppenkraut wird nicht nur für Suppen, sondern auch für Fischsud oder als Bratenbeilage verwendet.

Tip: *Man kann das Soufflé in einzelne Förmchen geben und abbakken.*

Backpulver ist zwar keine klassische Zutat, doch hält es das Soufflé oben.

MEERFISCHE

Meerfische sind praktisch überall und das ganze Jahr über jeweils frisch, in der Regel jedoch als tiefgekühlte Filets, zu kaufen. Tiefgekühlte Filets sind sehr vorteilhaft und qualitativ denen frischer Fische ebenbürtig.

Frische Fische werden nach dem Auspacken gewaschen und geschuppt, bereits geschuppte Fische in Salzwasser gewaschen. Dann den Fisch mit Küchenpapier trocknen. Frische Fische können in einem in Essig- oder Salzwasser getränkten Tuch aufbewahrt werden.

Tiefgekühlte Fische jeweils einen Tag vor Verwendung kaufen. Sie werden ausgepackt und auf einem Teller im Kühlschrank während 18–20 Stunden aufgetaut.

Tip: *Hartnäckiger Fischgeruch an Händen und Geschirr läßt sich mit Zitronensaft oder stark salzigem Wasser wegwaschen.*

Weitere Fischrezepte siehe im Rezeptverzeichnis

Fischsalat mit Fenchel

350 g gekochte Fischfilets, 1 Fenchel, 2 Orangen, Walnüsse.
Für die Sauce: 200 g M-Dessert oder ⅓ Joghurt, ⅔ Rahm, 2 harte zerdrückte Eigelb, Saft 1 Zitrone, 1 Teelöffel Senf, Salz, Pfeffer; alles gut mischen

Fischresten verwenden oder eigens gekochten Fisch im Sud abkühlen lassen, damit er saftig bleibt. Sorgfältig entgräten und in Stückchen zerzupfen. Orangenfleisch in Würfel, den Fenchel in dünne Streifen schneiden, nach Belieben halbierte Walnüsse zugeben. Mit der Sauce sorgfältig mischen, ca. ½ Std. ziehen lassen.

Fischcurry

800 g Fischtranchen (Kabeljau, Dorsch, Colin usw., auch tiefgekühlt), 1 große Zwiebel, 1 großer Apfel, 1 zerriebenes Lorbeerblatt, Salz, Pfeffer, 2–3 Teelöffel Curry, 4 Eßlöffel Joghurt, Zitronensaft, 4 dl Bouillon, Kochbutter oder Margarine

Die gehackte Zwiebel mit dem geschälten, in Würfel geschnittenen Apfel in viel Butter gut anziehen. Lorbeer und Curry zugeben, dann mit Bouillon ablöschen.
Die (aufgetauten) vorher mit etwas Zitronensaft gesäuerten und gesalzenen Fischtranchen beigeben, 12–15 Minuten ziehen lassen. Den Fisch auf eine heiße Platte geben, die Sauce nötigenfalls mit etwas Salz und Pfeffer nachwürzen und den Joghurt untermischen. Über den Fisch gießen. Zu Trockenreis servieren.

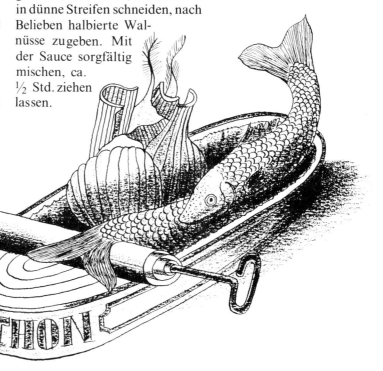

Dänischer Fischtopf

1 Packung tiefgekühlte Fischfilets, Saft einer halben Zitrone, 2 dl Weißwein, Salz, Pfeffer, Knoblauchpulver, 3 dl Bouillon, 4 große in Würfel geschnittene Kartoffeln, ½ Knollensellerie (in dünne Scheiben geschnitten), 3 Eßlöffel Kaffeerahm, Dill, Kerbel, Schnittlauch

Die aufgetauten Fischfilets in breite Streifen schneiden und mit Zitronensaft marinieren. Weißwein, Salz, Pfeffer und Knoblauchpulver in einer niedrigen Pfanne aufkochen, die Fischstreifen 3 bis 4 Minuten darin ziehen lassen. Herausnehmen. Die Bouillon zum Weinsud gießen und die Kartoffelwürfel zugeben und während 10 Minuten darin garkochen. Selleriescheiben und Fisch beigeben. Alles aufkochen und mit Kaffeerahm verfeinern. Dill, Kerbel und Schnittlauch darüberstreuen.

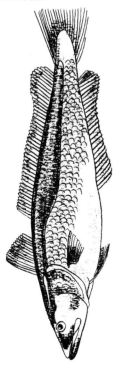

MÄRZ

Dorschgratin mit Champignons

700–800 g Dorschfilets (tiefgekühlt), 150–200 g Champignons, 1 Teelöffel Salz, Saft einer Zitrone, knapp 2 l Wasser, 1 Eßlöffel Paprika, 1 Teelöffel Senf, 1½ dl Rahm, Butter oder Margarine, 100 g geriebener Sbrinz

Das Wasser mit dem Salz und Zitronensaft zum Kochen bringen, die aufgetauten Dorschfilets hineingeben und etwa 10 Min. ziehen lassen. Dann herausnehmen und in eine gut gebutterte Gratinform geben. Die blättrig geschnittenen Champignons in 2 Eßlöffel Butter oder Margarine dünsten und über die Fischfilets verteilen. Den Paprika mit dem Senf, dem Rahm und 1 Prise Salz zu einer Sauce mischen und darübergießen. Mit geriebenem Sbrinz bestreuen, 4 Eßlöffel zerlassene Butter darüberträufeln. Bei 250 °C bei starker Oberhitze im vorgeheizten Ofen gratinieren, bis der Käse zerlaufen ist und sich eine goldbraune Kruste gebildet hat. Zu weißem Brot oder mit Salzkartoffeln und einem Salat auftragen.

Festliche Dorschfilets (paniert) mit Kräutern

700–800 g panierte Dorschfilets (tiefgekühlt), 1 Zwiebel, 4–5 Eßlöffel feingehackte Frühlingskräuter (Kerbel, Petersilie, Schnittlauch, Basilikum), 2 Teelöffel Senf, 2–3 Eßlöffel Öl (Olivenöl), 3 Knoblauchzehen, Salz und Pfeffer

Die Filets nach Anweisung braten. Die Kräuter werden mit dem ausgepreßten Knoblauch und dem Senf in heißem Öl kurz gedämpft und auf die einzelnen Filets gestrichen. Sofort servieren.

Zu weißem gebähtem Brot und Gurkensalat servieren.

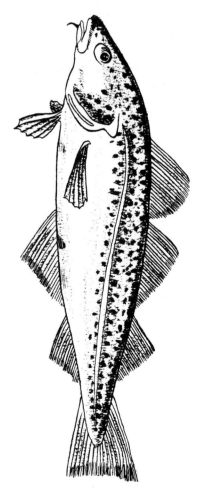

SELLERIE

Solange die Auswahl an frischen, preisgünstigen Gemüsen noch klein ist, ist Sellerie ideal für Ihre Salate und Gemüse. Die Knollen stammen zwar noch aus dem Vorjahr, doch sollten sie innen dennoch fest und frisch sein.
Achten Sie beim Einkauf trotzdem darauf, ob die Stelle, an der das Kraut abgeschnitten wurde, sich eindrücken läßt oder gar ein Loch hat. Wenn ja, ist der Sellerie vermutlich trocken oder holzig.

So können Sie Sellerie zubereiten:

Als Salat: Für rohen Selleriesalat wird die Knolle geschält und geviertelt. Sofort mit Zitronensaft beträufeln, durch eine Bircherraffel reiben oder fein hobeln und sofort – damit er nicht dunkel anläuft – mit einer Joghurtsauce (Rezept siehe Seite 112) mischen. In Würfel geschnittene Orangen, Grapefruits oder Äpfel zugeben, mit Nüssen garnieren (siehe auch Seite 112).

Für gekochten Selleriesalat geben Sie die gewaschene, doch ungeschälte Knolle in Salzwasser. Je nach Größe 1½ bis 2 Std. gar kochen lassen. Noch heiß schälen, in Scheiben schneiden und sofort mit einer Öl/Essig-Sauce (Rezept siehe Seite 112) mischen.

Für Gemüse können Sie die Knollen je nach Größe ungeschält 1½–2 Std. gar kochen. Oder sie zuerst schälen und in Scheiben geschnitten, geviertelt oder geachtelt etwa 30 Min. in leicht gesalzenem Wasser weich kochen; Sie sparen auf diese Weise Zeit, doch geht dadurch etwas Aroma verloren, und das Gemüse wird leicht grau.
Die Scheiben, Viertel oder Achtel können Sie mit einer Béchamel-Sauce anrichten oder in etwas Butter mit gehackter Petersilie dämpfen.
Es lassen sich aber auch vorzügliche Hauptgerichte und Gratins aus Sellerie zubereiten (siehe Rezeptverzeichnis).

Mailänder Sellerieauflauf

1–2 Sellerieknollen (ca. 800 g), Saft von ½ Zitrone, 1 kleines Büchschen Tomatenpüree, 2 dl Rahm, 3 Eßlöffel geriebener Sbrinz oder Parmesan, Salz, Pfeffer, Paprikapulver (fakultativ). Paniermehl, Butter oder Margarine

Die gewaschenen Sellerieknollen in leicht gesalzenem Wasser knapp gar kochen, schälen, halbieren und in zentimeterdicke Scheiben schneiden. In eine gut gebutterte Gratinform schichten, mit Zitronensaft beträufeln. Das Tomatenpüree mit dem Rahm, dem Käse, etwas Salz, Pfeffer und Paprika vermischen, über die Selleriescheiben gießen. Mit Paniermehl und Butterflocken bestreuen. Im vorgeheizten Ofen bei 220 °C etwa 15 Min. gratinieren. Mit weißem Reis servieren.

Sellerie mit Tomaten
(portugiesische Art)

2 mittelgroße Sellerie (ca. 600 g), 500 g Tomaten, 1 Zwiebel, 1–2 Knoblauchzehen, 100 g Speckwürfel, 3 Eßlöffel Öl, 2 dl Bouillon, 1 dl Sauerrahm oder Joghurt, Salz, Pfeffer, Majoran, Rosmarin, Petersilie

Die Sellerie schälen und in etwa zentimeterdicke Stengelchen, die Tomaten in Würfel schneiden. Zwiebel und Knoblauch hacken. Alles zusammen dem in Öl angebratenen Speck zugeben. Mit Bouillon ablöschen, würzen. Kurz vor dem Anrichten Sauerrahm und gehackte Petersilie zugeben. Mit Salzkartoffeln servieren.

CHAMPIGNONS

Man vergißt immer wieder, wie gut frische Champignons und wie preiswert sie oftmals sind. Greifen Sie also zu, wenn sich eine günstige Gelegenheit bietet. Kaufen Sie keine kleinen Exemplare (diese gibt es in Büchsen billiger), und wählen Sie keine alte und wurmstichige Ware; Champignons mit braunen Druckstellen sollten für Rohsalate nicht verwendet werden.

Wichtige Tips beim Zubereiten der Champignons:

Champignons unten am Stiel beschneiden, allfällige schwarze Stellen wegschneiden. Die Champignons werden dann so rasch wie möglich in reichlich kaltem Wasser gewaschen, dem wir etwas Zitronensaft beifügen. Abtröpfeln lassen, mit Küchenpapier trocknen.

Dann können sie den Rezepten gemäß zubereitet werden.

Tip: Man achte auf das Eigenaroma der Champignons. Jedes scharfe Würzen durch Lorbeer, Nelken, Thymian, Salbei, Rosmarin, Curry usw. ist schädlich. Dagegen mischen wir frisches Basilikum, Estragon, Petersilie oder Schnittlauch – am besten einzeln für sich und jeweils zuletzt – dem gekochten Champignonsgericht bei und lassen kurze Zeit zugedeckt mitziehen (nicht mehr kochen). Zuchtchampignons (auch aus Büchsen) lassen sich zu allen Fisch-, Krusten- und Schalentieren, zu Geflügel und Gemüsen, Mehlspeisen wie auch Käse verwenden und in unzähligen Varianten zubereiten: roh oder gekocht als Salate, zu Suppen, zu Farcen; gedünstet, gebraten, gebacken sowie in Saucen.

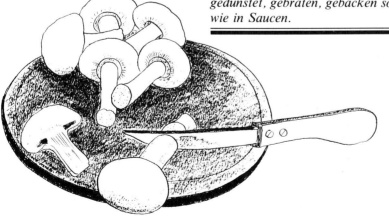

Champignons mit Ei

1 große Büchse Champignons, 3 hartgekochte Eier, Joghurtsauce (Rezept siehe Seite 112), Radieschen, Schnittlauch

Die Champignons gut abtropfen lassen, in Scheiben schneiden. Eier hacken. Zusammen mit der Joghurtsauce – die wir mit etwas Cayenne-Pfeffer oder Paprika gewürzt haben – vermischen. Mit geviertelten Radieschen und gehackter Petersilie garnieren.

Champignon-Krapfen

Zutaten für ca. 12 Stück:
400 g Blätterteig, 300 g frische Champignons, 1 Zwiebel, wenig Butter, 100 g Schinken am Stück, 250 g Kalbsbrät, nach Belieben 1 Eßlöffel Cognac, ½ Teelöffel Salz oder Streuwürze, 1 Ei

Die Champignons blättrig schneiden und die Zwiebel fein hacken. Beides zusammen in der Butter kurz durchdämpfen. Mit Salz oder Streuwürze abschmekken und auskühlen lassen.

Den Schinken in kleine Würfel schneiden und zusammen mit den Champignons unter das Brät mischen. Nach Wunsch mit Cognac aromatisieren.

Den Teig etwa 3 mm dick auswallen und 12 Rondellen von 10 bis 12 cm Durchmesser ausstechen. Je ein Häufchen Füllung draufgeben, Teig umschlagen, die Ränder mit einer Gabel gut festdrücken. Die Oberfläche mit der Gabel einstechen, nach Belieben mit Teigresten verzieren und mit Eigelb bestreichen. Bei etwa 220 °C während 20 Minuten bakken. Heiß oder ausgekühlt zusammen mit einem gemischten Salat als Mahlzeit oder aber zu einem Glas Wein servieren.

SIEDFLEISCHPLATTE
(Bœuf bouilli)

Die von Männern und Frauen gleichermaßen hochgeschätzte Siedfleischplatte ist ein ideales, reiches Festessen, beispielsweise dann, wenn wir viele Gäste haben. Eine Siedfleischplatte läßt sich gut mit Zunge (Rezept nebenstehend) oder gekochten Würsten (z.B. Waadtländer oder Zungenwurst) bereichern – und zugleich strecken. Nicht vergessen: Die Bouillon – beispielsweise mit knusprig gerösteten Brotwürfelchen serviert – wird überaus geschätzt.

Pro Person rechnen wir mit etwa 150–200 g Siedfleisch (Brustfleisch, Federstück oder/und Hohrückendeckel), je nachdem, wieviel Zunge, Wurst usw. dazugegeben wird. Allfällige Siedfleischresten können wir kalt mit Senf oder einer Sauce vinaigrette für einen Siedfleischsalat, für verschiedene Eintöpfe und Gratins (Restengratin siehe auf der folgenden Seite) verwenden.

Zubereitung:
Zuerst setzen wir, zusammen mit einer besteckten Zwiebel, die Knochen in kaltem Wasser auf. Erst wenn das Wasser kocht, fügen wir das Fleisch bei mit etwas Wurzelgemüse, dann salzen und pfeffern und 2 bis 2½ Stunden zugedeckt köcheln lassen. Allfällig sich bildenden Schaum jeweils abschöpfen. Die Gemüsegarnitur, halbierte Rüebli, geteilten Sellerie, in Stücke geschnittenen Lauch, Navets (weiße Rüben), geviertelten Kohl, Tomaten usw., kochen wir separat in leicht gesalzenem Wasser. Solches Gemüse ist bekömmlich und setzt der Linie nicht zu.

Ist das Fleisch gar, geben wir es mit dem Gemüse auf eine Platte und übergießen das Ganze mit etwas Fleischbrühe. Petersilienkartoffeln sind eine geradezu klassische Beigabe.

Weitere Beigaben sind Senffrüchte, Meerrettich, Preiselbeeren, Salz- und Gewürzgurken, pikante Saucen (Salsa verde, Sauce vinaigrette, Senfsauce), Randen, harte Eier usw.

Die Bouillon selber durch ein Sieb abgießen, mit etwas Fleischbouillonwürfel und Gewürzen abschmecken, nochmals aufkochen; Suppeneinlagen nach Wunsch beigeben. (Siehe in diesem Zusammenhang das «Bollito-misto»-Rezept auf der folgenden Seite)

Rindszunge
ist ein ideales Sparfleisch. Sie ist zudem vielseitig verwendbar

Sie können sie zuerst warm und, was übrigbleibt, kalt essen. Sie können sie auch am Vortag kochen und sie vor dem Servieren noch einmal während einer halben Stunde heiß werden lassen. Gesalzen oder geräuchert paßt sie zu Sauerkraut, Bohnen und andern Gemüsen; mit einer Madeirasauce versehen wird sie zu Kartoffelstock, Reis oder Teigwaren gegeben; separat gekocht in einem Sud (dem wir eine besteckte Zwiebel, etwas Suppengemüse, 3 bis 4 Pfefferkörner und 1 Glas Weißwein beigeben), ist sie für jede Siedfleischplatte eine Bereicherung.

Zubereitung: Die Zunge in den kochenden Sud geben (siehe oben) und auf kleinem Feuer 3½ bis 4½ Stunden simmern lassen; sie ist gar, wenn sich die Haut gut abziehen läßt.

Bollito misto

ist eine etwas preisgünstigere Variante zu der beschriebenen Siedfleischplatte; das Rindfleisch wird ganz oder teilweise durch Geflügel, Würste, Zunge, Markbein und den in Italien beliebten – auch hier jeweils erhältlichen – Zampone (gefüllter Schweinsfuß) ersetzt.

Wie bei der Siedfleischplatte werden Fleisch und Markbein in kochendes Wasser gegeben. Nach etwa 1 Stunde fügt man die Geflügelteile und das Gemüse bei und 30 Min. später die bereits gekochte Zunge, die Würste und die Zampone. Simmern lassen, bis diese heiß bzw. gar sind.

Das Gericht wird warm, lauwarm oder kalt aufgetragen. Nebst dem verwendeten Suppengemüse können gedämpfte Gemüse wie Blumenkohl, Broccoli, Kabis, Rüben aller Art usw. mitserviert werden. Man reicht dazu gebähtes Brot, Salz oder Bouillonkartoffeln und – wie bei der Siedfleischplatte – pikante Saucen und Beilagen.

Gratinierte Siedfleischreste

Kleingehackte Zwiebeln werden in Butter gedämpft. Das gekochte Rindfleisch in dünne Scheiben schneiden, 5 Min. in die Zwiebelbutter legen und etwas Bouillon, Tomatensauce und gehackte Petersilie hinzufügen, mit Pfeffer würzen. Das Ganze in eine gebutterte Gratinform geben, mit Paniermehl und einigen Butterflokken bestreuen und im Ofen überbacken.

MÄRZ

Herzschnitten geschmort

8 Scheiben (ca. 500 g) Rindsherz, etwas Mehl, 1 große Zwiebel, 1 Büchse geschälte Tomaten (Pelati), 1–2 Knoblauchzehen, Salz, Pfeffer, Salbei oder Rosmarin, nach Belieben 2 Teelöffel Instant-Bratensauce, etwas Fett oder Öl

Die Scheiben mit Mehl bestäuben, beidseitig in Fett oder Öl anbraten, mit Salz, Pfeffer, Salbei oder/und Rosmarin würzen, beiseite stellen.

Im zurückgebliebenen Fett die gehackte Zwiebel kurz andünsten, Pelati mit etwas Saft und die zerdrückten Knoblauchzehen zugeben, nach Belieben mit Instant-Bratensauce würzen, die Herzschnitten zugeben und etwa 1 Stunde köcheln lassen; sollte die Sauce einkochen, Tomatensaft nachgießen.

Zu Polenta, Reis oder Nudeln servieren.

Tip: *Nudeln oder Reis mit feingehackten, in Butter kurz angezogenen frischen Kräutern (Petersilie, Basilikum) vermischen.*

Herzschnitten mit Speck

Zutaten und Zubereitung wie «Herzschnitten geschmort»; 8 Tranchen Frühstückspeck als Garnitur

Die Herzschnitten durchbraten, würzen und beiseite stellen. Im verbliebenen Fett den Speck kurz braten, auf die Herzschnitten legen. Fond mit etwas Wasser und Instant-Bratensauce aufkratzen, über das Fleisch gießen.

Dazu: Rösti und Apfelmus oder Salat.

Kaninchen mit Kartoffeln

1 bis 1,2 kg Kaninchenstücke, 50 g Speckwürfelchen, 2 Eßlöffel Mehl, 2 Knoblauchzehen, ca. 1 Glas Weißwein, 1 Tasse Bouillon, ½ Tasse Rahm, 500 g Kartoffeln, Salz, Pfeffer

Die Kaninchenstücke mit den Speckwürfelchen gut anbraten. Das Mehl mitbräunen, mit Wein und Bouillon ablöschen, salzen und pfeffern, die gehackten Knoblauchzehen dazugeben und bei kleinem Feuer gut verschlossen köcheln lassen. Die Sauce abschmecken, evtl. mit etwas Thymian oder Rosmarin nachwürzen, wenn nötig mit etwas in Wasser aufgelöstem Maizena andikken. Etwa ¾ Stunden vor dem Essen die in große Würfel geschnittenen Kartoffeln zugeben. Vor dem Anrichten vermischt man das Gericht mit dem Rahm.

MÄRZ

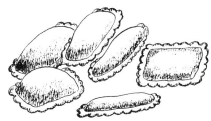

Indischer Gemüsereis

300 g körnig gekochter Langkornreis, 2 Zwiebeln, 1–2 Stangen Lauch, 2–3 Rüebli, 1 Tasse Erbsen oder Maiskörner aus der Dose, kleingehackte Petersilie, Salz, Pfeffer, 1 Eßlöffel Curry, Butter oder Margarine, Bouillon, 1 Joghurt

Kleingeschnittene Zwiebeln, Rüebli und Lauch in Butter oder Margarine anziehen, etwas Bouillon, Weißwein oder Wasser beifügen und gar kochen lassen. Erbsen oder Mais sowie Petersilie zugeben, mit Salz, Pfeffer und Curry würzen, mit dem Reis vermischen. In eine gut gebutterte Gratinform geben. Joghurt und etwa 3 dl Bouillon verrühren, über den Reis gießen. Diesen mit Butter- oder Margarineflocken belegen, bei mittlerer Hitze etwa 20 Min. gratinieren. Dazu: Gurkensalat.

Spaghetti nach Großmutterart

400 g Spaghetti, je 100 g Speck-, Schinken- und Brotwürfeli, 3–4 Eßlöffel Butter oder Margarine, geriebener Emmentaler- oder Greyerzerkäse (fakultativ)

Die Speck-, Schinken- und Brotwürfeli in heißer Butter oder Margarine leicht anrösten und mit den al dente gekochten Spaghetti vermischen; nach Belieben mit geriebenem Käse vermischen.
Dazu paßt Salat, besonders Tomatensalat.

Makkaroniauflauf mit Corned beef

300–400 g Makkaroni, 1 Büchse Corned beef (ca. 200 g), 1 kleine Büchse Erbsen, 2 Eier, 2½ dl Milch, 2 Eßlöffel Tomatenpüree, Salz, Pfeffer, 30 g geriebener Greyerzer oder Emmentaler, Paniermehl, Butter oder Margarine, 1–2 Ecken Schmelzkäse

Das in Stückchen geschnittene Corned beef mit den abgetropften Erbsen unter die al dente gekochten Makkaroni mischen, in eine ausgebutterte Gratinform geben. Die Eier verklopfen und mit der Milch, dem Tomatenpüree, dem Käse und einer Prise Salz und Pfeffer verrühren, über die Makkaroni geben. Paniermehl und Butterflöckli darüberstreuen und den in dünne Scheiben geschnittenen Schmelzkäse darauflegen. Im vorgeheizten Ofen bei gut 250°C gratinieren, bis sich oben eine goldbraune Schicht gebildet hat.

Ravioli al forno
(überbackene Ravioli)

1 große Büchse (1 kg) weiße Ravioli, 1 Büchse (400 g) geschälte Tomaten (Pelati), 2 Eßlöffel Margarine oder Öl, 100 g Schinkenwürfel, 4 fein gehackte Sardellen, 1 Prise Thymian, 2 Prisen Paprika, 1 dl Rahm (fakultativ), 50 g geriebener Sbrinz oder Parmesan, 30 g Butter

Schinkenwürfel und Sardellen im Öl oder in der Margarine andämpfen, Tomaten und alle Gewürze zugeben und 10 Min. auf schwachem Feuer kochen lassen, evtl. zuletzt mit Rahm verfeinern. Die Ravioli direkt aus der Dose in eine gut ausgebutterte Form schichten. Jede Lage mit etwas Sauce begießen und mit Reibkäse bestreuen, die oberste Lage mit Butterflocken belegen. Im Backofen während 15–20 Min. bei 250°C gratinieren.

Vermischte Nudeln

Ca. 200 g mittelbreite Eiernudeln, ca. 200 g mittelbreite grüne (Spinat-)Nudeln, 60–80 g geriebener Sbrinz oder Parmesan, 80 g Butter, 50 g feingehackter Schinken, ½–1 dl Rahm, Salz, weißer Pfeffer

In einem Pfännchen auf ganz kleinem Feuer Butter, Rahm, Schinken und etwas Käse vermischen, mit etwas Salz und Pfeffer abschmecken. Über die al dente gekochten, auf einer vorgewärmten Platte angerichteten Nudeln geben, sofort auftragen. Reibkäse separat dazugeben.

Milchreis

250 g Reis (Vialone/Avorio), 1 l Milch, 1 Prise Salz, ein Stückchen Zitronenschale, Zimtstengel (nach Belieben), Butter, Zucker

Milch mit dem Salz, der Zitronenschale, dem Zimtstengel (nach Belieben) und ein Stückchen Butter aufkochen, den Reis beigeben und auf kleinem Feuer garen lassen. Vor dem Anrichten nimmt man die Zitronenschale und den Zimtstengel heraus, mischt sorgfältig 2–3 Eßlöffel Butter darunter. Mit gebräunter Butter überschmelzen und mit Zucker, Zimt und Zucker oder Kompott oder aber auch mit gezuckerten Bananenscheiben und Himbeersirup servieren.

Süßer Brotauflauf

Etwa 300 g Brotscheiben, 100 g Mandeln oder Baumnüsse (gerieben), 2 Eier, 2 Tassen Milch, 100 g Zucker, Butterflocken

Dünne Brotscheiben schneiden und lagenweise mit den Nüssen in die bebutterte Form füllen. Eier, Milch und Zucker zusammen schlagen und darübergießen. Butterflocken darauf verteilen und im Ofen bei 220° etwa 30 Minuten überbacken. Mit Vanillesauce oder Aprikosen-, Zwetschgen- oder Pflaumenkompott servieren.

Vanillesauce

6 dl Milch, ¼ Vanillestengel, ½ Teelöffel Maizena, 1 Ei, 20–30 g Zucker

Das Maizena in wenig Milch auflösen. Alle Zutaten in einem Pfännlein glatt verrühren und unter Schwingen mit dem Schneebesen einmal aufkochen.

MÄRZ

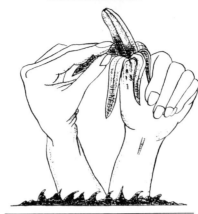

SÜSSE NACHTESSEN

Bananenznacht

**Pro Person:
1 Banane, 2 Eßlöffel Rahmquark, 1 dl kalte Milch, 1 Teelöffel Zitronensaft**

Alle Zutaten im Mixer vermischen, in Glasschale anrichten. Mit einigen in Zitronensaft gewendeten Bananenscheiben garnieren.

Bananen, gratiniert

4 Bananen, Saft einer halben Zitrone, 50 g Zucker, 1 Eßlöffel Butter, 1½ dl Rahm, ein wenig Zimt

Die Bananen schälen, der Länge nach halbieren und in eine bebutterte Gratinplatte legen. Mit Zitronensaft beträufeln und mit Zucker bestreuen. Butterflöckchen darauf verteilen und in den heißen Ofen schieben. Nach 5 Minuten Rahm zugießen. Gratinieren, bis die Bananen leicht gelb sind. Sofort heiß servieren.

Grießköpfli Großmutterart

½ l Milch, 1–2 Eigelb, 2 Eiweiß, 2 Eßlöffel Grieß, 2 Eßlöffel Zucker, 2 Eßlöffel geriebene Mandeln, 1 Prise Salz, Schale einer halben Zitrone

Die Milch mit dem Salz, der Zitronenschale und dem Zucker aufkochen, unter Rühren den Grieß einlaufen lassen, 3–4 Minuten köcheln lassen. Das Eigelb mit etwas Milch verklopfen und dem Grießbrei beigeben, kräftig rühren. Dann die steifgeschlagenen Eiweiß und die Mandeln unterziehen. In kalt ausgespülte Tassen oder Förmchen geben, nach dem Erkalten stürzen. Mit Himbeersirup servieren.

Omeletten mit Quark-Apfel-Füllung

4 kleine Omeletten gemäß Grundrezept auf Seite 115, 2 säuerliche Äpfel, 200 g Rahmquark, 3 Eßlöffel Zucker, 3 dl Rahm, Butter

Die Äpfel schälen, in feine Streifen schneiden und in Butter leicht anziehen lassen. Mit Quark und 1 Eßlöffel Zucker mischen und die Pfannkuchen damit füllen. In einer Bratpfanne restlichen Zucker goldbraun schmelzen, etwas abkühlen lassen, mit Rahm auflösen, langsam aufkochen und die Sauce über die Pfannkuchen gießen.

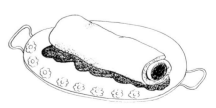

Wir haben Gäste

«Gäste machen immer Freude, die einen beim Kommen, die andern beim Gehen», sagt ein etwas boshaftes Sprichwort. Nun, richten wir es doch so ein, daß uns Gäste jederzeit eine willkommene Freude sind. Es braucht im Grunde genommen recht wenig: Von Herzen kommende Gastfreundschaft und nicht viel mehr als der übliche Vorrat in Küche und Keller, um den Besuch – wenn auch mit wenig Kosten – wirklich gastlich bewirten zu können.
(Über Getränke, und wie Sie sie den Gästen anbieten, orientieren Sie die Seiten 232 bis 241)

UNERWARTETE GÄSTE

sollten uns nicht erschrecken, selbst dann, wenn sie mit einem Bärenhunger uns aus süßem sonntagnachmittäglichem Nichtstun oder gar mitternächtlichem Träumen wecken...

Käseplatte

Eine Käseplatte, hübsch angeordnet, gibt wenig Arbeit und erfreut immer. Sie können dabei auch Schachtelkäse und kleinste Käsereste verwenden, die Sie in mundgroße Würfel schneiden und mit Zahnstochern bespicken. Geben Sie geviertelte Tomaten, in Streifen geschnittenen Fenchel, Gurken, Peperoni und Äpfel, Birnen und Nüsse bei. Mit Butter, Brot (möglichst verschiedenem, auch Knäckebrot) und einem Glas Apfelsaft, Bier oder Wein wird sich keiner der Gäste beklagen.

Alles aus der Büchse

ist eine weitere Möglichkeit, unerwartete Gäste zu verwöhnen:
Sardinen und Thon lassen sich mit gehackten Zwiebeln, mit Zitronensaft beträufelten Apfelschnitzen und leicht gesalzenen Gurkenscheiben garnieren.

Muschelsalat garnieren Sie mit Zitronenfleischwürfelchen und Peperonistreifen;
zu Cornedbeef geben Sie Tomatenviertel und Senf, den Sie mit Kapern, Peperoniwürfelchen und gehackten Zwiebeln oder Schnittlauch bereichern.
Büchsenchampignons überziehen Sie mit einer Mayonnaise aus der Tube.

Mayonnaisen
(selbstgemachte oder aus der Tube) verwandeln Resten oder Konserven in beste Leckerbissen:
– Mayonnaise mit Tomatenketchup bereichert: zu Fleisch, Fisch und Gemüsesalaten
– Mayonnaise mit Kapern und gehacktem Ei: zu Fischsalaten
– Mayonnaise mit gehackten Zwiebeln, Sardellen, Kapern, Cornichons: zu Fleischsalat oder zu einer Wurstplatte
– Mayonnaise mit frisch geriebenem Meerrettich und steifem Rahm: zu Fisch, Siedfleisch und Filets
– Mayonnaise mit Joghurt und gehacktem Schnittlauch: zu Tomatensalat.
Weitere Mayonnaise-Rezepte finden Sie auf Seite 113.

Eierspeisen

sind schnell zubereitet und stets willkommen. Vorschläge finden Sie auf Seite 77.

Manchmal tut's auch eine Suppe

Was wir immer vorrätig haben sollten, sind Fleisch- und Hühnerbouillonwürfel oder das auch zum Würzen praktische Bouillonpulver. Damit können wir eine Vielzahl feiner Bouillonsuppen minutenschnell und immer wieder abgewandelt fertigstellen.

Bouillonsuppen

mit Teigwaren: Eierteigwaren können Sie direkt in der Bouillon 10 Minuten mitkochen; andere Teigwaren müssen Sie extra garen, sie sondern zu viele mehlige Bestandteile ab – und erst dann in die heiße Bouillon geben.

mit Reis oder Grieß: Pro Teller (2,5 dl) lassen Sie 2 Eßlöffel Langkornreis oder 2 Eßlöffel Grieß in die Bouillon einlaufen und ca. 20 Minuten (bei Reis) bzw. ca. 5 Minuten (bei Grieß) mitköcheln.

mit gerösteten Brotwürfeln: Weißbrotwürfel in Butter knusprig braten, in den Teller geben und mit heißer Bouillon übergießen; mit feingeschnittenem Schnittlauch überstreuen.

legiert: Sie nehmen die fertige Bouillon vom Feuer und rühren vorher glattgeschlagene Eier (pro Person ½ bis 1 Ei) mit dem Schneebesen ein.

mit Kräutern: In die klare oder legierte Bouillon feingehackte Kräuter wie Petersilie, Schnittlauch, Kerbel, Bärlauch usw. geben.

mit Zwiebeln: Zwiebeln in Scheiben schneiden und in Butter oder Margarine bräunen, heiße Bouillon darübergießen und 10 Minuten köcheln lassen. Schmelzkäse stückweise beigeben oder die Suppe in die Teller schöpfen und mit reichlich Sbrinz bestreuen. Mit gerösteten Weißbrotschnitten auftragen; Sie können diese in den Teller geben, bevor Sie die Suppe schöpfen.

mit Schinken-, Fleisch- und Wurstwürfeln: Der Bouillon können Sie Fleisch- und Wurstwürfel aller Art zufügen.

Fertigsuppen

aus Beuteln kann man mit etwas Rahm verfeinern, mit gebratenen Brot- oder Speckwürfelchen und gedämpften Lauchringen (z.B. bei Mehl- oder Oxtailsuppen) bereichern oder aus ihnen eine ausgesprochen aparte Mahlzeit zubereiten wie z.B. unser

Indisches Hühnersüppchen

1 Beutel Geflügelcremesuppe, 200 g Geflügelfleisch, geschnetzelt oder gewürfelt (tiefgekühlt oder Reste), oder Schinken, 1 Eßlöffel Butter, ½ Eßlöffel Currypulver, 4 Eßlöffel steif geschlagener Rahm

Rohes Geflügelfleisch in Butter anbraten. Currypulver zugeben und einige Sekunden mitdämpfen (vorgekochtes Fleisch nur kurz anziehen lassen). Inzwischen die Geflügelcremesuppe nach Vorschrift zubereiten. Gekochtes Geflügelfleisch beifügen. In vorgewärmte Suppentassen anrichten und jede Portion mit 1 Eßlöffel Rahm garnieren. Mit wenig Currypulver bestreuen und sofort servieren.

Salate als Hauptmahlzeit

sind festliche Höhepunkte. Die nachstehenden Salate sind alle innerhalb einer Viertelstunde zubereitet und lassen sich leicht aus meist vorhandenen Vorräten zubereiten. Weitere Salatideen finden Sie im Rezeptverzeichnis und auf Seite 152.

Insalata Novaggio

1-kg-Büchse weiße Bohnen, 1 Büchse Thon, ½ Tasse gehackte Zwiebeln, 1 Büschel Petersilie, gehackt, 2 Eßlöffel Gewürzgurken, gehackt, 1 Eßlöffel Kapern (nach Belieben), an Salaten und Rohgemüsen, was sich im Vorrat findet: Fenchel, Peperoni, Chicorée, Lauch, Kopfsalat usw.

Die Bohnen in warmes Wasser geben, 1 Minute aufkochen lassen, abschütten. Über die noch warmen Bohnen reichlich Öl (z.B. Olivenöl) geben, mischen. Alle Zutaten, wie Petersilie, Zwiebeln, den zerkleinerten Thon usw., sowie allfällige Salate und Gemüse (Fenchel, Lauch, Sellerie, fein geschnitten, Tomaten und Peperoni in Würfeln) dazugeben, etwas Weinessig oder Zitrone darüberträufeln, mischen. Eventuell mit Oliven oder Eierscheiben, auf die man ein Sardellenröllchen geben kann, garnieren. Lauwarm, jedenfalls nicht zu kalt, servieren.

Salade niçoise

Je nach Vorrat: Kopfsalat, Endiviensalat, oder/und in Scheiben geschnittene Tomaten, 1 Dose Sardellenfilets, 1 Dose Sardinen, 1 grüner Peperone, 1 kleine Dose schwarze Oliven, Salz, Pfeffer, Basilikum (frisch oder getrocknet), Petersilie, 2 harte Eier, 6 Eßlöffel Salatsauce Escoffier (Rezept siehe Seite 112)

Kopfsalat oder Endiviensalat mit französischer Salatsauce vermengen. Dazugeben: geviertelte Artischockenböden, Tomaten, schwarze Oliven, Sardellenfilets mit Kapern, geviertelte harte Eier sowie (nach Belieben) Würfelchen aus gekochten Kartoffeln und Sardinen.

Niklausen-Salat

1 Dose Schinken oder Zunge oder Fleischkäse (ca. 250 g), 1 kleine Dose Maiskörner, 1 kleine Dose Erbsen (oder tiefgekühlte, gekochte), 1 kleine Dose rote Peperoni, 1 kleine Dose Artischockenherzen, 1 kleine Dose grüne Spargeln, 3 harte Eier, 6 Eßlöffel Provence- oder Kräuter-Salatsauce (Rezept siehe Seite 112)

Fleisch in kleine Scheiben schneiden, Artischocken halbieren und Peperoni in Streifen schneiden. Alle Zutaten lagenweise in eine Salatschüssel einfüllen, mit einer pikanten Salatsauce begießen und mit den halbierten Eiern garnieren.

DAS NACHMITTAGS-KRÄNZCHEN

Weshalb leisten wir uns zur Abwechslung nicht einmal eine gemütliche Tee- oder Kaffeestunde zu Hause? Und laden dazu Freunde und Bekannte ein? Einladungen am Nachmittag haben nämlich besonderen Charme. Knuspriges Fritüre-Gebäck, bei dem allfällig anwesende Herren ebenfalls gerne zugreifen, paßt ausgezeichnet zum Kaffeeplausch.
Wichtig: Über richtiges Fritieren lesen Sie auf Seite 106

Apfelküchlein
(Beignets de pommes)

4–6 große, saure Äpfel, Zitronensaft, Ausbackteig gemäß nachstehendem Rezept, Zimt und Zucker, Vanillesauce (fakultativ)
Ausbackteig: 200 g Weißmehl, 1½ dl Milch, 1½ dl Wasser, 1 Teelöffel Salz, 1 Eßlöffel Mehl, 1 Eßlöffel Öl, 2 Eigelb, 2 Eiweiß. Nach Belieben 1 Eßlöffel Kirsch, 1 Prise Natron

Den Teig in eine Schüssel sieben. Milch, Wasser (beides lauwarm) mit Salz und Öl mischen, zugeben und zu einem Teig rühren. Die beiden Eigelb daruntermischen. Den Teig während gut 20 Minuten ruhen lassen. 1 Prise Natron in 1 Eßlöffel Kirsch oder Wasser auflösen und zugeben, knapp vor Gebrauch die beiden steifgeschlagenen Eiweiß locker beimischen. Während der Teig ruht, die Äpfel schälen, Kernhaus entfernen. Die Äpfel in gut ½ cm dicke Scheiben schneiden. Mit wenig Zitronensaft beträufeln. Durch den Teig ziehen und goldgelb ausbakken. Abtropfen lassen, mit Zukker und Zimt bestreuen, heiß, eventuell mit einer kalten Vanillesauce als Beilage, servieren.

Apfelkrapfen

Temperatur: 170 °C, Fritierzeit: 2–3 Minuten
Teig: 250 g Mehl, 1 Teelöffel Backpulver, 125 g Zucker, 1 Prise Salz, 2 Eßlöffel Rum, 2 Tropfen Bittermandelöl, 2 Eier, 100 g Butter
Füllung: 3–4 weiche Äpfel, 1 Eßlöffel Sultaninen, in warmes Wasser eingelegt, 1 Handvoll Mandeln, geschält, in Streifen geschnitten, etwas Zimtpulver
zum Bestreichen: 1 Eiweiß, Zimtzucker

Mehl und Backpulver zusammen in eine Schüssel oder aufs Teigbrett geben. In der Mitte eine Vertiefung machen. Alle anderen Zutaten, einschließlich weiche, in Stücke geschnittene Butter, zufügen. Den Teig von der Mitte aus zusammenarbeiten und während ca. 1 Stunde kühl stellen. 3–5 mm dick auswallen und runde Scheiben im Durchmesser von 7 bis 9 cm ausstechen.
Die Äpfel waschen, schälen, in Viertel und in dünne Scheibchen schneiden. In eine Schüssel geben, mit den anderen vorbereiteten Zutaten mischen. Die eine Hälfte der Teigscheiben mit Füllung belegen. Den Teigrand mit Eiweiß bepinseln und die nicht belegte Teighälfte überschlagen. Andrücken, im heißen Öl goldgelb fritieren. In Zimtzucker wenden, solange die Krapfen noch warm sind.

Schenkeli

Temperatur: 170 °C, Fritierzeit: 2–3 Minuten
50 g Butter, 125 g Zucker, 2 Eier, 1 Eßlöffel Kirsch, 1 abgeriebene Zitronenschale, ¼ abgeriebene Orangenschale, 250 g Weißmehl, 1 Prise Salz

Butter, Zucker, Eier und Kirsch von Hand oder in der Haushaltmaschine schaumig rühren. Die Zitronen- und Orangenschale sowie das gesiebte Mehl mit dem Salz beigeben. Die Masse mischen, bis ein glatter Teig entsteht. Diesen im Kühlschrank während einer Stunde ruhen lassen. Dann vom Teig fingerlange Rollen formen und die «Schenkeli» langsam fritieren. Sie sollen aufspringen und hellbraun sein.

Rosenküchlein

Temperatur: 190 °C, Fritierzeit: 1–2 Minuten
50 g Butter, 250 g Mehl, 1½–2 dl Milch, 1 Prise Salz, 2–3 Eßlöffel Zucker, 3 Eigelb, 3 Eiweiß, Puderzucker zum Bestreuen
Spezialgerät: 1 Rosenkuchen-Eisen

Eigelb und Zucker schaumig rühren, dann das gesiebte Mehl und die lauwarme Milch, Salz und Zucker beigeben. Der Teig muß die Konsistenz einer Creme haben, deshalb die Milch vorsichtig zugeben, damit er nicht zu dünn wird. Den Teig ca. 2 Stunden ruhen lassen, dann unmittelbar vor Gebrauch das steifgeschlagene Eiweiß zugeben. Das Rosenkuchen-Eisen im heißen Öl erwärmen, und zwar so lange, bis es die Temperatur der Fritüre erreicht hat. Etwas abtropfen lassen und so in den Teig tauchen, daß dieser nicht über dem Eisen zusammenfließt. Anschließend das Eisen so rasch wie möglich wieder ins heiße Öl halten und das Küchlein goldgelb fritieren. Sofort vom Eisen abstoßen, abtropfen lassen und mit Puderzucker bestreuen.

Müsli-/Salbeichüechli

Temperatur: 190 °C, Fritierzeit: 1–2 Minuten

20 frische Salbeiblätter, Zucker und Zimt, Ausbackteig: 200 g Mehl, 1 Prise Salz, 1 Eßlöffel Öl, 3 dl Wasser oder Weißwein, 5 g Hefe, 2 Eiweiß

Mehl, Hefe, Öl und Salz mischen, nach und nach die Flüssigkeit unterrühren, bis der Teig Blasen wirft. 30 Minuten ruhenlassen, das steifgeschlagene Eiweiß unterziehen. Die gewaschenen, abgetrockneten Salbeiblätter durch den Teig ziehen und knusprig fritieren, mit Zucker und Zimt bestreuen.

Ziegerkrapfen

Temperatur: 160 °C, Fritierzeit: 4–5 Minuten

250 g Blätterteig, 100 g Speisequark, 100 g geschälte, geriebene Mandeln, 80 g Zucker, 1 abgeriebene Zitronenschale, 1 Tasse abgespülte Rosinen, 3–4 Eßlöffel Rahm, etwas Eiweiß, etwas feingemahlener Zimt, 50 g Zucker

Den Blätterteig 2 mm dick zu einem großen Rechteck auswallen. Davon ca. 10 cm große Quadrate oder runde Plätzchen von ca. 12 cm Durchmesser ausschneiden. Für die Füllung den Quark luftig rühren. Die übrigen Zutaten beigeben, gut mischen. Die Masse soll streichfähig sein. Die Quadrate oder Rondellen in der Mitte mit je einem Teelöffel Quarkfüllung belegen. Den Rand mit Eiweiß bestreichen. Die Teigstücke überlegen, den Rand gut andrücken. Goldgelb fritieren. Abtropfen lassen und noch warm in Zimtzucker wenden.

Nonnenfürzchen
(Französische Art)

Temperatur: 190 °C, Fritierzeit: 1–2 Minuten

¼ l Wasser, 1 Prise Salz, 50 g Butter, 125 g Mehl, 3–4 Eier, 1 Eßlöffel Zucker, 1 Prise Vanillezucker, Puderzucker

Wasser, Salz, Zucker und Butter zum Kochen bringen. Das Mehl zugeben und rühren, bis sich die Teigmasse von der Pfanne löst. Erkalten lassen und ein Ei nach dem andern dazugeben. Mit einem Teelöffel kleine Teighäufchen abstechen und in die auf 190 °C erhitzte Fritüre geben. Die goldgelb gebackenen Küchlein abtropfen lassen und im Puderzucker-Vanille-Gemisch drehen.

Nonnenfürzchen
(Zürcherart)

Temperatur: 160 °C, Fritierzeit: 4–5 Minuten

500 g Kuchenteig (siehe Seite 179).
Füllung: 1 kg gedörrte Birnen, 300 g gedörrte Zwetschgen, etwa ¾ l Rotwein oder Wasser, 200 g Nußkerne, 100 g Zucker, 50 g Zitronat, etwas Zimt, 5 Eßlöffel Kirsch oder Zitronensaft

Die gewaschenen Früchte 1 bis 2 Tage einlegen, dann in der Einweichflüssigkeit 20 Minuten kochen, abtropfen lassen. Birnen (ohne Fliege und Stiel) und Zwetschgen (entsteint) mit den

übrigen Zutaten durch die Hackmaschine treiben, mit den Gewürzen mischen, evtl. süßen. Aus dem Teig runde Plätzchen stechen, mit Füllung belegen, Rand mit Eiweiß bestreichen, zuklappen, fritieren.

Orangenküchlein

Temperatur: 180 °C, Fritierzeit: 1–2 Minuten

Teig: ¼ l Milch, 180 g Mehl, 5 g Salz, 2 Eigelb, 2 Eiweiß, 20 g Zucker, 1 Eßlöffel Rum, 5 Orangen, 1 Eßlöffel Puderzucker, 2 Eßlöffel Curaçao oder Grand Marnier, Puderzucker zum Bestreuen

Milch mit Mehl und Salz gut verrühren, dann Eigelb, Zucker und Rum beifügen. 2 Stunden stehenlassen. Vor Gebrauch sorgfältig das steifgeschlagene Eiweiß darunterziehen.

Die Orangen schälen und, wenn möglich, alle weißen Häutchen entfernen. Die Früchte sorgfältig in Schnitze teilen, ohne sie zu verletzen. Mit Puderzucker bestreuen und mit Likör beträufeln. 1 Stunde stehenlassen, dann abtropfen, durch den Teig ziehen und fritieren.

Strübli

Temperatur: 190 °C, Fritierzeit: 1–2 Minuten

500 g Mehl, 1 gute Prise Salz, 2 Eier, verquirlt, 2 dl Rahm, 4 dl kochender Weißwein, Zucker

Die Zutaten in der aufgeführten Reihenfolge gut mischen, den Teig klopfen. Danach einen halben Schöpflöffel voll Teig durch einen Trichter, am Rand beginnend, der Fritürpfanne entlang, dann spiralförmig nach der Mitte hin, ins heiße Öl laufen lassen. Beidseitig knusprig fritieren. Die «Strübli» sofort herausnehmen, abtropfen lassen und auf einer Papierserviette entfetten. Mit Zucker überstreut, warm zu Milchkaffee servieren.

WIR BITTEN ZUM FRÜHSTÜCK (BRUNCH)

Die Einladung zum großen Frühstück – auch Brunch (aus dem englischen «breakfast» und «lunch» gebildet) genannt – geht kurzfristig an gute Freunde und Bekannte. Man trifft sich beispielsweise an einem Feiertag um 10 oder 11 Uhr zum ausgedehnten Frühstück, zu dem man vielerlei auftischt und bei dem man sich nach Lust und Laune bedient.
Der Brunch-Tisch braucht keine aufwendigen Dekorationen, denn die verschiedenen Zutaten, auf Tellern und in Schalen angerichtet oder auf Holzbrettchen gegeben, sehen an sich schon appetitlich und farbenfroh genug aus.

Unbedingt zum Brunch gehören:

Milchkaffee oder/und Tee, Orangen- oder Grapefruitsaft, Honig, Butter, verschiedene Konfitüren, Eierzopf und feine Bauernbrote, 3-Minuten-Eier, Joghurt, Früchtequark, verschiedene Hart- und Weichkäse, Schinken und Aufschnitt, Salzgurken, Tomaten, frische Früchte und Hefegebäck.

Ebenfalls sehr geschätzt sind:

Kakao, Toast, Knäckebrot, Gipfel, gesalzene Butter, Schabzieger, Spiegeleier, Rührei in Varianten, Würste (Salametti, Landjäger, Kalbsleberwurst, Mettwurst), Pâté, Käseküchlein, Quark mit frischen Kräutern, kalte Hackbeefsteaks, kalter Braten, Thon-, Reis- und Geflügelsalate, Birchermüesli, Wähen, Kuchen, Quarktorte, Birnbrot.

DIE KLEINE PARTY

Gründe zu kleinen Festen gibt es immer: Arbeitsjubiläum, Beförderung, Abschied von den Arbeitskollegen oder eine kleine private Feier zu Hause.
Am Arbeitsplatz sollte das Fest wenig Umstände machen. Ein oder zwei Getränke (Wein, Mineralwasser, Bier), Brezeln, evtl. eine Käse- oder Aufschnittplatte mit Brötchen.
Oder, als tolle Überraschung, gefüllte Brote. Diese eignen sich natürlich für jede Art von Fest: als Vorspeise oder sommerliches Hauptgericht mit Maiskörner-, Sellerie- oder sonstigem Salat serviert, finden sie bei allen Gästen Anklang.

Gefülltes Brot mit Schinken

100 g Margarine, 3 Eßlöffel Quark, 1 Teelöffel Senf, süß, 1 Teelöffel Senf, scharf, 1 Eßlöffel Kapern, 2 hartgekochte Eier, 100 g Emmentaler, gewürfelt, 1 Gurke, gewürfelt, 125 g Schinken, gewürfelt, Salz, Pfeffer, 1 Teelöffel Rosenpaprika, 4 Tropfen Tabasco, 1 Pariser Brot

Die beiden Enden des Brotes wegschneiden und mit Hilfe von Messer und Gabel aushöhlen; oder auch seitlich aufschneiden und das Innere herauskratzen. Die Zutaten gut mischen und die Masse einfüllen; sie muß fest eingepreßt werden, eventuell mit dem Stiel einer Holzkelle nachhelfen. In Aluminiumfolie wickeln und mindestens 2 Tage tiefkühlen. Etwa 4 Stunden vor dem Essen herausnehmen und noch halb gefroren in Scheiben schneiden.

Gefülltes Brot mit Pilzen

6 hartgekochte Eier, 250 g Hüttenkäse, 1 Bund frischer Dill, 2 Bund Schnittlauch, 1 Bund Petersilien, 1 rote und 1 grüne Peperone, 250 g Pfifferlinge oder andere Pilze (frisch oder aus der Büchse), Salz, frischgemahlener weißer Pfeffer, Knoblauchsalz, Butter oder Margarine zum Dünsten, Pariser Brot (nach Belieben herausgekratztes Brotinneres beigeben)

Das Brot wie oben angegeben aushöhlen. Die Eier noch warm halbieren und aushöhlen, das Eigelb mit dem Frischkäse verrühren, das Eiweiß fein hacken, dazugeben. Gehackte Kräuter, eine Zwiebel, Salz und Pfeffer dazugeben und mit Knoblauchsalz abschmecken. Die Pfifferlinge hacken und mit einer gewürfelten Zwiebel in der Margarine so lange dünsten, bis die Flüssigkeit verdampft ist. Abgekühlt unter die Käsemasse rühren und in das ausgehöhlte Brot füllen. In Aluminiumfolie einwickeln, im vorgeheizten Ofen bei 250 °C 10 Minuten backen, Aluminiumfolie öffnen, weitere 10 Minuten backen. Warm oder kalt essen.

Die Party zu Hause bietet meist mehr Möglichkeiten, sowohl was die Auswahl an Getränken wie auch das Angebot an kleinen Speisen betrifft.
Zu Bier oder Wein können Sie z. B. etwas Warmes (Würstchen, Fleischkäse, pikante Fleischkuchen) reichen.
Zu Aperitifs und Cocktails (siehe Seite 237) eignen sich attraktiv zubereitete Minisandwiches oder sogenannte Canapés.

Canapés (Snacks)

sind kleine belegte Brötchen, nicht größer als für ein bis zwei Bissen berechnet. Als Unterlage dient uns helles und dunkles Brot, aber auch Pumpernickel oder sogenannte Crakers. Wir bestreichen normalgroße Brotscheiben – denen wir durch das Entrinden eine viereckige Form gegeben haben – je nach Belag mit Butter (B) oder Senf (S) und belegen sie bis an die Ränder mit den Zutaten. Für dreieckige Canapés schneiden wir nun die Brotscheiben zweimal quer über die Mitte, für viereckige einmal waagrecht und einmal senkrecht durch.

Als Brotbeläge eignen sich:

Roastbeef, dekoriert mit Gewürzgurken und Mayonnaise (mit B und S bestreichen)
Bauernmettwurst und gehackte Zwiebeln (B)
gekochter Schinken mit halbierten Gewürzgürkchen (S)
geräuchertes Forellenfilet, Scheiben von gefüllten Oliven (B)
Eier- und Radieschenscheiben und Sardellenfilets (B)
Seerogen, mit einer Zwiebelscheibe und einem Achtel einer geschälten Zitronenscheibe garniert (B)
Streichkäse, Radieschenscheiben, gehackte Petersilie (S)
Hühnerfleisch, Mandarinenschnitze, Walnüsse (B und S)

DAS KALTE BUFFET

eignet sich für kleinere wie auch für größere festliche Einladungen.
Hiezu können wir alles auftischen, was dekorativ ist – und was sich im voraus gut vorbereiten läßt: Salate (siehe Rezeptverzeichnis), Käse-, Wurst- und Fleischplatten, gefüllte Brote (siehe Seite 70), Pasteten usw. Dazu kann man in Körbchen und auf Tellern Tomaten, harte Eier, Gurkenscheiben, Radieschen usw. reichen.
Möglicherweise macht es uns aber Spaß, unsere Gäste mit der einen oder andern exklusiven – und trotzdem preisgünstigen – Speise zu verwöhnen; insbesondere bilden Sulzgerichte eine auch für das Auge attraktive Bereicherung.

Die Zubereitung von Sulzen:

50 g Sulzpulver, 1 l Wasser
Zum Verfeinern: 2–3 Eßlöffel Madeira oder Sherry, 2–3 Eßlöffel Zitronensaft, 1 Prise Salz
Man erwärmt das Sulzpulver mit dem kalten Wasser unter Rühren. Sobald alles aufgelöst und die Masse klar ist, gibt man die übrigen Zutaten (den Zitronensaft gesiebt) bei. Dann läßt man sie erkalten und verwendet sie nach den Angaben der Rezepte.
Die noch flüssige Sulze kann man nach Geschmack auch mit einem Schuß Whisky oder einigen Tropfen Sojasauce würzen; durch diese erhält sie dazu noch eine dunkle geheimnisvolle Farbe. Ersetzen wir die Hälfte des Wassers mit Tomatensaft, so erhält sie eine rote Farbe.

Sulze aus Fleischbrühe mit Gelatine

Eine kräftig gewürzte, selbstgemachte Fleisch- oder Hühnerbrühe, die mit Hilfe von Gelatine gesteift wird, ergibt eine Sulze, die derjenigen unserer Großmütter fast ebenbürtig ist.

1 l Fleisch- oder Hühnerbrühe, die man gut entfetten muß, 2–3 Eßlöffel Madeira oder Sherry, 2–3 Eßlöffel Zitronensaft (gesiebt), Salz, 10 Blatt Gelatine oder die entsprechende Menge Gelatinepulver

Man legt die Gelatine ein paar Minuten in kaltes Wasser ein, bis sie weich, aber nicht klebrig ist, und löst sie dann in einer Tasse heißer Fleischbrühe auf und gibt sie zusammen mit dem Zitronensaft und dem Madeira oder Sherry zur Fleischbrühe, die man bis kurz vors Kochen bringt. Dann läßt man sie abkühlen und verwendet die Sulze nach Rezept. Sulzeresten bewahrt man im Kühlschrank auf. Sie lassen sich durch Erwärmen jederzeit wieder flüssig und zu neuem Gebrauch bereitmachen.

Gefüllte Sülzli (Aspike)

In eine tiefe Form, Schale oder Bouillontasse gießt man etwas leicht dickflüssige Sulze. Man läßt sie erstarren und belegt sie dann z. B. mit Schinken, kaltem Braten oder Aufschnitt, blättrig geschnittenen Essiggürkchen usw. und bedeckt dieses Arrangement leicht mit Sulze. Wenn diese erstarrt ist, wird die nächste Schicht fast kalter Sulze darübergegossen und wieder ausgarniert, bis die Form gefüllt ist.
Je nachdem, ob es in der Form bleibt oder gestürzt wird, muß die oberste bzw. die unterste Dekoration besonders sorgfältig arrangiert werden.

Pouletsulze «Roi Soleil»

Je 2 Pakete Pouletbrüstchen und -schenkel, tiefgekühlt, 1 l Hühnerbouillon, je 1 bis 2 rote und gelbe Peperoni, 3 Essiggurken, 1 kleine Dose Champignons, 1 bis 2 Eßlöffel Zitronensaft, 4 bis 5 Eßlöffel Öl, Salz und Pfeffer, Sulze aus 3 Beuteln oder Büchschen mit 1 bis 2 Eßlöffeln Sherry aromatisiert

Das Pouletfleisch in der Bouillon knapp 1 Stunde garen, abtropfen und abkühlen lassen. Enthäuten, das Fleisch von den Knochen lösen und in kleine Stücke schneiden, mit einer Marinade aus Öl, Zitronensaft, Salz und Pfeffer mischen.

Die entkernten Peperoni in feine Streifen schneiden und in leicht gesalzenem Wasser etwa 5 Minuten ziehen lassen. Ein paar Streifen für die Garnitur zurückbehalten, den Rest mit einer Gewürzgurke kleinschneiden und unter das Pouletfleisch mischen.

Eine runde flache Form mit einer dünnen Schicht dickflüssiger Sulze ausgießen, im Kühlschrank fest werden lassen, mit blättrig geschnittenen Champignons, Ei- und Gewürzgurkenscheiben, Peperonistreifen garnieren. Etwas Sulze darübergießen und wiederum erstarren lassen. Dann den Pouletsalat hineingeben, die restliche Sulze darübergießen und im Kühlschrank gut zwei Stunden kühl stellen. Auf Platte stürzen.

Gesulzte Schinkenrollen

Zutaten für 6 Personen: 150 g gekochter Schinken in Tranchen Füllung: 60 g Butter, 100 g geriebener Emmentalerkäse, Salz, Zitronensaft, ½ l Sulze

Man rührt die Butter schaumig, vermischt sie mit dem geriebenen Emmentaler und dem Gewürz, bestreicht die gleichmäßig zugeschnittenen Schinkentranchen etwa 2 mm dick mit dieser Füllung und rollt sie auf. Die gefüllten Rollen legt man nebeneinander auf eine längliche Platte, die man vorher mit Salatblättern ausgelegt hat, und überzieht sie sorgfältig mit halbfester Sulze.

Rindfleischsulze in großer Form

1–1½ l Sulze (je nach Größe der Gugelhopfform)

zum Einfüllen: 300 g Rindfleisch, in Streifen geschnitten

zum Garnieren: Scheiben von hartgekochten Eiern, kleine Salzgurken, Silberzwiebeln, Kapern, eingemachte rote Peperoni, in Streifen geschnitten

In eine Gugelhopfform gießt man etwa 1 cm hoch Sulze und läßt sie im Kühlschrank halbfest werden. Dann legt man sorgfältig eine Garnitur von Eischeiben, Salzgurken und Kapern darauf, gießt ein paar Eßlöffel flüssige Sulze darüber und läßt sie wieder halbfest werden. Nun kommt eine Lage von Rindfleischstreifen, die wieder mit Sulze bedeckt wird, und man fährt in dieser Weise fort, bis die Form gefüllt ist. Die letzte Lage muß Sulze sein. Nun stellt man den Sulze-Gugelhopf für eine gute Stunde in den Kühlschrank, damit er ganz steif werden kann.

Unmittelbar vor dem Gebrauch taucht man die Form rasch in heißes Wasser und stürzt sie sorgfältig auf eine flache Platte, die man mit Petersilie, Radieschen, Tomatenschnitzen usw. garniert.

Sulze-Varianten:

Die Form der Sulze läßt sich beliebig variieren. Eine runde Puddingform oder auch eine längliche Cakeform wirken sehr dekorativ. Statt Rindfleisch kann man auch Schinkenwürfel, Zungenwurst, Reste von Kalbsbraten, Geflügel usw. einfüllen. Je nach Geschmack und Vorrat garnieren wir mit grobgehackter Petersilie, Zwiebelringen, Tomatenscheiben, Eierscheiben, Kapern usw.

Dekorative Früchtedesserts

Eine weitere Attraktion für das kalte Buffet bilden Desserts: Cremen, Puddings, Kuchen und Torten.

Vor allem sind jedoch dekorative Früchtedesserts sehr beliebt:

Gefüllte Ananas

Zutaten für 6 Personen: 1 große, frische Ananas und 2 Bananen, 1 Paket tiefgekühlte Erdbeeren, Saft einer Zitrone, 1–2 Eßlöffel Kirsch oder Maraschino (nach Belieben), Zucker nach Bedarf

Die Ananas unten gerade schneiden, damit sie gut steht. Oben einen Deckel abschneiden und die Frucht mit Hilfe eines Grapefruitmessers sorgfältig aushöhlen. Das Fruchtfleisch vom zähen Kern befreien, in Würfel schneiden und mit den in Rädchen geschnittenen Bananen sowie den aufgetauten Erdbeeren vermischen. Mit Zitronensaft und – nach Belieben – Kirsch oder Maraschino aromatisieren und nach Bedarf süßen. Alles in die Ananas füllen und diese kühl servieren! Nach Wunsch noch Schlagrahm getrennt dazu auftragen.

Orangensalat

4–6 Orangen, 3 Eßlöffel Zucker, je nach Wunsch: Datteln, Nougatsplitter, Mandeln, Baumnüsse (halbiert), Walderdbeeren, 1 Gläschen Kirsch oder Curaçao

Die Orangen schälen und in Scheiben schneiden. Mit Zucker bestreuen und je nach Wahl garnieren. Gut gekühlt servieren; kurz vorher Kirsch oder Curaçao darübergießen.

Fruchtsalat

2 große Äpfel, 2 Birnen, 1–2 Bananen, 1–2 Orangen, weiße oder blaue Trauben, 1–2 Pfirsiche, 3 Aprikosen, Baumnüsse, 4 Feigen, Datteln, Weinbeeren, 4 Eßlöffel Zucker

Wir verwenden jeweils Saisonfrüchte, die Äpfel und Bananen gehören jedoch das ganze Jahr dazu. Die Früchte gut waschen und nach dem Zerkleinern sofort mit Zitronensaft beträufeln. Mit Zucker mischen und im Kühlschrank ziehen lassen. Je nach Geschmack mit Rahm servieren, eventuell je nach Belieben mit etwas Maraschino, Gin oder Kirsch beträufeln.

DIE FESTLICHE EINLADUNG

Größere Feste sind meist Familienfeste: Hochzeit, Taufe, Geburtstag, Weihnacht usw. Solche Feste können Mühe machen.
Beim Kochen ist beispielsweise der Herd zu klein, oder es sind keine großen Pfannen vorhanden.
Beim Essen mangelt es beispielsweise an Geschirr und Besteck.

Mit dem auf Seite 71 aufgeführten «Kalten Buffet» können Sie solche größeren Einladungen besser bewältigen.
Wenn es Sie jedoch lockt, einen kleineren Kreis von Gästen mit einem Essen zu verwöhnen, kochen Sie mit Vorteil Eintopfgerichte und Gratins; überhaupt alles, was sich gut vorbereiten läßt und ohne Aufsicht gart. Wie ein aus solchen Rezepten bestehendes Festessen aussehen kann, zeigen die Menüpläne für ein «Elegantes Festessen» und ein «Rustikales Festessen».

ELEGANTES FESTESSEN:

Menu

Aperitif:
Sangria-Bowle
Canapées
*
Waldorf Salat
*
Indische Hühnersuppe
*
Lamm-Gigot
Purée aus weissen Bohnen
Gedämpfte Tomaten
*
Käseplatte
mit Birnen/Trauben
*
Vacherin Glacé
*
Kaffee/Konfekt

RUSTIKALES FESTESSEN:

Menu

Aperitif:
Weisswein
Quiche Lorraine
(in Förmchen)
*
Chicorée-Apfel Salat
*
Boeuf bourguignonne
Kartoffelkroketten
Gemüsegratin
*
Caramelköpfli
*
Kaffee/Konfekt

APRIL

Jetzt macht das Einkaufen Spaß. In den Gemüseauslagen türmen sich knackiger Freilandsalat, knallrote Radieschen, Kresse, Löwenzahn und junger Spinat, aus welchen sich feine Salate zubereiten lassen. Im April ist meist auch das Kalbfleisch günstig (Aktionen beachten!); ein guter Rollbraten oder Kalbsbrust kann auch bei schmalem Portemonnaie drinliegen. Und auf Ostern sollten wir uns wieder einmal daran erinnern, wie günstig und vielseitig Eier doch immer wieder sind.

Nur mit Obst ist im April wenig Staat zu machen. Lediglich Zitrusfrüchte sind günstig und natürlich die das ganze Jahr über erhältlichen Bananen.

TIP Mit den alten Kartoffeln geht es jetzt langsam bergab, und die neuen (importierten) Ernten sind in der Regel kaum zu bezahlen. Weichen Sie also auf fertige Kartoffelprodukte, Reis, Mais und Teigwaren aus; leckeren Teigwarengerichten (siehe Rezeptverzeichnis) sind kaum Grenzen gesetzt. Und wenn Sie dazu Tomaten benötigen, verwenden Sie die günstig in Büchsen erhältlichen, bereits geschälten Pelati. Sie sind auf alle Fälle günstiger und besser als die jetzt angebotenen geschmacksarmen Treibhaustomaten.

Zu den einfachsten wie schmackhaftesten Speisen gehören Käseschnitten. Auch nur aus Brot und Käse bestehend, sind sie schon ein wohlmundendes Gericht, und mit Tomatenscheiben oder gar mit Speck und Spiegeleiern belegt (siehe nebenstehendes Bild), sind sie eine währschafte und zugleich appetitliche Mahlzeit für kühle Tage. Auf Seite 80 sind einige kantonale Spezialitäten aufgeführt, die zeigen, wie verschiedenartig Käseschnitten zubereitet werden können.

KRESSE

Kresse ist praktisch das ganze Jahr über erhältlich. Doch jetzt ist sie besonders preiswert, jedenfalls günstiger und zudem aromatischer als die uns jetzt angebotenen Treibhaussalate (Kopfsalat, Tomaten, Gurken).

Kresse wird meist in kleinen Kartonschachteln als «Beet» angeboten; wir können sie jeweils auch lose kaufen; sie muß grün und frisch sein.

Lose gekaufte Kresse waschen wir mindestens dreimal in reichlich Wasser. Bei in Schächtelchen gekaufter Kresse werden die Kartonränder zur Seite gebogen und die Pflänzchen knapp oberhalb der Erde mit der Schere abgeschnitten. Dann gründlich waschen.

Kresse wird zubereitet:

Mit Quark oder Hüttenkäse: Kresse mit andern frischen Kräutern (Petersilie, Schnittlauch) fein hacken, mit Quark oder Hüttenkäse vermischen.

Als Salat: Die gewaschene Kresse gut abtropfen lassen und mit einer Sauce aus Zitronensaft oder Essig, Salz und Öl mischen. Nach Belieben hartgekochte Eier, Schinkenwürfelchen, Radieschen- oder Gurkenscheiben beigeben.

Als Suppe: Kartoffelschnee (Rezept siehe Seite 28) mit Bouillon aufkochen, Butter und viel gehackte Kresse (am besten Brunnenkresse) beigeben. Mit Pfeffer und Salz abschmecken, eventuell mit etwas Rahm oder einem verquirlten Eigelb verfeinern.
Oder: eine gebundene helle Beutelsuppe (z.B. Geflügel- oder Gemüsecreme, Steinpilz usw.) vor dem Auftragen unterrühren.

Brunnenkresse ist eher selten. Sie wird gerne einem fertigen Braten als eßbare Garnitur beigegeben, für Suppe verwendet (siehe obenstehend) oder auch roh, jeweils mit etwas Zitrone und Öl, gegessen.

Sauerkrautsalat

500–600 g Sauerkraut, 2–3 Äpfel, 3–4 Scheiben Ananas, 1 Zwiebel, 3–4 Eßlöffel saurer Rahm, Zitronensaft, Salz und Zucker

Das rohe Sauerkraut ausdrücken und hacken. Die Äpfel und die Ananasscheiben würfeln und zum Sauerkraut geben. Die Zwiebel fein reiben, den sauren Rahm, Zitronensaft, Salz und Zucker verrühren, abschmecken und mit dem Sauerkraut vermengen.

Rüebli an Vinaigrette-Sauce

500 g gekochte Rüebli, Vinaigrette-Sauce (Rezept siehe Seite 112)

Die gekochten Rüebli fein scheibeln und noch warm mit der Vinaigrette-Sauce – der wir ein gekochtes, gehacktes Ei beigeben – mischen.

Gratinierte Pariser Zwiebelsuppe

500–600 g in Scheiben geschnittene Zwiebeln, 1 Eßlöffel Fett oder Butter, 1 Glas Weißwein, 1 l kräftige Fleischbouillon (aus Würfel), Salz, Pfeffer, gebräunter Zucker (fakultativ). Pro Person 1 in Butter geröstete Weißbrotscheibe, 1 Ei (fakultativ), 1 Eßlöffel geriebener Sbrinz, Greyerzer oder Emmentaler

Die Zwiebeln in Fett oder Butter goldbraun rösten, heiße Bouillon zugießen, knapp 10 Min. köcheln lassen. Wein zugeben, mit Salz, Pfeffer und etwas gebräuntem Zucker abschmecken. Die Suppe in eine feuerfeste Schüssel oder in feuerfeste Portionschalen schöpfen. Pro Person ein frisches Ei so hineingeben, daß es nicht zerläuft. Die geröstete Brotscheibe obenauf legen, mit geriebenem Käse bestreuen. Im vorgeheizten Grill oder Ofen etwa 10 Min. überkrusten lassen. Heiß in der Form servieren.

Käsesuppe

150–200 g geriebener Käse (Sbrinz, Greyerzer oder Emmentaler), 3 altbackene weiße Brötchen, 1 l Bouillon, 1 dl Milch, 3–4 Eßlöffel Rahm, Salz, weißer Pfeffer, nach Belieben Muskat, Kümmel oder Paprika, gehackte Petersilie, Butter oder Margarine

Die Brötchen in Würfelchen schneiden, in Butter oder Margarine leicht anrösten und in die kochende Bouillon geben, aufkochen lassen, dann die Pfanne sofort vom Feuer nehmen. In einer Schüssel den Käse mit Milch und Rahm anrühren, die Bouillon darübergeben, mit etwas Salz, Pfeffer und sonstigem Gewürz abschmecken. Vor dem Auftragen gehackte Petersilie darüberstreuen.

VOM UMGANG MIT EIERN

Das Ei enthält fast alles, was der Mensch zum Leben braucht: Protein, Mineralstoffe, Kalzium und die Vitamine A, B_1 und B_2. Einzig das Vitamin C fehlt. Servieren Sie deshalb zu Eierspeisen immer Salat oder Früchte zum Dessert. Eier, richtig zubereitet, sind leicht verdaulich, am leichtesten frische rohe Trinkeier oder 3-Minuten-Frischeier. Je länger die Eier gekocht werden, um so schwerer verdaulich sind sie. Wenn Sie für Rühreier und Spiegeleier nur wenig Butter verwenden und sie auf kleinem Feuer langsam und nicht zu lange backen, liegen sie ebenfalls nicht schwer auf.

So werden Eier zubereitet:

Frühstückseier

können ins kochende Wasser gegeben und auf kleinem Feuer 3 bis 3½ Minuten gekocht werden – oder man gibt sie ins kochende Wasser, läßt kurz aufkochen, zieht die Pfanne beiseite und läßt sie 9 bis 10 Minuten ziehen. Das Eiweiß ist dann noch weich und das Eigelb cremig.

Pochierte Eier

Wasser mit etwas Essig zum Kochen bringen. Die Hitze klein stellen, so daß es nur noch leise siedet. Eier einzeln in eine Tasse aufschlagen und dann vorsichtig ins Wasser geben, unter sanftem Schütteln 3 bis 4 Minuten pochieren, mit der Schaumkelle herausnehmen und gut abtropfen.

Spiegeleier

Schlagen Sie die Eier in die Pfanne, wenn das Fett oder die Butter gerade gut zerlaufen ist; nicht so lange warten, bis das Fett rauchheiß ist, sonst werden die Ränder braun, bevor das Eiweiß fest ist. Dann leicht salzen und pfeffern und bei kleiner Hitze fertig braten; zum Schluß kurz die Hitze erhöhen, wenn Sie die Eier knusprig mögen. Beim klassischen Spiegelei sollte das Weiß geronnen, das Gelbe jedoch noch weich und nur mit einem Häutchen überzogen sein.

Bei Spiegeleiern mit Schinken oder Speck wird der Pfannenboden mit dünnen Schinken- oder Speckscheiben ausgelegt. Kurz anbraten und dann die Eier darüberschlagen.

Rühreier

Schlagen Sie die Eier in eine Schüssel und fügen Sie pro Ei einen Eßlöffel Wasser bei. Mit der Gabel zerschlagen, leicht salzen und pfeffern. Die Masse in der Bratpfanne mit wenig Butter unter ständigem Rühren auf kleinem Feuer backen. Sofort und möglichst heiß servieren.

Rühreier mit feinen Kräutern

Auf die angebackene Eiermasse streut man pro Person einen Eßlöffel frische grüne Kräuter. Im Frühjahr: Petersilie oder Schnittlauch und Kerbel, evtl. auch feingewiegte Zwiebelröhrchen; im Sommer: Selleriegrün, Estragon oder Liebstöckel.

Rühreier mit Sbrinz oder Parmesan

Man streue auf die Eiermasse, bevor man sie flockig aufrührt und anrichtet, pro Person ein bis zwei Teelöffel geriebenen Käse.

Rühreier mit Speck

Den in hauchdünne Scheiben geschnittenen Frühstücksspeck in der Pfanne leicht knusprig braten, auf die wie oben zubereiteten Rühreier geben.

Rezepte aus gekochten Eiern

*Wem der Osterhase wohlgesinnt ist, dem bringt er Eier. Doch nicht jedem liegt der dutzendfache Genuß gekochter Eier.
Die folgenden Vorschläge sollen deshalb etwas Abwechslung in den Ostereierschmaus bringen:*

Eier mit Sardellen
Die Eier werden in der Längsrichtung halbiert, die Eidotter mit zerdrückten Sardellen oder Sardellenpaste sowie etwas feingehackten Zwiebeln und einem Spritzer Zitronensaft vermischt und wieder eingefüllt. Mit gehackter Petersilie garnieren.

Eier mit Mayonnaise
Die Eidotter mit Mayonnaise, etwas Senf, feingehackter Petersilie, wenig Salz und Pfeffer und nach Wunsch mit feingehacktem Knoblauch mischen, einfüllen.
Wem diese Art zu «trocken» ist, der gieße über jede Eihälfte etwa 1 Teelöffel einer Sauce aus Weinessig und Öl.
Überhaupt sind

Eier an pikanter Sauce
immer beliebt und bieten einer geschickten Köchin vielerlei Variationsmöglichkeiten: 1 Tasse Sauerrahm mit 1 Eßlöffel Öl, 1 Eßlöffel Tomatenketchup oder Chili-Sauce, 1 geriebenen Zwiebel und etwas Worcestersauce sowie Salz mischen, über die Eihälften geben.
Varianten: Man kann diese Sauce variieren, indem man anstelle der Zwiebel 1 zerdrückte Knoblauchzehe oder/und ½ Eßlöffel geriebenen Meerrettich beigibt. Ebenfalls können wir die Sauce mit etwas Mayonnaise, gehackter Petersilie, feingewürfelten Peperoni, Senf, Zitronensaft oder entgräteten und enthäuteten Sardellen (in diesem Falle jedenfalls etwas Zitrone und Petersilie beigeben) verfeinern.
Statt die Eier lediglich mit einer pikanten Sauce zu übergießen, können wir auch gleich einen

Eiersalat
zubereiten oder die Eier einem Salat beimischen. Wir können eine der obigen Saucen, eine Mayonnaise – leichter gemacht mit Joghurt, saurem Rahm oder M-Dessert – oder auch eine gewöhnliche Salatsauce dazu verwenden.
Gut zu Eiern schmecken immer:
– grüner Salat
– Kresse oder Brunnenkresse
– Spinatsalat
– Peperoni
– Spargeln
– Oliven
– Tomaten
– Artischockenböden
– Zwiebeln
– Sardellen, Sardinen und Thon
– Petersilie, Schnittlauch, frischer Kerbel, Estragon und Basilikum
– Gewürze wie Paprika, Pfeffer und Cayenne-Pfeffer, Currypulver, Aromat und Fondor, Senf, Kapern, Mayonnaise, Maggi-Würze oder Worcestersauce.

Warme Ostereiergerichte

Sie passen ausgezeichnet zu weißem Reis, auch zu Nudeln und dann natürlich mit Spinat als Beilage.

Eier mit Champignons
Zirka 250 g frische Champignons werden etwa 10 Minuten in Butter gedämpft, mit Salz, Pfeffer und etwas Zitronensaft gewürzt. Dann 6 Dotter von gekochten Eiern und etwas Petersilie fein hacken und mit einer Béchamelsauce (auch aus Beutel) den Champignons beimischen. Die Eihälften in eine bebutterte Form geben, die Sauce darübergießen, mit einigen Butterflöckchen bestreuen und im Backofen leicht bräunen.

Eier mit Tomaten und Käse
6 hartgekochte Eidotter mit 1 Teelöffel Senf, Salz, Pfeffer und etwa 3 Eßlöffeln Sbrinz oder auch Greyerzer mischen, die Masse in die Eihälften füllen. In eine bebutterte Form geben. Darüber geben Sie eine Sauce aus: 1 großen Tasse Tomatensauce oder zerstoßenen Pelati, 2 Eßlöffeln geriebener Zwiebel, 2 Eßlöffeln feinge-

hackten Peperoni, eventuell etwas Knoblauchsaft und 2 Eßlöffeln geriebenem Käse. Etwas Olivenöl darüberträufeln und im mittelheißen Ofen (180–200 °C) etwa 15 Minuten backen.

Auch die Spanier lieben Eiergerichte; die Tortilla – eine Art Omelette mit Gemüse und Schinken, die es in vielerlei Abwandlungen gibt – ist auch bei uns bekannt. Aber auch aus hartgekochten Eiern bereiten die Spanier Delikates zu, so zum Beispiel:

Huevos emparedados
Die hartgekochten Eier werden in dicke Scheiben geschnitten. Dann bereiten wir eine Béchamelsauce (aus Beutel) zu, der wir Schinkenwürfelchen, gehacktes und gekochtes Hühnerfleisch und/oder auch gehacktes Muschelfleisch beifügen. Mit dieser Masse werden die Eierscheiben dick bestrichen, in eine ausgebutterte Gratinform gegeben und mit Paniermehl und einigen Butterflöckchen bestreut. Im Ofen backen.

Huevos à la Aurora
Die Eier längsteilen und die Dotter herausnehmen. Die Eier werden mit etwas feingehackten Zwiebeln, Schinkenwürfelchen und Tomatenpüree aufgefüllt. In eine feuerfeste Form geben, mit einer Béchamelsauce (aus Beutel) übergießen, die wir mit Pfeffer und/oder Paprika gut gewürzt und der wir die durch ein Sieb gestrichenen Eidotter beigegeben haben. Im Ofen kurz überbacken.

APRIL

Fischsuppe

600 g beliebiger Meerfisch (auch tiefgekühlt oder Fischabschnitte), 1,2 l leichte Hühnerbouillon (aus Würfeln), ½ Zwiebel, 1 großer feingeschnittener Fenchel oder 1 feingeschnittene Peperone, Knoblauchzehen nach Belieben, 1½ dl Olivenöl, 2 Tomaten oder 1 kleine Büchse Pelati, etwas Suppenkraut, 1 kleines, zerriebenes Lorbeerblatt, 1 Nelke, Zitronensaft, Pfeffer, Safran, evtl. Salz, 1 Büschel Petersilie

Fenchel oder Peperonistreifen in Öl kräftig anrösten, Suppenkraut, Knoblauch und Zwiebel, alles gehackt, mit dem Lorbeer und der Nelke zugeben, die geschälten, feingeschnittenen Tomaten oder Pelati beifügen, unter Wenden dämpfen. Bouillon zugießen, aufkochen, die gereinigten, in Würfel geschnittenen Fische zufügen. Köcheln lassen, bis das Fischfleisch knapp gar ist, herausnehmen. Die Suppe mit Pfeffer, Safran und evtl. etwas Salz abschmecken. Die erkalteten Fischstücke sorgfältig entgräten, das Fischfleisch zur Suppe geben, nochmals kurz aufkochen, Zitronensaft zugeben, mit viel gehackter Petersilie bestreuen. Mit gebähtem Brot oder Knoblauchbrot auftragen.

Dorschfilets an weißer Sauce

700–800 g Dorschfilets (auch tiefgekühlt), 1 Zwiebel, 1 Beutel weiße Sauce, 3–4 dl Milch, 1 Eigelb, Rahm oder Sauerrahm nach Belieben, 1 Büschel Petersilie, etwas Dill, Salz und Pfeffer, Zitronensaft, 2 dl Weißwein, Butter oder Margarine

Die gehackte Zwiebel in Butter oder Margarine anziehen und in eine feuerfeste Form verteilen. Die (leicht angetauten) Fischfilets in gut daumenbreite Tranchen schneiden, auf die Zwiebel legen, mit Pfeffer, Salz und etwas Zitronensaft würzen, den Wein zugießen und die Fische im Ofen oder auf dem Herd zugedeckt gar kochen. Unterdessen bereiten wir aus der Milch und dem Saft aus der Form eine Weiße Sauce, verfeinern sie mit dem geschlagenen Eigelb und nach Belieben mit etwas Rahm oder Sauerrahm (auch Joghurt) und mischen die feingehackte Petersilie sowie etwas Dill (fakultativ) bei; eventuell mit weißem Pfeffer abschmecken. Über die fertig gekochten Fischtranchen gießen. Zu diesem Gericht passen Salzkartoffeln oder weißer Reis mit grünem Salat oder Gurkensalat.

KÄSESCHNITTEN

In ihrer einfachsten Form bestehen Käseschnitten aus einem Stück Brot, mit Käse belegt, das wir im Ofen oder in der zugedeckten Pfanne schmelzen lassen. Nach Belieben streuen wir frischgemahlenen schwarzen Pfeffer oder Paprika darüber, geben eine Salzgurke oder Essigzwiebelchen bei – und fertig ist dieses schmackhafte Gericht.

Doch verlockt es, eine einfache Speise zu verfeinern oder zu bereichern: Wir belegen den Käse mit einer Tomatenscheibe, unterlegen ihn mit gebratenem Schinken oder Frühstücksspeck, geben ein Spiegelei darüber oder garnieren mit Zwiebelringen; der Phantasie sind, wie uns auch die nachstehenden Rezepte aus verschiedenen Kantonen zeigen, bei Käseschnitten kaum Grenzen gesetzt.

Doch zuerst noch einige grundsätzliche Tips:

- *Käseschnitten werden am besten im gut vorgeheizten Ofen bei großer Hitze gebacken. So wird das Brot knusprig, und der Käse bleibt zart.*

- *Probieren Sie verschiedene Brotsorten aus: Käseschnitten aus Vollkornbrot z.B. schmecken ausgezeichnet. Sie können die Brotscheiben mit Milch, Weißwein oder etwas Kirsch beträufeln; jedoch nicht allzuviel, da das Brot sonst zu feucht wird.*

- *Servieren Sie gemischten Salat als Vorspeise und die Käseschnitte als Hauptgericht: Sie ist dann auch für empfindliche Mägen bekömmlich. Auch Spinat, Wirz oder Tomaten schmecken gut zu Käseschnitten.*

Käseschnitten Neuenburgerart

300 g geriebener Greyerzer, 8–10 Brotscheiben, 3 dl Weißwein, 2 Eier, 2 Eßlöffel Butter, Paprika

Die Brotscheiben mit Wein beträufeln und in eine gut gebutterte Gratinpfanne ordnen. Den Käse, den restlichen Wein und die Eier vermischen, die Brotscheiben damit bestreichen und im vorgeheizten Ofen bei großer Hitze goldbraun backen. Mit etwas Paprika bestreuen.

St.-Gallerart

16 dünne Scheiben Tilsiter, 8 dünne Brotscheiben, 2 Bratwürste, 2 Eier, Pfeffer, etwas Mehl und Paniermehl, Fett

Das Brot beidseitig mit einer Schicht Bratwurstbrät bestreichen, zwischen zwei Käsescheiben legen, gut zusammendrükken. Leicht pfeffern, zuerst in Mehl, dann in verklopftem Ei und in Paniermehl wenden. 3 Minuten liegenlassen, das überflüssige Paniermehl abklopfen, nochmals in Ei und Paniermehl wenden (damit keine nackten Stellen bleiben). In der Bratpfanne in heißem Fett halb schwimmend goldgelb backen.

Baslerart

8 Scheiben Greyerzer Käse, 5 Zwiebeln, 8 Brotscheiben, 30 g Butter, Paprika, etwas Kirsch (fakultativ)

Die Brotscheiben mit etwas Kirsch würzen, in der heißen Butter wenden und auf ein Kuchenblech legen. Die feingeschnittenen Zwiebeln in der gleichen Pfanne leicht dünsten. Die Käsescheiben und die Zwiebeln auf das Brot legen. Im vorgeheizten Ofen bei großer Oberhitze etwa 10 Minuten backen. Mit Paprika bestreuen.

Berner Käseschnitten

300 g feingeriebener Emmentaler, 8 Brotscheiben, 2 Eigelb, 3 Eiweiß, 2 dl Milch, 1 kleines Gläschen Kirsch, Fett zum Backen

Den Emmentaler mit den Eigelb, der Milch und dem Kirsch verrühren, den steifgeschlagenen Eierschnee darunterziehen. Die Masse auf die Brotscheiben streichen. Mit der Käseseite voran in heißem Fett halb schwimmend backen, dann wenden und fertig backen. Auf heißem Teller servieren.

Waadtländerart

8 Brotscheiben, 80 g Butter, 150 g Champignons, 1 Eßlöffel gehackte Schalotten, 2 dl Weißwein, Salz, Pfeffer, Muskat, Paprika, 8 Scheiben Schinken, 100 g Greyerzer, 100 g Emmentaler, 5 dl Sauce Béchamel (aus Beutel)

Die Schalotten in einem Eßlöffel Butter dünsten, die in Scheiben geschnittenen Champignons dazugeben, kurz mitdämpfen, mit dem Wein ablöschen, gut würzen. Sauce Béchamel zubereiten. Die Brotscheiben in Butter goldgelb rösten. Champignons und den geriebenen Käse mit der Sauce Béchamel mischen. Die Brotscheiben in eine Gratinform legen, mit dem Schinken belegen, mit der Champignonsauce bedecken. Bei guter Hitze kurz im Ofen gratinieren. Mit Perlzwiebelchen garnieren (fakultativ).

Kartoffelgratin dauphinoise

800 g Kartoffeln, 5 dl Milch, 1 Ei, 125 g geriebener Greyerzer oder Emmentaler, Salz, Pfeffer, Muskat, Knoblauch (fakultativ), Butter oder Margarine

Die Kartoffeln schälen, waschen und in knapp halbzentimeterdicke Scheiben schneiden, Salz, eher viel Pfeffer und Muskat zugeben, alles vermischen. Eine Gratinform mit Knoblauch ausreiben (fakultativ) und gut ausbuttern. Die Kartoffeln schuppenartig hineinschichten, mit der mit dem Ei verquirlten Milch übergießen, den Käse darüberstreuen, mit Butter- oder Margarineflocken belegen. Im vorgeheizten Ofen bei etwa 250 °C etwa 45 Min. backen.

Zu einem Salat serviert, ergibt dies ein vorzügliches Essen. Wenn wir den Gratin zu einem Fleischgericht auftragen, verzichten wir auf den Käse und streuen etwas feingehackte Petersilie darüber.

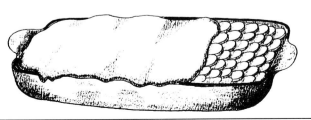

Béchamel-Kartoffeln

700–800 g Kartoffeln, 2 Eßlöffel Mehl, 2½ dl Milch, 2 dl Bouillon, Salz, Pfeffer, 1 Lorbeerblatt, 2 Gewürzgurken, 1 Eßlöffel Essig, 2–3 Eßlöffel Kapern, 300 g Speck-, Schinken- oder Wurstwürfelchen, Butter oder Margarine

Butter oder Margarine in eine Pfanne geben und das Mehl andünsten, unter Rühren Milch und Bouillon zugeben, Salz, Pfeffer, Lorbeer, Essig beigeben, 10 Min. köcheln lassen. Unterdessen die gekochten Kartoffeln schälen und in halbzentimeterdicke Scheiben schneiden, der Sauce mit den gehackten Gewürzgurken und den Kapern zugeben, aufrühren und dann auf ganz kleinem Feuer noch ca. 10 Min. ziehen lassen. In eine vorgewärmte Schüssel geben, mit den in Butter gebratenen Fleischwürfelchen bestreuen.

Kartoffelgratin mit Fleischkäse

8 mittelgroße geschwellte Kartoffeln, 250 g feingewürfelter Fleischkäse, Cervelats oder Schinken, 3 Eier, 100 g geriebener Greyerzer oder Emmentaler, 1½ dl Kaffeerahm, 1½ dl Milch, Salz, schwarzer Pfeffer, 1 Prise Muskat, 1 Teelöffel Paprika, Butter

Die Kartoffeln schälen und in etwa halbzentimeterdicke Scheiben schneiden. Salzen und ziemlich kräftig pfeffern. Abwechslungsweise mit den Fleischwürfelchen und dem Käse in eine gebutterte Gratinform schichten; zuoberst sollte eine Schicht Kartoffeln sein. Eier, Kaffeerahm, etwas Salz, Paprika und 1 gute Prise Muskat verquirlen und darübergießen. Gut mit Butterflocken belegen und den Gratin etwa 30 Min. im vorgewärmten Ofen bei 250 °C backen.

Suppenhuhn mit Variationen

Lassen Sie bei günstiger Gelegenheit zwei Suppenhühner (für 4 bis 6 Personen) in nicht zuviel Wasser nicht zu weich gar kochen; dem Wasser geben Sie lediglich etwas Safran bei. Das Huhn aus der Flüssigkeit nehmen, erkalten lassen und im Eisschrank für den gelegentlichen Bedarf aufheben.

I. Huhn in Champignonsauce
Enthäutetes Hühnerfleisch, 4 Eßlöffel Butter, 2 Eßlöffel Zwiebelwürfel, 1 Tasse abgetropfte, feingeschnittene Champignons, 2 dl Rahm, Pfeffer und Salz, etwas Zitronensaft

Das Fleisch in Butter mit den Zwiebeln anbraten, Champignons und Rahm beigeben und auf kleiner Flamme leicht ziehen lassen. Mit Pfeffer, Salz und Zitronensaft abschmecken.

II. Huhn mit Curryrahm
Enthäutetes Hühnerfleisch, Mehl, 4–6 Eßlöffel Butter, 1 Tasse Rahm, ½–1 Tasse Joghurt, Mandelsplitter, 1–2 Teelöffel Currypulver, Salz, Zitronensaft

Das Hühnerfleisch in Mehl wenden, in Butter anbraten, Currypulver und Mandelsplitter zugeben, Rahm und Joghurt zufügen. Köcheln lassen. Mit Salz und Curry sowie Zitronensaft abschmecken.

III. Grillhuhn mit Mayonnaise
Enthäutetes Hühnerfleisch in Scheiben, Mayonnaise, Öl, evtl. Salz und Pfeffer

Die Fleischscheiben mit Mayonnaise bestreichen und auf dem mit Öl bepinselten Grill beidseitig grillieren. Evtl. nachwürzen.

IV. Hühnerspießchen
Hühnerfleisch, in Würfel geschnitten, Paniermehl, Pfeffer, Mango-Chutney oder Zitronensaft

Die Fleischwürfel in Paniermehl mischen, dem wir etwas Pfeffer beigaben. Auf kleine Spieße stecken und in etwas Butter braten. Mit Mango-Chutney essen oder mit Zitrone würzen.

V. Hühnerfrikassee
Enthäutetes und gewürfeltes Hühnerfleisch, 2 Eßlöffel feingewiegte Zwiebeln, 5 Eßlöffel Butter, 1 saurer Apfel, 6 Eßlöffel Joghurt, 1–2 Tassen Hühnerbouillon, 1 dl Rahm, Chilipulver nach Belieben

Das Hühnerfleisch mit den Zwiebeln und dem gewürfelten Apfel in der Butter durchbraten, Bouillon zugeben, etwas einkochen lassen. Dann Joghurt und Rahm zufügen, mit Chilipulver abschmecken.

Spanischer Pouleteintopf mit Reis
(Arroz con pollo)

800 g Poulet-Ragout, 2–3 Eßlöffel Olivenöl, Salz, Pfeffer, 2 mittlere Zwiebeln, 3 Knoblauchzehen, 1 Büchse Pimientos oder 1 Peperone, ½ Tasse Tomatensauce (oder etwas Püree), etwas Safran, 250 g Reis, 4–5 dl Hühnerbouillon, gehackte Petersilie

Poulet gut salzen und pfeffern, in Öl anbraten. Die geschnittenen Zwiebeln und ausgepreßten Knoblauchzehen beifügen und gut dünsten. Tomatensauce oder Püree, Pimientos oder Peperoni (in Streifen geschnitten), Safran und den Reis beigeben, mit Bouillon zugefügt köcheln lassen, bis der Reis weich ist (etwa 20 Minuten). Immer wieder kontrollieren und gut saftig halten, d.h. nach Bedarf Bouillon zugeben. Mit viel frischer Petersilie servieren.

Pouleteintopf mit Reis und grünen Bohnen

8 Stücke Pouletragout, Senf, Paprika, Rosmarinpulver, Salz, Pfeffer, 200 g Langkornreis, 1 große Zwiebel, 1 dl Weißwein, 7 dl kräftige Bouillon, 1 kleine Dose grüne Bohnen, Fett oder Margarine

Die Pouletstücke häuten, mit Senf und den Gewürzen einreiben, in Fett oder Margarine 10 Minuten rundum knusprig braten. Aus der Pfanne nehmen. Den Reis im Bratsatz glasig dämpfen. Die gehackte Zwiebel zufügen und mit dem Weißwein ablöschen. Zur Hälfte einkochen lassen. Die Bouillon dazugießen und die Pouletstücke hineinlegen. Reis und Geflügel während 20 Minuten gar kochen. Vor dem Anrichten das Mischgemüse aus der Dose dazugeben und 5 Minuten miterhitzen.

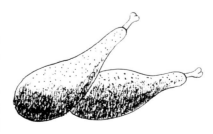

Kaninchen nach Bündnerart

1 Kaninchen, 3 Eßlöffel Fett.
Für Sauce: 50 g Speckwürfelchen, 2 Eßlöffel Mehl, 1 Zwiebel, Petersilie, nach Belieben etwas Rahm, Salz, Pfeffer, 1–1½ dl Bouillon oder Marinade.
Für Marinade: ½ l Wasser, ¼ l Weinessig, ¼ l Weißwein, Salz, 1 Rüebli, 1 Stück Sellerie, ½ Zwiebel, grob gehackt

Die Zutaten für die Marinade werden kurz aufgekocht und über das in Stücke zerlegte Kaninchenfleisch gegeben. Gut 12 Stunden stehenlassen. Aus der Marinade nehmen und abtrocknen. In heißem Fett knusprig braten, wobei man die Fleischstücke immer wieder mit dem Fett begießt. Dann 2 bis 2½ Stunden langsam braten lassen. Die Fleischstücke aus der Kasserolle nehmen und warm stellen.
Dann die Sauce zubereiten: In dem verbliebenen Fett der Kasserolle die gehackte Zwiebel mit den feingeschnittenen Speckwürfelchen leicht anrösten, kräftig mit Mehl bestäuben und die gehackte Petersilie zugeben, alles unter Rühren etwas dünsten. Mit beliebig viel Marinade oder Bouillon ablöschen, 10 Min. köcheln lassen, mit Salz und Pfeffer abschmecken, nach Belieben mit etwas Rahm binden. Über die in einer warmen Platte angerichteten Kaninchenstücke geben oder die Sauce separat servieren.
Dazu: Polenta.

Tip: *Es gibt Leute, die Kaninchenfleisch wegen des leicht süßlichen Geschmacks nicht mögen. Wenn wir diesen vermeiden wollen, reiben wir das Fleisch stets mit starkem Senf ein und gehen mit der Beigabe von Rüebli sparsam um.*

Kaninchen mit Senf

1 junges Kaninchen, starker Senf, 2 dl Rahm, 1 dl Bouillon, Salz und Pfeffer, etwas Butter

Das Kaninchen in wenige große Stücke schneiden. Salzen und pfeffern. Nunmehr mit Senf dick bestreichen, in einen mit Butter oder Fett ausgestrichenen Bratentopf geben, bei mittelstarkem Feuer braten, bis das Fleisch gar ist. Vom Feuer nehmen. Die Fleischstücke mit dem Rahm bestreichen, auf die Platte geben. Den Bratenfond mit der Bouillon aufkochen, zum Fleisch geben, servieren.
Dazu: Nudeln.

Kochzeit: Für junge Kaninchen können Sie mit 35 bis 45 Minuten Bratzeit bei lebhaftem Feuer rechnen; ausgewachsene Tiere lassen Sie besser 2 bis 2½ Stunden schmoren.

Kaninchenragout mit Knoblauch und Oliven

1 kg Kaninchenragout, nach Belieben 3–5 Knoblauchzehen, Thymian, Rosmarin, Salz, Pfeffer, 2–3 Eßlöffel Olivenöl, 2 Eßlöffel Butter, nach Belieben mehr oder weniger schwarze Oliven, 2½–3 dl herber Weißwein, Schale von ½–1 Zitrone

Die Kaninchenstücke werden bei kleiner Hitze in Öl und Butter rundum gut angebraten. Thymian und Rosmarin zugeben, dann salzen und pfeffern, herausnehmen und zugedeckt warmhalten. Den Knoblauch an mehreren Stellen leicht einschneiden, in die Kasserolle geben, andünsten, Weißwein zugießen. Die Kaninchenstücke in die Sauce zurückgeben, Zitronenschale darüberreiben und zugedeckt 1 Stunde schmoren lassen. Den Knoblauch entfernen, die entkernten Oliven beifügen und noch 20–30 Min. weiterschmoren.

Das Gericht stammt aus der Toskana und wird meist in einer schwarzen gußeisernen Tüpfi zubereitet und auch serviert.

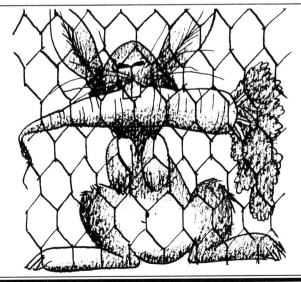

HOHRÜCKEN

Für die kluge Hausfrau ist der Hohrücken wohl einer der interessantesten Teile des Rindes. Dieses preiswerte Stück besteht aus zwei Teilen. Der sogenannte Hohrückendeckel wird in der Regel als Siedfleisch, der abgedeckte Hohrücken für Plätzli und Entrecôtes, vor allem aber für ausgezeichnete Braten und Grilladen verwendet.

Ausgezeichnet sind auch die Rindsplätzli nach italienischer Art, die quer zum Fleisch vom ganzen Hohrücken etwa 3 mm dick geschnitten und rasch in etwas Öl beidseitig gebraten, dann mit Salz und schwarzem Pfeffer gewürzt werden.

Hohrückenbraten
(im Tüpfi oder Ofen)

1 Stück Hohrücken zum Braten von 700–750 g, 1 Zwiebel, gespickt mit Lorbeerblatt, Nelken und Pfefferkörnern, 2 Rüebli, ¼ Sellerie, Salz, Pfeffer, Thymian oder Rosmarin, Senf, 2–3 Eßlöffel Öl

Das Fleisch mit etwas Senf und Thymian oder Rosmarin bestreichen. Das Öl im Brattopf (Tüpfi) heiß werden lassen, den Braten auf allen Seiten gut anbraten. Mit einem Glas Wasser ablöschen. Salzen, pfeffern, die Bratengarnitur beigeben. Auf dem Herd oder im Ofen 1 bis 1½ Stunde – je nach Gewicht – braten. Wenn der Fond eingetrocknet ist, mit einigen Löffeln Wasser oder Weißwein verdünnen. Von Zeit zu Zeit den Braten mit dem Fond begießen. Das Fleisch herausnehmen, die Sauce leicht verdünnen, evtl. sieben und zum dünn geschnittenen Fleisch reichen.

Eine vorzügliche Variante zu vorstehendem Hohrückenbraten ist der von der bekannten Kochbuchautorin Alice Vollenweider beschriebene

Sardellenbraten
(im Tüpfi)

Wer das etwas ungewöhnliche Rezept genau befolgt, erhält ein köstliches Schmorfleisch (der Ausdruck Braten ist irreführend, da dem Fleisch die Kruste fehlt, deren kräftigen Geschmack die Sardellen allerdings ersetzen) mit einer kräftigen Sauce.

Für dieses Hohrückenrezept benötigen wir

1 Hohrückenstück von 700–750 g, Pfeffer, Salz, Knoblauchzehe, 2 Eßlöffel Öl, Saft einer Zitrone und einer Orange, 2 Dosen ungerollte Sardellenfilets, 2–3 kleine Zwiebeln, 20 g frische Butter

Man gießt das Öl in den kalten Brattopf und legt das mit Salz, Pfeffer und dem ausgepreßten Knoblauch eingeriebene Fleisch hinein. Die Sardellenfilets verteilt man auf dem Fleisch und im Topf, gießt den Zitronen- und Orangensaft darüber, gibt die grob geschnittenen Zwiebeln und ein paar Butterflocken dazu, tut den Deckel drauf und läßt alles bei kleinster Hitze (von Anfang an) 2 bis 3 Stunden schmoren.

Hackfleisch/Gemüse-Pie

½ Paket Blätter- oder Kuchenteig, 300 g Hackfleisch (halb Schweine-, halb Rindfleisch), 2 Zwiebeln, 1 Lauch, 1 Büschel Selleriekraut, 2 Büschel Petersilie, 1–2 Rüebli, 1 großes Stück Sellerie (oder auch anderes Gemüse), 3 Tomaten, Butter, Salz, Pfeffer

Alles Gemüse (mit Ausnahme der Tomaten) fein schneiden, Rüebli und Sellerie durch die Bircherraffel reiben. In etwas Butter oder Margarine anziehen. Hackfleisch zugeben und mitbraten, bis es nicht mehr rot ist. Salzen, pfeffern und nach Belieben würzen. In eine flache ausgebutterte Auflaufform verteilen. Tomatenschnitze kranzförmig auf die Füllung geben. Aus Teig den Deckel auswallen, über die Form geben und ringsum andrücken. Nach Belieben den Deckel mit Teigresten verzieren. Mit Eigelb bestreichen. Im vorgeheizten Ofen bei 220 °C goldbraun backen.

Rindfleischaktionen

Im Frühjahr bewirkt die Umstellung von Dörrfutter auf Grünfutter beim Großvieh gewöhnlich einen Mastunterbruch mit Gewichtsverlust. Um dies zu verhindern, liefern in dieser Zeit die Produzenten vermehrt Rinder und Ochsen auf den Schlachtviehmarkt. Es ist somit zu erwarten, daß die Metzgerschaft sowie Großverteilerorganisationen jeweils im März und April Rindfleischaktionen zu günstigen Preisen durchführen werden.

Die Abschläge dürften nach Geschäft und Art der Fleischstücke unterschiedlich sein. Es lohnt sich also, beim Einkauf die betreffenden Schaufensteranschläge und Preisanschriften zu vergleichen.

HACKFLEISCH

Aus Hackfleisch kann man Braten, Steaks, Chüechli oder Frikadellen zubereiten oder Saucen, Eintöpfe und Suppen damit bereichern. Man kann Hackfleisch immer wieder variieren und so würzen, wie es einem am besten schmeckt. Denn Hackfleisch ist das Fleisch, das genau so mundet und genau so wird, wie wir es wollen.

Hackfleisch verträgt keine Lagerung

- Hackfleisch sollte nicht länger als 12–18 Stunden im Kühlschrank aufbewahrt werden; kaufen Sie Hackfleisch möglichst an dem Tag, an dem Sie es verwenden.
- Hackfleisch verfärbt sich rasch an der Luft und bei Zimmertemperatur, was nicht schlimm ist. Schlimmer ist, wenn das Fleisch strahlend rot bleibt, dann ist es möglicherweise gefärbt.
- Tiefgekühltes Hackfleisch kann man bei minus 18 °C und mehr bis zu 3 Monaten lagern. Selber sollte man Hackfleisch nicht einfrieren, wohl aber Fleisch in Würfeln, aus dem man Hackfleisch bei Bedarf herstellen kann.
- Gekochtes oder durchgebratenes Hackfleisch (auch durchgebratener Hackbraten, Fleischchüechli usw.) hält sich im Kühlschrank 3–4 Tage frisch.

Ohne Hacken geht es nicht!

- Je feiner das Fleisch gehackt wird, desto fester wird der Fleischteig.
- Wenn Sie mit Brot das Hackfleisch auflockern wollen, nehmen Sie auf 500 g Fleisch ein eingeweichtes Semmeli oder Weggli und treiben beides zusammen durch den Fleischwolf.
- Wollen Sie das Hackfleisch binden, verwenden Sie Eigelb; wollen Sie es lockern, verwenden Sie Eiweiß.
- Zwiebeln sind das beliebteste Hackfleischgewürz. Achten Sie darauf, daß sie fein gehackt sind. Man dünstet sie in etwas Butter glasig, läßt sie abkühlen und mischt sie dann unter die Hackfleisch- bzw. Hackfleisch/Brotmasse.

Hackfleischchüechli

Man mag sie Hackfleischchüechli oder Frikadellen nennen – richtig zubereitet schmecken sie warm oder kalt gleichermaßen gut. Die Vor- und Zubereitung des Brätes ist gleich wie beim Hackbraten (s. Rezept auf Seite 211). Unterschied: Sie formen die Masse zu flachgedrückten Chüechli von ca. 80 g und braten diese etwa 10 Min. unter zeitweiligem Wenden knusprig.

Varianten:

Fleischchüechli Mutterart
Der Masse 2–3 ausgekühlte Schalenkartoffeln, 2–3 roh geraffelte Rüebli, reichlich gehackte Petersilie, 2 Eßlöffel Paniermehl zugeben.

Hackfleischplätzli
Die Masse wie unter «Hackbraten» zubereiten und zu Plätzli formen, in Paniermehl wenden und in nicht zu heißem Fett beidseitig knusprig braten.

Meerrettichfrikadellen
Masse wie unter «Hackbraten» zubereiten, 1½ Eßlöffel feingeriebenen Meerrettich zugeben, zu länglichen, etwas flachgedrückten Frikadellen formen und bei nicht zu starker Hitze schön braun braten. Die fertigen Frikadellen mit viel gehacktem Schnittlauch garnieren.

Curryfrikadellen
Masse wie unter «Hackbraten» zubereiten. ½ geraffelten Apfel, 1 Teelöffel Curry und etwas Zitronensaft mit vermischen. Chüechli gut anbraten und bei nicht zu großer Hitze durchgaren.

Tip: Ein ebenfalls schmackhaftes, doch fettarmes Hackbratenbrät-Rezept finden Sie auf Seite 201.

Orientalischer Reistopf
(Pilaw)

400 g Schaffleisch (Schulter), in Würfel geschnitten, 250 g Rohreis, 2 Zwiebeln, fein gehackt, 2 Knoblauchzehen, 2 dl Rotwein, 4–5 dl Bouillon, 1 Eßlöffel Tomatenpüree, 1 Dose Tomaten (Pelati) oder 3 zerhackte Tomaten, je eine Prise Salz, Pfeffer, Muskat, Paprika und Majoran, 1 Lorbeerblatt, Petersilie, gehackt, 2 Eßlöffel Fett

Fleisch in Fett anbraten. Reis, Gewürze, Zwiebeln und den gepreßten Knoblauch zufügen. Mit dem Rotwein ablöschen und ihn zur Hälfte einkochen lassen. Die Fleischbrühe dazugießen. Tomatenpüree und Tomaten (mit der Flüssigkeit) beigeben und alles gar köcheln lassen. Mit gehackter Petersilie bestreuen.

Tips: *Schweinefleisch statt Schaffleisch verwenden. – In Streifen geschnittene Peperoni oder Pilze mitkochen. – Langkornreis statt Rohreis verwenden.*

Weiße Eier mit Reis

8 Eier, 1 l Wasser, 1 Eßlöffel Essig, weiße Sauce (aus Beutel), ½ dl Weißwein, etwas weißer Pfeffer, Muskat oder Paprika, 4 Portionen körnig gekochter Reis

Wasser und Essig aufkochen, dann das Feuer klein stellen, damit das Essigwasser nur noch leicht brodelt. Frische Eier einzeln in eine Tasse aufschlagen und sorgfältig ins heiße Wasser gleiten lassen. Etwa 4 Min. ziehen lassen, herausnehmen und in eine gewärmte Schüssel geben. Die weiße Sauce gemäß Anleitung auf dem Beutel zubereiten, Wein zugießen und nach Belieben mit Pfeffer oder/und Muskat oder Paprika würzen. Über die Eier gießen und mit dem körnig gekochten weißen Reis servieren.

APRIL

Spaghetti con burro
(mit Butter)

Spaghetti con burro eignen sich wunderbar zu einem festlichen Braten. Aber auch ohne einen solchen schmecken sie, beispielsweise als Hauptgericht mit einem großen gemischten Salat serviert, ausgezeichnet.

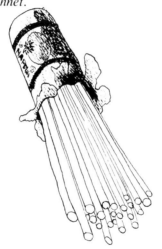

Als Beilage: ca. 250 g Spaghetti, 40 g Butter.
Als Hauptgericht: ca. 400 g Spaghetti, 60–80 g Butter, geriebener Sbrinz oder Parmesan, schwarzer Pfeffer (fakultativ)

Die Spaghetti al dente kochen, abtropfen lassen und sofort Butter und Käse daruntermischen, evtl. mit schwarzem Pfeffer aus der Mühle würzen oder Mühle auf den Tisch stellen, damit sich ihrer jeder nach Belieben bedienen kann.

Nudeln mit Hühnerleber

400 g Nudeln oder Spiralnudeln, ¼ Zwiebel, etwas Petersilie, 50 g Butter oder Margarine, 300–400 g Hühnerleber, etwas Fleischbouillon, Salz, Pfeffer, 1 zerriebenes Salbeiblatt und etwas Thymian, Sbrinz oder Parmesan. Eine kleine Büchse Erbsen (fakultativ)

Zwiebel und Petersilie fein wiegen und in der Butter andünsten, die kleingeschnittene Leber mitrösten, bis sie ihre Farbe verloren hat. Mit etwas heißer Fleischbouillon ablöschen und mit Salz, Pfeffer, Thymian und Salbei würzen. Über die al dente gekochten Nudeln geben, nach Belieben gewärmte Erbsen untermischen. Geriebenen Käse dazu servieren.

Einfacher Makkaronigratin

Ca. 400 g in Stücke gebrochene Makkaroni oder Hörnli, 3 dl weiße Sauce (aus Beutel), 100 g geriebener Sbrinz oder Greyerzer, 2–3 Eßlöffel Butter, Salz, weißer Pfeffer, 1 Prise Muskat (fakultativ)

Die Teigwaren in Salzwasser al dente kochen, gut abtropfen lassen und in eine ausgebutterte Gratinform geben. Dann eine eher dünne weiße Sauce zubereiten und mit etwas Pfeffer und/oder Muskat würzen, den geriebenen Käse daruntermischen und das Ganze über die Teigwaren verteilen. Mit Butterflocken und etwas Reibkäse bestreuen und im vorgeheizten Ofen bei 250 °C–270 °C gratinieren.

Der Auflauf kann mit Schinken- oder Bratenwürfelchen (Rest), gedünsteten Champignons oder mit in Streifen geschnittener gekochter Zunge bereichert werden.

Ofechüechli mit Rahm

125 g Mehl, 3 dl Milch, 30 g Butter, 3 Eier, 1 Prise Salz, Schlagrahm, Puderzucker

Die Milch mit Butter und einer Prise Salz aufkochen, das Mehl auf einmal hineinstürzen. Die Masse so lange auf dem Feuer rühren, bis sich der Teig glatt und sauber vom Pfännchen löst. Wenn er etwas ausgekühlt ist, die Eier nach und nach darunterarbeiten und glatt rühren.
Die Teigmasse mit einem Dressiersack in kleinen Häufchen auf ein gut gefettetes Blech spritzen. In vorgewärmtem Ofen ca. 20 Min. bei ziemlich guter Hitze backen. Die Küchlein gehen stark auf. Man schneidet sie, wenn sie fertig sind, auf einer Seite etwas auf und füllt sie mit Schlagrahm und übersiebt sie mit Puderzucker. Der Schlagrahm kann auch separat zu den Küchlein serviert werden.

Äpfel mit Zimt

**Pro Person:
1 Apfel, 1 Prise Zucker und Zimtpulver, ½ –1 Eßlöffel Butter**

Die Äpfel werden geschält und in Viertel geschnitten. In einer flachen Pfanne läßt man etwas Butter zergehen. Wenn sie schäumt, legt man die Apfelviertel hinein, eines neben das andere, damit man sie einzeln mit der Gabel wenden kann. Man läßt sie langsam braten, bis sie ganz weich und hübsch braun sind. Dann bestreut man sie mit etwas Zucker und Zimt, läßt sie noch ein paar Sekunden braten und richtet sofort an.

APRIL

Echte italienische Zabaglione
für 6 Personen:

2 dl Weißwein, 2 dl Marsala, 150 g Zucker, 3 Eier, 3 Eigelb, abgeriebene Zitronenschale oder ½ Teelöffel Vanillezucker, evtl. etwas Curaçao

Alle Zutaten mit dem Schneebesen gut vermischen, auf kleinem Feuer oder im Wasserbad schaumig schlagen, bis die Masse fest wird, dann Zitronenschale oder etwas Vanillezucker untermischen. Sofort noch warm in Gläsern oder Coupes servieren.

Tip: *Der Zabaglione vor dem Servieren 2 dl geschlagenen Rahm untermischen.*

Birnen «Belle Hélène»

1 kleine Dose Birnenhälften, 1 Dose Schokoladencreme, 50 g Löffelbiskuits, steif geschlagener Rahm oder Vanille-Eiscreme

Birnen auf Löffelbiskuits in Portionenschalen legen. Mit Schokoladencreme überziehen und mit Rahm oder Eiscreme garnieren.

Italienischer Obstsalat

2 Blutorangen, 2 Äpfel, 1 Banane, 1 Tasse in Wasser eingelegte Rosinen oder Sultaninen, 2 Eßlöffel geröstete Mandelstifte, 1 Teelöffel Zucker, 2 Eßlöffel Maraschino

Orangen und Banane in dünne Scheiben schneiden, die Äpfel in Würfelchen oder Scheibchen. Mit den abgetropften Sultaninen oder Rosinen, Mandeln und Zucker mischen, in der Kühle etwas ziehen lassen, vor dem Auftragen den Maraschino beigeben.

Fleisch

BRATEN

Braten ist das Garmachen in heißem Fett, Öl und – bei Kurzgebratenem – Butter oder Margarine (siehe auch Seite 15). Beim richtigen Anbraten schließen sich augenblicklich die äußeren Fleischporen, und die entstehende Kruste schützt das Innere des Bratgutes. Bei längeren Bratzeiten, vor allem im Ofen, muß das Fleisch öfters mit dem Bratenfond begossen werden, damit es saftig bleibt. Die Zugabe von Flüssigkeit (Wein, Bouillon oder Wasser) muß sorgfältig dosiert werden, damit die Bratkruste nicht aufgeweicht wird.

Nie zu lange anbraten! Das gilt insbesondere für zarte Fleischstücke wie Filet, Chateaubriand, Roastbeef usw. Eine zu dicke Bratenkruste verhindert ein rasches und gleichmäßiges Durchgaren des Fleisches. Diese Regel gilt auch beim Grillieren.

GRILLIEREN

Es ist eine der beliebtesten Garmethoden, wobei im Freien in der Regel der Holzkohlengrill, zu Hause der Kontaktgrill (Pfanne) oder der Elektrogrill verwendet wird. Die Vorbereitung des Grillgutes wie auch das Ergebnis bleiben sich für alle drei Methoden etwa gleich, wobei der Rauchgeschmack beim Grillieren über Holzkohle als zusätzliche Würze meist erwünscht ist.

Über das Grillieren von Fleisch lesen Sie mehr auf Seite 127.

SCHMOREN

Das Schmoren ist eine Kombination von Braten und Garen im eigenen Saft. Das Fleisch wird zuerst angebraten, dann wird Wein, Bouillon oder Wasser zugegeben und zugedeckt gegart.

Weitere Zutaten wie Rüebli, Sellerie, Zwiebeln usw. erst nach dem Anbraten zugeben.

Wein, Bouillon oder Wasser lauwarm oder heiß zugeben. Nicht über, sondern neben das Fleisch gießen. Flüssigkeit während des Schmorens nach Bedarf nachgeben.

Zum Schmoren eignen sich Fleischstücke mit längerer Garzeit (Viertel).

SIEDEN

Sieden von Fleisch ist kein Problem, sofern man folgende Punkte beachtet:

Siedfleisch muß kalt aufgesetzt werden, wenn man eine maximale Bouillon wünscht. Soll das Fleisch sehr schmackhaft bleiben, dann gibt man es in die kochende Brühe.

Gekochtes Fleisch ist so gut wie sein Sud. Die Gemüsebeilagen sind wichtig und mitbestimmend für das Endresultat.

Tiefgefrorene, große Fleischstücke sollte man vor dem Sieden zuerst auftauen.

Will man gekochtes Fleisch kalt essen oder kalt weiterverwenden (Fleischsalat, Vitello tonnato usw.), muß man es im Sud erkalten lassen.

Beim Kochen von Fleisch ist ein Dampfkochtopf das ideale Kochgeschirr. Er verkürzt die Kochzeit um $2/3$, das Fleisch wird nicht ausgelaugt, und die Brühe wird konzentriert und aromatisch. Erlaubt Verwendung von preislich günstigen Fleischqualitäten.

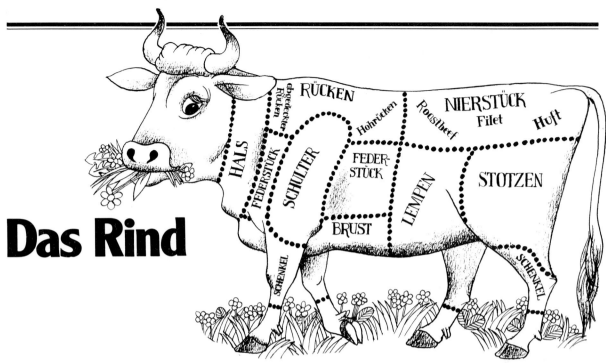

Das Rind

Für Rindvieh bezahlt der Schweizer Höchstpreise. Das liege daran, daß unsere Hausfrauen Filets, Entrecôtes und Nierstücke allem andern vorziehen und die übrigen Rindfleischstücke dann nur schwer zu verkaufen seien. So jedenfalls sagen es die Metzger. Aber auch die andern, angeblich wenig gefragten Rindfleischstücke haben oft ihren stolzen Preis. Trotzdem: Diese Stücke liegen noch im Rahmen eines Normalverbraucher-Budgets – und kulinarisch bieten sie meist überraschend viel.

KOPF

Fleisch vom Kopf wird meist verwurstet. Aus dem Maul wird der Ochsenmaulsalat zubereitet; wir kaufen ihn beim Metzger oder in der Büchse. Die Zunge ist eine ebenso bekömmliche (kalorienarme) wie preisgünstige Delikatesse.

HALS, BRUST UND FEDERSTÜCK

werden zum Sieden verwendet. Die Brustspitze ist mager, die Nachbrust eher fett. Will man ein saftiges, nicht zu fettes Siedfleisch, verlangt man ein abgedecktes Federstück.

LEMPEN

gilt als Siedfleisch 2. Qualität; er kann teilweise auch als Hackfleisch verwendet werden.

HOHRÜCKEN

Ein preisgünstiges Stück, zum Sieden, zum Teil auch zum Braten und Grillieren geeignet. Mehr darüber lesen Sie auf Seite 84.

SCHULTER

Unterteilt wird sie in Schulterspitze oder Laffenspitze (oben), Schulterfilet oder Laffenfilet (links) und dicke Schulter (unten), auch dicke Laffe, dicker Bug oder Bueg genannt.
Die dicke Schulter ist ein Bratenstück mit zarter Faserung. Das Schulterfilet eignet sich für Ragouts wie auch zum Braten. Die Schulterspitze ist ideal als mageres Siedfleisch.

NIERSTÜCK, RIPPENSTÜCK, FILET

Sie gelten als das Feinste des Rindes – und sind auch entsprechend teuer.
Das Nierstück wird nicht nur als Braten – das sogenannte **Roastbeef** – zubereitet, sondern sein flacheres Ende ergibt eine Art von 1 cm (für 1 Person) bis 4 cm (für 4 Personen) dicke Beefsteaks, die unter der Bezeichnung **Entrecôtes** bekannt sind. Roastbeef wie Entrecôtes sollten nicht ganz durchgebraten werden – was mit «englisch braten» bezeichnet wird –, sondern müssen innen noch etwas rosa sein. In der Zubereitung bleiben sie sich immer gleich; sie ändern ihre Zunamen nur entsprechend den Beilagen, mit denen sie serviert werden.

Entrecôte à l'anglaise: Mit Speck, Salzkartoffeln und Kräutersauce.

Entrecôte à la béarnaise: auf dem Rost gebraten, mit Sauce béarnaise.

Entrecôte à la bordelaise: mit Markscheiben und Sauce bordelaise.

Entrecôte strasbourgeoise: mit gebratenen Gänseleberscheiben.

Roastbeef bouquetière: mit Gemüsebuketts umgeben.

Entrecôte aux champignons: mit Champignonköpfen und Champignonsauce.

Das **Filet** (vielerorts auch Lümmel, in Deutschland Lende, in Österreich Lungenstück genannt) ist das zarteste Stück des Rindes. Durch eine Lagerung von 3 bis 4 Wochen bei 2 Grad Celsius wird das Fleisch besonders schmackhaft.

Die Zubereitung des Filets oder Tournedos (eine kleine, etwa 120 g schwere Scheibe vom Filetstück) ist in fast allen Küchen der Welt dieselbe: rasches Anbraten, dann kurzes Braten bei reduzierter Hitze. Dabei wird meist nur halb durchgebraten und, wie es in der Küchensprache heißt, «saignant» serviert. Verschieden sind stets die Garnituren, die meist mit den Namen jener berühmten Leute und Küchenchefs verbunden sind, welche sie kreiert haben: **Filet Mercedes** (mit gefüllten Tomaten angerichtet; der Bratsatz wird mit Madeira und Cayennepfeffer aufgekratzt), **Tournedos Masséna** (mit Artischockenböden und Markscheiben und einer Rotweinsauce serviert) oder die bekannten, nach dem italienischen Komponisten Rossini benannten **Tournedos Rossini**. Sie werden auf Brotcroûtons angerichtet und mit Scheiben von Gänseleber belegt. Dazu wird eine Madeirasauce serviert.

STOTZEN

Er wird vom Metzger in verschiedenen Stücken von unterschiedlicher Qualität und unterschiedlichem Preis angeboten.

Das **Unterstück** eignet sich vornehmlich als Spickbraten.

Das **Bäckli-Eckstück** gibt Plätzli und Rouladen.

Der **Bäckli-Deckel** ist ein gutes Ragout- und Gulaschstück.

Die **Nuß** eignet sich sowohl zu Braten und Plätzli wie auch zu Geschnetzeltem.

Das **Babettli- oder Weißstück** gibt Plätzli, Vögel, Rouladen, Geschnetzeltes und Braten.

Vom **Rosenstück** erhalten wir Braten, Gulasch und Geschnetzeltes.

Der **runde Riemen oder Mocken** ist ein Idealstück zum Einlegen in eine Beize («saurer Mocken»).

Mus oder Schenkelfleisch ergibt Suppenfleisch und ist das beste für ein Ungarisches Gulasch.

HUFT

Huft steht dem bevorzugten Nierstück in Form, Qualität und Saftgehalt nur wenig nach. Richtig geschnitten, lassen sich aus der Huft ausgezeichnete Steaks – sogenannte Rumpsteaks – zubereiten. Aus Huft und Huftdeckel lassen sich zubereiten: Braten, Sauerbraten, Bœuf braisé, Stufato, Rindfleisch im Saft, Rindsvögel mit Brot- oder Fleischfüllung, Plätzli im Saft, Gulasch, Ragout, Pilav.

VERSCHIEDENES

Der Rindsmagen ergibt Kutteln; über die Verwertung von Leber und Nieren lesen wir auf den Seiten 46/47.

Billig, kräftig, gut – jedoch etwas arbeitsintensiv – ist ein Ochsenschwanzragout; er paßt gut zu Mais, Teigwaren, Reis oder Kartoffelstock.

Schnitzel – und wie sie zubereitet werden

1. Vorbereiten: Gute Kalbsschnitzel werden etwa 1 cm dick geschnitten; sie sind zwischen 100 und 150 g schwer. Man darf sie dünn klopfen, wobei ein flacher Schlag mit der Seite des Metzgerbeils genügt. Den Rand des Fleisches einkerben.

2. Panieren: Das mit Salz, Pfeffer und Zitronensaft eingeriebene Fleisch wird in Mehl gewendet (überflüssiges Mehl abklopfen), dann in einem mit 1 Eßlöffel Öl und einer Prise Salz verquirlten Ei gedreht und paniert.

Mailänder Schnitzel

Flachklopfen und wie unter 1. und 2. angegeben vorbereiten, nur daß man dem Paniermehl geriebenen Parmesan oder Sbrinz untermischt. Gebraten werden sie je Seite ca. 3 Minuten in einer Butter-Olivenöl-Mischung.

Wiener Schnitzel

Flachklopfen und vorbereiten, wie unter 1. und 2. angegeben. In viel heißem Fett je Seite ca. 3 Minuten knusprig braten, mit einem Schnitz Zitrone servieren.

Holstein-Schnitzel

Schnitzel vorbereiten, wie unter 1. und 2. angegeben. In Butter je Seite ca. 3 Minuten braten, blättrig geschnittene Champignons mitgaren. Schnitzel und Champignons warm stellen. Spiegeleier braten, würzen und auf das Schnitzel geben, mit Sardellenfilets und Kapern garnieren.

Pariser Schnitzel

Die etwa 1 cm dicken Schnitzel salzen und pfeffern, zuerst in Mehl, dann in 2 verquirlten, gesalzenen Eiern wenden. In Fett je Seite 4 Minuten braten. Gegen Ende der Bratzeit die restliche Eimasse zugießen und stocken lassen.

Das Kalb

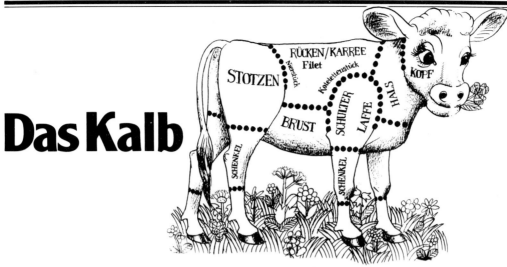

Kalbfleisch hat viele gute Eigenschaften: Es ist zart, leicht verdaulich und hat reiche Werte an Eiweiß und andern Bestandteilen, die es zu einem besonders geschätzten Nahrungsmittel machen. Deshalb findet es in der Kranken- und Diätküche vielfache Verwendung. Beliebt ist es aber auch für festliche Gerichte oder wenn es uns nach einem wirklich leichten und besonders zarten Fleisch gelüstet. Daß Kalbfleisch je weißer, desto besser sei, ist ein Märchen, für das die Hausfrau zudem recht teuer zahlt. Die Weißfleischigkeit des Kalbes ist die Folge mangelnder roter Blutkörperchen (Anämie) und kann mit einer – übrigens stark umstrittenen – Spezialmast künstlich erzeugt werden. Gutes Kalbfleisch ist hellrosa bis hellrot, ist schmackhaft – und oft preislich günstiger.

STOTZEN

Eckstück	Braten, Schnitzel, Geschnetzeltes
Unterspälte	Braten
Huft	Braten, Geschnetzeltes
Nuß	Braten, Schnitzel, Geschnetzeltes

RÜCKEN / CARRÉ

Nierstück	Braten, Steak, Schnitzel, Piccata
Filet	Geschnetzeltes Braten, Kotelett
Kotelett	nature oder paniert

HALS
Rollbraten, Gulasch, Ragout

BRUST
gerollter, gefüllter oder ungefüllter Braten, Ragout, geschmorte Kalbsbrust

SCHULTER
Braten (dicke Schulter), Ragout

VERSCHIEDENES

Haxe	gebraten, gekocht, gedämpft (Osso bucco)
Kopf	gekocht, Tortue vinaigrette, paniert
Zunge	gesotten

Wie lange Kalbfleisch zum Garen braucht

(Zeiten für ca. 1 kg)

Braten	60 Min.
Gekocht	90 Min.
Roulade	60–75 Min.
gefüllte Kalbsbrust	90 Min.
Haxe gekocht oder gebr.	120 Min.
Gulasch	60–70 Min.
Kotelett (200 g) gebr.	8 Min.
gegrillt	6 Min.
Schnitzel nature	8 Min.
paniert	10 Min.

Kalbfleisch braucht im allgemeinen kürzere Koch- und Bratzeiten als das Rind (mit Ausnahme von Filet- und Nierstück).

Kalbfleisch darf gut gewürzt werden,

denn an sich schmeckt es nicht sehr kräftig. Passende Kräuter sind: Estragon, Salbei, Rosmarin, Basilikum und Petersilie. Am besten ist es, wenn Sie nur ein Kraut – das aber deutlich erkennbar – verwenden. Gute Kalbfleischgewürze sind Paprika, Currypulver, weißer Pfeffer, ein Hauch von Cayennepfeffer. Zitronensaft, Zitronenschale und Kapern unterstützen den Geschmack von Kalbfleisch. Ein Lorbeerblatt im Kochsud oder in heller Sauce setzt Akzente.

Das Schwein

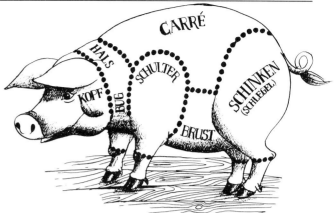

Keiner unserer Vierbeiner bietet so viel preisgünstigen Genuß, und kein Fleisch läßt sich so problemlos zubereiten wie Schweinefleisch. Man muß einzig darauf achten, daß es durchgegart ist. Ob Sie es vorher salzen oder nachher, nimmt es sowenig übel, wie wenn Sie es etwas zu lange im Bratentopf lassen. Es wird dabei weder trocken noch zäh, sondern höchstens knuspriger. Gebratenes Schweinefleisch hat noch weitere Vorzüge: Es paßt zu Teigwaren, Polenta, Reis, Gemüsen und Salaten.

VOM SCHWEIN DAS GUTE

Kopf (Maul, Ohren)	gesalzen, Gnagi, Schwartenmagen
Hals	Braten, Plätzli, Schnitzel, Ragout, Pfeffer; gesalzen und geräuchert
Bug/Laffe	Braten, Ragout, Gulasch
Carré mit Nierstück	Braten, Steaks
Filet	Braten, Mignons, Geschnetzeltes
Kotelettstück	Braten, Kotelett
Brust	Speck, gesalzen, geräuchert; mit Gemüse gekocht; gebraten (Brustspitzen)
Schinken (auch Schlegel oder Stotzen)	gesalzen, geräuchert; frisch gekocht. Teile wie Nuß und Unterspälte für Braten, Schnitzel, Geschnetzeltes; Huft gut für Gulasch und Ragout; die Mus ist ein gutes Ragout- und Gulaschstück, jedoch mit langer Kochdauer
Schulter (auch Laffe, Keule oder Vorderschinken)	Braten, Voressen; geräuchert oder gesalzen
Verschiedenes:	
Zunge	gesalzen, gekocht
Füße	gesalzen, gekocht, gebacken
Haxen	gekocht als Wädli, gebraten
Schwanz	Gnagi

Gutes Schweinefleisch zeigt eine ins Hellrosa gehende Färbung; das Fett ist rein weiß. Im Gegensatz zu Rind, Lamm, Wild kommt Schweinefleisch bereits nach 2–3 Tagen zur Verwendung und braucht nicht abgehängt resp. gelagert zu werden. Da die Stücke meist von einer dünnen Fettschicht umgeben sind, kann es praktisch ohne Zusatz von Fett und Öl gebraten werden. Trotzdem ist eine kleine Zugabe empfehlenswert, damit sich die Poren schneller schließen.

Geräuchertes mag jedermann

Hier leiden rechnende Hausfrauen und Gourmets gleichermaßen die Qual der Wahl zwischen Schinken und Rippli, Schüfeli und Speckseiten, Würsten und gerollten Schweinsnierstücken.

Schinken sind saftig und zart im Aroma. *Schüfeli* (Schulter) sind meist etwas kräftiger im Geschmack.

Zubereitung: *Schinkli* oder *Schüfeli* (halb oder ganz) in heißes Wasser geben, 10 Minuten kochen, dann klein stellen und langsam durchziehen lassen (für 1 kg 2 bis 2½ Stunden, für jedes Pfund Mehrgewicht 15 Minuten länger). Herausnehmen, evtl. Knochen entfernen, quer zur Faser tranchieren. Schinken und Schüfeli können heiß oder kalt gegessen werden; sie bleiben eine Delikatesse bis zum Schluß. Geräuchertes kann man also auch zum voraus kochen und auf Vorrat in den Kühlschrank legen.

Rippli eignen sich ausgezeichnet zum Kaltauftragen. Der eher fettdurchzogene *Schweinshals* wird von jenen geschätzt, die Wert auf saftiges, kräftiges – und nicht zu teures – Geräuchertes legen. Schweinshals, kleine Schinken, Schüfeli, Rippli und auch das Schweinsnierstück werden meist ausgebeint und gebunden in den Rauchfang gehängt. Dadurch hat der Käufer beim Tranchieren weniger Mühe, und es geht ihm auch kein Fleisch verloren.

Speck kommt frisch, gesalzen oder geräuchert in den Handel. Der Metzger unterscheidet zwischen Rückenspeck, Rauchspeck, Frühstücks- oder Roheßspeck, luftgetrocknetem Speck usw. Im Haushalt wird meistens der geräucherte Speck verwendet: als Fleischbeigabe oder Aromaspender, z.B. bei Dörr- und Wintergemüsen, Hülsenfrüchten usw.

Wichtig: Wenn Sie Geräuchertes mit anderm Fleisch auftragen – z.B. mit Siedfleisch für eine Berner Platte –, so kochen Sie es separat. Ebenso geräucherte Würste, bei deren Zubereitung Sie darauf achten, daß das Wasser wohl heiß ist, aber nicht siedet. Die Garzeit hängt von der Größe der Wurst ab: Ein Schweinswürstli braucht 10 bis 15 Minuten, eine Saucisson gut 30 Minuten.

---

*Wer seinen **Schweinsbraten** knusprig mag, kann ihn etwa 10 Min. vor Ende der Bratzeit wiederholt mit Salzwasser oder Bier bestreichen. Manche nehmen auch Zuckerwasser, und in den USA bestreicht man den Schweinsbraten mit Ananassaft oder verdünntem Honig. Ausprobieren!*

Das Lamm

Noch vor Jahren glaubte man dieses saftige Fleisch fest mit dem typischen Schafsgeschmack verbunden, dem nicht alle Leute wohlgewogen waren. Heute, da Lammfleisch fettarm und frisch angeboten wird, erinnert man sich auch in der Schweiz immer mehr daran, wie großartig doch in Frankreich ein «Gigot» oder «Carré d'agneau» schmecken kann; weder ein vielbesuchtes Bistro noch ein vielgerühmtes Drei-Stern-Restaurant dürfte sich erlauben, eine Speisekarte ohne das von den französischen Gourmets so hochgeschätzte Lammfleisch zu führen. Bauen auch wir Lammfleisch vermehrt in unsern Alltagsmenüplan ein; profitieren wir davon, daß Lammfleisch für den auf seine Linie bedachten Esser ideal und für das Portemonnaie vorteilhaft ist.

Die Fleischteile des Lammes

HALS UND BRUST
Wird meistens als Voressen (mit Knochen) verwendet für Eintopfgerichte wie Irish Stew, Urner Häfelichabis, Curry usw. Ist preisgünstig, aber ein wenig fett.

SCHULTER
Kann am Stück, mit oder ohne Bein gebraten werden. Eignet sich sehr gut für Voressen.

RÜCKEN, NIERSTÜCK, CHOPS
Ergeben herrliche Stücke zum Braten. Die Chops werden vom Nierstück geschnitten und haben mehr Fleisch als die Koteletts. Der Lammrücken wird ganz (als Sattel) oder halbiert (Carré) gebraten. Man kann auch doppelte Koteletts daraus schneiden.

SCHLEGEL (Gigot)
ist der klassische Lammbraten. Neuerdings werden nun auch bei uns Tranchen daraus geschnitten (ausgezeichnet zum Grillieren).

Schaf- und Lammqualitäten

Milchlammfleisch: Von Tieren bis zu 6 Monaten, die mit Milch gemästet wurden. Das Fleisch ist von hellrosa Farbe und das Fett ganz weiß. Meistens um Ostern herum erhältlich.

Lammfleisch: Von Tieren, die auf der Weide aufgewachsen und nicht mehr als 9 Monate alt sind. Das Fleisch ist rosa und das Fett weiß.

Mastlammfleisch: Von Tieren, die nicht über 12 Monate alt sind und im Stall oder auf der Weide gefüttert wurden. Fleisch lachsfarben und Fett weiß.

Schaffleisch: Von weiblichen Tieren oder männlichen Tieren, die kastriert wurden. Alter: zwischen 12 Monaten und 2 Jahren. Fleischfarbe Rot mit gelblichem Fett. Schafböcke sind für den Verkauf nicht sehr geeignet, weil ihr Fleisch einen zu intensiven Geschmack hat.

MAI

Wenn es den einen gut geht, geht es oft den andern schlecht. Jetzt ist dies der Fall, denn Bauern und Viehzüchter stellen zurzeit bei der Rindermast auf Grünfutter um, was für das liebe Rindvieh eine wahre Schlankheitskur ist. Bevor die Rinder jedoch an Gewicht verlieren, gibt sie der Viehzüchter auf den Markt, was zu einem Überangebot an Rindfleisch und für den Konsumenten zu einer Preissenkung für solches führen kann.

TIP Auch wir Menschen sollten jetzt vermehrt auf grüne Kost umstellen. Spinat, Krautstiele, Lattich, Kopfsalat, Rhabarber, Kohlrabi und Radieschen gibt es jetzt in Hülle und Fülle, und mit den günstiger gewordenen neuen Kartoffeln (Importe) lassen sich geradezu festliche Essen kombinieren. Und wenn wir dabei nicht zu üppig mit dicken Saucen umgehen, läßt sich gerade jetzt auf natürliche Weise Gewicht abbauen. Wer es der kommenden Badetage wegen mit der Gewichtsabnahme eilig hat, der lese auf Seite 12, wie man ohne negative Folgen schlank werden kann.

Mütter erfahren es immer wieder: Wenn es Spinat gibt, streiken die Kinder! Das sollte nicht sein. Wenn nicht allzu ledrige Blätter (z.B. beim Winterspinat) verwendet werden und hin und wieder das eine oder andere neue Rezept (siehe Seite 98 und Rezeptverzeichnis) ausprobiert wird, machen auch unsere Kinder mit. Von den Erwachsenen wird dieses vielseitig verwendbare Gemüse (siehe nebenstehende Foto) ohnehin geschätzt.

VORSPEISEN

Franzosen wie Italiener lieben es, eine Mahlzeit mit einer Vorspeise – einem Hors d'œuvre oder einem Antipasto – einzuleiten. Dies kann etwas Salatgemüse oder eine sonstige kleine pikante Leckerei sein; selbst eine bescheidene Sardine auf etwas Kresse oder auch nur einige Oliven oder Radieschen gelten durchaus als Vorspeisen.

Diese Vorspeisen oder ein zum voraus genossener Salat (Näheres darüber siehe Seite 112) haben – nebst dem kulinarischen Genuß – die gleiche Wirkung: sie regen die Magensäfte an und bereiten den Magen auf das nachfolgende Hauptgericht vor.

Um dieses voll genießen zu können, darf man deshalb von einer Vorspeise nicht zuviel essen, auch wenn sie noch so gut ist.

Oder man mache daraus ein Hauptgericht: Mit einem Stück Brot und vielleicht etwas Butter sind alle nachstehenden Rezepte als Hauptgerichte geeignet; wer es währschafter will, esse zuerst eine leichte Bouillon oder Suppe.

(Weitere Vorspeisen und Salate für Hauptmahlzeiten finden Sie im Rezeptverzeichnis.)

Pouletsalat mit Äpfeln

200 g gekochtes oder gebratenes Pouletfleisch, 2 kleine säuerliche Äpfel, Selleriremoulade, evtl. zur Garnitur Spargelspitzen oder rote Paprikaschoten aus der Büchse

Die ungeschälten Äpfel und das Pouletfleisch (ohne Haut) fein schneiden und mit der Selleriremoulade mischen, mit Spargelspitzen oder Paprikaschoten garnieren. Kühl servieren.

MAI

Reissalat mit Äpfeln

250 g Langkornreis, 4 säuerliche Äpfel, 1 kleine Büchse Ananasstückchen (fakultativ), 2–3 Chicorée, Joghurtmayonnaise (Rezept siehe Seite 112), mit etwas Ketchup und Meerrettich würzen)

Den Reis in Salzwasser gar kochen (oder ein entsprechendes Quantum weißen Restenreis verwenden), abspülen, mit reichlich Joghurtmayonnaise vermischen, ca. ½ Std. ziehen lassen. Die geschälten, gewürfelten Äpfel, den feingeschnittenen Chicorée sowie die abgetropften Ananaswürfel (fakultativ) sorgfältig untermischen, eventuell mit etwas Zitronensaft abschmecken.

Marinierte Zucchetti

600 g Zucchetti, 3 Eßlöffel Olivenöl, 3–4 Knoblauchzehen, ½ Zwiebel, 4–6 Salbeiblätter, 2 Glas Essig, Salz

Die Zucchetti gut waschen, der Länge nach in ½ cm dicke Scheiben schneiden und diese in heißem Öl anbraten. Auf Krepppapier legen, damit das Öl aufgesaugt wird, und danach in eine flache Schüssel legen. Im Öl die Knoblauchzehen und die feingeschnittene Zwiebel andämpfen, Salbei beifügen und mit dem Essig auffüllen, kurz aufkochen und alles über die Zucchettischeiben geben. Zugedeckt mindestens 24 Stunden ziehen lassen.

Pikanter Eiersalat

8 Eier, 6 Eßlöffel Joghurt oder saurer Halbrahm, 2 Eßlöffel Zitronensaft, 1 Prise Zucker, Petersilie und Schnittlauch, 2 cm Meerrettichwurzel

Joghurt, Rahm, Zitronensaft und Zucker mischen, die feingeschnittene Petersilie und Schnittlauch zugeben. Die Meerrettichwurzel in die Sauce raffeln. Die hartgekochten Eier, in Würfelchen geschnitten, daruntermischen. Das Ganze in weiße Chicoréeschiffchen oder bergartig auf Salatblätter anrichten und ringsum mit rotem Chicorinosalat und frischem Nüßli- sowie Randensalat garnieren.

Rindfleisch mit grüner Sauce

400–500 g Rindfleisch zum Sieden, 1 besteckte Zwiebel, Rüebli und Sellerie, Salz, Pfefferkörner, 1 Eßlöffel Essig, Sauce vinaigrette (Rezept siehe Seite 112, evtl. Essiggurke beigeben)

Die Gewürze und Gemüse mit wenig Wasser aufkochen, dann das Fleisch beifügen; das Wasser sollte dies knapp bedecken. Zirka 1½ Std. köcheln lassen, anfangs zwei- bis dreimal abschäumen. Das Fleisch im Wasser erkalten lassen, herausnehmen und in Scheiben schneiden. In einer flachen Schüssel anrichten, die Vinaigrette darübergießen. Dazu passen Brot oder neue gekochte Kartoffeln in der Schale.

Frühlingsbouillon

1,2 l Fleischbouillon (aus Würfeln), 2–3 Eßlöffel Tabioca oder 4–5 Eßlöffel körnig gekochten Reis, viel gehackte Frühlingskräuter (Petersilie, Schnittlauch, Sauerampfer, Kerbel, evtl. etwas Bärlauch oder 1 zerquetschte Knoblauchzehe). Nach Belieben 1 feingeriebenes Rüebli oder/und 1 Tasse kleine grüne Erbsen. Pfeffer und Salz

Bouillon aufkochen, die Zutaten beifügen, mit Pfeffer und eventuell Salz abschmecken. (Tabioca, Erbsen und Rüebli müssen etwa 15 Min. ziehen.)

Vorsommerliche Bohnensuppe

300 g eingeweichte weiße Bohnen, Bouillon, 2–3 Eßlöffel Butter oder Margarine, frische Kräuter (Petersilie, Schnittlauch, Sauerampfer, Kerbel), eine gute Handvoll Spinat, etwas Bohnenkraut, weißer Pfeffer, Salz, Weißbrotwürfelchen

Die eingeweichten Bohnen knapp mit Wasser bedeckt gut gar kochen und durch ein Sieb treiben, mit Bouillon auf 1,2 l auffüllen. Möglichst viele Kräuter sowie den Spinat und das Bohnenkraut hacken, in Butter oder Margarine anziehen und der Suppe beigeben. Sparsam mit Pfeffer und Salz abschmecken. Vor dem Auftragen die Suppe mit gerösteten Brotwürfelchen überstreuen.

Nudelsuppe mit Huhn

1 Suppenhuhn von etwa 1,2 kg, Suppengemüse, gehackte Petersilie und Schnittlauch, 120–150 g Nudeln, Salz, weißer Pfeffer, etwas Cayenne-Pfeffer, 1 Hühnerbouillonwürfel (fakultativ)

Das Suppenhuhn in heißem Wasser aufsetzen. Suppengemüse, etwas Salz und Pfeffer beifügen, köcheln lassen, bis das Fleisch gar ist. Gemüse und Huhn aus der Bouillon nehmen. Die Bouillon mit Salz, Pfeffer und Cayenne abschmecken, wenn sie etwas schwach ist, Hühnerbouillonwürfel oder -pulver zugeben. Die Nudeln hineingeben und al dente kochen. Unterdessen das Suppengemüse kleinschneiden und mit den gehackten Kräutern der Suppe zufügen. Das Huhn in Stücke schneiden und zurück in die Suppe geben oder separat mit einem Salat servieren.

Tip: *Wer die Suppe klar will, siebe sie ab und gebe separat gekochte, abgespülte Nudeln dazu.*

Ramequin

8–10 zentimeterdicke Scheiben Greyerzer oder Emmentaler, 8–10 gleich große und dicke Brotscheiben, ½ l Milch, 2–3 Eier, Senf (fakultativ), weißer Pfeffer, Muskatnuß oder Paprika, Salz, Butter

Die Brotscheiben nach Belieben mit etwas Senf bestreichen, mit dem Käse belegen und ziegelartig so in eine gut ausgebutterte Auflaufform schichten, daß die Käsescheiben das Brot etwas überragen. Eier und Milch mit dem Schwingbesen gut verklopfen, mit Salz und nach Belieben mit Muskat oder Paprika würzen, über die Brot/Käse-Scheiben gießen. Bei 250 °C im Ofen etwa 30 Min. gratinieren.

Tip: *Anstelle von Milch 1 dl Rahm und 1 Becher Joghurt mit den Eiern verklopfen.*

Curry-Eier mit Reis

8 Eier, 4 Portionen körnig gekochter Reis. Für die Sauce: 1 mittelgroße Zwiebel, 1 kleiner Lauch (fakultativ), 1 Rüebli oder ½ Apfel, etwas Mehl, Curry-Pulver nach Belieben, ½ Becher Joghurt oder 3 Eßlöffel Rahm, 2–3 Eßlöffel Kochbutter oder Margarine, Salz, Pfeffer

Zuerst die Sauce zubereiten: Zwiebel und Lauch, beides fein geschnitten, in Butter oder Margarine anziehen, mit Mehl bestäuben, unter Rühren das feingeriebene Rüebli oder den feingewürfelten Apfel zugeben, Curry-Pulver beifügen, mit 2 dl Wasser oder Bouillon ablöschen, etwa 10–15 Min. köcheln lassen. Mit Salz und Pfeffer abschmecken, Joghurt oder Rahm unterrühren. Unterdessen die Eier während 6 Min. kochen, in eine vorgewärmte Platte geben, die Curry-Sauce darübergießen, mit Reis und Salat (z. B. Gurkensalat) servieren.

SPINAT

Spinat ist das jetzt preiswerteste und gesündeste Gemüse. Spinat ist zudem vielseitig verwendbar: für Salate, Suppen, Wähen, Knöpfli, als Haupt- und Beilagegemüse usw. (siehe nachstehende Rezepte und Rezeptverzeichnis). Spinat muß grün und knackig sein. Welke Blätter haben Vitamine wie auch Geschmack eingebüßt. Große und ledrige Blätter (beim Winterspinat) haben oft einen etwas bitteren Geschmack, den Kinder fürchten.

Für Salat wird junger, zarter Frühlingsspinat verwendet. Die gewaschenen, gut abgetropften Blätter werden mit einer Salatsauce aus Öl und Zitrone oder mit einer Joghurtsauce (Rezept siehe Seite 112) angemacht.

Für Gemüse werden zarte Blätter nur gedämpft (siehe nachstehendes Rezept). Welke, große und ledrige Blätter werden in etwas Salzwasser gar gekocht, dann gehackt und meist als Brei mit einer Buttersauce gegessen (siehe Rezept auf Seite 31).

Gemüse aus jungem Spinat

1½ kg junger Spinat, 1 Zwiebel, 1 Knoblauchzehe (fakultativ), 1–2 Eßlöffel Butter, Fett oder Öl, Muskatnuß oder/und frisch geriebener weißer Pfeffer, geriebener Sprinz oder Parmesan

Die Zwiebel fein hacken, im Fett sanft andünsten, nach Belieben den Knoblauch zufügen. Den gewaschenen und gut abgetropften Spinat beigeben und ohne Wasserzugabe im eigenen Saft zugedeckt auf kleiner Flamme knapp 10 Minuten dämpfen. Dann würzen. Den Käse darüberstreuen und sofort servieren.
Zu Salzkartoffeln servieren, nach Belieben ein Spiegelei zugeben.

Spinatsuppe

750 g Spinat, 100 g Speckwürfelchen, 3 kleine, feingehackte Zwiebeln, 1 Eßlöffel Mehl, 2–3 dl Milch, 1½ l Fleischbouillon (aus Würfeln), 1½ Eßlöffel Butter oder Fett, Muskatnuß oder/und frischgeriebener Pfeffer, Salz, geröstete Brotwürfelchen und/oder Reibkäse

Die Speckwürfelchen in Butter oder Fett glasig rösten, Zwiebeln und dann das Mehl beigeben und gut durchdünsten. Milch und Bouillon zugießen, gut aufrühren, zum Kochen bringen. Nun den gewaschenen und feingeschnittenen Spinat zugeben. Salzen und würzen, knapp ¼ Stunde köcheln lassen. Auftragen, mit gerösteten Brotwürfelchen oder/und geriebenem Käse bestreuen.

Tip: *Die Suppe kann vor dem Auftragen durch ein Sieb gestrichen werden; sie läßt sich auch mit Rahm verfeinern.*

Bei durchstrichener Suppe geben Sie vor dem Servieren eine Tasse zarte, feingeschnittene Spinatblätter darüber.

A la florentine *(nach Florentinerart)* wird eine Vielzahl von Speisen genannt, denen in irgendeiner Form Spinat und Käse beigegeben sind. So beispielsweise die **Florentiner Eier, Florentiner Nudeln** usw. *(siehe Rezeptverzeichnis)* oder die **Omelette à la florentine,** die nichts anderes ist als eine

Spinatomelette mit Käse

Für diese wird eine französische Omelette zubereitet.

Wenn sie sich leicht zu bräunen beginnt – aber innen noch feucht ist –, wird sie nach Belieben mit Spinat bestreut; dieser Spinat wird vorher mit feingehackten Zwiebeln in etwas Butter weichgedämpft und mit Salz, Muskat und Pfeffer gewürzt. Den Spinat mit Reibkäse bestreuen.

Variante: Den Spinat nur auf die Hälfte der Omelette in der Pfanne geben, darüber zwei oder drei dünngeschnittene Scheiben von Schmelzkäse verteilen, die leere Omelettenhälfte darüberkippen. Noch etwa eine halbe Minute auf dem Feuer stehen lassen, damit der Käse leicht schmelzen kann. Dann sofort servieren.

(Weitere Spinat-Rezepte finden Sie im Rezeptverzeichnis.)

Spinatknöpfli

werden gemäß den Knöpfli-Rezepten auf Seite 214 zubereitet, wobei der Teig nach Belieben mit Spinatbrei (eventuell Resten) oder auch gehacktem, knapp gar gedünstetem Spinat vermengt wird.

Eine besondere Spezialität aber sind die

Puschlaver Spinat-Pizokel

wie sie von der bekannten Kochbuch-Autorin Eva Maria Borer aufgezeichnet wurden. Als Zutaten nimmt sie

300 g Mehl, 5–6 Eier, 1 Teelöffel Salz, 2 dl Milch, 2 dl Wasser, 300 g Spinat, Petersilie, Schnittlauch, 250 g Paniermehl, 100 g Butter, 100 g geriebenen Käse

Aus den Eiern, dem Mehl, dem Salz, der Milch und dem Wasser einen ziemlich dünnen Spätzliteig herstellen, evtl. noch etwas Flüssigkeit beifügen. Das Paniermehl, den gedämpften Spinat, die gehackten Kräuter und 50 g Butter zum Spätzliteig geben und diesen etwa eine Stunde ruhen lassen. Dann vom Brett die Spätzli in das kochende Salzwasser schneiden. Wenn alle Spätzli an der Oberfläche schwimmen, sie mit der Schaumkelle herausnehmen, gut abtropfen lassen und in eine vorgewärmte Schüssel geben, dabei immer wieder geriebenen Käse dazwischenstreuen. Die restliche Butter in einer Bratpfanne erhitzen und – nach Puschlaverart – 2 bis 3 feingeschnittene Knoblauchzehen in der Butter anrösten und über die fertigen Pizokel geben.

Tip: Wenn man lieber auf Knoblauch verzichtet, so darf man diese Pizokel auch mit gerösteten Zwiebeln oder mit einer Tomatensauce auftischen.

MAI

Gedämpfte Zucchetti

250 g Zucchetti (je kleiner, desto zarter!), 1 Zwiebel, 1 Knoblauchzehe, 1 Teelöffel Origano, Olivenöl, Salz und Pfeffer

Die Zucchetti in Rädchen schneiden, im Öl mit der gehackten Zwiebel, dem Knoblauch und den Gewürzen weichdämpfen. Eine erfrischende Gemüsebeilage. Sie kann aber auch lauwarm oder kalt als Vorspeise oder Salat mit einem Zitronenschnitz serviert werden.

Krautstiele an Käsesauce

800 g Krautstiele, 50 g geriebener Sbrinz, 1 Eßlöffel Butter, 1 Eßlöffel Mehl, 1–2 Eigelb, 3 Eßlöffel Rahm, Salz, Senf, Zitronensaft, Muskat

Die Krautstiele leicht schälen und die grünen Blatteile entfernen. Waschen und in etwa 6–8 cm lange Stücke schneiden. In leicht gesalzenem Wasser, dem man etwas Milch beigibt, weichkochen. In einer Kasserolle das Mehl in der Butter aufschäumen, mit 2 Tassen Kochwasser ablöschen, die verquirlten Eigelb, den Käse und den Senf unterrühren, mit Salz, Zitronensaft und Muskat abschmecken, Rahm und Krautstiele zugeben, nochmals erhitzen.

Berner Kartoffeln

5–6 größere gekochte Kartoffeln noch warm in Scheiben schneiden, 2½ dl Milch, 2 Eßlöffel Butter, 1 Eßlöffel Öl, 1 Teelöffel Senf, 1 Eßlöffel Essig, 100 g geriebener Greyerzer oder Emmentaler, Salz, weißer Pfeffer, 1 mittelgroße Zwiebel

Die Milch erhitzen, Butter zugeben und umrühren. Unter Rühren Öl, Senf, Essig, wenig Salz und eine Prise Pfeffer zugeben, Käse untermischen und rühren, bis die Sauce dicksämig geworden ist. Über die in einer vorgewärmten Schüssel angerichteten Kartoffelscheiben gießen. Mit gerösteten Zwiebelringen garnieren oder mit Kabissalat servieren.

Kartoffeln «Café de Paris»

800 g kleine neue Kartoffeln, 80 g Kräuterbutter «Café de Paris» (gekauft), 50–100 g Greyerzer, 1 Büschel Petersilie

Die Kartoffeln in der Schale weichkochen und noch warm in eine bebutterte flache Auflaufform einfüllen. Jede Kartoffel mit einer Flocke Kräuterbutter belegen und im vorgeheizten Ofen auf zweitoberster Rille bei 250 °C etwa 10 Minuten backen, dann den geriebenen Greyerzer darüberstreuen und nochmals 3 bis 5 Minuten überbacken, bis der Käse geschmolzen ist. Die Kartoffeln mit gehackter Petersilie bestreuen und sofort servieren. Als Beilage viel Salat.

Kalbskopf mit Sauce vinaigrette

1 kg Kalbskopf, 1 mit Lorbeer und Nelken gespickte Zwiebel, Suppengemüse, 1 dl Weißwein oder 4 bis 5 Eßlöffel Essig, Salz, Sauce vinaigrette (Rezept siehe Seite 112)

Den Kalbskopf in große Würfel schneiden, aufkochen, herausnehmen, Wasser wegschütten. Zirka 1½ l Wasser aufkochen, die Kalbskopfwürfel hineingeben, Zwiebel, Gemüse, Weißwein oder Essig und etwas Salz beifügen, ungefähr 1½ Stunden köcheln lassen. Kalbskopfwürfel auf eine Platte geben, mit Sauce vinaigrette übergießen, mit Salz- oder Petersilienkartoffeln servieren.

Nieren mit Reis

Etwa 500 g Nieren in Würfeln, 50 g Butter, Margarine oder Fett, 1 kleine Zwiebel, gehackt, Mehl zum Bestäuben, Salz und Pfeffer, gehackte Petersilie, 1 Tasse Weißwein oder Bouillon

Die gewässerten, gut abgetropften Nieren mit Mehl bestäuben und in heißem Fett unter Rühren anbraten. Salzen und pfeffern und auf eine heiße Platte geben. Im verbliebenen Fett die Zwiebeln dämpfen, mit dem Wein oder mit Bouillon den Fond aufkratzen, aufköcheln lassen, Petersilie beifügen und die Sauce über die Nieren geben. Den vorgekochten – eventuell mit etwas Erbsen, Champignons oder Trüffelstückchen bereicherten – weißen Reis hinzufügen oder separat zu den Nieren servieren.

MAI

KUTTELN

Kutteln sind gesund. Sie sind fettarm, enthalten viel Eiweiß, Phosphor und Kalzium. Kutteln sind auch eine Delikatesse. Man kann sie auf verschiedenste Arten zubereiten, und jede dieser Varianten hat mit Recht ihre Anhänger. Kutteln kauft man beim Metzger. Sie sind dort gereinigt und bereits vorgekocht erhältlich. Für die meisten Kuttelgerichte eignen sich geschnetzelte Kutteln, die man in dieser Form kaufen kann. Andere Spezialgerichte schmecken besser, wenn die Kutteln am Stück oder viereckig geschnitten verwendet werden. In diesem Fall muß man die Kutteln vorbestellen.

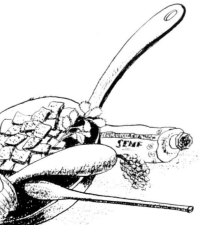

Kutteln an Weißweinsauce

600 g in Streifen geschnittene Kutteln, 1 Zwiebel und 1 Knoblauchzehe, fein gehackt, Salz, Pfeffer, zerriebener Lorbeer, 1 Teelöffel Kümmel, etwas Thymian, 1 Eßlöffel Mehl, 2 Glas Bouillon, 2 Glas Weißwein, 1 Eßlöffel Fett, 1 Büschel Petersilie

Die Zwiebel und den Knoblauch in heißem Fett andämpfen, die Kutteln zugeben, mit Mehl bestäuben und alles unter zeitweiligem Wenden 5 Minuten anziehen. Mit Weißwein ablöschen, salzen und pfeffern. Nun den Kümmel darüberstreuen, die Bouillon dazugießen, aufrühren und dann zugedeckt während gut 45 Minuten köcheln lassen. Vor dem Auftragen feingehackte Petersilie beimischen.

Kutteln nach Dijonerart

700–800 g in Vierecke geschnittene Kutteln, 1 große Zwiebel, 1 Lauch, 1 Rüebli, 1 Stück Sellerie, 1 Eßlöffel Mehl, 2 Eßlöffel Senf, Salz, Pfeffer, Majoran, 1 Knoblauchzehe (fakultativ), 1 dl Weißwein, 3 dl Bouillon, 1 Büschel gehackte Petersilie, Fett, Butter oder Margarine

Zwiebel, Knoblauch und Lauch fein schneiden und in Fett andünsten, Kutteln, das feingeriebene Rüebli und Sellerie zugeben, mit Mehl bestäuben und kräftig anrösten. Mit Wein und Bouillon ablöschen. Salz, Pfeffer, Senf und Majoran zugeben und alles zusammen 1 Stunde köcheln lassen. Mit Salz- oder Petersilienkartoffeln servieren.

Tip: *Den Kutteln werden vor dem Auftragen 2 Eßlöffel geriebener Sbrinz oder Parmesan beigegeben.*

Gerollte Lammschulter à la Windsor

Zutaten: 1,5 kg Lammschulter; Füllung: 1 Tasse Paniermehl, 1 Tasse flüssige Butter, 2–3 Zwiebeln, 1 Tasse gehackte Kräuter (Petersilie, Estragon, Thymian oder Origano), etwas Rahm, Salz und Pfeffer, etwa 200 g gekochter Schinken

Am besten die Schulter vom Metzger ausbeinen lassen, auf dem Brett glattstreichen und mit wenig Salz und etwas mehr Pfeffer bestreuen. Füllung: Das Paniermehl mit der flüssigen Butter übergießen. Die Zwiebeln fein würfeln, in heißem Fett etwas andünsten und zum Paniermehl geben, ebenso die feingewiegten Kräuter. Mit Salz und Pfeffer abschmecken und so viel Rahm zugeben, daß die Füllung geschmeidig wird. Das Lammfleisch mit Schinken bedecken, die Füllung aufstreichen. Vorsichtig das Fleisch zusammenrollen und mit festem Zwirn binden. Mit Öl bepinseln, pfeffern, eine Stunde im vorgeheizten Ofen bei 200 °C bräunen. Vor dem Aufschneiden etwa 15 Minuten im offenen Ofen stehenlassen. Mit weißen Bohnen und Tomaten provençale servieren.

Varianten:

Gascogner Lammschulter: Die Füllung besteht aus 2 Tassen gewürfeltem Schinken, 2 Tassen Paniermehl, 2 Zwiebeln, 1 großen Bund Petersilie und zwei Knoblauchzehen. Alles fein wiegen und mit einem Ei und Salz und Pfeffer zu einem Teig verarbeiten.

Albigenser Lammschulter: Füllung aus Bratwurstbrät, gehackter Schweinsleber, zerdrücktem Knoblauch, feingewiegter Petersilie, Salz und Pfeffer.

MAI

Poulet provençale

Zutaten für 6 Personen:
1,2 kg Pouletteile, 3–4 Knoblauchzehen, 6–8 Tomaten oder 2 Büchsen Pelati, 4–5 dl Weißwein, ½ l Rahm, 1 Becher Joghurt, Salz und Cayennepfeffer, etwas Thymian, Rosmarin, Majoran und Paprika

Die Pouletteile mit Salz und etwas Cayennepfeffer einreiben. In gut 100 g Margarine kurz und kräftig anbraten, den Weißwein sowie die enthäuteten und geviertelten Tomaten oder die vom Saft befreiten Pelati zugeben, den durchgepreßten Knoblauch, 1 Eßlöffel Paprika und etwas Thymian oder/und Rosmarin beifügen. Den Deckel auf die Kasserolle geben und knappe 30 Minuten schmoren lassen.
Nach dieser Zeit den Deckel vom Topf nehmen, die Sauce etwas einkochen lassen und Rahm und Joghurt beifügen, abschmecken und zu Reis und Blattspinat servieren.

Gefüllte Schweinsbrust

800 g Schweinsbrust (zum Füllen vom Metzger auf der Seite öffnen lassen), Bratengemüse (Mirepoix). Für die Füllung: 150 g Bratwurstbrät, 2 Eßlöffel gehackte Zwiebeln, gehackte frische Kräuter (Petersilie, Rosmarin, Majoran) nach Belieben, 1 Knoblauchzehe, 50–100 g Schinken-, Speck- oder Restenfleischwürfelchen, 2 in Milch eingeweichte Brötchen, Salz, Pfeffer, Thymian, Paprika, Fett oder Margarine

Die Zwiebeln und die Kräuter in Fett oder Margarine hell anrösten und mit dem ausgepreßten Knoblauch sowie den leicht ausgedrückten und feingeschnittenen Brötchen, dem Ei, dem Brät und den Fleischwürfelchen gut mischen, mit Salz, Pfeffer und etwas Thymian würzen. Die Farce in die Schweinsbrust füllen, mit Bindfaden zunähen. Das Fleisch mit Salz, Pfeffer, Paprika und Senf gut einreiben. In eine offene, gefettete niedere Kasserolle oder einen Bräter geben, das Bratengemüse zufügen und gut 1½ Stunden bei stetem Übergießen und zweimaligem Wenden durchbraten. Zirka 15 Min. ruhen lassen. Dann in Scheiben schneiden und mit einem Gemüse oder Salat zu gedämpften Kartoffeln, Kartoffelstock oder Teigwaren servieren.

REIS

Die Botaniker nennen das 80 bis 120 cm hohe Reisgras Oryza sativa. Diese alte Kulturpflanze – schon vor nahezu 5000 Jahren wurden in China Bewässerungsanlagen für deren Anpflanzung erstellt – gibt es in mehr als 1000 Abarten. Im Handel gibt es jedoch nur zwei Haupttypen: Rundkornreis (Oryza sativa japonica) und Langkornreis (Oryza sativa indica); unter denen gibt es wiederum mehrere Varianten.

Rundkornreis ist zwischen 4 und 6 mm lang mit einem eher breiten Korn. Beim Kochen nimmt er sehr viel Flüssigkeit auf, quillt stark auf und gibt Stärke an das Kochwasser ab. Er eignet sich besonders für Reisgerichte, die mit Bouillon, Saucen usw. zubereitet werden. Als Handelsform ist er bei uns unter der Bezeichnung Vialone, Razza, Arborio oder Originario bekannt.

Langkornreis ist 6–8 mm lang und besitzt einen harten und glasigen Kern. Er nimmt beim Kochen weniger Flüssigkeit auf und wird daher vorwiegend für körnigen Trockenreis verwendet. Wir kennen ihn unter der Bezeichnung Blue Bonnet, Patna, Blue Belle, Blue Rose, Caroline und Stripe.

Mittelkornreis ist eine Neuzüchtung. Seine Länge entspricht dem Langkornreis, Dicke und Kocheigenschaften jedoch entsprechen dem Rundkornreis.

Wir verwenden:
- **für Risotto** Rundkornreis
- **für spanische, mexikanische und südamerikanische Gerichte** gewöhnlichen Langkornreis
- **für chinesische und indische Gerichte** (auch wenn separat als weißer Reis dazu serviert) Siam- oder Patnareis, gewöhnlichen Langkornreis.

Tips zur Zubereitung

Risotto wird ständig umgerührt. Durch das Rühren wird die am Reiskorn weich gewordene äußerste Schicht weggewischt. Sie ergibt die beim Risotto erwünschte saucige Konsistenz.

Körnig gekochter Langkornreis läßt sich auf zweierlei Arten garkochen:

1. Er wird in reichlich Salzwasser gegeben, ein- bis zweimal aufgerührt, dann garkochen, d.h. so lange köcheln lassen, bis er al dente ist, was je nach Sorte 15 bis 20 Min. dauert (Probieren gegen Ende der Kochzeit!). Dann durch ein Sieb abgießen. Will man ihn möglichst trocken, d.h. als weißen Reis zu Saucengerichten usw., verteilt man ihn nach dem Abgießen auf ein gebuttertes Kuchenblech und läßt ihn – nach Belieben mit einer Alufolie bedeckt – im mäßig heißen Ofen trocknen. Auf diese Weise kann er auch längere Zeit warm gehalten werden, ohne daß er zusammenpappt.

2. Chinesische Art: Den Reis mit leicht gesalzenem Wasser (ca. 1½–2 Tassen Wasser auf 1 Tasse Reis, je nach Feuchtigkeitswunsch) nach ein- bis zweimaligem Aufrühren brodelnd 1–2 Min. kochen lassen, dann auf kleingestelltem Feuer gar kochen (Probieren gegen Ende der Kochzeit!).

Der Weichheitsgrad ist dem persönlichen Geschmack überlassen, doch ist ein leicht weichgekochter Reis bei den Spaniern, Südamerikanern und Chinesen üblich, weshalb sich die präparierten, nicht verkochbaren Sorten wie Uncle Bens und Tante Caroline für deren Spezialitäten, wie aber auch für Eintöpfe weniger gut eignen.

Müscheli nach Hausfrauenart

300 g Müscheli (evtl. verschiedenfarbig), 200 g gekochte Zunge (Resten oder beim Metzger gekauft), 1 kleine Zwiebel, Käse nach Belieben, Butter oder Margarine

Die Zwiebel hacken und mit der in Würfelchen geschnittenen Zunge in Butter oder Margarine hell anbraten, die al dente gekochten und gut abgetropften Müscheli zugeben, mehrmals sorgfältig wenden und mischen, in einer erwärmten Schüssel anrichten, evtl. mit Käse bestreuen. Mit einem Salat (im Sommer Tomatensalat) servieren.

Hörnli mit Zucchetti

300 g Hörnli, 500 g Zucchetti, etwas Öl, Salz, Pfeffer, evtl. etwas Cayenne oder Tabasco, 2 Eier, 1 dl Milch, 2 Eßlöffel Paniermehl (fakultativ), 3 Eßlöffel Sbrinz oder Parmesan, Butter oder Margarine

Die Zucchetti gut waschen, in nicht zu dünne Scheiben schneiden und in heißem Öl etwa 6–8 Min. dünsten, leicht salzen und pfeffern. Eine ausgebutterte Gratinform zur Hälfte mit den al dente gekochten Hörnli füllen, darauf die Zucchetti und darüber die restlichen Hörnli geben. Die Milch mit den Eiern und etwas Salz verquirlen, über die Speise geben, Paniermehl (fakultativ) und Käse darüberstreuen, mit Butterflöckchen bestreuen, im Ofen bei 250 °C überbacken. Mit Salat, am besten Tomatensalat, servieren.

Tip: *Anstelle von Hörnli können auch Nudeln und in Stücke gebrochene Spaghetti (z. B. Resten) verwendet werden.*

Makkaroni mit Gorgonzola

400–500 g Makkaroni, 60–80 g Gorgonzola, 2 Eßlöffel Butter, 2 dl Rahm, 3–4 feingeschnittene Salbeiblätter (getrocknete zuerst aufweichen), weißer Pfeffer aus der Mühle

Gorgonzola, Butter, Rahm und Salbei in ein kleines Pfännchen geben. Dieses in ein größeres zweites Pfännchen geben, das zur Hälfte mit leicht brodelndem Wasser gefüllt ist (siehe «bain-marie» auf Seite 14. Wenn sich die Zutaten im kleinen Pfännchen zu erwärmen beginnen, diese zu einer sämigen Sauce schwingen. Über die al dente gekochten, in einer gut vorgewärmten Platte angerichteten Makkaroni geben. Sorgfältig vermischen und sofort auftragen. Pfeffermühle dazustellen, damit jedermann das Gericht nach Belieben würzen kann.

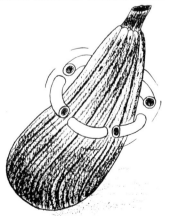

Spaghetti bolognese

400 g Spaghetti, 250–300 g gehacktes Rindfleisch, 1 mittelgroße Zwiebel, 1–2 Knoblauchzehen, 1 Büchse (ca. 400 g) geschälte Tomaten (Pelati), 2–3 Eßlöffel Öl (Olivenöl), 2 Eßlöffel Tomatenpüree (aus der Tube), ½ Bouillonwürfel, 1 Prise Zucker, Basilikum und Thymian, ½ zerriebenes Lorbeerblatt, schwarzer Pfeffer aus der Mühle, etwas Salz sowie etwas Cayennepfeffer (fakultativ), geriebener Sbrinz oder Parmesan

Die feingehackten Zwiebeln und etwas später den Knoblauch in Öl andünsten, dann das Hackfleisch zugeben und so lange wenden, bis es seine rote Farbe verloren hat. Dann Lorbeer, Basilikum und Thymian sowie die Pelati und den halben Bouillonwürfel zugeben, aufrühren, und das Ganze gut 30 Min. zugedeckt köcheln lassen. Mit Salz und Pfeffer und nach Belieben etwas Cayennepfeffer abschmecken. Falls der Sugo zu stark einkocht, kann er mit der übriggebliebenen Pelatiflüssigkeit oder heißem Wasser verdünnt werden. Mit dem Käse unter die al dente gekochten und gut abgetropften Spaghetti mischen oder diese separat zu Käse und Sugo servieren.

Spaghetti oder Nudeln mit Sardellen

400–450 g Spaghetti oder breite Nudeln, 6–8 Sardellenfilets, 3 Eßlöffel Öl (am besten Olivenöl), 50 g geriebener Parmesan, Salz, evtl. etwas schwarzer Pfeffer aus der Mühle

Die Sardellen fein hacken, in Olivenöl knapp vor das Kochen bringen und mit den al dente gekochten Spaghetti oder Nudeln vermischen. Geriebenen Parmesan ebenfalls dazumischen oder separat dazugeben.

GARNIEREN

Rahmgarnituren

Schlagen Sie nur kühlen Rahm. Am besten stellen Sie das Gefäß, in dem Sie den Rahm schlagen, ebenfalls in den Kühlschrank. So kann sich der Rahm beim Schlagen weniger rasch erwärmen. Bei uperisiertem Rahm ist das besonders wichtig. Noch ein weiterer Tip: Wenn es draußen kühler als in der Küche ist, schlägt man den Rahm mit Vorteil am offenen Fenster. Und schlagen Sie ihn nie zu früh; warten Sie solange wie möglich, damit der Schlagrahm nicht zusammenfällt, Körner bildet oder Wasser zieht. Ebenfalls zuwarten sollten Sie mit dem Zuckern.

Was das Festbleiben anbelangt: Heute sind sogenannte Rahmhalter erhältlich, die den Schlagrahm für zwei bis drei Stunden steif halten. Sie sind völlig geruchlos und unschädlich. In Abweichung von den meisten Gebrauchsanweisungen empfehlen wir Ihnen, einen Beutel auf 5–6 dl Rahm zu verwenden. Erfahrungsgemäß genügt das.

Mit Rahm können Sie:

tupfen

stricheln

verdrehen

schnörkeln

zwirbeln

herzen

schräffeln

züpfeln

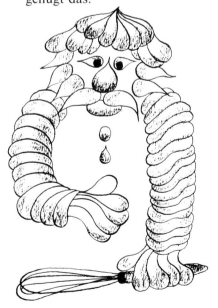

tänneln

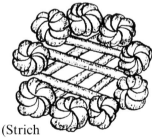
(Strich und Schnörkel) kombinieren

Spielen Sie mit Ihrem Rahm und Ihren Tüllen! Kombinieren Sie mit kandierten Früchten, Beeren, Nüssen, Zucker- und Schokoladefiguren usw.

Das Dekorieren mit dem Dressiersack...

Den abgefüllten Dressiersack drehen Sie oben leicht zu und klemmen ihn mit der rechten Hand zusammen, wenn Sie mit der linken Hand die Tülle führen (Linkshänder machen das umgekehrt). Wichtig ist, daß Sie mit möglichst wenig Abstand (von der Tülle zum Objekt) garnieren und den Rahm schön gleichmäßig auspressen. Für saubere Abschlüsse (Beenden von Figuren oder Linien) brechen Sie den Rahmfluß mit einem kleinen, kaum sichtbaren Kreis ab.

...und mit dem Bläser

Einfacher geht es mit einem sogenannten Bläser (z.B. Kisag-Bläser); es gibt diese in verschiedenen Preislagen. Diese Kisag-Bläser haben nebst den großen Dekorationsmöglichkeiten den Vorteil, daß durch die automatische Beigabe von Luft auch bei üppigsten Dekorationen recht wenig Rahm benötigt wird; es können dadurch Geld und Kalorien gespart werden.

MAI

Erdbeershake

Pro Portion:
2 gehäufte Eßlöffel Erdbeeren, 3 Kaffeelöffel Puderzucker, 2 dl Milch, 1 gehäufter Eßlöffel Erdbeer-Eiscreme, 1 Eßlöffel Schlagrahm

Erdbeeren waschen und rüsten. Mit allen anderen Zutaten außer dem Schlagrahm im Mixer gut verquirlen und in ein hohes Glas geben. Ein Häubchen Schlagrahm aufsetzen und mit Erdbeeren garnieren. Mit Trinkhalm und Löffel servieren.

Chantilly

Mit diesem Namen bezeichnen Fachleute gewisse Süßspeisen, die zur Hauptsache aus geschlagenem Rahm bestehen.

Crème Chantilly: 3–4 dl Rahm, 1 Päckchen Vanillezucker, 1 Eßlöffel Puderzucker

Den vorher gut gekühlten Rahm steif schlagen. Vanillezucker und Puderzucker gut mischen und sorgfältig unterziehen.

Meringues Chantilly: Meringues mit Crème Chantilly füllen.

Weitere Möglichkeiten: Fruchtsalat mit Crème Chantilly. Cornets, gefüllt mit Crème Chantilly. Vermicelles mit Creme Chantilly.

Erdbeer-Ananas-Sorbet

Pro Portion:
1 Eßlöffel Erdbeersaft oder -sirup, 1 Eßlöffel frische Erdbeeren, gezuckert und püriert, 2 Eßlöffel flüssiger Rahm, 1 Eßlöffel Erdbeer-Eiscreme, 1 Eßlöffel Ananassaft, 1 Eßlöffel Ananasstückchen (aus der Dose), 2 Eßlöffel flüssiger Rahm, 1 Eßlöffel Vanille-Eiscreme, Sodawasser oder Siphon

Alle Zutaten der Reihe nach wie angegeben in ein hohes Glas füllen, zuletzt das Soda. Mit 2 Eßlöffeln geschlagenem Rahm, einer Erdbeere und weiteren Ananasstückchen garnieren. Sofort servieren.

Tip: *Dieses Sorbet kann auch mit anderen Früchten hergestellt werden.*

Omelettes soufflées

8 Eier, 3 Eßlöffel Zucker, 1 Prise Salz, 1 knapper Teelöffel abgeriebene Zitronenschale (fakultativ), etwa 50 g Butter

Die Eier trennen. Die Eigelb mit Zucker und Salz schaumig rühren, Zitronenschale (fakultativ) beifügen. Die Eiweiß zu steifem Schnee schlagen, mit der Eigelbmasse vermischen. Butter in der Pfanne erhitzen, die Eimasse hineingießen und auf kleinem Feuer leicht braten; während des Backens jeweils schütteln, damit sie nicht anhängt. Auf eine vorgewärmte Platte geben und zur Hälfte überschlagen.
Nach Belieben mit grobem Zucker überstreuen, mit Kompott servieren.

Tip: *Man kann die Omelette während des Backens mit einem warmen Deckel bedecken. Die untere gebackene Seite sollte hellbraun, die Oberseite trocken, jedoch noch weich sein.*

Fritieren – heiß geliebt und knusprig

Der große Alexander Dumas (1803 bis 1870), Verfasser von mehr als 250 Romanen und an die 100 Bühnenstücken und weiteren literarischen Arbeiten, umschreibt in seinem «Grand Dictionnaire de cuisine» das Fritieren prägnant als den «Vorgang, Fleisch, Fisch und Gemüse in Butter, Öl oder Fett zu kochen».

«Es ist allgemein bekannt», schreibt Dumas weiter, «daß das Garen in Fetten viel schneller vor sich geht als in Wasser. Denn Wasser erreicht lediglich eine Temperatur von 100 °C, die Fritüre hingegen das Doppelte. Diese Hitze würde zweifellos das Fritiergut austrocknen, wenn dieses nicht vorher mit einem Teig geschützt würde.»

Zu Zeiten von Alexander Dumas gab es überall in den Straßen von Paris ambulante «Frituriers», fahrende Händler mit einem kleinen Rechaud und einer mit Öl gefüllten Pfanne, die frisch gebackene Fische, Würstchen, Fleisch und Geflügel, vor allem aber Kartoffeln anboten, wohl in der Art der nunmehr auf der ganzen Welt bekannt gewordenen Pommes (de terre) frites (Rezept nebenstehend).
Zum Fritieren wird meist Öl, oft aber auch hoch erhitzbares Fett verwendet (siehe: Über Öle und Fette, Seite 108).

Pommes chips/ Pommes bricelets
(Kartoffelscheiben und -waffeln)

Die geschälten Kartoffeln in sehr dünne Scheiben (für Chips) oder mit einem Spezialhobel gitterartig (für Bricelets) schneiden. Trocknen und in 200 °C heißem Öl gute 2 Minuten goldbraun backen. Abtropfen lassen, salzen und sofort servieren.

Pommes (de terre) frites

Grundregeln:
1. Für Pommes frites sind neue Kartoffeln ungeeignet.
2. Sparen Sie nicht an Öl. Auch für kleine Mengen benötigen Sie mindestens 2 l Öl.

Die Kartoffeln schälen, waschen und in gleichmäßig dicke Stengelchen schneiden. Diese mit Küchenpapier oder mit einem Tuch trocknen.

Das Öl der Friteuse auf 180 °C erhitzen. Die Kartoffeln in Fritierkorb hineingeben und vorbacken, d.h. so lange im Öl bakken, bis sie weich, aber noch nicht gebräunt sind.

Dann herausnehmen und ein zweites Mal in kleinen Portionen bei 200 °C backen, bis sie goldgelb sind.

Gut abtropfen lassen. Aus dem Korb auf ein Küchenpapier leeren und dieses leicht schütteln, damit möglichst viel Ölrückstände vom Papier aufgesogen werden. Dann salzen und sofort servieren.

Pommes paille
(Strohkartoffeln)

Die geschälten und gewaschenen Kartoffeln werden in etwa 2 mm dicke Scheiben und diese wiederum – jeweils mehrere Scheiben aufeinander gelegt – in zündholzdicke Stengeli geschnitten. Diese mit Küchenpapier oder einem Tuch gut trocknen, in 200 °C heißem Öl goldbraun, d.h. ca. 2 Minuten schwimmend backen; sie werden, im Gegensatz zu den Pommes frites, nur einmal gebakken. Abtropfen lassen, salzen und sofort servieren.

Pommes soufflées

Gleich große und gleichmäßig gewachsene Kartoffeln auswählen, schälen, waschen und in etwa 3 mm dicke Scheiben schneiden. In die auf etwa 170 °C bis 180 °C erhitzte Fritüre geben und weich backen, ohne daß sie Farbe annehmen. Kurz vor dem Servieren kurz in gut 200 °C heißes Öl tauchen und goldgelb backen; die Scheiben werden zugleich zu kleinen Kissen. Abtropfen lassen und sofort servieren.

ÜBER ÖLE UND FETTE

Öle lassen sich allgemein gut erhitzen; zum Fritieren wird mit Vorteil Arachid- d.h. Erdnußöl verwendet. Sonnenblumenöl wird besonders für Salate und für die kalte Küche geschätzt, da sich der hohe Gehalt an hochungesättigten Fettsäuren gegen Kreislaufkrankheiten günstig auswirkt. Alle diese Öle sind geschmacksneutral. Olivenöl hat einen typischen, je nach Herkunft mehr oder weniger starken Geschmack. Es findet Verwendung für Salate und Gerichte der italienischen und südfranzösischen Küche. Ein besonders hochwertiges Öl ist das Sesamöl. Weniger bekannt sind das Sojaöl (aus Sojabohnen) und das Öl aus der einzigen in der Schweiz angebauten Ölpflanze, dem Raps, das vorwiegend für die kalte Küche verwendet wird.

Pflanzenfette (Kokos- oder Erdnußfett) sind geschmacksneutral, hoch erhitzbar und geeignet für alles, was schnell knusprigbraun werden soll.

Tierische Fette: Schweinefett dient der Verfeinerung und Charakterisierung vieler Gerichte; ohne Schweinefett ist eine gute Fleischküche nicht denkbar. Kohlgerichte, insbesondere Sauerkraut, gelingen besser mit Schweinefett. Kuchenteig, dem man Schweinefett beimischt, wird wunderbar mürbe. Aus ernährungsphysiologischen Gründen wird Schweinefett vielfach mit pflanzlichen Fetten oder mit geklärter Butter gemischt.

Margarine eignet sich am besten für Speisen, die bei milder Hitze langsam gebraten werden. Wie Butter (siehe unten) enthält sie Wasser und schäumt und spritzt beim Braten. Gute Margarine wird dank den geschmacklichen Eigenschaften und der guten Streichfähigkeit wegen sowohl als Brotaufstrich wie auch zum Backen, Braten, Dünsten und zur Herstellung feiner Torten geschätzt.

Butter enthält einen hohen Anteil an Wasser (etwa 15–16 %) und je etwa 0,5 % Eiweiß, Milchzucker und Mineralsalze. Der Fettgehalt muß (bei Tafelbutter) im Minimum 83 % betragen.

Kochbutter (Käsereibutter) ist ebenfalls ein unverdorbenes Naturprodukt, das jedoch den Anforderungen, die an Vorzugs- oder Tafelbutter gestellt werden, nicht entspricht, da Kochbutter aus unpasteurisiertem Rahm hergestellt wird. Durch ihren Wassergehalt verbrennt sie bei hoher Hitze und wird bitter. Sie ist deshalb nur für Speisen geeignet, die zum Braten eine geringe Hitze benötigen. Um einen «buttrigen» Geschmack bei allen Speisen zu erzielen, bedient man sich eines einfachen Tricks: Das Bratgut wird zuerst bei großer Hitze in Pflanzenfett oder Öl gebraten, vor dem Fertigbraten wird – bei kleiner Hitze – Butter oder Margarine zugegeben. Übrigens: Ein Flöckchen Butter, vor dem Auftragen auf ein Gericht gegeben, verbessert oftmals dessen Geschmack.

Eingesottene Butter (Schmelzbutter oder Butterschmalz) ist ein durch Einsieden von Wasser befreites reines Butterfett. Es ist hoch erhitzbar, ohne zu verbrennen.

FRITIERTE VORSPEISEN

sind eine originelle Überraschung. Sie stillen sehr rasch den größten Hunger. Deshalb sollte man nicht zuviel von ihnen essen, damit nicht der Appetit auf den Hauptgang verdorben wird. Oder man serviert dann nur noch ein kleines, leichtes und pikantes Hauptgericht.

Die doppelte Quantität der nachstehend aufgeführten Zutaten ergeben mit einer Beilage, z.B. einem Salat, ein Essen für 4 Personen.

Fleischkrapfen

300 g Quarkblätterteig (Rezept siehe Seite 179), 300 g gehacktes Rindfleisch, 2 Eßlöffel Öl, 1 Zwiebel, 1–2 Knoblauchzehen, 2 Eßlöffel feingehackte Petersilie, 1 dl Rotwein, 1 1/2 dl Bouillon, Mehl zum Bestäuben, Salz, Pfeffer, etwas geriebene Muskatnuß

Die Zwiebel fein hacken und in Öl mit der Petersilie und dem ausgepreßten Knoblauch andämpfen. Das Fleisch beigeben, mit Mehl bestäuben, mit Rotwein ablöschen. Dann diesen eindämpfen lassen. Bouillon beifügen, mit etwas Zitronensaft, Salz, Pfeffer und wenig Muskatnuß würzen, gut 15 Minuten köcheln lassen.

Den Teig zirka 2 mm dick auswallen, mit einem Glas Plätzchen von 10 cm Durchmesser ausstechen. In die Mitte je einen gehäuften Teelöffel Fleisch geben. Den Rand befeuchten, die eine Hälfte des Teiges überklappen. Die Ränder mit einer Gabel zusammendrücken.

Bei 190 °C 3 Minuten schwimmend backen. Heiß, eventuell mit einer Tomatensauce servieren.

Sardinen San Sebastian

1 große Dose Sardinen, Saft einer halben Zitrone, 200 g Bierteig, Zitronenachtel, gehackte Petersilie
Die Sardinen aus der Dose nehmen und durch Wenden auf Küchenpapier entölen. Mit Zitronensaft beträufeln. Durch Bierteig ziehen und in der Friture bei 190 °C 1–2 Minuten backen. Abtropfen lassen, kurz auf Küchenpapier und dann auf eine Platte geben. Mit Petersilie bestreuen und mit Zitronenachteln garnieren. Heiß auftragen.
Falls als Hauptgericht serviert, mit Kresse-, Chicorée- oder Nüßlisalat auftragen.

Bierteig
(Pâte à frire)

ist der klassische Fritierteig für Gemüse-, Fleisch- und Fischfritüren. Die Fische werden mit Zitronensaft, Salz und Pfeffer gewürzt, durch den Bierteig gezogen und in der Fritüre goldgelb gebacken. (Zeittafel siehe nebenstehend.)

200 g Mehl, 1 knapper Teelöffel Salz, 2 Eßlöffel Öl, 3 dl helles Bier. Nach Belieben 2 Eier.

Das Mehl in eine Schüssel sieben, in der Mitte eine Vertiefung anbringen, Salz, Bier, Öl und die beiden Eigelb beifügen, zu einem glatten Teig verrühren. Gut 2 Stunden ruhen lassen. Kurz vor Gebrauch die steifgeschlagenen Eiweiß darunterziehen.

Rezepte für Fritüre-Gebäck wie Apfelchüechli und -kräpfli, Schenkeli, Strübli, Ziegerkrapfen usw. finden Sie auf Seite 68/69.

FRITIERZEITEN UND -TEMPERATUREN

(Die Zeiten variieren jeweils nach Größe, Dicke und Art des Fritiergutes.)

Fisch	Minuten	°C
Egli, ganze	3–5	200
Egli-Filets (gemehlt, durchs Ei gezogen)	2–3	200
Fischfilets im Teig	2–3	190
Fischkroketten	1–3	190
Hecht gebacken (gemehlt)	3–5	200
Hecht gebacken (in Teig)	5–6	200
Fleisch/Geflügel		
Fleischkroketten	2–3	200
Koteletts paniert	5–7	190
Schnitzel paniert	2–3	190
Größere Fleischstücke	–20	170
Mistkratzerli, ausgebeint	5–6	200
Poulet, je 100 g	1½	200
Gemüse/Kartoffeln		
Gemüse im Ausbackteig	3–4	180
Kartoffeln (Angaben bei den entsprechenden Rezepten auf Seite 106)		
Gebäck		
(Angaben bei den entsprechenden Rezepten Seite 68/69)		

Tempura

nennen die Japaner durch Teig gezogene und fritierte Gemüse-, Fisch- und Pouletstreifen (Rezept für den Teig untenstehend).
Die gegarten Tempura-Häppchen werden vom Speisenden selbst in etwas Salz oder in eine Dip-Sauce gestippt.

Dip-Rezepte:

Sojasauce mit Zitrone und Ingwer: 1 Tasse schwache Hühnerbouillon oder Fischbrühe wird mit 2 Eßlöffeln Sojasauce und etwas Salz, Pfeffer oder Cayennepfeffer kurz aufgekocht. Dann werden 1 Teelöffel feingeraffelter Rettich, 1 Messerspitze Ingwerpulver und etwas Zitronensaft beigegeben und gut gerührt.
Ei-Dip: Ein rohes Ei nach unserm Geschmack mit Streuwürze, Senf, Ingwer- oder Currypulver usw. würzen.
Ponzu-Dip: 6 Eßlöffel Zitronensaft mit 6 Eßlöffeln Sojasauce mischen.

Gemüse-Tempura mit Fisch

Mit Salz oder Glutamat und etwas Pfeffer werden gewürzt: eine in Streifen geschnittene Peperone, je 4 Scheiben Zwiebeln, Auberginen oder Zucchetti, Rüebli, halbierte Blumenkohl- oder Broccoliröschen und Pilze sowie 4 Schnitten Fischfilets (Seezunge), Scampi- und Tintenfischstückchen und 4 Petersilienstengel. Diese Zutaten werden mit Mehl bestäubt, durch Teig (Rezept unten) gezogen und in Erdnußöl bei 180 °C in der Fritüre knusprig gebacken.

Teigrezept für Tempura:
2 Eigelb, 1 l Eiswasser, 500 g Mehl und 2 Messerspitzen Glutamat oder etwas Salz gut verrühren. Der Teig soll etwas wäßrig sein.

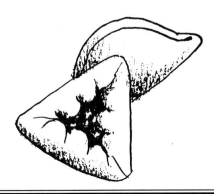

JUNI

Jetzt stecken wir mitten in der Erdbeerzeit. Die ausländischen Früchte werden von den einheimischen aus dem Thurgau und dem Wallis abgelöst, die sich auch zum Tiefkühlen (siehe Seite 142) eignen. Ebenfalls reichlich wird das Angebot an ersten Pfirsichen, Aprikosen und Melonen. Hier lohnt sich – falls nicht ein überraschendes Billigangebot den Kauf rechtfertigt – noch eine gewisse Zurückhaltung; in wenigen Wochen werden auch diese Früchte preisgünstiger sein.

Recht billig ist hingegen der etwas aus der Mode gekommene Rhabarber, aus dem sich gute Dinge zubereiten lassen. Gurken gibt es ebenfalls reichlich, ein ideales Gemüse für jene, die schlank werden möchten. Gegen Ende Monat werden – sofern uns das Wetter wohlgesinnt ist – Blumenkohl, Peperoni und frei wachsende Tomaten günstig.

TIP Es macht nichts, wenn die Tomaten jeweils noch etwas grün sind; gerade diese eignen sich vorzüglich für Salat (Rezept siehe Seite 132). Würzen Sie jeweils mit frischem Basilikum, das jetzt besonders aromatisch ist.

Einmal mehr sollte wieder Fisch auf den Tisch kommen. Denn jetzt sind wir mitten in der Saison zum Fang der einheimischen Süßwasserfische. Das heißt also: Jetzt zupacken! Und die Fische dann so zubereiten, wie wir sie am liebsten haben: blau oder gebraten (unser Bild), poschiert, gratiniert oder grilliert. Mehr darüber auf Seite 116.

SALATE UND SALATSAUCEN

Man sollte sie – der Gesundheit zuliebe – jeden Tag und womöglich als Vorspeise essen: Salate regen vorzüglich die Verdauung an. Zugleich stillen sie den ersten Hunger und zügeln den Appetit nach den nachfolgenden, meist kalorienreicheren Haupt- und Süßspeisen.
Ein guter Salat hängt wesentlich von einer guten Salatsauce ab, die Sie am besten entsprechend den verwendeten Salatzutaten wie Blatt-, Knollen-, Wurzelsalate, Geflügel, Reis usw. selbst zubereiten.

Öl/Essig-Saucen

Wählen Sie nach Ihrem Geschmack Rotwein- oder Weißwein-, Kräuter- oder Obstessig; Sie können diese auch nach Belieben mischen. Ob Sie anstelle von Essig Zitronensaft verwenden, ist ebenfalls eine Geschmacks-, aber keine Gesundheitsfrage, denn Essig ist ein ebenso natürliches Produkt wie Zitrone.

Auch die Wahl des Öls ist wichtig. Die einen lieben – insbesondere für italienische und französische Salate – Olivenöl, andern ist dessen spezifischer Geschmack zu stark; sie fahren besser mit einem neutraleren Öl wie Sonnenblumenöl, Rapsöl oder dem leider etwas teuren Weizenkeim- oder Distelöl.

Pfeffer kommt immer frisch gemahlen an den Salat.

Mit Joghurt, Sauerrahm oder etwas Mayonnaise können Öl/Essig-Saucen gut variiert wie auch milder und sämiger gestaltet werden.

Französische Sauce: Gut 2/3 Öl mit knapp 1/3 Essig sowie etwas Salz und feingemahlenem weißem Pfeffer verrühren; die Beigabe von Senf ist fakultativ.

Sauce Escoffier: wie Französische Sauce, jedoch mit etwas Maggi-Würze. Escoffier war mit Julius Maggi eng befreundet.

Italienische Sauce: 2/3 Olivenöl (oder halb Oliven-, halb neutrales Öl), 1/3 Weinessig, Salz und feingemahlener schwarzer Pfeffer verrühren.

Provence-Sauce: wie Italienische Sauce, jedoch ausgepreßten Knoblauch (oder Knoblauchwürze oder -salz) sowie reichlich Petersilie oder/und frisches Basilikum beifügen.

Senfsauce: wie Französische Sauce, doch unter Beigabe von viel Senf.

Spanische Sauce: wie Italienische Sauce, doch mit viel gehackten Zwiebeln, Eiern, Kapern, Peperoni. Evtl. noch mit etwas Cayenne würzen.

Essig/Öl-Saucen eignen sich vorzüglich für alle Blatt- und Peperonisalate sowie (mit etwas Dill) für Gurken- und (mit ganz wenig Essig) Tomatensalate.

Vinaigrettes

Für Artischocken, Spargeln, gekochte Lauch-, Sellerie- und Rüeblisalate, Bohnen- und Kartoffelsalat, Fleisch-, Wurst- und Ochsenmaulsalat, Eier-, Käse-, Pilz- und Thonsalat.

Klassische Vinaigrette (Krätervinaigrette): wie Französische oder Escoffier-Sauce unter Beigabe frischer gehackter Kräuter wie Petersilie, Schnittlauch, aber auch Kresse, Basilikum, Estragon, Liebstöckel, Zwiebelröhrchen usw. Der Sauce können gehackte Kapern und Peperoni sowie gekochte gehackte Eier beigegeben werden.

Joghurtsaucen

Für alle Arten von Salaten. Da sie kein oder wenig Öl enthalten, sind sie für jede Art von Diätkuren geeignet.

Joghurtsauce normal: Joghurt mit etwas Senf und Zitronensaft gut aufschwingen. Mit Salz und Pfeffer abschmecken. Nach Belieben gehackte Kräuter wie Petersilie, Schnittlauch, Basilikum, Estragon oder Dill beifügen.

Amerikanische Joghurtsauce: 2/3 Joghurt, 1/3 Mayonnaise sowie etwas Ketchup und geriebener Meerrettich gut miteinander verrühren.

Nordische Joghurtsauce: 3/4 Joghurt, 1/4 Mayonnaise, etwas Senf, Muskatnuß oder Ingwer mit Eidotter und Zitronensaft schaumig verquirlen, feingehackte Gewürzgurken beigeben und geschlagenes Eiweiß unterziehen.

Kräutersauce mit Joghurt und Quark: 1/2 Tube Mayonnaise oder 150 g Rahmquark mit 6 Eßlöffel Joghurt, 1 Teelöffel Senf, 4–5 Eßlöffel frische Kräuter wie Petersilie, Basilikum, Kerbel, Dill, Estragon, Kresse

Mayonnaise oder Quark-Joghurt-Mischung mit Senf mischen, Kräuter fein schneiden und darunterziehen.

Mayonnaisen

Mayonnaise (von Hand zubereitet): 2 Eigelb, 4–5 dl Öl, etwas Senf, Saft von ½ Zitrone oder knapp 2 Teelöffel Weinessig, Salz, weißer Pfeffer

Die Zutaten sollten alle ungefähr die gleiche Temperatur haben; folglich vor allem die Eier nicht aus dem Eisschrank nehmen.
Die Eigelb werden mit dem Senf und etwas Salz und Pfeffer in eine kleine Schüssel gegeben; mit dem Schwingbesen schlagen und aus der Flasche oder einem Krüglein tropfenweise Öl zugeben, bis sich eine dicke Masse bildet. Dann unter weiterem Rühren den Zitronensaft langsam zufügen, bis wir eine dickliche Sauce haben. Nun unter Rühren in Faden so viel Öl zufügen, bis die Sauce die von uns gewünschte Dicke hat.

Tip: Um das Gerinnen zu verhüten, kann man der fertigen Mayonnaise 1 Eßlöffel heißes Wasser beimischen. Eine mißlungene Mayonnaise kann man auch mit einem zerdrückten Eigelb retten, das man mit dem Besen unter die Mayonnaise schwingt.
Der Mayonnaise kann nach Belieben ein steifgeschlagenes Eiweiß, Joghurt oder Quark beigemischt werden, wodurch sie leichter, bekömmlicher und kalorienärmer wird.
Wem eine selbstgemachte Mayonnaise zu zeitraubend oder mühevoll ist, kann gekaufte Mayonnaisen aus der Tube oder aus dem Glas verwenden, die in der Regel von ausgezeichneter Qualität sind.

Mayonnaiseschaum:
1 Tube Mayonnaise, Zitronensaft, 1 Eiweiß, Salz, Pfeffer
Eiweiß steif schlagen und sorgfältig unter die Mayonnaise ziehen. Würzen nach Belieben.

Mayonnaise (z.B. aus der Tube) können wir mischen zu:

Currymayonnaise: mit Currypulver, feingeraffeltem Apfel und mit gut ⅓ Joghurt.

Grüne Mayonnaise: mit feingehackten Kräutern wie Petersilie, Kerbel, Basilikum, Schnittlauch, Kresse, Estragon.

Meerrettichmayonnaise: mit frischgeschabtem Meerrettich oder Dosenmeerrettich und steifgeschlagenem Rahm.

Senfmayonnaise: mit pikantem Senf und schwarzem Pfeffer.

Aioli: 4–5 Knoblauchzehen, 3 Sardellenfilets, ¾ Tube Mayonnaise, Zitronensaft
Die Sardellenfilets sehr fein hacken oder im Mörser zerquetschen, mit dem durchgepreßten Knoblauch unter die Tuben- oder (mit Olivenöl) selbstgemachte Mayonnaise mischen.
Weitere Mayonnaise-Tips finden Sie auf Seite 66.

Saucen zu kaltem Fleisch, Fisch und Geflügel

Die vorstehenden Mayonnaisen wie auch die meisten der oben aufgeführten Saucen sind ebenfalls ausgezeichnet zu kaltem Fleisch, Fisch und Geflügel sowie Fondue bourguignonne. So passen
zu kaltem Kalbfleisch: Vinaigrette, Joghurtsauce, Kräutersauce, Grüne Mayonnaise
zu kaltem Rindfleisch: Vinaigrette, Spanische Sauce, Amerikanische Joghurtsauce, Kräutersauce, Meerrettichmayonnaise, Senfmayonnaise
zu kaltem Schweinefleisch: Vinaigrette, Spanische Sauce, Amerikanische Joghurtsauce, Nordische Joghurtsauce, Kräutersauce, Currymayonnaise, Grüne Mayonnaise, Aioli
zu kaltem Lammfleisch: Provence-Sauce, Senfsauce, Vinaigrette, Grüne Mayonnaise, Senfmayonnaise, Aioli
zu kaltem Huhn, gekocht: Vinaigrette, Spanische Sauce, Amerikanische Joghurtsauce, Nordische Joghurtsauce, Grüne Mayonnaise, Senfmayonnaise
zu kaltem Meerfisch: Provence-Sauce, Vinaigrette, Spanische Sauce, Amerikanische Joghurtsauce, Grüne Mayonnaise, Meerrettichmayonnaise, Aioli
zu Fondue bourguignonne: Provence-Sauce, Vinaigrette, Spanische Sauce, Joghurtsauce normal, Amerikanische Joghurtsauce, Meerrettichmayonnaise, Senfmayonnaise

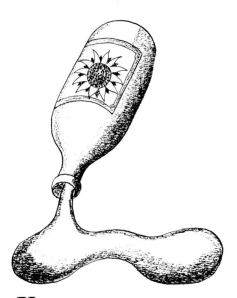

Käsesaucen

Gut zu Stangensellerie, Brüsseler Chicorée und Tomaten.

Französische (Roquefort)-Sauce: Halb Öl (Olivenöl), halb Zitronensaft oder weißer Essig mit Rahm und zerdrücktem Roquefort gut vermengen, mit Salz, Pfeffer sowie etwas Sellerie- oder Knoblauchsalz oder/und Paprika würzen, evtl. ein geschabtes Sardellenfilet beigeben.

Provence-Salat

1 kleine Büchse weiße Bohnen, 500 g gekochte grüne Bohnen, 4 Tomaten, 2 Büchschen Sardellen in Öl, 100 g schwarze Oliven, 1 Knoblauchzehe, frisches Basilikum oder Petersilie, 4 Eßlöffel Olivenöl, 1½ Eßlöffel Essig, Senf, Salz und Pfeffer

Tomaten in Schnitze schneiden, weiße Bohnen gut abspülen und zusammen mit den gekochten grünen Bohnen in eine Schüssel geben. Sardellen und entkernte Oliven beifügen und mit einer Provence-Salatsauce (Rezept siehe Seite 112) ½ Stunde vor dem Essen anrichten.

Gefüllte Gurkenschiffchen

2 kleine Gurken, 200 g Speisequark, 6 Eßlöffel Vollmilch oder Kaffeerahm, 200 g Rüebli, Zitronensaft, je 1 gute Prise Salz und weißer Pfeffer, gehackte Petersilie

Den Quark mit der Milch oder dem Kaffeerahm, mit 1 guten Teelöffel Zitronensaft, dem Salz und Pfeffer schaumig rühren. Die rohen, geschälten Rüebli mit einer Röstiraffel in den Quark reiben, gut vermischen. Die Gurken gut waschen, längs halbieren und leicht aushöhlen, Zitronensaft darüberträufeln. Mit der Quarkmasse auffüllen, etwas gehackte Petersilie als Garnitur darübergeben.

Mit einer dünnen, bebutterten Scheibe Vollkorn- oder Grahambrot serviert, ist dies – insbesondere bei Verwendung von Magerquark – ein kalorienarmes, leichtes Abendessen für 4 Personen, sonst eine reichliche Vorspeise für 6 und mehr Personen.

JUNI

Champignonsalat
(als reiche Vorspeise)

500 g frische Champignons, 2 Eßlöffel Öl, 3 gekochte Kartoffeln, 1 Zwiebel, Saft von ½ Zitrone, Kopfsalat, Petersilie oder frischer Kerbel oder Estragon, 1 Peperone (grün oder rot), 2–3 Eßlöffel Mayonnaise (Rezept siehe Seite 113), etwas Senf

Die Champignons kurz, aber gut waschen und blättrig schneiden. Zwiebel fein hacken. Beides zusammen in Öl leicht andämpfen, den Zitronensaft darübergeben, umrühren und zugedeckt knapp gar dünsten, dann auskühlen lassen, aus der Pfanne nehmen. Die verbliebene Flüssigkeit mit der Mayonnaise, dem Senf und den feingehackten Kräutern mischen. Die Champignons, die in Stengelchen geschnittenen Kartoffeln und die in feine Streifen geschnittene Peperone daruntermischen und gut ziehen lassen. Auf Salatblättern anrichten.

Hühnerbouillon mit Ei
(Zuppa alla pavese)

Pro Portion: 1 helle oder dunkle Scheibe Brot, 1 Ei, 2 Eßlöffel geriebener Parmesan, Salz, schwarzer Pfeffer, Hühnerbouillon (aus Würfeln), Butter oder Margarine

Das Brot in Butter oder Margarine beidseitig goldbraun rösten, in einen Suppenteller oder in eine große Tasse geben, mit Käse bestreuen. Darüber das rohe Ei geben, kräftig mit frisch geriebenem schwarzen Pfeffer würzen und mit sehr heißer Bouillon übergießen. Wenn das Ei leicht erstarrt ist, kann die Suppe aufgetragen werden; nach Belieben mit gehackten Kräutern bestreuen.

Tip: Der Teller oder die Tasse kann zuerst mit einer Knoblauchzehe ausgerieben werden. Anstelle von Hühnerbouillon wird gerne auch Fleischbouillon verwendet.

Italienische Spinatsuppe

800 g oder mehr junger Spinat, 1 Knoblauchzehe, 1 l milde Bouillon, 2 dl Milch, 2 Eßlöffel Butter oder Margarine, 1–2 Eier, Salz, weißer Pfeffer, Muskat, geröstete Brotwürfel

Den gewaschenen und grob gehackten Spinat mit dem Knoblauch in Butter oder Margarine andämpfen. Mit Bouillon und Milch ablöschen, 5 Min. köcheln lassen, Knoblauch herausnehmen. Mit Pfeffer, Muskat und Salz abschmecken. Die verquirlten Eier unterrühren. Brotwürfelchen, nach Belieben etwas Sbrinz oder Parmesan dazu servieren.

OMELETTEN

Nach Dictionnaire und Duden heißen Omeletten auf deutsch «Eierkuchen», was insofern falsch ist, als echt französische Omeletten nur mit geschlagenen Eiern – also ohne Mehl –, und zwar in Sekundenschnelle in rauchend heißer Pfanne zubereitet werden. Die bei uns üblicheren Pfann- und Eierkuchen aus Eiern, Milch oder Wasser und Mehl nennt man im Französischen korrekterweise Crêpes. In der Schweiz reden wir aber immer von Omeletten, ganz gleich, ob sie mit oder ohne Mehl zubereitet werden und ob wir sie nature oder gefüllt, süß oder pikant servieren.

Französische Omelette
(Grundrezept)

In eine Schüssel die Eier (als Hauptspeise 3 Eier pro Person) aufschlagen, etwas Salz beigeben und verquirlen. In einer Bratpfanne Butter schmelzen, bis sie zu schäumen beginnt. Das Feuer klein stellen (ganz klein!), die Eiermasse hineingeben und mit einer Gabel oder einem Spatel rühren, bis die Masse zu stocken beginnt. Dann die Pfanne etwas schütteln, damit sich die Masse zu einer Omelette formt. Auf der Unterseite etwas bräunen lassen – oben darf sie noch etwas feucht sein –, nach Belieben die eine Hälfte mit einer Füllung belegen und überschlagen oder ohne Füllung überschlagen anrichten.

Tip: *Der verquirlten Eimasse 1–2 Eßlöffel Wasser oder Milch beifügen, damit die Omelette luftiger wird.*

Omelette aux fines herbes: Eine Omelette nach Grundrezept zubereiten, doch der Eimasse feingehackte Kräuter (Petersilie, Schnittlauch, junger Spinat usw.) beifügen.
Auf diese Weise können Sie zubereiten:

Schinkenomelette: Der Eimasse feingehackten Schinken und nach Belieben Kräuter beigeben.

Käseomelette: Der Eimasse geriebenen Käse (Sbrinz, Greyerzer) beigeben.

Artischocken-, Peperoni- oder Spinatomelette usw.: Artischocken (aus der Büchse, geviertelt) oder Peperoni (fein geschnitten und scharf angedämpft) oder Spinat (jungen Spinat ganz fein hacken, älteren Spinat hacken und etwas dämpfen) oder irgendein anderes Gemüse (jeweils hacken und vordämpfen) oder auch feingeschnittene Fleisch- und Geflügelresten der Eimasse zugeben, nach Belieben würzen und daraus, wie im Grundrezept angegeben, eine Omelette backen.

Omelette mit Mehl/Pfannkuchen
(Grundrezept)

4 Eier, 300 g Mehl, 2 dl Milch, 2 dl Wasser, 1. Eßlöffel Öl, Salz, Butter oder Margarine

Eier, Mehl, Milch, Wasser und Salz in eine Schüssel geben und mit der Kelle oder dem Schneebesen zu einer glatten Masse verrühren; wer den Teig dünnflüssig wünscht, gibt entsprechend Wasser zu. Eine halbe Stunde ruhen lassen. Dann in Butter oder Margarine beidseitig backen. Um das zu tun, dreht man die Omelette in der Luft, oder man wendet sie mit einer spatelförmigen Kelle in der Pfanne selbst.

Tip: *Wer eine luftige Omelette wünscht, verrührt nur die Eigelb mit dem Teig und zieht dann die zu Schnee geschlagenen Eiweiß darunter.*

Dem Omelettenteig können wie der französischen Omelette (siehe oben) gehackte Kräuter, Schinkenwürfelchen, Reibkäse, gedämpftes Gemüse, Fleischresten usw. beigegeben werden, oder man füllt sie (Rezepte siehe Rezeptverzeichnis Seite 243), indem man die Füllung auf die eine Hälfte der Omelette gibt und die andere darüberschlägt.

Resten aus Omeletten
werden zusammengerollt und in schmale Streifen geschnitten; sie bilden als «Flädli» eine beliebte Suppeneinlage.

SÜSSWASSERFISCHE

Die Saison unserer einheimischen Süßwasserfische dauert ab etwa Mai bis zirka Mitte Oktober, wobei es innerhalb dieses Zeitraums für die einzelnen Arten wiederum speziell gute Fangzeiten gibt.

Süßwasserfische kann man auf die verschiedensten Arten zubereiten. Man kann sie...

...braten

Fischfilets oder -tranchen oder auch ganze geschuppte, ausgenommene und eingeschnittene Fische mit Salz, Streuwürze und Pfeffer würzen, in etwas gut gesalzener Milch drehen, abtropfen lassen und in wenig Mehl wenden. Öl heiß machen, die Fische hineingeben, bei nicht zu starker Hitze beidseitig goldgelb durchbraten.

Falls Sie die **Fische à la meunière (nach Müllerinnenart)** servieren wollen, werden die gebratenen Fische mit Zitronensaft beträufelt, mit gehackter Petersilie bestreut und anschließend mit schaumigheißer Butter übergossen.

Zu gebratenen Fischen werden am besten Salzkartoffeln serviert.

...grillieren

Die Fische, Fischfilets oder -tranchen mit Zitronensaft beträufeln und etwa eine Stunde ruhenlassen, gut abtrocknen und dann wie beim Braten würzen und auf dem Rost beidseitig grillieren. Es kann auch eine Grillpfanne verwendet werden, die auf dem Kochherd erhitzt wird. Mit pikanten Saucen oder Kräuterbutter, Estragonbutter usw. servieren.
Ausführlichere Angaben über das Grillieren von Fischen lesen Sie auf Seite 129.

...pochieren

Eine flache Pfanne mit Butter bestreichen, feingehackte Zwiebeln daraufstreuen und die Fischfilets oder -tranchen, gewürzt mit Salz, Streuwürze und etwas Zitronensaft, nebeneinander hineinlegen. Etwas Weißwein (oder auch Rotwein) und leichte Bouillon darübergießen, so daß das Kochgut knapp bedeckt ist. Mit Alufolie bedecken und in nicht zu heißem Ofen garen lassen (nicht kochen); auf einer Platte anrichten. Die übriggebliebene Flüssigkeit mit etwas Mehlbutter (halb Mehl und halb Butter zusammen vermischen) binden, etwas Rahm beigeben und mit Salz und weißem Pfeffer abschmecken. Die Sauce über die Fische sieben, mit Petersilie oder feingeschnittenem Schnittlauch bestreuen.

...gratinieren

Die Fischfilets oder -tranchen wie oben pochieren. Die übriggebliebene Flüssigkeit passieren und einer Béchamel-Sauce (aus Beutel) beifügen. Fischfilets damit überziehen. Geriebenen Käse und Butterflocken darüberstreuen und im Ofen überbacken. Salzkartoffeln oder Trockenreis dazu servieren.

...blaukochen

Fische zum Blaukochen (Regenbogenforelle, Bachforelle, Saibling-Rötel) müssen lebendfrisch sein. Beim Ausnehmen der Fische darauf achten, daß diese möglichst nur an Kopf und Schwanz berührt werden, damit der Schleim, der das Blauwerden bewirkt, nicht abgerieben wird. (Fische, die nicht lebendfrisch sind, können nicht mehr blau werden, da der Schleim rasch eintrocknet.)
Einen Fischsud (siehe Rezept «Forelle blau» Seite 134) zubereiten, auf den Siedepunkt bringen und die sauber ausgenommenen Fische hineingeben und auf kleinem Feuer etwa 20 Minuten ziehen lassen. Nicht sieden. Braune Butter und Salzkartoffeln dazu servieren.

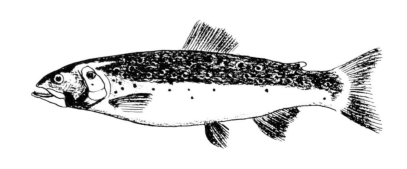

Marinierte Fische nach Tessinerart

1 kg bis 1,2 kg Fische wie Felchen, Rötel, Forellen oder Schleien

Für die Marinade:
2 in feine Scheiben geschnittene Rüebli, 2 in Scheiben geschnittene Zwiebeln, 1 in Daumengröße geschnittener Lauch, 1 bis 2 in grobe Stücke gehackte Krautstielblätter, 1 zerquetschte Knoblauchzehe, 2 Lorbeerblätter, 2 bis 3 Nelken und einige Pfefferkörner in etwas Öl andämpfen, 1 l Wasser und 1 bis 1½ l roten Weinessig zugeben, etwa 15 Minuten köcheln lassen

Die Fische sauber ausnehmen (evtl. Kopf wegschneiden), mit Zitronensaft, Salz und Pfeffer würzen, mehlen, in Öl beidseitig goldgelb backen. In einen irdenen Topf oder eine flache Glasschüssel schichten, mit der Essig-Gemüse-Marinade bedecken. Ein Pergamentpapier oder Alufolie darübergeben, an einem kühlen Ort 4 bis 6 Tage aufbewahren.

Felchen à la meunière

4 Felchen, 3 Eßlöffel Milch, 2 Eßlöffel Mehl, 2 Eßlöffel Öl, Salz, Pfeffer, Petersilie

Die Felchen beidseitig einschneiden, leicht salzen und pfeffern, in der Milch wenden. 30 Minuten ziehen lassen. Abtropfen lassen, in Mehl wenden. In heißem Öl bei nicht zu starker Hitze beidseitig goldbraun braten. Mit Zitronenscheiben und Petersilie garnieren.

JUNI

Seeforelle an Zitronensauce

1 große Seeforelle, 100 g Butter, 3 gehackte Schalotten oder eine mittelgroße Zwiebel, 1 Lorbeerblatt, 2 Gewürznelken, Salz, Pfeffer, Estragon, 2 Zitronen, 3 dl Weißwein, 2 Eigelb

Die Forellen beim Kauf filetieren lassen. Die Gräten mitnehmen und mit 3 dl Wasser auskochen. Die Filets in wenig Butter dünsten. Die Schalotten, Gewürze und einige dünne Zitronenscheiben darübergeben. Mit dem Wein begießen. Langsam erwärmen und 15 Minuten ziehen lassen. Die Filets aus dem Sud nehmen und warm stellen. Den Sud passieren und 1 dl der Grätebouillon zugeben, den Saft einer Zitrone und eine Prise Zucker zufügen. Den heißen Sud unter kräftigem Rühren über die verquirlten Eigelbe gießen. Unter Rühren bis kurz vors Kochen bringen. Vom Feuer nehmen. Die restliche Butter in Flocken daruntermischen. Abschmecken und über die Fischfilets gießen.

Anstelle einer großen Seeforelle können 4 mittlere Forellen verwendet werden.

Gedünstete Kohlrabi

600 g Kohlrabi mit Grünem, Butter, Salz, weißer Pfeffer. Nach Belieben eine holländische Sauce (aus Beutel oder nach Rezept Seite 31)

Die Kohlrabiknollen dünn schälen, in Scheiben schneiden, die zarten Blätter (oder als Ersatz Petersilie) waschen und fein hacken. Zusammen in wenig leicht gesalzenem Wasser etwa 20 Min. dünsten. 1–2 Eßlöffel Butter zugeben, umrühren, mit weißem Pfeffer abschmecken.
Zu Schinken, gebratenem Fleischkäse, Plätzli usw. sowie Salz- oder Bratkartoffeln servieren. Die Kohlrabi können nach Belieben mit einer holländischen Sauce übergossen werden.

Blumenkohl mit Paniermehl und Ei

(polnische Art)

800 g Blumenkohl, 1 Tasse Brotwürfelchen oder 3–4 Eßlöffel Paniermehl, 2 hartgekochte Eier, gehackte Petersilie, 50–60 g Butter oder Margarine, Salz

Den Blumenkohl in Röschen verteilt oder ganz in Salzwasser garkochen. Gut abtropfen lassen und auf einer gewärmten Platte anrichten. Die Brotwürfelchen oder das Paniermehl in etwas Butter oder Margarine goldbraun rösten und mit den gehackten Eiern und der Petersilie über den Blumenkohl geben. Die restliche Butter oder Margarine auslassen und darübergießen.
Zu Bratkartoffeln servieren.

Tip: *Will man den Blumenkohl als reiches Hauptgericht auftragen, kann man mit den Brotwürfelchen etwas Schinken- oder Speckwürfelchen mitrösten oder 1–2 hartgekochte Eier mehr darübergeben.*

FLEISCHVÖGEL

Fleischvögel kann man aus Schweine-, Kalb- und Rindfleisch zubereiten. Man kann sie mit Brät, Hackfleisch, Schinken, Hühnerleber, Gemüse usw. oder einem Gemisch dieser Zutaten füllen. Und man kann sie zudem in einer Tomaten-, Gemüse-, Braten- oder Pilzsauce schmoren.

Man lasse sich die Plätzli vom Metzger dünn, regelmäßig und rechteckig zuschneiden. So eignen sie sich am besten für die Zubereitung. Statt die Fleischvögel mit einem Zahnstocher zu fixieren, binde man sie locker mit weißem Nähfaden zusammen; so behalten sie besser ihre Form.

Kalbfleischvögel Florentinerart

4 größere, dünn ausgeklopfte Kalbsplätzli (je 100–120 g), 2–3 Eßlöffel geriebener Sbrinz oder Parmesan, 2 Tassen grob gehackter Spinat (tiefgekühlt oder knapp gedämpft), 1 Knoblauchzehe, etwas Mehl, 1 dl Weißwein, 3 dl Bratensauce (aus Instant-Bratensauce oder Bratensauce aus der Tube angemacht), Salz, Pfeffer, Muskat, 1½ Eßlöffel Öl oder Margarine

Die ausgebreiteten Plätzli mit etwas Salz und Pfeffer würzen. Den Käse darüberstreuen. Den abgetropften Spinat mit etwas Muskat, dem ausgepreßten Knoblauch, Pfeffer und Salz würzen, über den Käse verteilen. Die Plätzli aufrollen und locker mit Nähfaden binden. Mit Mehl bestäuben und in mittelheißem Öl oder Fett ringsum hellbraun anbraten. Das Öl oder Fett abgießen, mit Wein ablöschen. Diesen leicht einkochen lassen und dann nach und nach von der Bratensauce zugießen. Etwa 30 Min. schmoren lassen.

JUNI

Italienische Fleischvögel in Gemüsesauce
(Involtini)

8 dünne Schweinsplätzchen.

Für die Füllung: 250 g gehacktes Schweinefleisch, 1 Scheibe entrindetes Weißbrot oder 2 Brötchen, 1–2 Knoblauchzehen, 1 Eigelb (fakultativ), 2 gehäufte Eßlöffel geriebener Parmesan, 1 Büschel gehackte Petersilie

Für die Sauce: 1 Dose geschälte Tomaten (Pelati), 1 Rüebli, 1 kleine Zwiebel, etwas Sellerie, 2–3 Salbeiblätter, 1 dl Weißwein, 3–4 dl Bouillon, Muskatnuß, Salz. Pfeffer, 3 Eßlöffel Butter oder Margarine.

Das Brot in Milch oder Wasser einweichen, ausdrücken und mit dem Hackfleisch, ausgepreßtem Knoblauch, Eigelb, Parmesan und Petersilie gut vermengen, mit Muskat, Salz und Pfeffer würzen. Auf die gut geklopften Schweinsplätzchen verteilen. Diese einrollen und mit Nähfaden locker binden.

In einer Pfanne Butter oder Margarine erhitzen, die Fleischvögel ringsum leicht anbraten und dann die feingeschnittenen Gemüse (Rüebli, Zwiebel, Sellerie) zugeben, etwas schmoren lassen. Mit Weißwein ablöschen. Wenn dieser verdampft ist, die abgetropften Pelati, Tomatenpüree und Salbeiblätter zufügen. So viel Bouillon zugießen, daß die Fleischvögel gut bis zur Hälfte von der Sauce bedeckt sind. 1½ Stunden zugedeckt schmoren lassen, ein- bis zweimal die Fleischvögel wenden. Falls die Sauce zu dick wird, Pelatisaft oder/und Bouillon nachgießen. Dann die Salbeiblätter entfernen, die Sauce mit Salz und Pfeffer abschmecken.

Zu Polenta, Kartoffelstock oder Reis servieren.

Tip: *Die Fleischvögel können auch ohne Sauce zubereitet werden. Sie werden mit zerlassener Butter gut bepinselt und im Ofen etwa 30 Min. gebraten; von Zeit zu Zeit übergießen.*

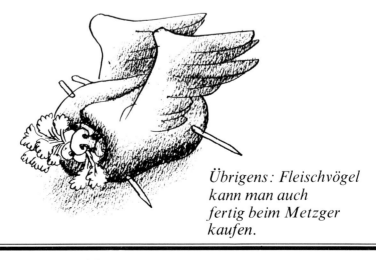

Übrigens: Fleischvögel kann man auch fertig beim Metzger kaufen.

Rindfleischvögel

4 dünngeklopfte Rindsplätzli (je ca. 80–100 g). Für die Füllung: 1 Zwiebel, 1 Knoblauchzehe, 150 g Bratwurstbrät, 2 Eßlöffel gehackte Petersilie, 1 Salzgurke, Mehl

Für die Sauce: Verschiedenes kleingeschnittenes Gemüse wie Rüebli, Lauch, Sellerie, 2 dl Bouillon oder Bratensauce (aus der Tube oder aus Instant-Bratensauce zubereitet), 1½ dl Rotwein, 1 Eßlöffel Tomatenpüree, Nelke und 1 kleines zerriebenes Lorbeerblatt.

Salz, Pfeffer, Fett oder Margarine

Zwiebel und Knoblauch fein hakken und mit der Petersilie in etwas Fett oder Margarine anziehen lassen, mit Brät vermischen. Die Plätzchen mit Salz und Pfeffer würzen, mit Brät bestreichen.

Die Salzgurke hacken und darüber verteilen. Plätzchen aufrollen und binden.

In heißem Fett die mit Mehl bestäubten Fleischvögel gut anbraten. Herausnehmen und das Gemüse sowie Nelke und Lorbeer im verbliebenen Fett gut andünsten. Tomatenpüree zugeben, mit Rotwein ablöschen, Bouillon oder Bratensauce zufügen, rühren und aufkochen lassen, mit Salz und Pfeffer abschmecken. Die Fleischvögel zugeben und auf kleinem Feuer 1 Stunde gar kochen lassen.

Zu Fleischvögeln paßt jede Beigabe.

Tip: *Fleischvögel werden besonders schmackhaft, wenn sie mit Schweinefett angebraten werden.*

JUNI

Gebratene Schweinsbrust «China style»

Die Chinesen sind große Schweinefleischesser und verstehen es auch, aus den billigsten Fleischstücken Delikatessen zuzubereiten.

Zubereitung: Von einer 1 kg schweren Schweinsbrust lassen wir die Schwarte entfernen und die darunter befindliche Fettschicht gitterartig einschneiden. Aus 2 Eßlöffeln Sojasauce, 1 Eßlöffel Öl, 1 Eßlöffel Ketchup, 1 Eßlöffel Zucker, 2 Eßlöffel Weinessig, etwas Salz und weißem Pfeffer und 1 Eßlöffel Sherry mischen wir eine Marinade, mit der wir das Fleisch gut bestreichen bzw. gut 3 Std. marinieren. Dann das Fleisch in eine flache Kasserolle (oder Gratinform) geben, bei mittlerer Hitze gut 2 Std. braten, jeweils mit der Marinade begießen. Sollte der Bratenfond zu stark einkochen, etwas Bouillon zufügen.

Das Fleisch herausnehmen und – in Tranchen geschnitten – auf eine heiße Platte geben. Die Sauce abschmecken, evtl. noch mit etwas Sherry verdünnen (oder mit in Sherry aufgelöstem Maizena verdicken), sodann angedämpfte Ananasstückchen oder/und angeröstete Peperonistreifen hineingeben. Über dem Fleisch anrichten.

Fleischweggen hausgemacht

1 Paket Blätterteig, 300 g Bauernbratwurstbrät, 300 g Schweinefleisch, gehackt, 2 Eßlöffel Petersilie, 1 Eßlöffel Butter, 1 Zwiebel, fein gehackt, 2 Eier, Salz, Pfeffer, Muskatnuß, Majoran, 1 Ei, 1 Teelöffel Öl

Petersilie und Zwiebel in Butter leicht dünsten. Brät und Fleisch mischen. Petersilie, Zwiebeln, Ei und Gewürze beifügen. Die Masse gut verarbeiten, bis sie sich von der Schüssel löst.
Teig 3 mm dick auswallen. Rechtecke von 12 × 10 cm ausschneiden. Die Teigstücke in der Mitte mit der Fleischmasse füllen. Die Ränder mit Eiweiß bestreichen. Die Enden etwa 1 cm zurückschlagen. Die Weggen von beiden Seiten her schließen. Gut andrükken und mit dem Verschluß nach unten auf ein kalt bespültes Blech legen. Eigelb mit Öl verrühren und die Weggen damit bestreichen. Bei 200 °C im vorgeheizten Ofen etwa 30 Minuten backen. Eventuell mit Aluminiumfolie abdecken.

Dazu: Kartoffelsalat und andere Salate.

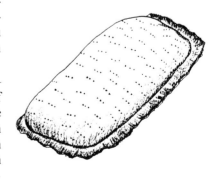

Tessiner Risotto

350 g Rundkornreis, 2 dl Weiß- oder Rotwein, ca. 1 l heiße Fleisch- oder Hühnerbouillon, 1 kleine Zwiebel, 50 g Fett, Butter oder Margarine, 50 g oder mehr geriebener Sbrinz oder Parmesan, Salz, Pfeffer, Safran (fakultativ)

Im Fett die feingehackte Zwiebel anziehen, dann den Reis zugeben und zusammen hellgelb rösten. Unter ständigem Rühren in langsamen Güssen den Wein zufügen (Rotwein gibt einen kräftigeren Geschmack, Weißwein eine schönere Farbe). Wenn er verdampft ist, löscht man immer wieder mit etwas Bouillon ab, würzt, wenn nötig, mit Salz und Pfeffer und fügt, wenn man einen Safran-Risotto will, nach Belieben in etwas Bouillon aufgelösten Safran bei. Immer wieder soll im Reis fleißig gerührt werden, damit er etwas cremig wird.

Will man ihn körniger, dann verzichtet man während der Bouillonbeigabe auf das Rühren.
Nach etwa 20 Min. sollte der Risotto gar sein; man gießt gegen Ende der Kochzeit nur noch wenig Bouillon zu (Versuchsprobe machen!). Dann vom Feuer ziehen, nach Belieben den Käse untermischen (oder separat dazu servieren), den Risotto vor dem Auftragen zugedeckt noch 2 bis 3 Minuten ruhen lassen.

Von diesem Grundrezept gibt es verschiedene Varianten: die gebräuchlichste ist die Beimischung von getrockneten Steinpilzen, die man vorher 5 bis 10 Minuten in lauwarmem Wasser einweicht. Sehr fein schmeckt der Risotto auch, wenn man ihn mit kleinen Stücklein von «Luganighe» oder, wenn man lieber will, von Schinken oder Salami vermischt.

JUNI

Polenta-Auflauf mit Käse

300–350 g Maisgrieß oder Schnellmais, halb Wasser, halb Milch oder nur Milch, 200 g Taleggio, Fontina oder Greyerzer, 100 g Butter oder Margarine

Die Polenta gemäß Grundrezept auf Seite 195 zubereiten. Auf einem Holzbrett breit gestrichen erkalten lassen. In einer gut ausgebutterten Gratinform lagenweise Polenta und den in Scheiben geschnittenen Käse schichten; als oberste Schicht Polenta. Diese mit geschmolzener Butter übergießen. Im vorgeheizten Ofen bei 250 °C etwa 15 Min. backen.
Mit einer eher dicken Tomatensauce oder/und einem Salat servieren.

Tip: Es können auch 2–3 Tomaten in Scheiben geschnitten und auf die Polenta verteilt werden. Mit etwas Salz, Pfeffer und Basilikum würzen und etwas Öl beträufeln. Dann wie oben in den Ofen geben.

Hörnli «national»

400 g Hörnli, 60–80 g Butter oder Margarine, geriebener Käse (Greyerzer, Emmentaler), Paniermehl. Als Beilage Apfelmus aus der Büchse oder Apfelstückli

Die al dente gekochten Hörnli in eine vorgewärmte Platte mit einem Teil der in Stückchen geteilten Butter und dem Käse anrichten. Das in der restlichen Butter oder Margarine goldbraun geröstete Paniermehl heiß darübergeben.

Variante: Dem Paniermehl gehackte Zwiebeln beigeben und mitrösten lassen.
Die Hörnli mit Hackfleischsauce servieren.
Hörnli kann man gleich für zwei Mahlzeiten kochen. Mit der 2. Portion können wir einen Gratin zubereiten:

Hörnligratin

Wir vermischen Restenhörnli mit Reibkäse und geben sie in eine gebutterte Gratinform. Darüber verteilen wir ein paar Löffel mit Rahm verdünnte weiße Sauce (selbstgemacht gemäß Rezept Seite 30 oder aus dem Beutel), streuen Paniermehl darüber und verteilen darauf einige Butterflocken. Im vorgeheizten Ofen bei 250 °C auf der mittleren Rille etwa 25 Min. backen.

Den Hörnli kann man würflig geschnittenes Restenfleisch, Schinken, Fleischkäse oder Wurst beimischen, bevor wir sie in die Gratinform füllen.

Tip: Wenn Sie Nudeln kochen, fügen Sie dem Wasser 1–2 Eßlöffel Öl bei; dies verhindert das Aneinanderkleben der Nudeln.

TEIGWAREN

Spaghetti, Nudeln und Makkaroni haben – so ist einem alten Teigwarenkatalog zu entnehmen – um die 247 Geschwister. Noch heute soll es in Italien mehr als 150 verschiedene Formen geben, angefangen bei den Capellini (Härchen), Spaghettini (kleine Schnürchen) und Cappelletti (Hütchen) bis zur süditalienischen dicken Zite (Braut) und der ligurischen Ricciarelle (Lockenkopf), wie die breite gelockte Bandnudel heißt.

Trotz den vielen Formen gibt es jedoch nur zwei Sorten: mit oder ohne Ei. Die Grieß-, Hartgrieß- und Mehlteigwaren bestehen aus Wasser und Grieß oder Mehl. Die Eierteigwaren müssen auf 1 kg Grieß oder Mehl mindestens 2½ Eier enthalten. Frischteigwaren dürfen nur frische Eier enthalten.

Kochtips: *Pro Person rechnet man etwa 100 g als Hauptgericht, 60 g als Beilage.*

Für 500 g Teigwaren braucht man mindestens 5 l Wasser. Das Wasser muß gut gesalzen sein und strudelnd kochen, bevor die Teigwaren zugegeben werden; dann aber nur noch köcheln lassen. Geben Sie dem Wasser jeweils einen Eßlöffel Öl bei, damit die Teigwaren nicht aneinander kleben; dies vor allem dann, wenn Sie Nudeln kochen.

Von Zeit zu Zeit probieren, ob sie gar, d.h. al dente, sind; al dente heißt, die Teigwaren bieten den Zähnen (denti) noch etwas Widerstand beim Kauen. Dann in ein Sieb abgießen und gut abtropfen lassen. Auf gut vorgewärmte Platte anrichten und sofort servieren.

Wenn Italien auch als Land der besten Rezepte gilt, haben sich doch hierzulande einige spezielle volkstümliche Zubereitungsarten herausgebildet, die in der Beliebtheit den italienischen Originalgerichten in nichts nachstehen. (Siehe Rezeptverzeichnis)

Aufgewärmte Teigwaren

schmecken entgegen vielen Meinungen ebenfalls gut: Sie werden in Butter oder Margarine leicht gebraten.

Beliebter sind, ebenfalls ein typisch schweizerisches Rezept:

Geprägelte Nudeln, Hörnli usw.

Teigwarenresten werden, falls notwendig, zerschnitten und in heißer Butter oder Margarine mit gehackten Zwiebeln (fakultativ) knusprig, aber nicht zu hart gebraten. Zum Schluß gebe man zerklopfte, mit etwas Salz und Pfeffer oder/und Muskatnuß gewürzte Eier dazu und lasse diese stocken. Auf vorgewärmte Platte geben, mit Salat servieren.

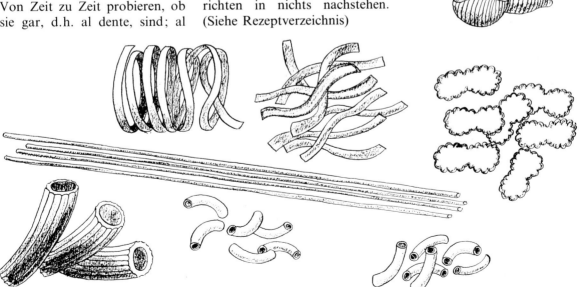

RHABARBER

Nun ist er wieder haufenweise auf Märkten und in Gemüsehandlungen zu finden: der Rhabarber, ein Gartengemüse, das oft aber den Früchten zugerechnet wird.

Aus Rhabarber können wir zubereiten: süße Aufläufe, Kompott, Kuchen, Konfitüren (mit Erdbeeren und/oder Feigen).

Beim Einkaufen achten wir auf kräftige und harte Stangen; jene, die sich biegen lassen, sind nicht mehr frisch.

Die vom Grün befreiten, geputzten und gewaschenen Stengel werden – mit den weißen Ansätzen – in Würfelchen geschnitten. Nur ganz große Pflanzen werden geschält. Sonst ist das Schälen unnötig, da die Häute fein verkochen und sich geschmacklich vorteilhaft auswirken.

Rhabarberschaum

400–500 g Rhabarber, 150 g Zucker, 1½ dl Wasser, 2 Eier

Den in Würfel geschnittenen Rhabarber mit dem Wasser weich kochen. Durch ein Sieb streichen. Mit Zucker und Eier verrühren und unter ständigem Rühren und Schlagen bei kleinem Feuer vors Kochen bringen. Die Creme muß schaumig sein.
Mit Biskuits servieren.

JUNI

Rhabarberwähe

1 Paket Kuchenteig, 500–600 g Rhabarber, 4 Eßlöffel Zucker, 3 Eßlöffel Paniermehl. Falls mit Guß: 2 Eier, 2½ dl Rahm oder Milch, Zucker oder Vanillezucker nach Belieben; alles verrühren

Das Kuchenblech ausfetten, mit dem Kuchenteig auslegen, mit Paniermehl bestreuen. Die Rhabarberwürfelchen darüber verteilen, mit wenig Zucker bestreuen. In den vorgeheizten Ofen geben und bei 220 °C etwa 15 Min. backen. Dann nochmals mit Zucker bestreuen oder den Eierguß darübergeben. Fertig backen (ca. 10 Min.).

Rhabarber/Quark-Torte

Für den Teig: 200 g Mehl, 120 g in der Schale gekochte Kartoffeln, 4 Eßlöffel Öl, 1 Teelöffel Salz, ½ Eßlöffel Backpulver, etwas Milch.

Für den Guß: 300 g Speisequark, 2 Eier, 2 dl Rahm oder Milch (oder halb und halb), 2–3 Eßlöffel Zucker, 1 Prise Salz, nach Belieben etwas abgeriebene Zitronenschale und/oder etwas Zimt; gut vermischen. 500 g gewürfelten Rhabarber, 3 Eßlöffel Zucker, 3 Eßlöffel Paniermehl

Die geschälten und kalt geriebenen Kartoffeln mit Mehl, Öl, Backpulver und in etwas Milch aufgelöstem Salz zu einem Teig kneten, jeweils Milch nachgeben, bis er fest, jedoch nicht zäh ist. Mindestens ½ Stunde ruhen lassen. Dann eine gefettete Tortenform damit auslegen. Den Teig mit Paniermehl bestreuen, die Rhabarberwürfel zugeben, Zucker darüberstreuen. Nach etwa 15 Min. Backzeit (bei 220 °C) den Quarkguß darübergeben und fertig backen.

Meringuierte Rhabarberschnitten

Die Zubereitung ist die gleiche wie bei den Erdbeerschnitten (siehe Seite 123). Dann werden sie mit einer Meringuemasse aus mit Zucker vermischtem, steifgeschlagenem Eiweiß verziert und im Ofen mit starker Oberhitze kurz überbacken.

Joghurtkaltschale

1 l Joghurt, etwa 400 g frische Erd- oder Himbeeren, Zucker nach Belieben

Den Joghurt mit dem Zucker im Mixer oder mit dem Schneebesen schaumig schlagen, ¾ der Früchte durch ein Sieb streichen und unterrühren, mit dem Rest der Früchte garnieren.

Anstelle von Beeren können Sie feingeschnittene Bananen, Birnen, Pflaumen, Aprikosen, Pfirsiche oder auch geraspelte Äpfel usw. beigeben. Fein sind auch über die Suppe gestreute zerbröckelte Makrönchen.

Aprikosen und Vanille passen ausgezeichnet zusammen. Nicht zufällig heißt denn eine dieser Kombinationen:

Götterspeise

10–12 Stück Zwieback, 30 g Butter, 500 g Aprikosen, 2 dl Süßmost, 2 Eßlöffel Zucker, ½ l halbfeste Vanillesauce (Rezept siehe Seite 65)

Den Zwieback mit wenig Butter bestreichen und eine Glasschüssel damit auskleiden. Die Aprikosen halbieren und mit Süßmost und Zucker gar kochen und erkalten lassen. Das Kompott auf den Zwieback geben und mit der Vanillesauce überziehen. Mit halben Aprikosen garnieren.

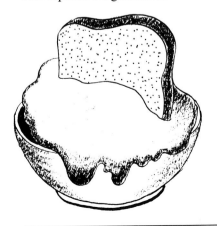

Erdbeerbecher

300 g Erdbeeren oder Walderdbeeren, 4 runde Baisers (Meringues), Rahm, 100 g Zucker, Schokoladenstreusel

Rahm mit der Hälfte des Zuckers steif schlagen, mit den Erdbeeren vermischen und in ein Glas geben. Mit Meringues verzieren. Den restlichen Zucker kochen, bis er anfängt, sich zu bräunen und Fäden zu ziehen. Mit diesen Fäden ein Gespinst über den Rahm ziehen.

Aprikosencoupe

1 kg Aprikosen, 150 bis 200 g Zucker, Saft einer halben Zitrone, 3 dl Rahm, Zucker und Vanillinzucker nach Geschmack

Die Aprikosen werden gewaschen, halbiert, entkernt, in kleine Schnitzchen geschnitten und sofort mit Zucker und Zitronensaft vermischt, damit sie nicht braun werden. Dann werden Cognac- oder Rotweingläser zur Hälfte mit Aprikosen gefüllt (man kann unten in die Gläser auch 2 oder 3 mit Kirsch und Cognac getränkte Löffelbiscuits legen), eine dicke Schicht mit Zucker und Vanillezucker vermischten, steifgeschlagenen Rahm daraufgeben. Das Glas mit restlichen Aprikosenschnitzchen auffüllen, mit einem Schlagrahmwölkchen und einem Aprikosenviertel verzieren.

Erdbeermakai

800 g Erdbeeren, 500 g Rahm- oder Speisequark, 1 dl Rahm, 100 g Haferflocken, 25 g Haselnüsse, 100 g Zucker, 2 Eßlöffel Butter oder Margarine

Quark, Rahm und ¾ des Zuckers in einer Schüssel mit dem Schneebesen schlagen. Die Erdbeeren (einige schöne zurückbehalten zum Garnieren) unter die Quarkmasse mischen.

In einem Bratpfännchen Butter oder Margarine erhitzen, Haferflocken, geriebene Haselnüsse und den Rest des Zuckers zugeben und unter Rühren bräunlich rösten. Über das Gericht streuen und mit den zurückbehaltenen Erdbeeren garnieren.

Erdbeerschnitten

1 kg Erdbeeren, 12 altbackene Toastbrotscheiben, 120 g Zucker, Butter oder Margarine

Die Toastbrotscheiben in heißer Butter oder Margarine beidseitig hellgelb backen. Mit je 2 Eßlöffeln eingezuckerten, mit der Gabel leicht zerdrückten Erdbeeren belegen. Sofort servieren, damit der Erdbeersaft das Brot nicht durchfeuchtet.

Tip: *Dieses Gericht ist ein leichtes, sommerliches Nachtessen, das man bereichern kann, indem man auf jede Schnitte etwas geschlagenen Rahm gibt.*

- *Den Erdbeeren kann etwas Rhabarberkompott untergemischt werden für die, welche die säuerliche Kombination von Erdbeeren und Rhabarber lieben.*

- *Erdbeerschnitten können wie Rhabarberschnitten meringuiert werden (siehe Seite 122). Man kann dabei die Meringuemasse mit den zerdrückten Erdbeeren mischen. Dann in den Ofen geben und bei starker Oberhitze kurz überbacken.*

Vom Kochen und Essen im Grünen

Das Picknick

Eines schönen Sonntagmorgens ergreift uns die Unruhe. Vielleicht einer Amsel wegen, die sich aufs Balkongeländer setzt. Oder weil es nach Sommer riecht, wenn wir die Rolläden hochziehen. In dieser Unruhe beengen uns Wohnung und Stube, wir wollen hinaus an die frische Luft. Zu Fuß, mit dem Fahrrad, mit den SBB oder im Auto ziehen wir hinaus an einen lauschigen Waldrand, an ein stilles Seeufer oder hinauf in die Hügel und Berge.

Wir packen zusammen, Nötiges und oft Unnötiges, vor allem aber Trink- und Eßbares. Wir bereiten uns also auf ein Picknick vor.

Das Wort Picknick tauchte um 1700 erstmals im Französischen auf: pique-nique. Sein Ursprung ist umstritten: Es ist eine der spielerischen Wortbildungen wie pêle-mêle, nick-nack oder Mischmasch. Um 1750 kommt picnic erstmals im Englischen vor. Mit ihm bezeichnete man damals einen geselligen Anlaß mit Tanz und anderen Vergnügungen, zu dem jeder sein Essen mitbrachte. Picknick als «Imbiß im Grünen» ist ein Begriff des 20. Jahrhunderts.

SANDWICHES

sind für ein Picknick immer richtig. Es müssen ja nicht immer langweilige, trockene Schinkenbrötchen sein. Sandwiches können abwechslungsreich und appetitanregend sein, richtige Leckerbissen. Die Abwechslung beginnt schon beim Brot. Je nachdem verwenden wir helles oder dunkles Brot, Pariser Brot, Vollkornbrot, Walliser Brot, Ringbrot, Brötchen oder Semmeln und wie sie alle heißen. Sandwiches können wir in Ruhe vorbereiten, packen sie in Frischhaltepapier und Folie, und am Picknickort brauchen wir weder Teller noch Schüssel noch irgendein Besteck, höchstens ein paar Papierservietten, die wir nach Gebrauch mit den Trinkbechern aus Karton oder Plastik und allen andern Resten in den mitgebrachten Kehrichtsack packen.

Übrigens, Sandwiches lassen sich sehr gut tiefkühlen (siehe Seite 125).

Schinken/Käse-Sandwich

Bauernbrotschnitten mit Butter, der wir etwas Senf beigemischt haben, bestreichen. 1 Scheibe Schinken, 1 Scheibe Greyerzer, 2 Tomatenscheiben, 1 Salatblatt sowie eine weitere mit Butter/Senf bestrichene Brotschnitte darüber geben.

Sandwich à l'espagnole

Ein richtiges spanisches Sandwich – wir verwenden dazu Pariser Brot – wird nicht bebuttert, sondern mit reichlich Olivenöl beträufelt, mit Salz bestreut, mit halbierten Tomaten eingerieben, bis es richtig saftig ist. Dann wird es mit einer Scheibe Rohschinken oder Käse gefüllt.

Rahmquark-Sandwich

Rahmquark mit ganz fein gehackten Zwiebeln, roten Peperoni und etwas Senf mischen, mit Paprika und Streuwürze würzen. Die Masse zwischen zwei dünne Vollkornbrotschnitten geben.

Radieschen-Sandwich

Vollkornbrotschnitten mit Schnittlauchbutter (Butter mit feingeschnittenem Schnittlauch und etwas Salz) bestreichen, mit einer Schicht Radieschen füllen.

Sardinen-Sandwich

Pariser Brot der Länge nach halbieren, mit Butter bestreichen, mit hautlosen, entgräteten Sardinen und Scheiben von harten Eiern belegen, ein Salatblatt und die andere Hälfte des Pariser Brotes daraufgeben.

Sandwiches auf Vorrat

Sandwiches können Tage vor dem Picknick in aller Ruhe zubereitet, verpackt und tiefgekühlt werden. Am Morgen des Ausflugs packt man sie dann direkt aus dem Tiefkühler in den Rucksack: Bis zum Mittagessen sind sie aufgetaut.

Wenn das Wetter am geplanten Ausflugstag unfreundlich sein sollte, bleiben die Sandwiches im Tiefkühlschrank. So entsteht kein Menüzwang oder Verlust.

Die Sandwiches können 2 bis 3 Monate tiefgekühlt gelagert werden, wenn wir folgende Punkte beachten:
- Schneiden Sie das Brot in nicht allzu dicke Scheiben (höchstens 1 cm).
- Bebuttern Sie beide innern Schnittflächen, damit das Brot nicht die Feuchtigkeit der Füllung aufnimmt.
- Verpacken Sie die Sandwiches einzeln in Aluminiumfolie (eventuell anschreiben, womit sie gefüllt sind).

Nicht zum Tiefkühlen eignen sich:
Hartgekochte Eier, Salatblätter, Gurkenscheiben, ganze Cornichons oder Essiggurken, Tomaten, Mayonnaise.

Brot allein kann sehr gut 3 Monate tiefgekühlt auf Vorrat gehalten werden. Geeignet sind vor allem Weggli, Semmeln, Vollkornbrot, Ruchbrot, Toastbrot und alle Arten von Zöpfen.

Poulet/Champignons-Sandwich

Champignonsalat (in Scheiben geschnittene Büchsenchampignons mit Mayonnaise und Currypulver) mit dünnen Pouletscheiben und etwas gehackter Petersilie zwischen zwei bebutterte Weißbrotscheiben geben.

Wurst-Sandwich

Brotschnitten mit Butter, die wir mit scharfem Senf gewürzt haben, bestreichen. Eine Schicht Wurstscheiben (Cervelats, Frankfurterli, Wienerli) mit einigen Gurken- oder Cornichonscheiben dazwischenlegen.

Thon-Sandwich

Schwarzbrotschnitten mit Salatblättern belegen, darauf eine Schicht Thon, der mit etwas pikanter Mayonnaise angemacht ist, und einige rote Peperonistreifen geben.

Käsesandwich spezial

Weißbrotschnitten mit Butter bestreichen, mit Tomme vaudoise, Baumnüssen und eventuell halben Traubenbeeren belegen.

Sardellen-Sandwich

Zwei Bauernbrotschnitten mit einer Mischung von feingehackten harten Eiern und gehackten Kräutern (Petersilie, Schnittlauch, Kresse oder Kerbel) bestreichen, einige Sardellen dazwischen legen.

KINDER HABEN IMMER DURST

Daran sollten Sie denken, wenn Sie den Rucksack fürs Picknick packen. Geeignet sind kühle, nicht allzu süße Tees, die Sie in der Thermosflasche mitnehmen können, sowie erfrischende Mineralwasser, Apfelsaft oder Getränke, die Sie an Ort und Stelle mit frischem Wasser verdünnen. Dies ist nur geeignet, wenn Sie sicher sind, daß auch sauberes Trinkwasser vorhanden sein wird.

Gut gegen den Durst dienen auch frische Früchte wie Äpfel, Orangen, Grapefruits, Wassermelonen; Dörrobst wie gedörrte Aprikosen, Zwetschgen, Apfelschnitze; Pfefferminze- und Fruchtbonbons (ohne Zucker!) sowie zuckerfreier Kaugummi.

Lindenblütentee mit Zitrone

Gesüßter Lindenblütentee, mit etwas Zitronenschale gekocht und mit Zitronensaft gewürzt. Hagebuttentee, Schwarztee mit Zitrone, Fruchtschalentee. Es gibt jetzt verschiedene Teesorten in Pulverform, die mit kaltem oder auch heißem Wasser angerührt werden können.

Tafelwasser

Nicht zu süße, sondern eher mit Zitronengeschmack.

Fruchtsäfte

zum Anrühren oder Verdünnen (z.B. Fiesta).

Sirup

Himbeer-, Johannisbeer-, Zitronen-, Orangen-, Grenadinesirup; nicht zu süß anmachen.

Vom Picknick zum Grillfest

Ein Picknick wird gerne zum Grillfest. Das Grillieren hat, wie das Flambieren oder Kochen am Tisch, etwas Spielerisches: Dem Umgang mit dem Feuer können sich weder Männer noch Kinder entziehen.

Vielen Frauen hingegen bedeutet das Grillieren nicht viel mehr als rußgeschwärzte Männerhemden und verbrannte Kinderfinger. Vielen Frauen ist aber ein Picknick-Grillfest eine Erholung:

Männer und Kinder haben ihre Beschäftigung; das eigentliche Kochen fällt weg, als Beigabe genügen Brot, Radieschen oder höchstenfalls ein Salat; als Geschirr sind lediglich Plastik- oder Kartonteller nötig. So kann sich die Frau, wenn sie will, in Ruhe einer oder mehreren Grillsaucen widmen. Denn, unter uns gesagt, was wäre das von Männern grillierte Fleisch ohne eine pikante Sauce der Frauen?

SAUCEN FÜR GRILLIERTES FLEISCH

Honigsauce
(zu Schweinefleisch, Huhn)
5 Eßlöffel Honig, 1 dl Bouillon, 1 dl Sojasauce, 2 Eßlöffel Ketchup, 1 Messerspitze Knoblauchpulver, 1 Prise Salz, Pfeffer
Alle Zutaten 20 Minuten zusammen kochen. Mit Salz und Pfeffer würzen.

Kalte Senfsauce
(zu Schweinefleisch, Huhn)
3 hartgekochte Eier, 1 fein geriebener Apfel, 1 Teelöffel feingehackte Zwiebeln, 6 Eßlöffel Senf, extra pikant, 6 Eßlöffel Sauerrahm, je 1 Prise Salz und Zucker, ½ Büschel Petersilie
Alle Zutaten mit den gehackten Eiern gut vermengen.

Kalte Currysauce
(zu Huhn, Schweinefleisch, Lamm)
2 dl Sauerrahm, 1 Teelöffel Currypulver, 1 Prise Salz, 1 Prise weißer Pfeffer, 3 Spritzer Worcestersauce, ½ Teelöffel Mango Chutney, 1 Prise Zwiebelsalz
Alle Zutaten gut verrühren. Paßt auch ausgezeichnet zu gekochten Eiern, Crevetten, Fisch, Fondue bourguignonne usw.

Anstelle von Sauerrahm kann man auch Joghurt verwenden. Die Sauce wird dadurch etwas leichter. Wenn man nicht auf Kalorien achten muß, schmeckt aber die Variante mit Sauerrahm besser.

Sauce für Lamm-Spießchen
1 Tube Mayonnaise, extra pikant, 4 Eßlöffel Joghurt nature, 4 Knoblauchzehen, durchgepreßt, Salz, weißer Pfeffer, 1 Messerspitze Cayennepfeffer, 1 Eßlöffel geschälte, geriebene Mandeln
Für die Sauce alle Zutaten gut verrühren. 1 Stunde vor dem Essen zubereiten und kühlstellen.

Schaschliksauce
(zu Lamm, Schwein, Huhn)
3 Eßlöffel Essig, rot, 3 Eßlöffel Hot Ketchup, 1 Teelöffel Currypulver, je eine Messerspitze Kümmelpulver, Thymian, Basilikum, Pfeffer und Salbei
Alles kurz aufkochen. Getrennt zum Fleisch servieren.

Ketchupsauce
(zu Lamm, Rindfleisch, Huhn, Fisch)
200 g Rahmquark, 3 Eßlöffel Milch, 3 Eßlöffel Hot Ketchup, 2 Eßlöffel feingehackte Cornichons, Salz, Pfeffer
Zuerst Quark mit Milch verrühren. Restliche Zutaten zugeben und würzen.

Aioli, einfache Art
(zu Fisch, Schweinefleisch, Schaf und Lamm)
4 Knoblauchzehen, 2–3 Sardellenfilets, ½ Tube Thomy-Mayonnaise mit Zitrone
Die Sardellenfilets etwa 1 Stunde wässern. Vor Gebrauch gut abtropfen lassen und sehr fein hakken. Zusammen mit dem durchgepreßten Knoblauch unter die Mayonnaise mischen.

DIE KUNST DES GRILLIERENS

Im Freien benutzen wir den Holzkohlengrill. Er kann im Notfall aus einem auf Steine gelegten Gitter bestehen, unter dem die Holzkohlenglut glimmt.

Eine Variante dazu ist der Spieß. Die Wärmequelle befindet sich auf der Seite, das Bratgut wird – senkrecht oder waagrecht – an einem Spieß davor gedreht.
Kleinere Stücke wie Koteletts, Spießchen, Steaks, Fische usw. auf dem Grill, d.h. auf dem Rost braten.
Größere Stücke wie Braten, Geflügel, Schinken werden am Spieß gedreht.

Grundregel
(für Holzkohlengrills)

Eine dicke Schicht Glut brauchen wir für großes, eine dünne für kleines Bratgut.
Immer geduldig warten, bis sich auf der Glut eine dünne Aschenschicht bildet, was ca. 20 Minuten dauern kann.
Beim Holzkohlengrill sollten wir immer zur Hand haben: Pinsel zum Einölen, Blasebalg, Handschuhe, langstieliger Saucenlöffel, Zange, evtl. Grillkorb für Fische und Fleischthermometer.

Vorbereiten
(gilt auch für Kontaktgrills, d.h. Grillpfannen und für Elektrogrills)

Fleischstücke zuvor marinieren. So werden sie besonders zart. Eine Marinade besteht meist aus einer Öl-, Gewürz- und Pfeffermischung (siehe nachstehende Marinaderezepte). Das Fleisch darin einlegen (große Stücke über Nacht) oder damit bestreichen.
Fleischstücke erst am Ende der Bratzeit salzen.
Vor dem Grillieren das Fleischstück gut abtropfen lassen, damit kein Öl oder Saft die Glut entzündet.
Geflügel schon zu Beginn innen und außen salzen, ins Innere kommt ein Stücklein Butter mit den gewünschten Gewürzen.
Fische kann man direkt, am besten in einem Bratkorb, über der Glut garen. Sie werden zuvor gewürzt, mit Zitronensaft beträufelt und eingeölt. Fische bleiben herrlich saftig, wenn wir sie, in Aluminiumfolie eingepackt, auf dem Rost garen (siehe weitere Hinweise Seite 129).
Gemüse verwenden wir für Spießchen; Auberginen, Peperoni, Tomaten und Zucchetti lassen sich – mit Öl bepinselt – auf dem Grill, Kartoffeln hingegen besser in Aluminiumfolie eingepackt, garen.

MARINADE

für Kalb- und Schweinefleisch

2 Eßlöffel Zitronensaft, 2 Eßlöffel Cognac, 4 Eßlöffel Öl und 1 gute Prise weißen Pfeffer gut zusammen verrühren; das Fleisch darin eine halbe Stunde ziehen lassen.

Marinade für Rindfleisch

2 Eßlöffel Zitronensaft oder Rotwein, 1 Eßlöffel Cognac, 4 Eßlöffel Öl, 1 Teelöffel Senf, schwarzer Pfeffer, 1 Eßlöffel Tomatenketchup gut mischen und das Fleisch darin einige Male wenden, gute 2 Stunden ziehen lassen. Während des Grillierens öfters mit der Marinade bepinseln.

Marinade für Geflügel, Schaf- oder Lammfleisch

1 Glas Weißwein, 4 Eßlöffel Öl, ½ Teelöffel Honig, 1–2 ausgepreßte Knoblauchzehen, 2 Teelöffel Senf, zerstampften Rosmarin oder Origano sowie Pfeffer gut miteinander mischen. Fleisch 1 Stunde darin liegen lassen; Geflügel innen und außen damit bepinseln.

Marinade für Fisch

2 Eßlöffel Zitronensaft, 4 Eßlöffel Weißwein, 4 Eßlöffel Öl, Rosmarin und 1 Eßlöffel Senf gut mischen und den Fisch innen und außen damit einpinseln, ½ Stunde ziehen lassen, abtrocknen und mit wenig Öl nochmals bepinseln.

EINFACHE HOLZKOHLENGRILL-REZEPTE

Schweinsbratwurst

Pro Person: 1 Schweinsbratwurst (oder 100 g Waadtländer Bratwurst am Meter), 1 Eßlöffel Senf, mild, 1 Eßlöffel Öl, 1 Eßlöffel Weißwein

Bratwurst vorher zu Hause kurz abschwellen. Senf, Öl und Weißwein mischen. Die Wurst damit bestreichen. Beidseitig auf schwacher Glut grillieren

Würste mit «Glasur»

Grillierte Würste 5–10 Minuten vor Ende der Garzeit mit folgender Glasur bestreichen. Für etwa 20 Würste:

½ Tube Tomatenpüree, 1 dl Sojasauce, wenig gehackter Ingwer, 2 durchgepreßte Knoblauchzehen, Salz, Pfeffer, 1 Eßlöffel Wasser

Käseschnitten vom Feuer

Pro Person: 2 Toastbrotscheiben, 20 g Tafelbutter, 100 g Gruyère, 2 Tomatenscheiben, Aluminiumfolie

Die Brotscheiben beidseitig mit Butter bestreichen. Den Käse in feine Lamellen schneiden und auf eine Brotscheibe legen. Tomatenscheiben daraufgeben und mit der zweiten Brotschnitte bedecken. In Aluminiumfolie einpakken und in der heißen Glut beidseitig 6 Minuten grillieren.

«Güggeli» (Backhähnchen)

Pro Person: ½ Güggeli à 300 bis 400 g, 1 Eßlöffel Öl, 2 Knoblauchzehen, 1 Teelöffel Senf, mild, Salz, Pfeffer, Rosmarin

Das halbe Güggeli mit Aluminiumfolie bedecken und mit dem Fleischhammer oder einem ähnlichen Gegenstand flachschlagen. Öl mit durchgepreßtem Knoblauch, Senf, Salz, Pfeffer und Rosmarin mischen. Das Güggeli beidseitig damit bestreichen, in Aluminiumfolie wickeln und mindestens 6 Stunden kühl ruhen lassen. Nach dieser Zeit auspacken und beidseitig langsam etwa 30 Minuten grillieren.

Baked Potatoes

Für 6 Personen: 6 große Kartoffeln, Aluminiumfolie, Öl zum Bestreichen

Die Kartoffeln sauber waschen, gut abspülen und mit einer Gabel oder einer Messerspitze die Haut einige Male einstechen, damit sie während des Backens nicht platzt. Die Kartoffeln auf entsprechend große, mit Öl bestrichene Aluminiumfolienstücke legen, satt einpacken und auf dem Grill oder in der Glut schmoren. Bei Verwendung des Kugelgrills kann man die Kartoffeln auf den oberen Rost legen und gleich mit dem Fleisch mitgrillieren. Unter der geschlossenen Haube werden sie innerhalb von 40–50 Minuten gar. Garprobe: mit einer Nadel durch die Folie stechen und prüfen, ob das Innere weich ist. Die Kartoffeln mitsamt der Folie kreuzweise einschneiden und von unten her das weiße Kartoffelinnere etwas nach oben drücken. Dazu schmeckt:

Senfbutter

100 g Butter, 1 Eßlöffel Meerrettich-Senf, 1 Messerspitze Zwiebelsalz

Halbweiche Butter mit Senf und Zwiebelsalz verarbeiten. Die Masse auf ein Stück Folie legen, eine Rolle formen und kühl stellen. Beim Servieren lassen sich kleine Rondellen abschneiden, die auf die heißen Kartoffeln gelegt werden.

Steak Moyen-Age
(Gegrillter Hohrücken)

Eines der ältesten überlieferten Grill-Rezepte stammt aus dem mittelalterlichen Flandern; auf dem Eisenrost am Lagerfeuer gebraten, war es ein Lieblingsessen der Soldaten.

Pro Person: 1 Hohrückenstück oder Hüftstück von 180–200 g (ca. 4–5 cm dick), Rosmarinnadeln, Öl

Das Fleisch beidseitig mit Öl bestreichen und dicht mit Rosmarinnadeln bestreuen; damit diese besser haften, werden sie mit dem Handballen ans Fleisch gepreßt. Dann wird das Fleisch über glühender Asche auf dem eingeölten Gitterrost beidseitig gegrillt, wobei etwa 10 Minuten pro Seite genügen, um es innen nicht ganz durch zu braten. Vor dem Auftragen wird der schwarz gewordene Rosmarin abgeklopft. Das nach Rosmarin duftende Fleisch kann – falls notwendig – auf dem Teller individuell gesalzen und mit Pfeffer oder Zitronensaft nachgewürzt werden.

Türkische Lammspieße

800 g mageres Lammfleisch ohne Knochen (am besten Gigot), 2 Eßlöffel Senf, extrapikant, Salz, schwarzer Pfeffer, 2 Knoblauchzehen, 2 Eßlöffel Öl, 4 Salbeiblätter oder 1/2 Teelöffel Salbeipulver

Gigot vom Metzger entbeinen lassen. In gleichmäßige, etwa 8 cm lange und 2½ cm dicke Stücke schneiden. Senf, Salz, Pfeffer, Knoblauch, Öl und gehackte Salbeiblätter gut verrühren. Das Fleisch 1 Stunde vor dem Essen mit dieser Marinade bestreichen. Dann die Stücke auf mittelgroße Spieße stecken und auf dem Grill beidseitig 4 bis 5 Minuten lang grillieren. Der austretende Saft sollte noch leicht rosafarben sein.

GARZEITEN

Die Garzeiten sind individuell und eine Erfahrungssache. Kalbfleisch, Schweinefleisch, Geflügel und Fisch müssen gar, Schaffleisch sollte bräunlichrot, Lammfleisch zartrosa sein.

Für Rindfleisch gilt:

à l'anglaise oder bleu	blutigrot, in der Mitte noch roh
saignant	stark rot
à point	rosa
bien cuit	durchgebraten

Das Rindsteak dreht man auf die andere Seite, sobald sich an der Oberfläche eine glänzende Schicht und kleine Saftperlen bilden.

DAS GRILLIEREN VON FISCHEN

Für das Grillieren sind besonders folgende *Süßwasserfische* geeignet: Ganze Fische: Äschen, Felchen, Egli, Forellen, Zander; Fischfilets oder -tranchen von: Flußaal, Seeforelle, Zander usw.

Die Fische sollten frisch sein. Falls sie tiefgekühlt sind, lassen wir sie in einer Marinade aus etwas Weißwein, Zitronensaft, Streuwürze, Pfeffer, Petersilie usw. auftauen; natürlich können auch frische Fische in der Marinade gewürzt werden (etwa 1–2 Stunden). Bevor wir sie in die Marinade legen, schneiden wir sie mit einigen Schrägschnitten bis auf die Gräten ein, die Marinade dringt so besser ins Fleisch ein. Falls wir auf die Marinade verzichten, würzen wir die Fische vorher mit Salz, Pfeffer, Streuwürze, Zitronensaft, gehackter Petersilie und Schnittlauch.

Einfach ist das Grillieren von Fischen in Aluminiumfolie. Die gereinigten Fische mit Salz, Pfeffer, Streuwürze und Zitronensaft innen und außen würzen. Etwa 30 bis 40 cm Aluminiumfolie mit Butter bestreichen und gehackte Petersilie und Kräuter nach Belieben darüberstreuen.

Die Felchen drauflegen, einrollen und wie ein Paket verschließen. Im vorgewärmten Ofen oder auf dem Grill im Freien etwa 15 Minuten weich dämpfen, in der geöffneten Folie servieren.

Meerfische sind an sich einfacher zu grillieren als Seefische und können auch stärker (z.B. mit Knoblauch) gewürzt werden. Wir verfahren mit ihnen wie oben angegeben. Wichtig ist, daß wir alle Fische zuerst mit Küchenpapier trocken tupfen, salzen und würzen und dann gut einölen, bevor wir sie auf den Rost oder Grill legen.

JULI

Dieser Monat zeigt uns, wie sehr wir von der Natur verwöhnt werden. Zu den Erdbeeren sind Johannisbeeren und erste Heidel- und Himbeeren gekommen. Aprikosen, Pfirsiche, Pflaumen und Melonen sind in jeder Menge zu haben, und mit etwas Glück reicht es uns sogar zu günstigen Kirschen. Für Salate und Gemüse ist verschwenderisch gesorgt: Peperoni, Tomaten, Gurken, grüne Bohnen, Kohlrabi, Blumenkohl, Kefen, Kopfsalat, Krautstiele, Rettich und Meerrettich, Kresse, Wirz, Zucchetti usw. sind auch in bester Qualität preiswert.

Mit den vielen frischen Kräutern (siehe Kräutertabelle, die dem Buch beigelegt ist) lassen sich jetzt ausgezeichnete Geflügelgerichte und Omeletten zubereiten und die Pizza würzen; ebenfalls verleihen sie neuen Kartoffeln einen einzigartigen Geschmack.

TIP Nicht nur die importierten, auch die einheimischen neuen Kartoffeln sollten nunmehr günstig sein. Essen Sie sie – geschwellt oder auch gebraten – mit der jetzt noch zarten Schale. Darin befinden sich viele wichtige Mineralstoffe und Vitamine.

Ob Sie das uns liebgewordene Federvieh Poulet, Güggeli, Huhn oder gar Pollo nennen: gefüllt schmeckt es in allen seinen Varianten. Zudem ist ein so appetitlich aussehendes Gericht (siehe nebenstehende Foto) ideal auch für den Sonntag oder wenn wir Gäste haben. Rezepte für gefüllte Hühner und wie man sie füllt, finden Sie auf Seite 138.

GURKEN

Gurken kann man zwar das ganze Jahr über kaufen, doch jetzt werden sie billig.

Gurken können Sie zubereiten...

als Salat, mit Dill, feingeschnittenem Schnittlauch oder Zwiebelröhrchen gewürzt und mit einer Französischen Salatsauce (Rezept siehe Seite 112) oder Joghurtsauce (Rezept siehe Seite 112) angemacht; Tomaten, Radieschen und Kopfsalat sind dem Gurkensalat ein guter Begleiter.

Für Salat brauchen junge Gurken nicht geschält, sondern lediglich gut gewaschen zu werden. Leute mit empfindlichem Magen tun gut daran, die in Scheiben geschnittenen Gurken zuerst leicht zu salzen und ca. ¼ Std. im Wasser ziehen zu lassen. Dann die Flüssigkeit abgießen (die Gurken evtl. noch leicht ausdrücken) und erst dann mit der Salatsauce anmachen.

als Gemüse; die gut gewaschenen oder geschälten Gurken in Würfel oder Scheiben schneiden, in etwas Öl, Butter oder Margarine – nach Belieben mit feingehackten Zwiebeln, Petersilie oder Dill – dämpfen. Mit Salz oder Streuwürze, weißem Pfeffer sowie etwas Zitronensaft würzen. Gurken lassen sich als Gemüse sehr gut mit Tomaten kombinieren und mit Joghurt verfeinern; auch mit Hackfleisch gefüllt (siehe Seite 173) schmecken sie ausgezeichnet.

JULI

Tomaten/Zwiebel-Salat

400 g Tomaten, 200–250 g milde rote Zwiebeln, 2–3 Eßlöffel Öl (Olivenöl), Salz, Pfeffer

Die Tomaten und Zwiebeln in dünne Scheiben schneiden, Salz, frisch gemahlenen Pfeffer und Öl zugeben, gut mischen und 10 Min. ziehen lassen.

Tomaten/Sardellen-Salat

4 große Tomaten, 1–2 gekochte Eier, 3–4 Sardellenfilets, 1 Zwiebel, 4 Eßlöffel Joghurt (fakultativ), 2–3 Eßlöffel Olivenöl, Saft von ½ Zitrone, Salz und Pfeffer, Kopfsalat und/oder Oliven (fakultativ)

Die geriebene Zwiebel, die feingewiegten Sardellenfilets, die gehackten Eier, Zitronensaft, Joghurt und Öl vermischen. Die Tomaten in dünne Scheiben schneiden, auf einer Platte auslegen, leicht salzen und pfeffern und mit der Zwiebel/Sardellen-Creme überziehen. Etwa 10 Min. ziehen lassen. Mit Toast oder frischem Weißbrot und Butter gereicht, ist dies ein angenehm sommerliches Abendessen. Das Gericht kann mit schwarzen Oliven bereichert oder/und mit einem Kopfsalat serviert werden.

Für einen guten Tomatensalat verwende man fleischige und aromatische Tomaten (also keine Treibhaustomaten). Sie müssen nicht unbedingt rot und vollreif sein; die Italiener lieben beispielsweise für den Salat grüne Tomaten oder mischen eine feingeschnittene grüne Tomate unter die roten Tomaten. Mit etwas Salz, wenig Pfeffer, frischem, gehacktem Basilikum oder Origano und Öl (Olivenöl) anrichten; die Zugabe von gehackter Petersilie, feingehackten Zwiebeln oder Schnittlauch ist Geschmacksache. Essig wird bei Verwendung von grünen Tomaten sehr wenig gebraucht, da diese ja schon herb und säuerlich genug sind.

Tomaten lassen sich ausgezeichnet mit andern Salaten kombinieren: mit Peperoni, Kopfsalat, Bohnen (grünen oder weißen Büchsenbohnen), Reis sowie auch mit Sardellen, Thon, Oliven, Eiern, Kapern usw.; der Phantasie sind keine Grenzen gesetzt.

KALTE SUPPEN

oder auch Kalte Schalen sind in der warmen Jahreszeit eine überaus angenehme Vorspeise oder leichte Hauptmahlzeit. Doch populär sind sie hierzulande nicht; gerade eingefleischten Suppenessern fällt es schwer zu glauben, daß eine kalte Suppe eine vorzügliche Delikatesse ist.

Geeiste Bouillon

1 l Wasser, 500 g mageres Siedfleisch, Suppenknochen, besteckte Zwiebel, Sellerie, Rüebli, frisches Suppengrün, 1½–2 dl trockener Sherry, Salz, Pfeffer

Eine kräftige Bouillon kochen, während des Kochens (etwa 1½ Stunden) jeweils den Schaum abschöpfen. Fleisch, Knochen und Suppengemüse herausnehmen, die Bouillon würzen, durch ein Tuch passieren. Das in kleine Würfelchen geschnittene Fleisch zugeben. Vor dem Auftragen den Sherry und einige Eiswürfel beifügen, gehacktes Suppengrün darüberstreuen.

Griechische Joghurt/Gurken-Suppe

2 Knoblauchzehen, 1 eingeweichte, nicht ausgedrückte Weißbrotscheibe, 2 Eßlöffel Öl, 2 Eßlöffel Zitronensaft, 1 l Joghurt, 1 Gurke, frische Pfefferminze und/oder frischer Dill oder Petersilie, Salz und Pfeffer

Den Knoblauch im Mörser mit etwas Salz zerdrücken, mit Brot, Öl, Zitronensaft und Joghurt im Mixer zu einer Creme rühren, kühl stellen. Die Gurke gut waschen, hobeln, salzen und etwa ½ Stunde ziehen lassen, dann ausdrücken und kurz vor dem Auftragen in die Creme geben. Feingeschnittene Minze, Dill oder Petersilie untermischen, mit etwas weißem Pfeffer abschmecken.

Kalte Tomatensuppe
(Gazpacho andaluz)

600 g Tomaten, 1 gehackte Zwiebel, 4 Eßlöffel Weißwein, 2 Eßlöffel Essig, 1–2 Knoblauchzehen, gehackt oder ausgepreßt, 2 Eßlöffel Olivenöl, 300 g Gurkenscheibchen, 12–15 feingeschnittene Oliven, 50 g Mandelstiftchen, frische Kräuter, Salz, Pfeffer, Angostura (fakultativ)

Die Hälfte der Tomatenmenge mit Zwiebeln, Wein und Essig im Mixer pürieren, dann Wein, Essig und Knoblauch zugeben, eine Stunde zugedeckt kühlstellen. Dann die restlichen, in Scheiben geschnittenen Tomaten sowie die Oliven zugeben. Mit etwas Salz, Pfeffer und Angostura abschmecken; wenn die Suppe zu dünn ist, Heinz-Tomatensaft zugeben. Vor dem Anrichten die ungeschälten Gurkenscheibchen und die gehackten Kräuter (Petersilie, Basilikum, Kerbel) beifügen. Weißbrot dazu geben oder die Suppe über Weißbrotwürfelchen in den Teller geben.

Lauch/Kartoffel-Suppe
(Vichissoise)

300 g Gemüselauch oder der weiße Teil des Suppenlauchs, 300 g geschälte Kartoffeln, 1 kleine gehackte Zwiebel, 1 l Wasser oder milde Bouillon, 2 Eßlöffel Rahm, Salz, weißer Pfeffer, viel Schnittlauch, geröstete Brotwürfelchen

Lauch in Ringe schneiden und mit der Zwiebel in wenig Butter kurz andünsten, die in Scheiben geschnittenen Kartoffeln zugeben, mit Wasser oder Bouillon ablöschen, kochen lassen, bis das Gemüse weich ist. Dann durch das Passevite oder ein Sieb treiben. Den Rahm daruntermischen und mit Salz und Pfeffer abschmecken. In den Kühlschrank geben. Vor dem Servieren aufrühren, feingehackten Schnittlauch und Brotwürfelchen darüberstreuen.

Kalte Curry Soup

200 g gekochtes Hühnerfleisch (fakultativ), 1 l Hühnerbouillon, 2–3 Teelöffel Curry, 2 dl Rahm, 2 Eier, Salz, Pfeffer, Petersilie, feingeschnittene Apfelstückchen

Das Hühnerfleisch fein hacken, mit Curry, Apfelstückchen und Mandelstiften kurz in Butter anbraten, in die kochende Bouillon geben, verrühren. Pfanne vom Feuer nehmen. Dann die mit dem Rahm verquirlten Eier mit dem Schneebesen kräftig unterrühren. Mit Salz und Pfeffer abschmecken, die feingehackte Petersilie zugeben. Mit Gurkenscheiben servieren.

Variante: Man kann auf Fleisch oder/und Apfelstückchen verzichten und gibt den Curry direkt in die kochende Bouillon. Anstelle von Rahm kann auch Joghurt oder Sauerrahm genommen werden.

Marinierter Dorsch, gebraten

700–800 g Dorsch oder Kabeljau, 1½ dl Olivenöl, 2 Knoblauchzehen, Saft von 1½ Zitronen, 3 Eßlöffel gehackte Petersilie, 1 feingehackte Zwiebel, 4 Nelken, Pfeffer und Salz

Zwiebel, Knoblauch und Petersilie mit dem Zitronensaft und dem Olivenöl vermischen, Nelken, Pfeffer und Salz beifügen. Den in Stücke geschnittenen Fisch darin mindestens 3 Stunden marinieren lassen. Den Fisch in eine feuerfeste Platte geben und einen Teil der Marinade darübergießen. Im Ofen bei mittlerer Hitze gar braten.

Forelle blau

**4 Forellen, 4 Eßlöffel Butter.
Sud: 2,5 l Wasser, 2,5 dl Weißwein, 1,5 dl Essig, 50 g Salz, 2 geschnittene Zwiebeln, 1 Lauch, 1 Rüebli, Sellerie nach Belieben, 1 Sträußchen Petersilie, Pfeffer, Lorbeer, Thymian, 1 Zitrone**

Aus den Zutaten einen kräftigen Sud herstellen und etwa 15 Minuten leicht kochen lassen. Die ausgenommenen Forellen in den kochenden Sud geben und etwa 10 Minuten leicht ziehen lassen. Nicht sieden! Aus dem Sud nehmen und mit brauner Butter übergießen. Mit Zitronenschnitzen garnieren.

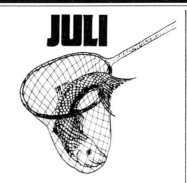

JULI

Pikanter Fischsalat

600 g Fischfilets (Kabeljau, Dorsch; auch tiefgekühlt), Zitronensaft, 12 feingewiegte Sardellenfilets, 1 geriebene Zwiebel, 2 hartgekochte, gehackte Eier, 1 in Streifen geschnittene Salzgurke, 1 geraspelter Apfel, 2 würflig geschnittene, gekochte Kartoffeln, 1 Eßlöffel Senf, 125 g Mayonnaise, 4–5 Eßlöffel Joghurt oder Sauerrahm, Salz und Pfeffer

Die Fischfilets kräftig mit Zitronensaft beträufeln, 10 Min. ziehen lassen und im eigenen Saft gar dünsten. Nach dem Abkühlen in ca. daumenbreite Streifen schneiden. Mit den Sardellen, der Zwiebel, den Eiern, dem Senf, der Mayonnaise und dem Sauerrahm eine Sauce rühren, Apfel, Gurke und Kartoffeln zugeben. Mit Pfeffer, Salz und Zitronensaft abschmecken. Sorgfältig mit den Fischstreifen mischen. 30 Min. ziehen lassen. Mit einem Kresse- oder Nüßlisalat zu Toast oder gebähtem Brot servieren.

Peperonisalat

Grüne, gelbe und rote Peperonistreifen kurz andämpfen oder kurz in kochendem Wasser blanchieren.

Oder roh lassen, wer den Salat knackig liebt.

Mit einer Sauce aus Öl, Weinessig, Salz und Pfeffer anmachen.

Nach Belieben Zwiebelstreifen und gehackte Kräuter beigeben.

Peperonigemüse süßsauer

4 rote Peperoni (500 g), 50 g gewürfelter Speck, 1 große Zwiebel, 350 g Birnen, entkernt, geschält und in Schnitze geschnitten, ca. 1 dl Bouillon, gehackter Dill nach Belieben, Salz, Pfeffer, etwas Essig

Die Speckwürfelchen in der Margarine anbraten, die gehackte Zwiebel zugeben und glasig dünsten. Die Peperonistreifen und Birnenschnitze beigeben, mit der Bouillon ablöschen und das Gemüse etwa 15 Minuten schmoren. Dann mit Salz, Pfeffer und etwas Essig abschmecken.

Peperonigemüse

Peperoni sind ein dankbares Gemüse: Man kann die in Streifen geschnittenen Peperoni allein oder mit Tomaten, oder/und Zucchetti oder/und Auberginen usw. und mit mehr oder weniger gehackten Zwiebeln, Knoblauch und Kräutern (Petersilie, Basilikum, Provencekräutern) dämpfen.

Tip: *Braten Sie zuerst die Peperonistreifen immer scharf an, bis sich die Schnittkanten etwas bräunen.*

PEPERONI

Noch vor Jahren wurde dieses köstliche und überaus gesunde Nachtschattengewächs recht selten und meist zu horrenden Preisen angeboten. Heutzutage gehört es zur Alltagsküche, und während der Hauptsaison – Juli bis Ende September – ist es meist günstig zu kaufen. Seine Anwendungsmöglichkeiten sind groß.

Schon aus diesem Grunde lohnt es sich, die Familie der Peperoni und ihre beiden Hauptzweige näher kennenzulernen.

1. Peperoni: Was die Deutschen Gemüsepaprika oder Pfefferschote nennen, heißt bei den Engländern green bzw. red pepper, bei den Franzosen poivron und bei den Italienern wie auch bei uns peperoni. Die faustgroßen, kalorienarmen (100 g = 28 Kalorien) Schoten sind eines der beliebtesten Gemüse geworden. Am meisten werden bei uns die grünen, im Mittelmeerraum hingegen – von wo sie importiert werden – die vollreifen, fruchtiger schmeckenden roten und gelben Peperoni verwendet. Und zwar:
- in Streifen geschnitten und geschmort als Gemüse
- mit Hackfleisch, mit oder ohne Reis gefüllt
- roh und in Streifen geschnitten als Salat, bei dem von den vielen Vitaminen (C, B-Gruppe und P) am wenigsten verlorengehen.

2. Peperoncini: Diese scharfschmeckenden, 2 bis 10 cm langen und dünnen Verwandten der Peperoni werden in Deutschland Gewürzpaprika oder spanischer Pfeffer, in England pod pepper und in Italien wie bei uns peperoncini genannt. Die kleinste und schärfste Art ist der in Afrika und Südamerika vorkommende Chillie, aus dem Cayennepfeffer gewonnen wird. In Ungarn, dem Balkan und in Spanien werden die etwas größern Sorten zu Paprikapulver verarbeitet. In Italien hingegen kommen die Schoten frisch, getrocknet oder eingelegt, ganz oder gehackt ans Essen.

Beim Einkauf von Peperoni darauf achten, daß die Schoten eine glatte und glänzende Haut und keine Faulstellen haben.

Bei der Zubereitung von Peperoni sind stets die Kerne und das Weiße des Schoteninnern zu entfernen: bei Salaten und Gemüse zu diesem Zweck die Schoten halbieren, den Stielansatz entfernen und das Innere wegkratzen. Wenn man die Schoten füllen will, am Stielansatz einen Deckel abschneiden und das Innere mit dem Messer entfernen.

Sardellen mit Peperoni

12 Sardellenfilets, je 1 Peperone, grün, gelb und rot, 1 Büschel Petersilie, 2 Eßlöffel Kapern, 4 hartgekochte Eier, Olivenöl, Salz, Pfeffer

Die Peperoni waschen, entkernen und das weiße Innere herausschneiden. In schmale Streifen schneiden und in wenig Olivenöl andünsten. Die hartgekochten Eier kleinhacken, mit wenig Salz vermischen. Wir arrangieren auf einer flachen Platte nebeneinander rote Peperone, gehacktes Ei, mit Kapern garniert, die Sardellenfilets, wieder Ei mit Kapern, grüne Peperone usw. Das Ganze mit Pfeffer und der Petersilie bestreuen.

Überbackene Peperoni

5–6 grüne oder gelbe Peperoni, 200 g schwarze Oliven, 2 Eßlöffel Kapern, etwa 10 Sardellenfilets, Salz, Pfeffer, Origano, 4 Eßlöffel Olivenöl, 1 Eßlöffel Paniermehl.

Über der offenen Gasflamme oder auf dem Grill röstet man große grüne oder gelbe Peperoni von allen Seiten, bis die äußere Haut schwarz ist und leicht abgezogen werden kann. In kaltem Wasser waschen, entkernen und in breite Streifen schneiden. Nun verteilen wir diese in einer Gratinform und geben die entkernten schwarzen Oliven, die Kapern, die Sardellenfilets, die Gewürze und das Olivenöl darüber. Das Paniermehl darüberstreuen und bei 200 °C während etwa 30 Minuten überbacken. Kalt, warm oder lauwarm servieren.

PIZZA

Wenig kommt ihr an Verwandlungsmöglichkeiten gleich. Schon ihre Teige: Brotteig, Hefeteig, Knetteig, Blätterteig, Maisteig – sie alle eignen sich zum Pizzabacken. Dann die Möglichkeiten der Beläge: Tomaten, Käse, Sardellen, Sardinen, beinahe jede Sorte von Fisch und Schalentieren, Gemüse, Pilze, Fleisch, Salami, Schinken usw.; kein Gericht läßt sich mit so wenig Aufwand so vielseitig variieren. Vielleicht einer der Gründe, daß viele Männer Pizza so über alles lieben ...

Die neapolitanische Originalpizza wird immer mit Brotteig im Brotbackofen oder auch über Holzkohlenglut gebacken. Für unsere Pizza können wir Teig nach unserm Geschmack, gekauft oder auch selbstgemacht, verwenden. Zur Abwechslung schmeckt auch eine Maispizza: Dicken Maisbrei 1–1½ cm dick auf ein Wähenblech streichen, erkalten und fest werden lassen, belegen und überbacken.

Die «echte» Pizza napoletana

600 g gekauften oder selbstgemachten Teig (siehe Hefeteigrezept Seite 179) zu vier Pizze von 20–25 cm oder zu einer einzelnen großen Pizza ausziehen bzw. auswallen, auf ein gut eingeöltes Backblech legen. Nun 500 g dicke Tomatenscheiben nach Belieben (geschält, ohne Kerne) oder Tomatenmus* daraufgeben, 400 bis 500 g Käse (Mozzarella oder auch Greyerzer) darüber verteilen. Mit Sardinen oder Sardellenfilets garnieren. Mit Oregano oder Basilikum bestreuen und mit Olivenöl beträufeln. 10–15 Minuten im vorgeheizten Ofen bei 220 °C etwa 20–25 Min. bakken und sofort servieren.

***Tomatenmus:** Gehackte Zwiebeln, Knoblauch und Kräuter (Basilikum, Rosmarin, Majoran) andämpfen und zusammen mit geschälten Tomatenwürfeln und evtl. etwas Tomatenpüree zu einem dicken Mus einkochen. Kräftig würzen mit Pfeffer, Cayennepfeffer, Oregano, Salz und einer Prise Zucker.

Beliebte Pizza-Varianten:

Pizza Margherita: Belag aus Tomaten und Käse, mit Kräutern (vor allem Oregano) und Olivenöl gewürzt.

Pizza con funghi: Mit Tomaten und etwa 400 g blättrig geschnittenen (evtl. mit feingehackten Zwiebeln und Petersilie) gedünsteten Steinpilzen oder Champignons belegen. Mit nicht mehr als max. 150–200 g geriebenem Sbrinz oder Parmesan bestreuen. Öl darübergeben.

Pizza alla casalinga: Tomaten (fakultativ), 300 g fetten Käse (Emmentaler, Greyerzer) und 150 g mageren Schinken, beides in Würfel geschnitten, mit 2–3 zerquirlten und mit Salz und Pfeffer gewürzten Eiern auf den Teig geben.

Pizza quattro stagioni (Pizza vier Jahreszeiten): Die Pizza wird mit Tomaten belegt. Je einen Viertel garnieren wir mit Muschelfleisch (aus der Büchse) oder Crevetten, feinblättrig geschnittenen und gedämpften Pilzen, gekochten Schinkenwürfelchen, Artischockenherzchen, Käse usw.: wir können hier unserer Phantasie freien Lauf lassen.

Pizza marinara: Wir belegen den Pizzateig mit Tomaten, Sardellen (fakultativ), Muscheln (aus der Dose) oder/und gekochtem Fisch und Crevetten, würzen mit Kapern, feingeschnittenem Knoblauch, Oregano usw. und beträufeln mit Öl.

Pizza luganese: Für diese brauchen wir 750 g gekochten, fest ausgedrückten jungen Spinat, den wir mit feingewiegten Zwiebeln und Knoblauch andünsten und mit Salz und Pfeffer würzen.

Wenn ausgekühlt, den Teig damit belegen, einige Tomatenscheiben und 1 Döschen Sardellenfilets darüber verteilen, pfeffern. Nun der Guß: Er besteht aus 50 g geriebenem Sbrinz oder Parmesan, ½ Eßlöffel Mehl, 1 Tasse Rahm und 2 Eiern. Alles glatt anrühren, darübergeben.

Pizza palermitana: mit Tomaten, Käse, Sardellen, Kapern, Oliven.

Pizza ai peperoni: Tomaten, Käse, Peperonistreifen (in Öl vorher scharf angedünstet).

Pizza con prosciutto e olive: Mit 200 g gekochtem Schinken, 150 g Fontina oder Greyerzer und 100 g schwarzen Oliven belegen, mit Öl beträufeln.

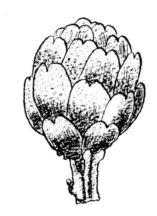

Pizza ai carciofini: Tomaten, Käse, Artischockenböden.

Pizza alle melanzane: Tomaten, Auberginen, Sardellen, Oliven.

Pizza al tonno: Tomaten, Thon, Sardellen, gedämpfte Zwiebeln, Kapern.

Pizza squisita: Tomaten, Käse, Peperonistreifen (vorgedämpft), Auberginenscheiben, Artischockenherzchen, gedämpfte Zwiebelringe.

Panierte Auberginen oder Zucchetti

800 g Auberginen oder Zucchetti, Salz, Pfeffer oder Paprika, etwas Mehl, 2 Eier, Paniermehl, Öl, Zitronenscheiben

Auberginen und jüngere Zucchetti lediglich sauber waschen, große, ältere Zucchetti schälen. Der Länge nach in etwa zentimeterdicke Scheiben schneiden. Leicht mit Salz und Pfeffer oder Paprika einreiben, mit Mehl bestäuben, in verquirltem Ei wenden. Dann panieren und in heißem Öl backen. Mit Zitronenscheiben garniert zu Brot oder Salzkartoffeln servieren, evtl. einen Salat dazugeben.

Krautstiele mit gebräunter Butter

750–800 g Krautstiele, 3 dl Wasser und 2 dl Milch, 3 Eßlöffel Butter oder Margarine, gehackte Kräuter (Petersilie, Schnittlauch) oder/und geriebener Käse, Salz, weißer Pfeffer, Zitronensaft

Die Krautstiele leicht schälen, die grünen Blatteile entfernen. Waschen und in etwa 6–8 cm lange Stücke schneiden. In leicht gesalzenem Milchwasser, dem wir etwas Zitronensaft beifügen, weich kochen. Die Krautstiele herausnehmen, auf eine vorgewärmte Platte geben und mit beliebig viel Käse oder/und Kräutern überstreuen. Mit gebräunter Butter übergießen.

Zu Salz- oder Bratkartoffeln und zu gebackenem Fleischkäse, Rinds- oder Schweinsplätzli, Leberschnitten usw. servieren.

GEFÜLLTES HUHN

Gefülltes Huhn schmeckt in allen seinen Varianten gut, ist ein festliches Essen für Sonntag oder wenn Gäste kommen.

Grundregel:

A) Das Poulet innen und außen gut mit Salz und Pfeffer einreiben und die nicht zu feuchte Füllung (siehe Rezepte) durch die große Öffnung ins Poulet schieben. Bei nasser Füllung wird die Öffnung zugenäht.

B) Die Keulen werden mit einem kräftigen Faden befestigt. Dafür mit einer dicken Nadel zuerst eine Keule durchstechen, dann die Bauchlappen, dann die zweite Keule.

C) Den Faden durchziehen, die Nadel abstreifen. Den Faden an beiden Enden fassen, kreuzen und einmal knoten, so daß die Füße fest zusammengedrückt werden.

D) Zum Schluß den Faden hinten einmal um den Bürzel führen. Den Bürzel mit den Füßen zusammenbinden. Das Poulet noch mit flüssiger Butter oder Margarine bestreichen, bevor es in den Ofen kommt.

Das so präparierte Huhn je nach Größe ¾ bis 1 Std. braten.

Was beim Füllen beachtet werden muß: Das Huhn nicht zu sehr mit dem Füllgut vollstopfen; wenn wir Paniermehl oder Brot der Füllung beigeben, dehnt sich diese bis zu ⅕ der Menge aus.

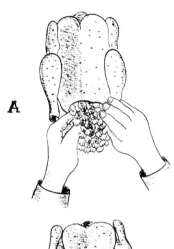

A

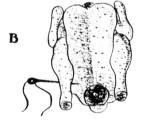

B

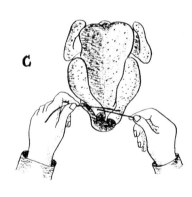

C

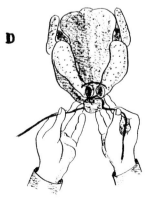

D

Herzhaftes Pollo

Die Füllung besteht aus Herz, Leber und dem 15 Min. gekochten Magen (alles klein geschnitten), 4–5 Scheiben altbackenem Brot ohne Rinde (in Milch eingeweicht und ausgedrückt), 1 würflig geschnittenen Apfel, etwa 50 g feingeschnittenem Schinken, 2 feingehackten harten Eiern, 10 feingehackten schwarzen Oliven, 1 Eßlöffel gehacktem Selleriekraut, 2 Eßlöffeln Ketchup, 3 Eßlöffeln Rosinen, Salz, Pfeffer. Diese Mischung unter Beifügen von etwa 20 g Butter 10 Min. köcheln lassen, damit das Huhn füllen und dieses so präparieren und braten, wie bereits beschrieben.

Gefülltes Huhn «1001 Nacht»

250 g gehacktes Schaffleisch braun schmoren. Dazu geben wir 2 Eßlöffel Butter, 2 Eßlöffel Pinienkerne, ½ Eßlöffel Korinthen, ½ Teelöffel gemahlene Pfefferkörner, ½ Teelöffel Zimtpulver und etwa 1 Tasse gekochten Reis. Gut mischen, gemäß Anleitung rechts das Huhn füllen und im Ofen etwa 1 Stunde braten.

Gefülltes Huhn, englisch

Zwei Semmeln abrinden, in Milch einweichen, ausdrücken und mit etwa 30 g Butter, 1 Eßlöffel gehackter Petersilie und andern Kräutern, etwas geriebener Zitronenschale, 2 Eiern, Salz und Pfeffer vermengen; damit das Huhn gemäß unserer Anleitung füllen. In einem Brattopf lassen wir 50 g Fett vergehen, geben 750 g halbierte Kartoffeln dazu, wenden, salzen und pfeffern. Das mit Salz, Pfeffer und Senf eingeriebene Huhn hineingeben, mit heißem Fett übergießen, Alufolie darübergeben, in den vorgeheizten Ofen schieben. In etwa 1 Std. sind Huhn und Kartoffeln gar. Sie werden mit gebratenen Speckscheiben, Bratwürstchen und grünen Erbschen aufgetragen. Separat dazu geben wir den mit Bouillon aufgekratzten, mit etwas Maizena verdickten und gewürzten Bratenfond.

Poulet mit Spinatfüllung

1 Huhn von 1 kg bis 1,2 kg Gewicht, 1 kg Spinat, 100 g geriebener Käse, ½ gehackte Zwiebel, 1 Knoblauchzehe (fakultativ), 1 Glas Madeira (falkutativ), 1 Eßlöffel Paniermehl, 1½–2 Glas Bouillon, 50 g Butter oder Margarine, Salz, Pfeffer, Gewürze

Den mit der Zwiebel gedämpften, feingeschnittenen Blattspinat nach Belieben würzen. Saft auspressen, Käse, Paniermehl sowie die Hälfte des Madeiras beimischen. Das Poulet innen und außen salzen und pfeffern. Die Füllung einschieben, die Öffnung zunähen und das Huhn binden, wie nebenstehend gezeigt wird. Mit flüssiger Butter oder Margarine bestreichen, in einer Kasserolle ungedeckt in den vorgeheizten Ofen geben, braten lassen. Die Bouillon beigeben, das Poulet jeweils mit dem Saft übergießen. (Die Brust kann mit Speckscheiben oder Alufolie abgedeckt werden, damit sie nicht zu stark gebräunt bzw. ausgetrocknet wird.) Nach einer Stunde Bratzeit sollte das Poulet gar sein. Dann herausnehmen, den Fond aufkratzen, den Rest des Madeiras zugeben, etwas einkochen lassen, abschmecken und über das Poulet gießen oder separat servieren, Pommes-chips oder falsche Pommes frites (Rezept siehe Seite 29) passen ausgezeichnet zu diesem Gericht.

Variante: Dem Spinat kann anstelle von Käse 100 g Quark beigemischt werden.

Rindszunge an Kapernsauce

**Für 6 bis 8 Personen:
1 gesalzene Rindszunge, etwa 1½ kg, 1 Rüebli, 1 Lauchstengel, etwas Sellerie, 1 gespickte Zwiebel, 2 Eßlöffel Butter, 2 Eßlöffel Weißmehl, 5 dl Milch, 3 Eßlöffel Kapern, 1 Eßlöffel gehackte Petersilie, 1 Teelöffel pikanter Senf, Salz, weißer Pfeffer, Muskat**

Zunge 3–5 Stunden wässern. Mit kaltem Wasser aufsetzen. Rüebli, Lauch, Zwiebel und Sellerie zugeben. Etwa 4 Stunden auf kleinem Feuer ziehen lassen, herausnehmen, Haut abziehen, nochmals in Sud geben. Inzwischen Butter in kleiner Pfanne erwärmen, Mehl zugeben und unter Rühren leicht dünsten, vom Feuer wegziehen und unter Rühren die Milch beifügen. Weiterrühren, bis die Sauce gebunden ist. Wieder aufs Feuer stellen, etwa 15 Minuten köcheln lassen. Abgetropfte Kapern, Petersilie und Senf beifügen, mit Salz, Pfeffer und Muskat würzen, über die in Scheiben geschnittene Zunge geben. Zu Reis oder Kartoffelstock servieren.

Tip: *In einem Dampfkochtopf wird die Zunge in knapp 1½ Stunden gar. Aber auch hier muß sie mit Wasser bedeckt sein.*

Geschmortes Rindfleisch, Tessinerart
(Stufato)

700–800 g Stotzen oder Schulter, 2 gehackte Zwiebeln, 60–80 g weißer Speck (Panchetta), 2 Knoblauchzehen, 2 Rüebli, 1 Stück Sellerie, 1 Büschel Petersilie, 3 geschälte Tomaten, etwa 500 g geschälte ganze Kartoffeln (fakultativ), 4–5 dl Bouillon, 1 dl Rotwein, Salz, Pfeffer, Lorbeer, Nelke, Salbei oder Thymian, 1 Eßlöffel Fett oder Öl

Speck in Würfel schneiden und mit dem Knoblauch rösten. Knoblauch herausnehmen. Das Fleisch zugeben, rundum anbraten, Zwiebeln beigeben und mitdämpfen. Das Fleisch herausnehmen, nach Erfahrung und Gutdünken salzen und pfeffern. Feingeschnittenes Gemüse (Rüebli, Sellerie, Petersilie) sowie etwas zerriebenen Lorbeer, Nelke, Salbei und Thymian in die Kasserolle geben, mit Rotwein ablöschen, diesen etwas einkochen lassen. Bouillon zugießen und Fond aufkratzen, das Fleisch hineingeben und nun während etwa 2 Stunden bei geschlossenem Topf langsam gar kochen lassen; öfter wenden und übergießen. In der letzten Stunde die Tomaten und die Kartoffeln (fakultativ) beifügen.

Vor dem Auftragen die Sauce nochmals abschmecken.

Ohne Kartoffeln wird das Fleisch mit separater Sauce zu Polenta serviert. Wenn Sie Kartoffeln mitgekocht haben, wird das Fleisch in Tranchen geschnitten und die Kartoffeln ringsum gelegt, Sauce über das Fleisch gießen.

Maisschnitten mit Tomaten und Käse

300–350 g Maisgrieß oder Schnellmais, halb Wasser, halb Milch, 4–5 reife Tomaten oder 1 große Büchse Pelati, 250 g Fontina, 2 Eßlöffel Butter oder Öl, Salz, Pfeffer, Basilikum

Die Polenta gemäß Grundrezept auf Seite 195 zubereiten. Auf ein Holzbrett geben und zu einem etwa 3 cm dicken Kuchen streichen. Erkalten lassen und etwa 8 × 8 cm große Quadrate schneiden. Diese auf ein gut gebuttertes oder geöltes Kuchenblech verteilen. Auf jede der Scheiben eine Scheibe Käse geben. Mit einer aus frischen gehackten Tomaten oder Pelati zubereiteten und mit Salz, Pfeffer und Basilikum gewürzten Sauce bedecken.

Gebratener Reis mit Champignons

250–300 g Langkornreis, 1 große Peperone, 500 g Champignons, 4–6 Eier, Paprika, Salz, Pfeffer, 4–5 Eßlöffel Öl, gehackte Petersilie

Reis in Salzwasser knapp 20 Min. gar kochen, die in feine Streifen geschnittene Peperone in heißem Öl scharf andünsten, dann Champignons – große geteilt oder geviertelt – zugeben und 10 Min. dünsten. Den gut abgetropften Reis zugeben und mitrösten, mit Salz, Pfeffer und Paprika würzen. Die Eier verquirlen, Petersilie unterrühren und über den Reis gießen. Unter häufigem Wenden stocken lassen. Mit Salat servieren.

JULI

Cannelloni à la provençale

300–400 g Cannelloniplätzchen (ca. 6–8 cm große Teigvierecke, die Sie kaufen können), 200 g gehacktes Rindfleisch oder Fleischresten, 50 g Schinken, 1 in Milch eingeweichtes Brötchen, 1 Eßlöffel Tomatenpüree, Salz, Pfeffer, etwas Butter, Parmesan oder Sbrinz, 1 Tasse Tomatensauce (Büchsentomaten oder einige frische Tomaten)

Die Cannelloniplätzchen in Salzwasser al dente kochen, herausnehmen und auf einem Tüchlein trocknen lassen. Das gehackte Fleisch, den Schinken, das Brötchen, Tomatenpüree, Salz und Pfeffer gut vermischen, auf die Teigplätzchen verteilen und diese aufrollen. Die Cannelloni nebeneinander – in einer oder zwei Lagen – in eine feuerfeste Form geben, mit geriebenem Parmesan oder Sbrinz bestreuen, mit Tomatensauce (Rest) übergießen oder mit einigen Büchsentomaten oder in Scheiben geschnittenen frischen, leicht gesalzenen und gepfefferten Tomaten belegen. Butterflocken darübergeben und im Backofen langsam backen.

Ravioli mit Peperoni

1 große Büchse (1 kg) Ravioli, 2 Peperoni, 30 g Quark (oder geriebener Parmesan), Salz, schwarzer Pfeffer aus der Mühle, Origano, 2 Eßlöffel Öl und etwas Butter

Die feingeschnittenen Peperoni in heißem Öl kräftig anbraten, leicht salzen und pfeffern, in eine ausgebutterte Gratinform geben. Die Ravioli darüber verteilen, nach Belieben mit Pfeffer und Origano würzen, den zerpflückten Quark (oder Käse) sowie einige wenige Butterflocken darübergeben. Im vorgeheizten Ofen gut 10 Min. bei 220 °C backen.

Spaghetti oder Nudeln mit Basilikumsauce

(Pesto alla Genovese)

400–500 g Spaghetti oder (breite) Nudeln

Für Pesto: 200 g frische Basilikumblätter, ca. 2 Knoblauchzehen, 1 Eßlöffel Pinienkerne (fakultativ), 2–3 Eßlöffel geriebener Parmesan, 1 Eßlöffel Olivenöl, Butter nach Belieben

Die Basilikumblätter werden entstielt, kurz gewaschen, mit Küchenpapier oder einem Tuch leicht abgetupft und zusammen mit dem Knoblauch und den Pinienkernen in einem Mörser gut zerstoßen. Käse und sukzessive Öl und etwas Butter beifügen und so lange weiterstampfen, bis sich eine streichfähige Paste gebildet hat. Diese mit den heißen, al dente gekochten Spaghetti oder Nudeln mischen.

Tip: Die Pesto alla Genovese läßt sich tiefgefrieren oder – in ein verschließbares Konfitürenglas gegeben und mit einer dünnen Schicht Olivenöl geschützt – gut mehrere Tage im Kühlschrank aufbewahren, weshalb es sich lohnt, mehrere Portionen auf Vorrat zu machen.

Halbgefrorene Aprikosencreme

500 g Aprikosen, 180 bis 200 g Zucker, 3–4 Eßlöffel Wasser, 3–4 dl Rahm

Die halbierten Aprikosen werden mit dem Zucker und so wenig Wasser wie möglich weich gekocht und, wenn sie ausgekühlt sind, durch ein Haarsieb passiert. Dann wird die gut gekühlte Masse mit dem steifgeschlagenen Rahm vermischt, die Creme in die Eisschublade gefüllt und diese in das Tiefkühlfach des Kühlschrankes gestellt. Ist die Creme dem Rand nach schon ein wenig fest, wird sie mit dem Bratenschäufelchen rasch durchgearbeitet und noch so lange in das Tiefkühlfach zurückgestellt, bis sie fest, aber nicht hart ist, was 2 bis 2½ Stunden dauert.

Heidi im Glück (Heidelbeeren)

Pro Portion:
2 gehäufte Eßlöffel Heidelbeeren, Zucker nach Belieben, 2 dl Milch, 1 Eßlöffel Vanille-Eiscreme

Beeren, Milch und Zucker im Mixer vermischen und in ein Glas füllen. Ein Eßlöffel Vanille-Eiscreme und für Erwachsene nach Wunsch etwas Gin beigeben. Kühl servieren mit einem Trinkhalm.

Café au lait glacé

Pro Portion:
½ Tasse starker Kaffee, 1 Prise Salz, wenig Zucker, ½ Tasse gekühlte Pastmilch, ½ Kugel Mokka-Eiscreme

Alle Zutaten im Mixer oder Shaker gut mischen. In hohes Kaffeeglas einfüllen und 1 Eiswürfel dazugeben.

Johannisbeer/Milch-Shake

Pro Portion:
2 gehäufte Eßlöffel frische, leicht gezuckerte Johannisbeeren, 2 dl Milch, 1 Eßlöffel Vanille-Eiscreme (nach Wunsch)

Beeren und Milch im Mixer gut mischen, bis Beeren püriert sind. Eiscreme dazugeben und mit einem Röhrchen servieren.

FLAMBIERTE EISDESSERTS

Sie verfehlen ihre Wirkung nie. Dem Reiz des Gegensatzes von Flamme und Eis vermag sich weder das Auge noch der Gaumen zu entziehen.

Erdbeeren flambiert mit Vanilleglace

Zutaten für 6 Personen:
1 Eßlöffel Butter, 600 g Erdbeeren, frisch oder tiefgekühlt, 100 g Zucker (bei tiefgekühlten Früchten die Hälfte), 1 dl Kirsch, 5 dl Vanilleglace

Butter in der Flambierpfanne erhitzen, Zucker zugeben und hellbraun caramelisieren. Erdbeeren zufügen, heiß werden lassen, mit Kirsch begießen und flambieren. Die Erdbeeren auf Vanilleglace (vorgekühlte Teller) anrichten.

Eiskirschen flambiert

Zutaten für 6 Personen:
1 Eßlöffel Butter, 500 g schwarze oder rote Herzkirschen, 1 Eßlöffel Puderzucker, 1 Teelöffel Maizena, 1 dl Cognac oder Weinbrand, 5 dl Vanilleglace

Die Kirschen mit dem Zucker in eine Pfanne geben und etwas ziehen lassen. Ganz kurz aufkochen, dann bis zum Gebrauch stehenlassen. Am Tisch die Butter in der Flambierpfanne zerfließen lassen, die Kirschen ohne Saft hineingeben und leicht dünsten. Den Saft mit dem Maizena mischen und dazugießen. Sobald die Sauce sämig wird, mit leicht gewärmtem Cognac übergießen und flambieren. Die Vanilleglace auf vorgekühlte Teller verteilen und die Kirschen darübergeben.

Tiefkühlen

Mit Hitze konservierte Nahrungsmittel halten sich kümmerliche hundert Jahre; gefroren sind sie viel dauerhafter. Wie lange sie in großer Kälte genießbar bleiben, beweist jenes Unglücksvieh von einem Mammut, das vor 50 000 Jahren in Sibirien von einem Eissturm überrascht und bei minus 40° Celsius schockgefroren wurde. Im 20. Jahrhundert verspeisten es Forscher und Schlittenhunde und stellten fest: Es war gar nicht so übel.

Daß Kälte Lebensmittel vor dem Verderb bewahrt, ist schon lange bekannt. Die Römer z.B. ließen Schnee und Eis aus dem Gebirge, in Stroh verpackt, in ihre Städte transportieren, um damit Nahrungsmittel frisch zu halten. Nach dieser Methode wurde in manchen Gegenden noch bis nach dem 2. Weltkrieg Verderbliches gekühlt. Im Winter wurde Eis in großen Brocken für den Sommer eingelagert. Wer damals einen Eisschrank besaß, mußte sich ein- bis dreimal pro Woche mit einer Stange Eis beliefern lassen. Der richtige «Eisschrank» hielt sich noch lange, obwohl die mechanische Kühlung schon 1876 erfunden wurde. Da der elektrische Kühlschrank in den meisten Haushalten übergangslos an die Stelle des alten Eisschranks trat, nennen ältere Leute den Kühlschrank auch heute noch Eisschrank.

Warum konserviert Kälte?

Für alle Lebewesen gibt es Temperaturen, bei denen sie besonders gut gedeihen. Mikroben lieben die Wärme und fürchten die Kälte. Bei Temperaturen von plus 2 bis plus 5 °C vermehren sich Mikroben nicht mehr. Bei Kühlschranktemperaturen (zwischen 2 und 5 Grad über Null) halten sich Lebensmittel also frisch, weil die Mikroben in ihrem Zerstörungsdrang gebremst werden. Um die Mikroben ganz und gar stillzulegen, reichen Temperaturen zwischen 0 und minus 5°. Es müßte also möglich sein, bei wenigen Graden unter Null Lebensmittel zu konservieren. Es scheitert daran, daß dies die kritische Temperaturzone ist, in der sich Eiskristalle aus der Flüssigkeit in den Zellen von Fleisch, Gemüse und Fisch bilden. Bleibt die Temperatur in diesem Bereich, dann werden die Kristalle scharf und spitz und zerstechen die Zellwände. Wenn Fleisch, Gemüse oder Fisch aufgetaut werden, zerfällt die Zellstruktur; der Saft läuft aus und die Lebensmittel werden schlaff oder trocken. Die Lebensmittel sind nicht eingefroren, sondern regelrecht erfroren.

Richtiges Tiefkühlen

Beim richtigen Gefrieren oder Tiefkühlen, wie es zur Konservierung notwendig ist, wird diese kritische Temperaturzone schnell durchschritten. Die Eiskristalle haben keine Zeit, sich mit scharfen Spitzen und Kanten richtig auszubilden. So können sie beim Auftauen auch nicht die Zellwände verletzen.

Beim Tiefkühlen werden frische oder gegarte Lebensmittel bei Temperaturen von minus 30 bis minus 40 °C schockartig in den Kälteschlaf versenkt. Bei dieser Art des Konservierens bleibt alles erhalten: die Farbe, das Aussehen, die Frische, die Vitamine und Nährstoffe. Beim Auftauen tritt bei tiefgekühlten Lebensmitteln, wenn sie vorschriftsmäßig bei mindestens minus 18 °C gelagert wurden, kaum Zellsaft aus. Alles ist saftig und frisch geblieben. Das schockartige Einfrieren bei ganz tiefen Temperaturen hat noch einen Vorteil: Zellulose und schwer verdauliches Eiweiß in den Lebensmitteln werden so aufbereitet, daß sie bekömmlicher sind. Beim Tiefkühlen geschieht etwas, das dem Vorgang ähnlich ist, den das Kochen bewirkt. Wie das vor sich geht, hat man noch nicht herausgefunden. Der Effekt ist jedenfalls: Tiefkühlkost hat eine um einen Drittel verkürzte Garzeit und ist leichter verdaulich als frisches Gemüse oder Fleisch. Tiefkühlkost ist deshalb besonders für die Säuglingsernährung und für Diät geeignet. Auch die fast vollständig erhaltenen Vitamine und Mineralstoffe kann der menschliche Körper aus der Tiefkühlkost besser ausnutzen als aus frischen Lebensmitteln. Warum das so ist, wurde noch nicht ganz geklärt.

Gut, doch etwas teurer!

Tiefkühlen ist die beste Methode, die wir zur Konservierung von Lebensmitteln kennen. Ihr Nachteil: Es können Pannen passieren, die alle Vorzüge zunichte machen. Die Tiefkühlkette muß nämlich immer eingehalten werden, vom Einfrieren über die Lagerhäuser und die Tiefkühltruhe bis in unseren Kochtopf.

Dazu kommt: Tiefkühlen ist nicht ganz billig. Kälte zu erzeugen ist viermal teurer als die Erzeugung von Wärme. Mit der teuren Kälte wird außerdem viel Wasser konserviert; manche Lebensmittel bestehen zu 90 Prozent aus Wasser, das dann zusammen mit den Lebensmitteln immer auf mindestens minus 18 °C gehalten werden muß.

Um zu sparen und um die empfindliche Tiefkühlkette zu umgehen, kam man auf das Gefriertrocknen. Dabei wird das Produkt schockgefroren, dann das Wasser daraus entfernt. Das getrocknete Produkt kann auf Normaltemperatur gebracht werden, ohne daß es verdirbt.

Die Tiefkühlsaison

JANUAR

Tiefgekühltes Geflügel ist ein preisgünstiges Nahrungsmittel, weshalb wir den Tiefkühlvorrat mit einigen Paketen ergänzen. Preisgünstiges Fleisch für einen kräftigen Pot-au-feu, ein Szegediner Gulasch, einige Portionen für Fleisch- und Tomatensauce zu Teigwaren jetzt einkaufen. Von diesen Gerichten wird das doppelte oder dreifache Quantum hergestellt und tiefgekühlt.

FEBRUAR

Wir profitieren noch vom Angebot an Wintergemüse und frieren ein: fixfertig zubereiteten Rotkohl, fertig gekochtes Sauerkraut, ofenfertig vorbereiteter Gratin mit Lauch und Speckwürfeli. Orangen, überhaupt Zitrusfrüchte, sind jetzt besonders saftig. Wir pressen sie aus und frieren den Saft in kleinen Behältern oder in einer Eiswürfelschale ein. Ein Holzstäbchen frieren wir mit ein – und schon haben die Kinder einen Eislutscher.

MÄRZ

Ostern naht. Vorrat im Tiefkühlgerät kontrollieren. Man kauft einige Dosen tiefgekühlten Orangensaft, einen festlichen Glacedessert (Eisbombe oder -torte), bäckt einen Zopf auf Vorrat für das Osterfrühstück. Auch der traditionelle Osterkuchen kann im voraus gebacken und tiefgekühlt werden. Beim Metzger Fleischaktionen beachten! Rind-, Kalb- und Lammfleisch sollten jetzt etwas günstiger sein.

JULI

Auf dem Früchtemarkt gibt es Himbeeren, Brombeeren, Stachelbeeren, auch Sauerkirschen (Weichseln) und Johannisbeeren. Mit oder ohne Zuckerbeigabe tiefkühlen. Jetzt fängt auch die Bohnensaison an. Junge, frische Karotten gibt es, und nochmals kann man den Vorrat von Petersilie und Schnittlauch erneuern. Für Bade- und Wanderausflüge legt man «Eingeklemmte» auf Vorrat; für das Picknick werden Würstli, Hamburger und Schinkengipfeli «auf Abruf» tiefgekühlt.

AUGUST

Herrliche südländische Gemüse wie Peperoni, Zucchini, Auberginen, Tomaten einzeln oder gemischt oder als fertig gekochte Gemüsemischung tiefkühlen. Eine herrliche Beilage zu grilliertem Fleisch! Lauch für Suppengemüse oder als Gemüse, Mangold (Krautstiele), Blumenkohl und Kabis sind typische Gemüse zum Tiefkühlen im August. Bereits ist Hochsaison für Steinobst. Aprikosen und Zwetschgen für herrliche Fruchtwähen im Winter jetzt tiefkühlen.

SEPTEMBER

Immer noch gibt es ein überaus reiches Angebot an Gemüse. Neu ist einheimischer Fenchel. Kennen Sie Karden? Ein beliebtes, delikates Gemüse, welches besonders in der Gegend von Genf geschätzt wird. Auch Karden können tiefgekühlt werden. Dazu kocht man sie nicht ganz weich. An Früchten gibt es Heidelbeeren und Pflaumen. Birnen, in Viertel geschnitten und im Zuckersirup kurz blanchiert, werden für Kompott tiefgekühlt.

dauert das ganze Jahr

APRIL
Für Pilzsucher fängt nun schon die Saison an; gewisse Sorten sind jetzt bereits auffindbar. Petersilie und Schnittlauch aus dem eigenen Garten können schon gehackt und, in kleine Behälter verpackt, tiefgekühlt werden. Bevor die eigentliche Tiefkühlsaison beginnt, ist eine Reinigung des Tiefkühlgerätes angebracht. Tiefkühler abtauen und innen und außen gründlich waschen.

MAI
Das erste neue Gemüse erscheint. Zarter Spinat ist bestens geeignet für das Einfrieren. Kurz blanchieren, sofort abkühlen und verpacken. Obwohl tiefgekühlte Spargeln etwas von ihrem typischen Aroma einbüßen, können 2–3 Pakete später Freude bereiten. Junge, zarte und nicht holzige Stengel schälen und ca. 4 Minuten blanchieren. Sofort abkühlen. Auch jungen Rhabarber erhält man jetzt. Roh, ohne Zucker für Wähen, oder als fertiges Kompott kann er tiefgekühlt werden.

JUNI
Erdbeeren sowie die ersten Kirschen und roten Johannisbeeren findet man auf dem Markt. Kefen, Lattich und Küchenkräuter werden jetzt eingefroren, dazu zarte Kohlrabi und junge Zucchetti. Letztere werden ohne Blanchieren tiefgefroren. Kefen und Kohlrabi kurz blanchieren. Der Fischfang in einheimischen Gewässern läuft auf Hochtouren. Felchen, Egli, Forellen usw. können entweder als ganze Fische oder filetiert tiefgekühlt werden. Aber nur fangfrische Fische einfrieren!

OKTOBER
Äpfel einfrieren? In Form von Apfelmus erzielen Sie das beste Resultat. Praktisch für die Verwertung von Kochobst. Tiefgekühltes Wild verschiedenster Art roh oder als zubereitete Gerichte (Pfeffer) gibt später leckere Mahlzeiten. Frische, geschälte Kastanien, wenn blanchiert, werden gleichzeitig eingefroren. Sie können aber auch im Handel bereits tiefgekühlt gekauft werden. Für kommende kühlere Tage kocht man einige Portionen Gulaschsuppe, Minestrone oder eine währschafte Erbsensuppe.

NOVEMBER
Bereits ist Saison für Rosenkohl, eines der letzten Gemüse im Jahr. Auch Lauch ist noch ein typischer Gemüsevertreter für diese Jahreszeit. Blanchieren und einfrieren. Man denkt an kommende Festtage – Grittibänzen für den St. Niklaus, Guetzli und Kuchen für Weihnachten werden im voraus geplant, zubereitet und gebacken. Im Tiefkühlgerät werden sie bis zum Tage X aufbewahrt. Guetzlipäckli für kleine Geschenke können auf diese Weise jetzt schon fixfertig verpackt im Tiefkühler bereitgelegt werden.

DEZEMBER
Allerlei Vorbereitungsarbeiten für die Festtage können schon anfangs Monat «aufs Eis gelegt» werden. Die Füllung für die Weihnachtsgans oder den Weihnachtstruthahn, eine Terrine als Vorspeise oder ein ofenfertig vorbereitetes Filet im Teig sind nur einige Anregungen. Auch wird man nun so richtig profitieren vom ganzen Tiefkühlvorrat, den man das Jahr hindurch angelegt hat.

SO WIRD TIEFGEKÜHLT!

Gemüse
Tiefgekühlt ist es schneller gar

Rohware: Kaum geerntet, soll Gemüse auch gleich verarbeitet und tiefgekühlt werden. Nur so bleibt die volle Nahrungsqualität erhalten, denn durch längeres Herumliegen gehen bekanntlich wertvolle Vitamine verloren. Sehr viele Gemüse ergeben ausgezeichnete Tiefkühlresultate; einige wenige, wie z. B. Blattsalate oder Rettiche und Radieschen, sind für das Einfrieren nicht geeignet.

Vorbereitung: Mit Ausnahme von Tomaten, Peperoni, Zucchetti, Gurken und Küchenkräutern müssen alle Gemüse vor dem Tiefkühlen blanchiert werden. Durch das Blanchieren bleiben dem Gemüse Farbe, Geschmacks- und Wertstoffe (Vitamin C usw.) erhalten. Blanchieren heißt, Gemüse in viel kochendes Wasser geben und je nach Art der Gemüse 3 bis 7 Minuten kochen lassen. Nach dem Blanchieren kommt das sofortige Abkühlen im kalten Wasser.

Verpackung: Als Verpackung für Gemüse wählen wir eine luft- und wasserdampfundurchlässige Verpackung, die gut verschlossen werden kann. Am besten eignen sich Polyäthylenfolienbeutel – es gibt sie in verschiedenen Größen – oder Plastikdosen. Lagerzeit: Je nach Art kann Gemüse bei einer Tiefkühltemperatur von mindestens –18°C 8 bis 12 Monate gelagert werden.

Verwendung: Tiefgekühltes Gemüse hat gegenüber dem gleichen Frischgemüse bis zu einem Drittel kürzere Kochzeiten. Dies bitte nicht vergessen; man will ja das herrliche Gemüse nicht zu weich kochen.

Obst und Beeren
Mit oder ohne Zucker?

Rohware: Die Früchte sollten gut ausgereift, und das Fleisch muß aber trotzdem noch fest sein. Je schneller Beeren und Steinobst nach der Ernte tiefgekühlt werden, um so köstlicher schmecken sie nach dem Auftauen!

Geeignet sind: Himbeeren, Brombeeren, Johannisbeeren, Stachelbeeren, Heidelbeeren, Erdbeeren (Achtung geben auf die zum Tiefkühlen geeignete Sorte, eher kleine Beeren) sind herrliche Tiefkühlprodukte. Aprikosen, gelbe Pfirsiche, Zwetschgen, schwarze Kirschen, Pflaumen werden tiefgekühlt für Koch- und Backzwecke und sind im Winter willkommene Vitaminspender.

Vorbereitung: Beeren können prinzipiell mit oder ohne Zucker tiefgekühlt werden. Die Beigabe von Zucker hat indes den Vorteil, daß Aroma und Vitamin-C-Gehalt besser erhalten bleiben. Steinobstfrüchte für Koch- und Backzwecke werden ohne Zucker tiefgekühlt. Handelt es sich aber um farbempfindliche Früchte, also solche, die sich beim Verarbeiten rasch braun verfärben, friert man diese in einem Zuckersirup ein.

Lagerzeit: Tiefgekühlte Früchte können lange im Tiefkühler gelagert werden: mit Zucker bis 12 Monate, ohne Zucker 6 bis 8 Monate.

Verwendung: Beeren zum Rohessen in eine Schüssel schütten, Zucker darüberstreuen, zudecken und langsam im Kühlschrank oder bei Zimmertemperatur auftauen. Steinobst muß immer gefroren weiterverarbeitet werden, da es bei Raumtemperatur rasch braun wird. Für Wähen gibt man die noch gefrorenen Früchte auf den ausgewallten Kuchenteig und schiebt sie sofort in den sehr gut vorgeheizten Backofen. Für Kompott oder Konfitüre kommen die Früchte noch gefroren mit der nötigen Zuckermenge in eine Pfanne.

Fleisch und Wurst
Ein luftarmes Kleid

Diese, als unsere teuersten Nahrungsmittel, verdienen beim Einfrieren besondere Rücksicht und Sorgfalt.

Geeignet: Genügend abgehangenes, also ausgereiftes Fleisch. Fleisch von jungen, nicht allzu fetten Tieren wählen. Ein Vorrat an Würsten und Würstchen ist stets willkommen.

Vorbereitung: Bei fetten Stücken das Fett etwas wegschneiden, denn Fett ist ausschlaggebend für die Dauer der Lagerzeit. Das Fleisch in portionengerechte Stücke schneiden.

Verpackung: Fleischstücke jeglicher Art wickelt man am besten in feste, breite Tiefkühlaluminiumfolie oder in Polyäthylenbeutel. Stets gut verpacken! Eine eng anliegende Verpackung, möglichst luftarm, ist das ideale Kleid für Tiefkühlfleisch. Das möglichst rasche Durchfrieren der Fleischpakete bewirkt eine günstige Eiskristallisation der Produkte, d.h., die Gewebestruktur bleibt sozusagen unverändert. Deshalb wird das Tiefkühlgerät beim Einfrieren von frischen Nahrungsmitteln immer auf maximale Kühlleistung gestellt.

Lagerzeit: Kalb, Schwein: 8, Rind: 12 Monate. Genau beachten, damit die Qualität nicht durch eine Überlagerung leidet. Für verarbeitete Produkte wie Würste sollte die Lagerzeit auf etwa 2 bis 4 Monate beschränkt bleiben, je nach deren Fettgehalt.

Verwendung: Fleisch, besonders größere Stücke zum Braten und Grillieren, wird stets vorher aufgetaut. Langsam im Kühlschrank – so lautet der Ratschlag –, denn durch das langsame Auftauen tritt weniger Fleischsaft aus. Kleine Fleischstücke können, wenn's pressiert, gefroren in die Bratpfanne gelegt werden. Jedoch wird auch hier das Bratresultat besser, wenn die Fleischstücke zuerst aufgetaut werden.

Fische
Sie haben die kürzeste Lagerzeit
Geeignet: Magere Fische sind für die Tiefkühltruhe besser geeignet als fette. Besonders gut tiefgekühlt werden Egli, entweder als ganze Fische oder filetiert.
Verpackung: Eine luftdichte Verpackung ist überaus wichtig.
Lagerung: Die Lagerzeit von Süßwasserfisch sollte auf 2 bis 3 Monate beschränkt werden, denn die Qualität nimmt rasch ab. Tiefgekühlter Meerfisch: Dieser wird mit Vorteil als Tiefkühlprodukt im Handel eingekauft. Die Auswahl ist vielfältig. Neben rohen Filets gibt es Fischtranchen, ganze tiefgekühlte Fische, panierte Fischprodukte, viele Spezialitäten und pfannen- oder ofenfertig vorbereitete tiefgekühlte Fischgerichte.
Verwendung: Rohe einzelne Filets, aber auch ganze Fische werden für die Weiterverwendung, sei es Braten, Grillieren oder Dämpfen, gut an- oder aufgetaut. Panierte Fischprodukte können gefroren in das Bratfett gelegt werden.

Milchprodukte
Wenn Platz übrigbleibt
Milch: Es eignet sich homogenisierte, pasteurisierte oder uperisierte Milch. Sie kann in den handelsüblichen Packungen eingefroren werden. Offene Frischmilch wird durch die Tiefkühlung flockig.
Vollrahm: Vollrahm wird, flüssig oder geschlagen (z.B. gespritzte Garnituren), mit oder ohne Zucker tiefgekühlt. Er kann nach dem Auftauen sehr gut steif geschlagen werden. Vollrahm kann aber, wenn einmal tiefgekühlt, nicht als Beigabe zu heißen Getränken verwendet werden, da er gerne ausflockt.
Kaffeerahm: Dieser eignet sich nur beschränkt für die Tiefkühlung, da er nach dem Auftauen flockig wird. Er kann also nur noch für Kochzwecke gebraucht werden.
Butter: Tafelbutter, Kochbutter und eingesottene Butter können direkt in der Verkaufspackung (Alufolie) ins Tiefkühlgerät gelegt werden.
Joghurt: Joghurt verliert durch die Tiefkühlung seine sämige Konsistenz und eignet sich deshalb weniger für diese Konservierungsart.
Quark: Rahm- und Speisequark haben eine sehr gute Gefriereignung. Sie können direkt in der Verkaufspackung oder bereits gesüßt oder vermischt mit Kräutern und verpackt in kleine Behälter tiefgekühlt werden. Vor der Verwendung muß der Quark gut umgerührt werden, da während des Auftauens stets ein wenig Flüssigkeit austritt.
Käse: Weichkäse eignet sich besonders gut, vorausgesetzt, er hat den richtigen Reifezustand erreicht. Hartkäse am Stück eignet sich weniger, da er durch die Tiefkühlung bröcklig wird. Gerieben oder als Fonduemischung kann er jedoch sehr gut tiefgekühlt werden.

Backwaren
Auskühlen und sofort einfrieren!
Süße Backwaren werden nach gewohnten Rezepten zubereitet und gebacken. Sofort nach dem Auskühlen werden sie gut verpackt und tiefgekühlt. Damit sie nicht altbacken werden und ihre Frische auch nach einer längeren Aufbewahrungszeit im Tiefkühlgerät beibehalten, ist das unmittelbare Einfrieren nach dem Auskühlen sehr wichtig. Die Torten und Cakes werden je nach Wunsch aufgeschnitten und die Stücke einzeln verpackt, oder man friert die Kuchen ganz ein. Cakes können sehr gut in Alubehältern gebacken und anschließend gut verschlossen auch darin gelagert werden.

Lagerung: 6 Monate, Hefegebäck 4 Monate.

Auch Ungebackenes einfrieren:
Alles, was in Teig eingewickelt, eingerollt oder geschlagen wird, süß oder pikant, kann roh eingefroren werden. Das Gebäck wird ofenfertig vorbereitet, und statt in den Backofen wandert es, gut verpackt, ins Tiefkühlgerät. Von dort wird es dann bei Bedarf herausgeholt, kurze Zeit angetaut (kleine Sachen etwa 15 Minuten, größere, wie Filet im Teig, etwa das Doppelte), mit Ei bestrichen und im vorgeheizten Backofen gebacken.

Auftauen: Kuchen und Cakes, Brot und Hefegebäck werden mit Vorteil in der Verpackung bei Raumtemperatur aufgetaut, evtl. über Nacht. Kleinere Artikel, wie Blätterteiggebäck oder Semmeli und Gipfeli, schmecken besser, wenn sie im Backofen kurz aufgebacken werden. Roh eingefrorenes Gebäck wird kurz angetaut, dann im vorgeheizten Backofen gebacken.

Weder Selbsteingefrorenes noch gekaufte Tiefkühlkost sind unbegrenzt haltbar

Die nebenstehende Tabelle zeigt eine durchschnittliche Lagerzeit von selbsteingefrorener und gekaufter Tiefkühlkost – wenn nicht anders auf der Packung vermerkt – bei mindestens –18 °C. Die Auftauzeiten gelten bei Zimmertemperatur von etwa 20 °C. Das Auftauen im Kühlschrank ist schonender, es dauert jedoch etwa ein Drittel länger.

Kleines Einkaufs-ABC für Tiefkühlprodukte

Aus einem übersichtlich geordneten und nicht überfüllten Tiefkühlmöbel bezogene Produkte bieten bessere Gewähr für gute Qualität.
Beachten Sie stets die Füllmarke auf der Innenseite des Möbels.
Celsiusgrade sind wichtig: Das Thermometer im Tiefkühlmöbel muß minus 18 °C oder kälter anzeigen.
Defekte Packungen oder solche mit Reifansätzen sind Zeichen für unsachgemäße Handhabung.
Einkaufsweg sollte nicht länger als etwa eine Stunde dauern: Maximalfrist bis zur Wiedereinlagerung zu Hause.
Freezer-box oder Kühltasche, wie man sie auch für das Picknick gebraucht, schützen die Tiefkühlprodukte vor dem An- oder Auftauen während des Heimtransports.
Gefrierband nennt man die auffällige fleckenartige Veränderung an der Oberfläche des Tiefkühlgutes, wenn die Verpackungen beschädigt sind.

Was sich nicht zum Tiefkühlen eignet

Blattsalate: Sie werden welk.
Radieschen, Rettich: Sie werden weich, und ihr Geruch nach dem Auftauen ist unangenehm.
Weiße Pfirsiche und Wassermelonen: Die Struktur des Fleisches ist zu locker und faserig.
Hellfarbige Kirschen: Sie verfärben sich braun beim Auftauen.
Bananen: Sie behalten wohl ihr Aroma, aber sie verfärben sich.
Kaffeerahm, offene Frischmilch, Joghurt werden grießig.
Hartgekochte Eier: Das Eiweiß wird «gummig».
Mayonnaise: Sie gerinnt beim Auftauen.
Sulze (Aspik) verflüssigt sich beim Auftauen und wird trübe.
Rohe Kartoffeln verändern Geruch, Geschmack und Konsistenz.
Mehlgebundene Saucen verlieren ihre Sämigkeit.
Zuckerglasiertes Gebäck: Die Zuckerglasur wird beim Auftauen feucht.

	Ware
Fleisch	Rindfleisch, roh
	Schweinefleisch, roh, mager
	Schweinefleisch, roh, fett
	Wurst, je nach Fettgehalt
	Schinken, gekocht
	Hackfleisch
	Innereien
	Wild
	Lammfleisch, roh
Geflügel	Poulet
	Gans
Fisch (nur fangfrisch einfrieren)	Meerfisch
	Meerfisch
	Süßwasserfisch
Milch und Fettwaren	Rahm
	Eiscreme
	Butter
	Käse
	Eigelb
Gemüse	grüne Bohnen, Erbsen, Spinat
	Kohlgemüse
	Suppengrün
	Tomaten
	Pilze
	Spargel
	Kräuter
	Auberginen, Peperoni, Zwiebel
Obst/Beeren	Kernobst (Äpfel, Birnen)
	Steinobst (Kirschen, Zwetschgen, Aprikosen)
	Beerenobst (Brombeeren, Heidelbeeren, Himbeeren, Erdbeeren)
Gebäck	Brot, Brötchen
	Kuchen
	Torte
	Blätterteig
Fertiggerichte	Klare Suppen
	Gebundene Suppen
	Fleisch in Sauce
	Eintopfgerichte
	Aufläufe
	Süßspeisen

Art des Einfrierens	Lagerdauer	Auftauzeit
portioniert	10–12 Monate	6–8 Std. für große Stücke, 4–5 Std. für Scheiben
portioniert	5– 8 Monate	6–8 Std. für große Stücke, 4–5 Std. für Scheiben
portioniert	3– 4 Monate	6–8 Std. für große Stücke, 4–5 Std. für Scheiben
in Scheiben	2– 6 Monate	1–2 Std.
in Scheiben	4– 6 Monate	1–2 Std.
	3– 6 Monate	3–5 Std. (sofort verbrauchen)
	3– 4 Monate	2–3 Std.
ungespickt	8–12 Monate	6–8 Std. (am besten in Marinade auftauen)
portioniert	5– 9 Monate	5–7 Std.
ganz	8–10 Monate	16–18 Std. (kann gefüllt eingefroren werden)
Einzelteile		3–4 Std. (zum Grillieren auch angetaut)
ganz	3– 4 Monate	4–6 Std. (kann angetaut verwendet werden)
filiert	3– 4 Monate	2–4 Std.
ganz	2– 3 Monate	5–8 Std.
im Originalbecher	2– 3 Monate	2–4 Std.
originalverpackt	1– 2 Monate	sofort verwenden
in Mödeli	6– 8 Monate	2–4 Std.
in Portionen oder Scheiben	6– 8 Monate	4–5 Std., in Scheiben 1–2 Std.
verrührt mit Salz oder Zucker	8–10 Monate	1–2 Std.
blanchiert	8–12 Monate	gefroren in kochendes Wasser oder heißes Fett geben
zerteilt, blanchiert	8–10 Monate	gefroren in kochendes Wasser oder heißes Fett geben
portionsweise	5– 7 Monate	gefroren in die Suppe geben
als Püree	5– 8 Monate	gefroren verwenden
blanchiert oder geschmort	6–10 Monate	in heißes Fett geben
unblanchiert, gebündelt	6– 9 Monate	unaufgetaut in kochendes Wasser geben
in Beuteln oder Dosen	5– 7 Monate	unaufgetaut verwenden
gedünstet	3– 6 Monate	3–4 Std., oder unaufgetaut verwenden
in Schnitzen oder gedünstet	5– 7 Monate	5–7 Std.
entkernt, mit Zucker	9–12 Monate	4–6 Std.
mit Zucker	8–12 Monate	3–6 Std.
in Folie verpackt	bis zu 1 Monat	unaufgetaut toasten oder aufbacken
stückweise in Beuteln	2– 3 Monate	3–4 Std.
fertig dekoriert	3– 6 Monate	4–6 Std.
fertig gekauft	4– 6 Monate	1 Stunde, angetaut
im Extrakt einfrieren	3– 4 Monate	in wenig kochendes Wasser geben
portionsweise	2– 3 Monate	in wenig Wasser erhitzen
portionsweise	2– 3 Monate	gefroren in Topf mit wenig Wasser geben
im Topf einfrieren, herausnehmen, verpacken	2– 3 Monate	in den Topf zurückgeben, erhitzen
in Aluschalen oder Auflaufformen	2– 3 Monate	2–3 Std. antauen, dann überbacken
in Einzelportionen	2– 3 Monate	2–3 Stunden (nicht lange stehen lassen)

AUGUST

So sehr uns jetzt kalte Speisen und Salate, kühle Getränke und eiskalte Desserts locken, sollten wir doch an die heißen Länder des Südens denken. Nicht um uns mit deren Klima von 40° Celsius über unsere Hundstagehitze hinwegzutrösten, sondern um uns daran zu erinnern, wie lebenswichtig dort scharf gewürzte Speisen sind. Auch uns tun hin und wieder ein «heißer» Peperonireis, ein Curry-Gericht oder eine mexikanische Jambalaya gut. Scharf gewürzte Speisen regen an, reinigen, und wer es zu scharf findet, kann mit einem Gurken- oder Tomatensalat dämpfen. Und um den allfälligen Durst zu löschen, gibt es wirklich köstliche Getränke (siehe Rezeptverzeichnis).

Apropos Durst: Trinken Sie viel! Sicher nicht gerade Alkohol, sondern Tee, Mineralwasser, Fruchtsäfte usw. Trinken Sie immer dann, wenn Sie Durst haben; in unserm Getränkekapitel (Seite 232) lesen Sie mehr darüber.

TIP Sorgen Sie dafür, daß für Ihre Kinder immer kalter Pfefferminz-, Hagebutten-, Früchteschalen- oder Zitronentee bereitsteht. Tee ist gesünder als Limonade – und zudem billiger.

Bekömmliche Essen für heiße Sommertage sind Salate. Aber solche Salate, die uns gut nähren. Nahrhafte Salate, wie etwa ein Fleisch-, Reis- oder Hülsenfrüchte-Salat (siehe nebenstehendes Bild) finden Sie auf umstehender Seite. Mit einem guten Stück Brot und einem Glas Apfelsaft, Most, Bier oder Landwein genossen, sind sie ein beliebtes sommerliches Hauptgericht.

SALATE ALS HAUPTMAHLZEIT

Unserm Bedürfnis nach bekömmlicher, wenig belastender Kost ist im Sommer leicht nachzukommen: durch Salatgerichte.

Nachstehend sind nun einige Salatgerichte «für starke Männer» aufgeführt. Auch diese als Hauptgerichte gedachten Salate sind leicht und werden unsern Körper kaum mit unnötigen Füllstoffen belasten. Mit einem guten Stück dunklem Brot, einem großen Glas Milch, Most, Bier oder einem Landwein genossen, sind sie nicht nur ein festliches Gericht, sondern sie vermögen zudem den großen Appetit von Schwerstarbeitern und selbst von heranwachsenden, ewig hungrigen Söhnen zu befriedigen.

Lammfleischsalat

400 g gekochtes oder gebratenes Lammfleisch (evtl. auch Reste von gebratenem Gigot), 1 Büchse Maiskörner (Sweet Corn), 1 kleine Büchse Erbsen, 1 rote Peperone, 1 Stange Bleichsellerie, 1 kleine Zwiebel

Lammfleisch in Würfel schneiden, salzen und pfeffern. Maiskörner und Erbsen gut abtropfen, Peperone in Streifen, Bleichsellerie in Stücke schneiden und Zwiebeln fein hacken. Mit Provence-, Senf- oder Kräutersauce (Rezepte siehe Seite 112) mischen, etwas ziehen lassen.

Wurstsalat spezial

6 Cervelats, 1 Bund Radieschen, 1 Fenchelknolle, 1 gekochte Sellerieknolle, 5 gekochte Kartoffeln, 1 Zwiebel, 1 Eßlöffel Schnittlauch

Die Würste schälen und dünn scheibeln, Radieschen in dicke Rädchen, Fenchelknolle in feine Streifchen schneiden, die Kartoffeln und die Sellerieknolle klein würfeln und mit einer Öl/Essig-Salatsauce – der wir feingehackte Zwiebeln und Schnittlauch beigeben – gut mischen, dann gut ziehen lassen und mit Zwiebelringen garnieren.

Zigeunersalat

300 g kaltes Siedfleisch, 150 g Emmentaler, 1–2 grüne Peperoni, 2 Tomaten, 3–4 gekochte Kartoffeln, ½ Zwiebel

Siedfleisch und Peperoni in Streifen, Emmentaler und Kartoffeln in Würfel schneiden. Mit reichlich Sauce vinaigrette (Rezept siehe Seite 112) gut vermischen, etwas ziehen lassen. Vor dem Auftragen nochmals mischen, mit Tomatenscheiben und Zwiebelringen garnieren.

Hörnlisalat

250 g Eierhörnli, 100 bis 150 g Greyerzer oder Emmentaler, 100 bis 150 g kaltes Schweinefleisch (fakultativ), 1 Bund Radieschen, 1 Büschel Petersilie, ½ Gurke, 3 Eßlöffel Öl, 1 ½ Eßlöffel Essig, Senf, Salz, Pfeffer

Hörnli in viel Salzwasser knapp garkochen, kalt abspülen, erkalten lassen. Sauce aus Öl, Essig, Senf, Salz und Pfeffer zubereiten. Hörnli beifügen, ebenfalls den in Stengelchen geschnittenen Käse und das gewürfelte Schweinefleisch (z.B. Bratenresten). Radieschen und Gurke in Scheiben schneiden, Petersilie fein hacken und zugeben, alles gut mischen.

Reissalat mit Schinken

250 g körnig gekochter Reis (z.B. Caroliner), 250 g Schinken, gekocht, am Stück, 1 kleine Sellerieknolle, gekocht, 1 rote und 1 grüne Peperone, 3 Eßlöffel Sauerrahm oder Joghurt, 1 Eßlöffel Mayonnaise, 1 Eßlöffel Senf, 3 Eßlöffel Zitronensaft, Salz, Pfeffer

Reis auskühlen lassen. Schinken und Sellerieknolle grob würfeln, Peperoni in feine Streifen schneiden. Mit Sauce anmachen, gut ziehen lassen.

Sauce: Sauerrahm (oder Joghurt) mit Mayonnaise, Senf und Zitronensaft vermischen, mit Salz und Pfeffer abschmecken.

Tip: *Anstelle von Schinken kann auch zerpflückter Thon verwendet werden.*

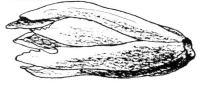

Linsensalat

850 g gar, jedoch nicht zu weich gekochte Linsen, 1 Lauch, ¼ Sellerie, 1 Rüebli, 100 g Speckwürfelchen, Salatsauce aus 4–6 Eßlöffeln Öl, 2–3 Eßlöffeln Weinessig, Salz, Pfeffer, 1 grob gehackte Zwiebel (fakultativ)

Für diese können auch Büchsenlinsen verwendet werden, sofern sie nicht zu weich (und mit Speckwürfelchen) gekocht sind. Besser jedoch sind selbstgekochte Linsen.

Speckwürfelchen in Öl braten, das feingeschnittene Gemüse 10 Min. in leicht gesalzenem Wasser dünsten, abtropfen lassen und mit den Speckwürfelchen (inkl. Öl) unter die abgetropften Linsen mischen. Salatsauce dazugeben. 20 Minuten ziehen lassen, die grob gehackte Zwiebel (fakultativ) darübergeben.

Variante: 200 g Thon anstelle der Speckwürfelchen nehmen.

AUGUST

Bohnensalate

(aus Hülsenfrüchten)

Bei der Mengenangabe handelt es sich um Büchsenbohnen oder bereits gekochte weiße Bohnen (siehe Kochanleitung auf Seite 192). Ob Sie weiße, spanische dicke Bohnen oder Borlotti-Bohnen für die Rezepte nehmen, ist Ihrem Geschmack überlassen.

Die Rezepte sind als Hauptmahlzeit für 4 Personen berechnet; 850 g gekochte Bohnen entsprechen einem Trockengewicht von zirka 200 g.

Italienische Art

850 g Bohnen, 2–3 Knoblauchzehen, 2–3 Eßlöffel Öl, gehackte Cornichons, Salz, Pfeffer
Variante: 100 g Speckwürfelchen

Die abgetropften Bohnen in eine Schüssel geben und mit einer Mischung von Öl und gehacktem Knoblauch übergießen, mischen und gut ¼ Stunde ziehen lassen. Eventuell gehackte Cornichons darüberstreuen. Mit Salz und Pfeffer abschmecken.

Variante: Speckwürfelchen in Öl braten, daruntermischen.

Tessinerart

850 g Bohnen, 200 g Thon, 1 gehackte Zwiebel, 1 Büschel Petersilie (gehackt), gehackte Cornichons, 1 Eßlöffel Kapern, gehackt (fakultativ), Salat und Rohgemüse, Zitronensaft oder Weinessig, 3–4 Eßlöffel Öl

Über die noch warmen Bohnen das Olivenöl geben, mischen. Alle Zutaten wie Petersilie, Zwiebeln, den zerkleinerten Thon usw. sowie allfällig vorhandene Salate und Gemüse (Fenchel, Lauch, Sellerie, fein geschnittener Chicorée, Tomaten und Peperoni in Würfeln) dazugeben, etwas Weinessig oder Zitronensaft darüberträufeln. Gewürzgurken und Kapern (fakultativ) zugeben, mischen. Lauwarm servieren.

Spanische Art

Etwa 600 g große weiße Bohnen, etwa 300 g grüne Bohnen, 3–4 Eßlöffel Olivenöl, 2–3 Knoblauchzehen, 1 gehackte Zwiebel, 1 Stück Lauch, 1 Bleichselleriestange, 1 Rüebli, Salz, Pfeffer, Origano, Bohnenkraut, 2 Eßlöffel Weinessig

In Olivenöl die geschälten Knoblauchzehen anbräunen und herausnehmen (sie sollen nur das Öl parfümieren); Zwiebel und das feingeschnittene Gemüse im Öl dünsten, mit Salz, Pfeffer, Origano, Bohnenkraut und Weinessig abschmecken. Die noch warmen weißen Bohnen mit den grünen mischen, das Gemüsegemisch dazugeben, gut ¼ Stunde oder mehr ziehen lassen.

Gefüllte Tomaten (kalt)

Sie eignen sich sowohl als Vorspeise, Beilage (z.B. zu einem Salat- oder Fleischteller) oder als Hauptgericht.

Von festen, schön gereiften Tomaten schneiden wir ein Deckelchen ab, höhlen sie mit einem kleinen Löffel aus, bestreuen sie innen mit etwas Salz und Pfeffer und lassen sie – mit der Öffnung nach unten – Wasser ziehen. Dann mit Salaten oder einer pikanten Farce füllen. Nun kann das Deckelchen daraufgesetzt werden, oder wir garnieren mit Sardellenfilets, Radieschen-, Cornichon- oder Olivenrädchen, Peperonistreifen, frischen Kräutern, Spargelspitzen usw.

Als Salate eignen sich: Reissalat, evtl. mit grünen Erbschen, an einer Curry-Mayonnaise angemacht; Maiskörner mit feingeschnittenen grünen Peperoni an einer Französischen Sauce; zerzupfter Thon mit feingehackter Zwiebel oder Petersilie an einer leichten Mayonnaise; Selleriesalat mit Nüssen an einer Joghurtsauce; alle Arten von Käse-, Fleisch- und Fischsalaten aber auch Hörnli-, Reis- oder Linsensalat usw.

Als Farce können wir eine Sellerie-Remoulade, eine mit gehackten Eiern, frischen Kräutern vermischte Joghurt-Mayonnaise usw., aber auch alle Arten von Hüttenkäse- und Quarkmischungen (siehe Rezeptverzeichnis) verwenden.

Kalte Fischfilets mit Joghurtsauce

500–600 g Fischfilets (Kabeljau, Dorsch; auch tiefgekühlt), 3 dl Weißwein, 1 Nelke, Zitronensaft, 2 Eßlöffel Senf, je 2 Teelöffel Paprika und Dill, 1 Büschel Petersilie, ca. 300 g Joghurt, 2 Eßlöffel Öl, Salz und Pfeffer, 1 Zwiebel, 1 großer Apfel, 1 Gurke, 2–3 geschwellte Kartoffeln, Kapern

Den Wein in einer flachen Pfanne zusammen mit der Nelke aufkochen, dann die aufgetauten Fischfilets (evtl. portionenweise) darin etwa 5 Min. ziehen lassen. Herausnehmen, kühlstellen, mit Zitronensaft beträufeln und in gut 3 cm breite Tranchen schneiden. Nelke aus dem Fischsud nehmen und diesen gut zur Hälfte eindämpfen. Durchsieben, auskühlen lassen und mit dem Senf, Paprika, Dill, der feingehackten Petersilie, Joghurt und Öl zu einer Sauce rühren, mit Zitronensaft, Salz und Pfeffer abschmecken. Zwiebel, Gurke und Apfel in Würfelchen schneiden und beimischen. Über die auf eine Platte angerichteten Fischtranchen geben. Mit Toast oder gebähtem Brot serviert: ein bekömmliches leichtes Abendessen.

Tomatensuppe

400–500 g reife Tomaten, 1 Zwiebel, 1 rohe Kartoffel oder einige Eßlöffel Rahm, 1 Knoblauchzehe (fakultativ), 3 Eßlöffel Öl (Olivenöl), 1 l Wasser oder milde Bouillon, Petersilie, Basilikum, Origano, Thymian, Salz und Pfeffer. Nach Belieben geriebener Sbrinz oder Parmesan, körnig gekochter Reis, gedünstete grüne Erbsen

Die gehackte Zwiebel mit dem Knoblauch und den gehäuteten, kleingeschnittenen Tomaten in Öl gut 15 Min. dünsten, die geriebene Kartoffel beigeben, Wasser oder Bouillon zugießen, 10 Min. kochen lassen und nach Belieben Kräuter zugeben und würzen. Die Suppe nach Belieben durch ein Sieb streichen. Eventuell mit etwas Rahm binden. Der Suppe können als Einlage geriebener Käse, Reis, grüne Erbsen, geröstete Brotwürfel beigegeben werden.

Russische Gurkensuppe

500–600 g Gurkenscheiben, 2 feingehackte Zwiebeln, 2 Eßlöffel Butter oder Margarine, knapp 1 dl Fleischbouillon, 2 Eigelb, 3 Eßlöffel Rahm, feingewiegter Dill, gehackter Schnittlauch, Pfeffer, Cayennepfeffer, Salz, saurer Rahm

Die Zwiebeln in Butter oder Margarine glasig dünsten, die Gurken beigeben und etwa 3–5 Minuten mitschmoren, Bouillon zugießen, etwa 15 Min. köcheln lassen. Mit Pfeffer, Cayennepfeffer und Salz abschmecken, vom Feuer nehmen. Die mit dem Rahm verquirlten Eigelb unter Rühren beigeben sowie Dill oder gehackten Schnittlauch unterrühren. Auftragen, auf jeden geschöpften Teller Suppe 1 Eßlöffel sauren Rahm geben.

VOM PILZMARKT

Pilzomelette

50 g Speck, 400 g Pilze, z.B. Pfifferlinge, 1 kl. Glas Perlzwiebeln, ½ Tomatenpeperone (evtl. aus dem Glas), Salz, Pfeffer, 8 Eier, 75 g Margarine oder Butter, 1–2 Bündchen Schnittlauch

Den Speck würfeln und ausbraten, die Pilze darin andünsten und braten, bis alle Flüssigkeit verdampft ist. Die abgetropften Perlzwiebeln und die feingeschnittene Peperone dazugeben, mit Salz und Pfeffer abschmecken und warm stellen. Nun pro Person zwei Eier gut verquirlen, salzen und in dem Fett unter ständigem Schütteln bei schwacher Hitze eine Omelette backen. Auf einen vorgewärmten Teller geben, Pilzmasse auf eine Hälfte füllen, die andere Hälfte überklappen. Mit Schnittlauch bestreuen und servieren.

Italienische Champignons/Thonomelette

8 Eier, 1 Zwiebel, 100 g Champignons, 2 Peperoni, 2 Tomaten, 2 Eßlöffel schwarze Oliven, 1 Büchse Thon, Salz, Pfeffer, Origano oder Petersilie, Butter

Zwiebelstreifchen, Peperoni- und Tomatenwürfelchen, blättrig geschnittene Champignons und entsteinte gehackte Oliven in wenig Butter oder – für Linienbewußte – in wenig Wasser dämpfen, mit Salz, Pfeffer und den feingehackten Kräutern würzen, mit dem abgetropften, zerpflückten Thon vermischen.

Mit den Eiern eine große oder vier kleinere französische Omeletten zubereiten, die Füllung auf die eine Hälfte geben, die andere darüberschlagen, servieren.

Anstelle von Champignons können auch andere Pilze verwendet werden.

Jetzt sind wir, je nach Witterung, mitten in der Pilzzeit. Und oftmals fragt man sich, was man alles mit diesem plötzlichen Segen anfangen kann. Sehr viel, wie die nachstehenden Rezepte zeigen:

Gedämpfte Pilze

Zu weißem Reis, Risotto, Polenta, Kartoffeln oder Omeletten serviert, schmecken sie in der nachfolgenden einfachen Zubereitungsart vielen Pilzliebhabern am besten:

Pilze kurz, aber gründlich waschen und rüsten. Kleine ganz lassen, mittlere halbieren, große in Scheiben schneiden. Gehackte Zwiebel in Margarine und Öl andämpfen, Pilze zugeben, mit wenig Mehl bestäuben (fakultativ), mit Streuwürze, Salz und Pfeffer würzen, mit Wasser oder Weißwein ablöschen. Je nach Art und Größe der Pilze etwa 10 bis 20 Minuten ziehen lassen. Vor dem Servieren evtl. nochmals mit Weißwein oder auch etwas Essig abschmecken. Mit grünen Kräutern bestreuen.

Gulasch mit Pilzen

250 g Schweinefleisch, 250 g Rindfleisch, 250 g Zwiebeln, Salz, Pfeffer, 1½ kg Pilze, je nach Saison, 50 g Margarine, Petersilie, Schnittlauch, etwas Mehl, 1 dl Rahm

Das gewürfelte Fleisch im Fett mit den in Scheiben geschnittenen Zwiebeln gut bräunen, etwas gehackte Petersilie dazugeben. Mit Salz und Pfeffer kräftig abschmecken, mit wenig Wasser ablöschen, etwa 1 Stunde schmoren lassen. Inzwischen die Pilze putzen, waschen und in Stücke schneiden, mit Mehl überstäuben, zum Fleisch geben. Gut durchrühren, Rahm zugießen, noch einmal aufkochen lassen und abschmecken. Mit gehacktem Schnittlauch bestreuen und servieren.

Pilzsalat

400 g Pilze (am besten Pfifferlinge), Salzwasser, ½ Gurke mit Schale, Salatsauce provençale (Rezept siehe Seite 112), 3 Eßlöffel Perlzwiebeln aus dem Glas

Die Pilze putzen, ganz kurz waschen und portionenweise in wenig Salzwasser nacheinander je etwa 5 Minuten kochen. Auf ein Sieb gießen und kalt werden lassen. In der Zwischenzeit die Gurke waschen, längs halbieren und in feine Scheiben schneiden. Mit den Pilzen, den Perlzwiebeln und der Salatsauce mischen.

Gratinierte Tomaten, kalt

8 mittelgroße Tomaten, Salz, Pfeffer, frisches Basilikum, Knoblauch, 6–8 Eßlöffel Olivenöl, Zitronensaft

Die Tomaten halbieren und von den Kernen befreien. Dann gibt man sie – Rundung nach unten – in eine mit Öl ausgestrichene Gratinform, bestreut sie mit Salz, Pfeffer sowie dem feingehackten Knoblauch und beträufelt mit Olivenöl. In den vorgeheizten Ofen schieben und bei etwa 220 °C gratinieren, bis die Tomaten weich und auf der Oberfläche hellbraun sind. Herausnehmen, mit etwas Zitronensaft beträufeln, mit frischem Basilikum bestreuen und erkalten lassen. Eine einfache, vorzügliche Vorspeise.

Krautstiele mit Mayonnaise

750–800 g Krautstiele, 3 dl Wasser und 2 dl Milch, Zitronensaft, gehackte Kräuter, mit Joghurt und etwas Zitronensaft oder Essig verdünnte Mayonnaise

Die Krautstiele leicht schälen und die grünen Blatteile entfernen, waschen und in etwa 6–8 cm lange Stücke schneiden. In leicht gesalzenem Milchwasser, dem wir etwas Zitronensaft beifügen, weich kochen. Nach dem Erkalten lagenweise mit Mayonnaise anrichten, gehackte Kräuter darüberstreuen. Mit Eivierteln garnieren.
Mit gebähtem Brot servieren.

AUGUST

Ratatouille

Je 250 g Auberginen, Zucchetti, Peperoni, Tomaten und Zwiebeln, 2–3 Knoblauchzehen, 1½–2 dl Olivenöl, Salz, schwarzer Pfeffer, gehackte Kräuter wie Basilikum, Petersilie, Thymian

Alle Gemüse putzen und waschen. Auberginen und Zucchetti in Scheiben, Peperoni in Streifen, Tomaten in Achtel schneiden (evtl. zuerst in kochendes Wasser tauchen und schälen), die Zwiebeln hacken. In einer Kasserolle Öl erhitzen. Dann die Auberginen hineingeben und 5 Min. schmoren. Zucchetti, Peperoni und Zwiebeln zufügen und auf kleinem Feuer schmoren lassen, jeweils mit einer Holzkelle umrühren. Nach 15–20 Min. die Tomaten zugeben und weitere 15–20 Min. köcheln lassen. Den ausgepreßten Knoblauch und die Kräuter zugeben, mit Salz und Pfeffer abschmecken. Das Gericht darf verkocht und unansehnlich sein. Es schmeckt z.B. zu Weißbrot genossen warm oder kalt hervorragend. Oftmals werden knapp vor dem Fertigkochen verquirlte Eier unter das Gemüse gerührt.

Auberginengratin
(griechischer Mussaka)

Für 6 Personen:
500 g gehacktes Lammfleisch, 3 große Auberginen, Salz, Pfeffer, 2 dl Olivenöl, 40 g geriebener Sbrinz, 20 g Butterflocken, 3 feingehackte Schalotten oder 1 gehackte Zwiebel, 1 Eßlöffel Ketchup, 1 Teelöffel Origano, 1 Büschel gehackte Petersilie, ½ Teelöffel Zimt, Pfeffer, Salz, 3 Spritzer Tabasco, etwa 5 dl Béchamel-Sauce (aus Beutel), mit weißem Pfeffer und Muskat gewürzt

Die Auberginen schälen, in etwa 1 cm dicke Scheiben schneiden. Mit Salz und Pfeffer bestreuen und 10 Minuten ziehen lassen, dann den ausgetretenen braunen Saft abwaschen. Die abgetrockneten Scheiben im heißen Olivenöl hellgelb backen, beim Herausnehmen zwischen zwei Bratschaufeln pressen, damit überschüssiges Öl abläuft. Dann das Lammfleisch in die Pfanne geben und in wenig Olivenöl anbraten.

Schalotten zugeben und kurze Zeit mitdünsten. Ketchup, Origano, Petersilie, Zimt, Pfeffer und Salz sowie Tabasco zugeben. Eine Gratinform mit Auberginenscheiben belegen. Fleisch einfüllen und mit einer zweiten Lage Auberginen abdecken. Nochmals Fleisch sowie die Hälfte der Sauce darübergeben. Mit den letzten Auberginenscheiben zudecken, mit der restlichen Sauce überziehen, mit Käse und Butterflocken bestreuen und etwa 15 Minuten im Ofen bei 250 °C überbacken.

Mit Weißbrot oder Trockenreis servieren.

Käsekartoffeln

1,2 kg große Kartoffeln, 150 g feingeriebener Sbrinz, Öl, Salz, nach Belieben etwas Kümmel, Butter

Die Kartoffeln schälen, waschen, quer in Abständen von knapp einem Zentimeter einige tiefe Rillen einschneiden. Mit Salz bestreuen und reichlich mit Öl einpinseln. Auf ein gut geöltes Kuchenblech geben und im vorgeheizten Ofen bei 220 °C etwa 40 Min. backen. Durch die Hitze werden die Einschnitte etwas geöffnet. Den Sbrinz so über die Kartoffeln verteilen, daß möglichst viel Käse in die Rillen dringt. Nach Belieben etwas Kümmel darüberstreuen, jede Kartoffel mit einer Butterflocke belegen und im Ofen noch etwa 10 Min. backen lassen.

Zusammen mit einem großen Salat ein vorzügliches und leichtes Abendessen.

Spinat mit Landjägern

1,5 kg Spinat, 1 Zwiebel, 2–3 Landjäger, Salz, Pfeffer, Muskat, 3 Eßlöffel Butter oder Margarine

Die Zwiebel hacken und in 3 Eßlöffeln Butter oder Margarine anziehen. Den gewaschenen Spinat gut abtropfen lassen (grobblättrigen Spinat hacken) und zugeben, etwa 10 Min. dünsten, mit Salz, Pfeffer und Muskat abschmecken. Unterdessen die Landjäger kurz in heißes Wasser tauchen, schälen und fein würfeln, in etwas Butter oder Margarine anbraten und unter den Spinat mischen, zugedeckt fertig köcheln.

Mit Salzkartoffeln servieren.

AUGUST

Lamm- oder Schweinscurry

600 g in Würfel geschnittenes Lamm- oder Schweinsvoressen, ½ Eßlöffel Mehl, 1 große Zwiebel, 2 Knoblauchzehen, 1 Lauch, 1 Apfel, 1 Eßlöffel oder mehr Currypulver, 2–3 dl Bouillon, 1 Becher Joghurt nature, Salz, Pfeffer, Ingwerpulver (fakultativ), 1–2 Eßlöffel Zitronensaft, 2 Eßlöffel geröstete Mandeln (fakultativ), 2–3 Eßlöffel Kochbutter

Kochbutter erhitzen und darin das Fleisch anbraten, Mehl darüberstäuben, die gehackte Zwiebel, den in Rädchen geschnittenen Lauch und den zerquetschten Knoblauch zugeben, anziehen lassen, den feingeschnittenen Apfel beifügen. Mit Currypulver, etwas Salz und Pfeffer würzen und mit Bouillon ablöschen, umrühren und zugedeckt etwa 1 Stunde köcheln lassen. Mit Salz, Pfeffer, Curry und Zitronensaft abschmecken, den Joghurt unterrühren. Mit gerösteten Mandeln bestreuen.

Zu weißem Reis, gebackenen Bananen, Gurkensalat servieren.

Tip: *Im Curry kann der Reis mitgekocht werden (1½ Tassen Langkornreis). Statt 2–3 dl Bouillon sind dann 4–5 dl zuzugießen. Dem Curry können 2–3 geschälte Tomaten beigefügt werden.*

Lammkoteletts mit Tomaten

4 große Lammkoteletts à 120–150 g, 250 g Zwiebeln, 2 schöne Tomaten, ½ Teelöffel Anis, 100 g eingesottene Butter, Salz, Pfeffer, Basilikum

In einer Kasserolle 60 g Butter erhitzen und darin die feingehackten Zwiebeln und kleingeschnittenen Tomaten dämpfen. Salz, Pfeffer, Basilikum und Anis zugeben. In einer Bratpfanne die gewürzten Koteletts in der restlichen Butter beidseitig gut anbraten, dann in die Kasserolle zu den Gemüsen und Gewürzen geben und auf kleinem Feuer eine halbe Stunde schmoren lassen.

Heiß, mit Trockenreis servieren.

Paprikahuhn

800 g bis 1 kg Pouletragout, 50 g Speckwürfelchen, 2 Zwiebeln, 1 Knoblauchzehe, 1 Eßlöffel oder mehr Paprika, 1 Teelöffel Essig, 1½ dl Bouillon oder Wasser, ½ Eßlöffel Mehl, 2 dl Sauerrahm, 3 Eßlöffel Butter oder Margarine

Den Speck in heißer Butter oder Margarine anrösten, die feingehackten Zwiebeln zugeben und mitrösten, bis sie goldgelb sind. Pouletragout beifügen, den zerquetschten Knoblauch, Paprika, Salz und Essig zugeben, mit knapp 1 dl Bouillon oder Wasser ablöschen, umrühren und schmoren lassen. Wenn die Flüssigkeit verdampft ist, mit Mehl bestäuben, nochmals 1 dl Bouillon oder Wasser sowie den Sauerrahm zugießen. Gut verschlossen gar dämpfen.

Weißbrot, Kartoffelschnee oder weißen Reis dazu servieren.

Tip: *Dem Huhn können gegen Schluß hin 2–3 geschälte Tomaten oder/und 1 feingeschnittene, kurz angebratene Peperone zugegeben werden.*

Kalbsschnitzel

(Grundrezept und weitere Varianten siehe Seite 90).

Römer Schnitzel (Saltimbocca alla Romana)

Variante I: Ein etwa 1½ cm dikkes Schnitzel flach öffnen, mit Rohschinken und Salbeiblatt belegen, zusammenklappen, mit Zahnstocher zusammenstecken. Salzen, pfeffern, beidseitig 5 Minuten braten.

Variante II: Plätzli salzen und pfeffern, Rohschinkenscheibe und Salbeiblatt darauf geben, mit Zahnstocher befestigen. Auf der Schinkenseite ca. 5, auf der Rückseite 3–4 Minuten braten.

Moskauer Schnitzel

1 cm dicke Schnitzel je Seite 4 Minuten braten, würzen und warm stellen. Steinpilze (eventuell getrocknete, die in warmem Wasser eingeweicht wurden) kleinschneiden, in Butter schmoren, kleingeschnittene Tomaten (ohne Haut) und feingewürfelte Pfeffergürkchen gut 15 Minuten mitdämpfen, salzen und pfeffern. Über die Schnitzel geben. Sauren Rahm dazu servieren.

Ochsenmaulplätzli

350–400 g gekochtes Ochsenmaul, vom Metzger in mittelgroße Scheiben geschnitten, Omelettenteig mit Mehl (Pfannkuchen gemäß Grundrezept auf Seite 115), Fett oder Margarine

Die Ochsenmaulscheiben in Omelettenteig wenden und in heißem Fett oder Öl beidseitig braten.

Dazu weißer Reis oder/und Salat.

Tip: *Die Ochsenmaulscheiben können auch paniert werden.*

JEDEM SEINE WURST

Überall in der Schweiz erhältlich und allgemein bekannt sind:

Balleron, Cervelat, Wienerli und Schützenwurst, der feine Schüblig, Schweinswurst, die Kalbs- und die Schweinsbratwurst, Cipollata, grüne Würste, Bauernschüblig, Landjäger, Salami, Salametti.

Als Würste mit Kantönligeist kennen wir

Aargau: Aargauer Sonntagswurst
Appenzell: Alpenklübler, Pantli, Mostbröckli, Siedwurst
Basel: Klöpfer (Cervelat)
Bern: Emmentaler, Berner Zungenwurst
Freiburg: Saucisson de la borne, Bâton St-Nicolas
Genf: Longeolle
Glarus: grüner Glarner Schüblig, Kalberwurst, Chämisalami
Graubünden: Bündner Salsiz, Lebersalsiz, Engadiner Würstli, Puschlaver, Mortadella, Bündner Beinwurst
Luzern: Kügelipastete
Neuenburg: Saucisson neuchâtelois, Saucisse au foie
Schaffhausen: Hallauer Schinkenwurst, Hallauer Schüblig
St. Gallen: Doppelschüblig, Stumpen, Kinderfestbratwurst, Kalbsbratwurst, Knackerli
Tessin: Zampone, Cotechini, Luganighe, Salami nostrano, Coppa, Salametti, Mortadellino di fegato
Thurgau: Frauenfelder Salsizen, Thurgauer Knebeli
Uri: Urner Hauswurst
Waadt: Saucisson vaudois, Waadtländer Schweinsbratwurst, Boutefas, Saucisse aux choux
Wallis: Trockenfleisch, Hauswurst
Zürich: Züri-Schüblig, Bassersdorfer Schüblig

ZUM THEMA WURST

In der Schweiz finden wir in Hunderten von Sorten Rohwürste, Brühwürste, Kochwürste, Dauerwürste usw. Und trotzdem: Wir kennen die Wurst doch eigentlich nur vom Kaltessen, als Brat- und Siedwurst, Wurstsalat, als Garnitur eines Pot-au-feu und hie und da grilliert.
Dabei vermögen Wurstgerichte, mit Können zubereitet, ohne weiteres dem einen oder anderen Fleischgericht den Rang abzulaufen.
Bedingung ist aber, daß es gute Würste sind, die wir verwenden. Um diese zu finden, braucht es Fingerspitzengefühl und oftmals viel Geduld.

Cervelat-Cordon-bleu

4 Cervelats schälen und der Länge nach halbieren. Die mit Senf bestrichene eine Hälfte mit 50 g Greyerzer oder Emmentaler belegen und mit der andern Hälfte zudecken. Die zusammengelegten Cervelats mit Speck umwickeln, mit Zahnstochern zusammenstecken und in einer gefetteten Gratinform im vorgeheizten Ofen bei starker Hitze etwa 10 bis 15 Minuten braten.

Deutschschweizer Wurstsalat

2–3 Klöpfer, Cervelats oder Schützenwürste, 150 g Berner Zungenwurst am Stück, 100 g Hallauer Schinkenwurst am Stück, 100 g Appenzeller Käse (fakultativ), 2 Gewürzgurken, 1 Zwiebel, 1 Knoblauchzehe, Petersilie, je 2 Eßlöffel Essig und Öl, Mayonnaise (fakultativ), Salz, Pfeffer, etwas Senf, 1 Tomate, 1 hartgekochtes Ei

Essig, Öl, Mayonnaise, Salz, Pfeffer, Senf, Petersilie, Zwiebel und Knoblauch zu einer Sauce rühren. Würste, Käse und Gewürzgurken in Würfelchen schneiden und unter die Sauce mischen. Einige Zeit ziehen lassen. Mit Tomaten- und Eierschnitzen garnieren.

«Saltimbocca al muratore»

Fleischwurst schälen und der Länge nach vierteln. Je ein Salbeiblatt auflegen, mit gekochtem Schinken oder dünn geschnittenem Speck umwickeln, in Rechtecke aus dünn ausgerolltem Blätterteig wickeln, mit Eigelb verkleben und bei mittlerer Hitze goldgelb backen. Das Blech muß zuvor mit Wasser abgespült werden, damit der Teig nicht ansitzt. Mit Tomatensalat servieren.

Welschschweizer Wurstsalat

500 g Tomaten, 3 Zwiebeln, Knoblauch nach Belieben, 2 grüne Peperoni, 200 g Balleron, 100 g Saucisson vaudois, kalt, 6 Eßlöffel Öl, 2 Eßlöffel Zitronensaft, 1–2 Eßlöffel scharfer oder Kräutersenf, Salz, Pfeffer

Tomaten in Scheiben, Zwiebeln in dünne Ringe, die Peperoni in Streifen schneiden, die in dünne Scheiben geschnittene Wurst zugeben. Alles mischen. Aus Öl, Zitronensaft, Senf, Salz und frischgemahlenem Pfeffer eine Sauce rühren, über den Salat gießen. Einige Zeit ziehen lassen. Dazu (eventuell aufgebackenes) Pariser Brot servieren.

Vogelnestlein

Kartoffelstock nach üblicher Art (oder nach Gebauchsanweisung auf der Packung) zubereiten. Fleischwurst in dicke Scheiben schneiden; die Haut muß dranbleiben. In der Bratpfanne wenig Fett heiß werden lassen, die Wurstscheiben hineingeben und so lange darin lassen, bis sie zu kleinen Körbchen geworden sind. Den Kartoffelstock auf angewärmte Teller verteilen, glattstreichen, die Wurstkörbchen hineindrücken und mit gekochten Erbsen (aus der Büchse) füllen. Den Rest Erbsen in brauner Sauce heiß werden lassen und getrennt auftischen.

Fleischwurst im Schlafrock

Fleischwurst schälen und der Länge nach vierteln. Blätterteig sehr dünn ausrollen und in Rechtecke schneiden, die so groß sind, daß man je ein Wurststück darin einwickeln kann. Mit Eigelb verkleben und auf einem Backblech, das mit Wasser abgespült wurde, bei mittlerer Hitze goldgelb backen.

Wurstgulasch

3–4 in Scheiben geschnittene Cervelats mit 1 feingehackten Zwiebel, 1 Knoblauchzehe und Rüebli-, Lauch- und Selleriewürfelchen in heißem Fett dämpfen, salzen, pfeffern und mit Paprika oder Majoran würzen; mit 1 Tasse Bouillon übergießen. Einige gekochte, geschälte und geviertelte Kartoffeln daruntermischen, auf kleiner Flamme kochen. Gehackte Petersilie darüberstreuen.

Tip: *Dem Gulasch kann etwas Tomatenpüree beigegeben werden.*

Maisplätzli

300–350 g Maisgrieß oder Schnellpolenta, halb Wasser, halb Milch, Salz, 150–200 g geriebener Sbrinz oder Greyerzer, etwa 100 g flüssige Butter oder Margarine

Polenta gemäß Grundrezept auf Seite 195 zubereiten, noch während des Kochens den Käse untermischen. Mit einem Löffel Häufchen abstechen, auf einem gefetteten Kuchenblech runde, gut 2 cm dicke Plätzli formen. In die Mitte eine kleine Vertiefung drücken, etwas flüssige Butter hineingeben. Im vorgeheizten Ofen bei etwa 200° 10 Min. aufziehen.

Dazu Tomatensalat servieren.

Spanische Reisplatte
(Paella)

Für 8 Personen: 800 g Pouletteile, 200 g Schinkenwürfelchen, Knoblauchwurst oder Cipollatas nach Belieben, 4–5 Peperoni (rot und grün), in Streifen geschnitten, 4–5 Knoblauchzehen, 1 gewürfelte große Zwiebel, 1 Büchse Erbsli, 600 g Reis, 3–4 Tomaten, Bouillon, Safran, Paprika, Salz und Pfeffer, 2 dl Öl (Olivenöl)

In Öl die mit Senf eingeriebenen Pouletteile, die Schinkenwürfelchen, Peperoni, den gehackten Knoblauch und die Zwiebeln gut anbraten, den Reis und die in Stücke geschnittene Knoblauchwurst zugeben und etwas mitrösten. Mit Safran und Paprika kräftig würzen, die gehackten Tomaten untermischen. Bouillon zugeben, daß der Reis gut zwei Finger breit davon bedeckt ist. Zudecken und köcheln lassen, bis der Reis gar ist. Vor dem Auftragen die abgetropften Erbsli untermischen.

Anstelle von Fleisch kann auch Fisch oder beides zusammen genommen werden.

AUGUST

Spaghetti napoletana
(mit frischer Tomatensauce)

400–500 g Spaghetti, zirka 400 g frische Tomaten (oder geschälte Tomaten aus der Büchse), Salz und Pfeffer; nach Belieben Zwiebeln, Sellerie, Rüebli und frische Kräuter (Basilikum, Petersilie)

Die Tomaten kurz in heißes Wasser tauchen, damit man sie gut schälen kann. Dann in Schnitze schneiden und nach Belieben mit dem feingeschnittenen Gemüse und den feingehackten Kräutern gut 20–30 Min. köcheln lassen. Dann durch ein Passevite drücken (fakultativ) und separat zu den al dente gekochten Spaghetti servieren. Nach Belieben geriebenen Parmesan oder Sbrinz zugeben.

Diese klassische Zubereitungsart eines Tomatensugos eignet sich vorzüglich für Spaghettiliebhaber, die auf ihre Linie achten müssen.

Spaghetti alla Milanese

Man kann obigen Sugo insofern bereichern, als man das Gemüse zuerst in etwas Öl andämpft und streifig geschnittene gekochte Zunge und Schinken sowie einige in Scheiben geschnittene Pilze (Büchsen-Champignons eignen sich ebenfalls) zufügt; in Italien wird diese Variante als «*Spaghetti alla Milanese*» serviert.

Spaghetti alla romana

Wir benötigen dazu: 400–450 g Spaghetti, 150–200 g feingeschnittene Salami oder Schinkenwurst, 300–400 g frische Tomaten, 1 Eßlöffel Öl oder Fett, schwarzen Pfeffer aus der Mühle, Parmesan oder Sbrinz

Zwiebeln und Fleischwürfelchen in Öl oder Fett andämpfen, die geschälten, in Würfel geschnittenen Tomaten zugeben und kurz mitdämpfen, so daß die Tomatenwürfelchen ganz bleiben. Die al dente gekochten Spaghetti pfeffern, mischen und mit dem Sugo und etwas Parmesan überziehen.

Makkaroni oder Spaghetti niçoise

400 g dicke Makkaroni, 300 g Tomaten, 1 Zwiebel, 3–4 Zucchetti, 100 g schwarze Oliven, je 2 Eßlöffel Olivenöl und Butter, Petersilie und frischer Basilikum, Salz, Pfeffer

Öl und Butter erhitzen und die feingehackte Zwiebel anziehen, dann die ungeschälten, in Scheiben geschnittenen Zucchetti und kleingewürfelten Tomaten zugeben. Etwa 20–30 Min. zugedeckt köcheln lassen. Mit Salz und Pfeffer abschmecken, die feingehackten Kräuter und die entsteinten Oliven zufügen, nochmals kurz aufkochen und die Sauce über die al dente gekochten Makkaroni oder Spaghetti geben.

VACHERINS

sind Schaumtorten aus Meringue-Gebäck und gesüßtem Rahm.

Vacherin fédéral

(In den Hotels der französischen Schweiz – mit kandierten roten Kirschen, Schokolädchen und Schweizer Fähnchen – gerne als 1.-August-Dessert serviert.)

Wir brauchen dazu:

Vacherin-Meringue-Böden: 9 Eiweiß, 450 g feiner Zucker, 1 Päcklein Vanillezucker

Die Eiweiß zu steifem Schnee schlagen und vorsichtig mit dem gesiebten Zucker und nach Belieben mit Vanillezucker mischen. Man füllt diese Masse in den Spritzsack und spritzt auf ein gefettetes und mit Zucker bestreutes Blech mehrere große, runde Gitter. Diese werden noch mit feinem Zucker bestreut, 10 Minuten an der Kälte stehengelassen und dann langsam im Backofen bei 120 °C gelb gebacken.

Füllung: Die Füllung besteht – wie bereits gesagt – in der Regel aus geschlagenem, gesüßtem Rahm, den wir mit kandierten kleingeschnittenen Früchten, Schokoladestreuseln usw. mischen können.

Wir können aber auch eine Crème Chantilly (Rezept siehe Seite 105) oder gekaufte Vanilleglace dafür nehmen.

Für das obige Quantum Meringue-Böden wird 1 l Rahm sehr steif geschlagen und gesüßt.

Dann legen wir eines der ausgekühlten Meringue-Gitter auf eine Platte, füllen Rahm darauf, legen einen zweiten Boden darüber und so weiter und dekorieren zuletzt oben wie auch ringsherum mit Rahm sowie Schokolädchen, kandierten Früchten.

AUGUST

Vacherin glacé

Zwei Vacherin-Meringue-Böden (Anleitung siehe links), 1 Paket Vanille-Rahm-Glace, 3–5 dl Rahm (evtl. mit Rahmhalter)

Auf eine Platte legen wir einen Vacherinboden, verteilen darauf die etwas angetaute und geschmeidig gerührte Vanilleglace, decken mit dem zweiten Boden zu und verkleiden ringsherum und oben mit dem steifgeschlagenen Rahm. Mindestens eine Stunde in das Tiefkühlfach stellen.

Sweet Dreams (Himbeeren)

Pro Portion:
2 gehäufte Eßlöffel Himbeeren, 1 Eßlöffel Zucker, 2 Eßlöffel Rahmquark, 1½ dl kalte Milch

Alle Zutaten im Mixer gut vermischen und kühl servieren. Für Erwachsene einen Schuß Himbeergeist beifügen.

Heidelbeerkaltschale

400 g Heidelbeeren, 6–8 Eßlöffel Corn-Flakes, 1 Eßlöffel Zucker, kalte Milch

Heidelbeeren gut waschen, abtropfen lassen und auf eine Platte geben. Zucker und Corn-Flakes darüberstreuen. Am Tisch kann beliebig viel kalte Milch darübergegeben werden.

Gesundes Schlemmen in Weiß
Kochen mit Joghurt und Quark

Die türkischen Ringer schreiben ihre Kraft dem «Yaoert» zu; um den Tischgast zu ehren, wird ihm nach türkischer Sitte eine Schale mit Joghurt vorgesetzt und die ganze Mahlzeit hindurch nachgefüllt. Die Mongolen unter Dschingis-Khan (1155–1227) behaupteten, daß Joghurt ihnen den Mut und die Ausdauer gegeben habe, Russen, Chinesen und die wilden Turkestaner zu besiegen.

In Bulgarien, wo die «Kissili Mleko» (Joghurt) und der Quark zu den wichtigsten Nahrungsmitteln gehören, leben die Leute länger und gesünder als sonstwo auf der Welt. Und Kaukasier und Georgier verraten als Geheimnis, daß nur Joghurt und Quark ihre Frauen so schön und deren Haut so rein und zart mache.

Nun, worauf warten wir noch?

JOGHURT

Auch im Westen hat man längst festgestellt, daß Joghurt dank seinem hohen Gehalt an Vitaminen, seinem reichen Nährwert und seiner leichten Verdaulichkeit wegen eines der besten und natürlichsten Mittel ist,

- seine Vitalität zu erhalten, die Zellen zu beleben und den Stoffwechsel zu aktivieren.
- Übergewicht und Fettpolster zu vermeiden,
- verschiedenste Krankheiten, z.B. Darmschäden, zu heilen, die Darmflora zu normalisieren und Fäulnisbakterien zu hemmen.

Köche und Gourmets haben ihrerseits seine Vielseitigkeit für verlockende Früchte- und Gemüsecocktails, pikante wie auch süße Salate, aromatische Saucen und Mayonnaisen, feine Desserts sowie attraktive Fleisch-, Fisch- und Gemüsegerichte herausgefunden; eine Großzahl der Rezepte dieses Buches enthalten Joghurt.

Joghurt kann man praktisch mit allem mischen:
– mit gekauften oder selbst gepreßten Früchten und Gemüsesäften
– mit zerkleinerten Früchten, Beeren und feingeschnittenem Gemüse

Joghurt können Sie mischen mit Zucker, Sirup, Honig; mit Kakao, Schokolade, Vanille, Nüssen; mit Cornflakes, Weizenkeimen, Getreideflocken und anderem mehr.

Süße Joghurt-Mischungen

also solche, die aus Fruchtsäften oder frischen, zerkleinerten Früchten wie Äpfeln, Ananas, Orangen, Bananen, Trauben, Melonen oder Beeren bestehen, sind als Nachspeise, Zwischenmahlzeit oder zum Frühstück beliebt.

Man süßt sie mit Zucker, Sirup, Honig oder einem andern Süßstoff; oftmals gibt man auch Getreideflocken und ähnliches bei.

Gemüsecocktails mit Joghurt

sind besonders erfrischend. Sie sind beliebt als Zwischenmahlzeit und anstelle einer Vorspeise, denn sie haben den Vorteil, den ersten Hunger zu stillen, den Magen zu beruhigen und für die nachfolgenden Speisen empfänglich zu machen; sie sind also Hungerstiller und Appetitanreger zugleich.

Die nachstehenden Rezepte sind für eine Person berechnet; bei mehreren Personen sind die Zutaten entsprechend zu multiplizieren.

Tomatenmix

1 dl Tomatensaft, ½ dl Milch, 2 Eßlöffel Joghurt mit einer Prise Salz, etwas Zucker und wenig Tabasco gut mixen, mit gehackter Petersilie oder Basilikum bestreuen.

Gemüsecocktail

50 g Sellerie und 50 g Rüebli fein schneiden oder raffeln, mit 6 Eßlöffeln Joghurt vermischen, mit

Salz, Pfeffer, frischen Kräutern und etwas Zitronensaft abschmecken.

Chicoréecocktail
6 Eßlöffel Joghurt mit etwas Salz, Pfeffer, Paprika und einem Spritzer Zitronensaft aufschwingen, 50 g in Ringe geschnittenen Chicorée und 100 g gewürfelte Orange oder Grapefruit unterrühren.

Joghurt-Gurken-Flip
150 g Gurken in kleine Würfel schneiden, mit den gehackten frischen Kräutern (z.B. Petersilie, Schnittlauch, Dill) und 2 Teelöffel Essig verrühren, einige Zeit kühl und zugedeckt stehen lassen. 6 Eßlöffel Joghurt schaumig rühren und unter die Gurken mischen, mit Pfeffer, Salz und Zwiebelpulver abschmecken.

Joghurt bildet ebenfalls die Grundlage für verschiedene bekömmliche und ausgezeichnete

Salatsaucen
Die Rezepte finden Sie auf Seite 112.

QUARK

ist ein reines Milchprodukt und enthält die wertvollsten Bestandteile der Milch in leichtverdaulicher Form.

Das *Eiweiß* im Quark gehört zu den biologisch wertvollsten Eiweißarten; in ihm sind sechs der acht unentbehrlichen Aminosäuren (Lysin, Tryptophan, Threonin, Isoleucin, Leucin und Valin) enthalten. Nur Rahmquark enthält Milchfett in nennenswerter Menge. Doch ist dies ein leichtverdauliches *Nahrungsfett*. Viele Quarksorten enthalten wenig oder gar kein Fett; die entsprechenden Hinweise sind auf jeder Packung zu finden.

Kohlehydrate sind in Quark in geringer Menge und in Form von Milchzucker (2 g je 100 g) enthalten; durch die Aufnahme von Milchzucker wird die Darmflora günstig beeinflußt.

Nebst diesen energieliefernden Nährstoffen enthält der Quark weitere Komponenten wie Mineralstoffe und Kalzium, Phosphor sowie Vitamin A und solche des Vitamin-B-Komplexes.

Quark und Hüttenkäse/Cottage Cheese (siehe nebenstehend) gehören zu den Frischkäsen, die nur kurze Zeit haltbar sind. Sie lassen sich im Kühlschrank in der unangebrochenen Packung fünf bis sechs Tage, pasteurisiert gut 14 Tage ab Abfülldatum lagern.

Quark wird für Salatsaucen und Mayonnaisen, für Rohkostplatten, als Tomatenfüllungen und für pikante und süße Brotaufstriche verwendet.

Quark-Aufstriche:

250 g Rahmquark mit 6 Eßlöffeln Milch glattschwingen. Dann folgende Zutaten daruntermischen:

Für pikante Aufstriche:
• Feingehackte Kräuter, Zwiebeln oder Knoblauch, etwas Kümmel, 1 Prise Salz
Garnitur: Salami, Aufschnitt
• Geriebene Nüsse, Zitronensaft, Salz
Garnitur: Tomatenschnitze
• Feingeschnittener Schnittlauch oder Petersilie
Garnitur: Cornichons mit Radieschenrädchen
• Geriebener Rettich, feingehackte Zwiebeln. Würzen mit Koriander und Pfeffer
Garnitur: feingeschnittener Schnittlauch
• Harte Eier, hacken und pfeffern
Garnitur: Tomaten oder Mayonnaise
• Geraffeltes Gemüse (Rüebli, Sellerie, Rettiche, Gurken usw.). Würzen nach Belieben, mit Schnittlauch bestreuen.
• Thon, Sardellen oder Sardinen, hacken und mit Zitronensaft beträufeln.
Garnitur: Petersilie und Mayonnaise

Für süße Aufstriche:
• 4–5 Eßlöffel Konfitüre oder Kompott
Garnitur: ganze oder geriebene Nüsse
• 4–5 Eßlöffel Beeren, zerdrükken und zuckern.
Garnitur: Schlagrahm
• 3–4 Eßlöffel Sirup oder Fruchtsaft, etwas Zucker
Garnitur: entsprechende Beeren oder Fruchtschnitzchen
• Geriebene Zitronen- oder Orangenschalen, etwas Zucker
Garnitur: Orangenschnitze

Quark-Speisen: Liptauer (pikant)

150 g Speise- oder Rahmquark und 75 g Butter miteinander schaumig rühren. 1 feingeschnittene Zwiebel, 1 Eßlöffel Senf, 2 Eßlöffel gehackte Petersilie, 1 Teelöffel Kapern und (nach Belieben) 1 Eßlöffel Kümmel unter die schaumige Masse mischen. Bergartig anrichten und mit Petersilie und Kapern garnieren.

Palatschinken (süß)

4 Eier, 4 Eßlöffel Mehl, 1½ dl Milch und 1 Prise Salz zu einem dünnflüssigen Omelettenteig mischen. Kurze Zeit ruhen lassen. Für die Füllung 400 g Speisequark, 3 Eidotter, 4 Eßlöffel Zucker, etwas Vanillemark, 2 dl Rahm und 100 g Sultaninen schaumig schlagen.

In Butter kleine, dünne Omeletten backen. Mit der Füllung bestreichen. Aufrollen oder flach aufeinanderschichten und wie eine Torte aufschneiden.

Himbeertraum

500 g Magerquark mit 1 Paket angetauten Himbeeren, 1 Päckchen Vanillezucker und etwas Milch im Mixer gut schlagen. Sofort, also sehr kalt, servieren. Nach Belieben kann der Mix-Masse etwas Himbeergeist beigegeben werden.

Quark-Kuchen und -Torten:

...nach Großmutters Rezept

150 g Mehl, 250 g Rahmquark, 100 g Butter, 100 g Zucker, Schale von 1/2 Zitrone, 1 gute Prise Salz, 3 Eier, 50 g geriebene Haselnüsse, 2 Eßlöffel Rum, 500–600 g säuerliche Äpfel

Mehl, Quark, Butter, die Hälfte des Zuckers, die geriebene Zitronenschale und Salz zu einem Teig kneten, 1 Stunde ruhen lassen. Etwa 1 cm dick ausrollen und auf ein bebuttertes Blech geben. Dicht mit Apfelschnitzen belegen. Die Eier trennen. Die Dotter mit dem restlichen Zucker, dem Rum und den Nüssen vermengen und mit dem steifgeschlagenen Eiweiß vermischen. Über die Apfelschnitze streichen. Mit grobem Zucker bestreuen und im mittelheißen Ofen etwa 50 Minuten backen.

...nach schwäbischer Art

Für den Teig: 150 g Mehl, 1/2 dl Milch, 3 dl Öl, 1 Teelöffel Zucker, 1 kleine Prise Salz, 25 g Hefe
Für die Füllung: 800 g Magerquark, 200 g Zucker, 3 Eigelb/Eiweiß, 1 Prise Salz, 3/4 Päckchen Vanillezucker, Saft und Schale von 1/2 Zitrone, 1 Becher Sauerrahm, 1 1/2 Eßlöffel Mehl, 1 knapper Teelöffel Backpulver, 50 g Rosinen

Teig: Mehl, Milch, Öl, Zucker, Salz und die in wenig Wasser aufgelöste Hefe zu einem Teig kneten, bei guter Zimmertemperatur gehen lassen.
Füllung: Inzwischen die Eigelb mit dem Zucker, Vanillezucker, Zitronensaft und geriebener Schale schaumig rühren und mit Quark und Sauerrahm vermischen. Das Mehl mit dem Backpulver mischen und zusammen mit den Rosinen unter die Quarkmasse mengen. Die Eiweiß mit einer Prise Salz steif schlagen und der Quarkmasse beifügen. Den Teig in eine gefettete Springform von 20–22 cm Durchmesser geben und einen etwa 4–5 cm hohen Rand formen. Die Quarkmasse einfüllen. Im vorgeheizten Backofen bei 180 °C knapp 1 1/2 Stunden backen. Den Ofen abschalten und die Torte noch etwa 10 Minuten darin ruhen lassen. Auf ein Kuchengitter stürzen, dann Rand und Boden der Form lösen. Wenn der Kuchen abgekühlt ist, auf eine Platte stürzen.

COTTAGE CHEESE (HÜTTENKÄSE)

war in England und Amerika schon lange Jahre heimisch, bevor er bei uns seine Liebhaber fand.
Vom ernährungsphysiologischen Standpunkt aus gesehen ist er ein Produkt, das ganz im Trend der modernen Ernährung liegt. Er enthält alle wertvollen Nährstoffe der Milch, ist reich an Eiweiß und Vitaminen, aber arm an Fett und Kalorien, denn 100 Gramm davon enthalten lediglich 98 Kalorien. Cottage Cheese/Hüttenkäse gehört wie der Quark zu den Frischkäsen.
Cottage Cheese kann man entweder pur, pikant gewürzt oder gesüßt genießen. Ausgesprochen delikat schmeckt er beispielsweise mit dunklem Brot zum Frühstück oder zum Café complet am Abend. Gewürzt mit frischen Kräutern oder rassigen Gewürzen ist er eine pikante Beilage zu geschwellten Kartoffeln, aber auch zu kalten Fleischplatten (beispielsweise Siedfleisch). Vermischt mit Beeren oder Früchten ergibt er erfrischende Desserts und Zwischenmahlzeiten. Ein Tip für raffinierte Salate: einen gehäuften Teelöffel Hüttenkäse unter die Sauce mischen. Die feinen Milchkörner verlieren auch mit dem Vermischen ihre Körnigkeit nicht: sie haften an den Salatblättern und geben besonders Kopfsalat, aber auch Endiviensalat und andern Blattsalaten ein feines Aroma. Warum nicht einmal Tomaten, Peperoni oder Gurken, mit gewürztem Hüttenkäse gefüllt, zu einer kalten Platte servieren?

Cottage Cheese pikant

Zutaten: 1 Becher Cottage Cheese, 1–2 Tranchen Schinken, 1 Salzgurke, 1 Tomate, Pfeffer, Paprika

Schinken, Salzgurken und Tomaten in kleine Würfel schneiden, mit dem Cottage Cheese vermischen und gut würzen.

Cottage Cheese-Schinkenrollen

Zutaten für 4 Personen: 4 Tranchen gekochter Schinken, 1 Becher Cottage Cheese, 1 Apfel, 2 Eßlöffel grobgehackte Mandeln, Salz, Pfeffer, Radieschen

Cottage Cheese mit dem geraffelten Apfel und den Mandeln locker mischen, gut würzen. Die Schinkentranchen auslegen und die Mitte davon mit der Füllung belegen. Einrollen und mit Radieschen garnieren.

SEPTEMBER

Ein guter Monat! Peperoni und Tomaten gibt es in Fülle, zum Blumenkohl gesellt sich der zartere Broccoli; Lauch, Rüebli und Sellerie zeigen den kommenden Herbst an. Neu auf dem Markt sind ebenfalls Chinakohl, Weißkabis und Zuckerhut. Zwiebeln gibt es, wie die Kartoffeln, sackweise zu kaufen. Und Auberginen wie Zucchetti vermögen uns – gefüllt, als Auflauf oder in Öl gebacken – über den Abschied des Sommers hinwegzutrösten, denn die heißen Tage gehen dem Ende zu.

Man genießt die noch warmen Abende, freut sich an den frisch gepflückten Äpfeln und Birnen, ißt reichlich Pflaumen- und Zwetschgenkuchen und hofft, daß die Trauben demnächst noch günstiger werden. Ein guter Monat!

TIP Meist auch ein schöner Monat! Ein Monat, der zu letzten Picknicks oder kleinen Balkon- oder Gartenfesten verführt. Mit Sandwiches, Salaten, überraschenden Grill-Gerichten oder gar einem kalten Buffet. Über das Arrangieren solcher kleinen Feste lesen Sie mehr auf Seite 66 («Wenn Gäste kommen») und Seite 124/128 («Picknick/Grillgerichte»).

Lauch ist eines unserer vorzüglichsten und vielseitigsten Gemüse. Trotzdem wird hierzulande der Lauch meist nur als Beilage und bestenfalls etwa für eine Suppe oder für einen Eintopf verwendet. Denn immer wieder vergessen wir, wie ausgezeichnet ein Lauchgratin, ein Lauchsalat oder gar ein Lauchkuchen (unser Bild) schmecken kann. Mehr über Lauch lesen Sie auf Seite 171.

Lauchsalat

Pro Person:
1 dickerer oder 2 dünnere Lauchstengel, Öl-Essig-Salatsauce (Rezepte siehe Seite 112) für Variante A; mit Rahm verdünnte Mayonnaise aus der Tube oder selbstgemacht (Rezept siehe Seite 113) für Variante B

Es gibt zwei Arten von Lauchsalat:
Variante A (in Frankreich gerne als Hors-d'œuvre serviert): Sie kochen den Lauch nicht zu weich und mischen ihn nach dem Erkalten mit einer Öl-Essig-Salatsauce.
Variante B: Schneiden Sie den gründlich gewaschenen Lauch (ohne das harte Grüne) in ganz dünne Scheibchen, die mit einer milden Rahm-Mayonnaise vermischt und mit gehackter Petersilie bestreut werden.

Pouletsalat mit Maiskörnern
(Hawaii-Salat)

1 gebratenes Poulet, etwa 450 g Maiskörner (Büchse), 4 Tranchen Ananas oder 1 kleine Büchse Ananaswürfel (kurz mit Wasser abspülen), 2 Stiele Stangensellerie, 4 Eßlöffel halb Mayonnaise, halb Joghurt, 2 Teelöffel Curry, 2 Eßlöffel Öl, 1 Eßlöffel Essig, Salz und Pfeffer

In einer Schüssel Salz, Pfeffer, Essig und zuletzt Öl gut mischen. Die gut abgetropften Maiskörner und den in Würfel geschnittenen Stangensellerie beifügen. Poulet enthäuten, dann in mundgerechte Stückchen teilen und mit den Ananaswürfeln dazugeben und gut mischen. Die Mayonnaise-Joghurt-Sauce verrühren wir mit dem Curry und geben sie über den Salat.

SEPTEMBER

Heringsalat

8 Matjesfilets (je nach Salzschärfe etwas wässern), ½ kg gekochte Randen (evtl. aus der Büchse), 2 Äpfel, Kapern, 1 Zwiebel, Mayonnaise-Sauerrahmsauce, evtl. mit etwas Ketchup gewürzt. Dill nach Belieben. Falls als reiches Hauptgericht (z.B. mit Gschwellti) gedacht: 250 g Kalbsbraten, 150 g gekochter Schinken (fakultativ oder Kalbfleisch und Schinken gemischt), 2 harte Eier, 1 Gewürzgurke

In einer großen Schüssel mischen: 3–4 Eßlöffel Mayonnaise, 4 Eßlöffel Sauerrahm oder Joghurt, 1 Eßlöffel gehackte Zwiebeln und Kapern. Die in kleine Würfel geschnittenen Heringe zugeben, gut durchmischen. Dann die geschälten und entkernten, in daumengroße Würfel geschnittenen Äpfel und Randen hinzufügen, mischen. Dill nach Belieben beifügen.
Nun können noch die gehackten Eier, die in Scheibchen geschnittene Gewürzgurke und die Schinken- und Kalbsbratenwürfelchen untergemischt werden; evtl., wenn der Salat zu «trocken» ist, etwas Mayonnaise und Rahm beifügen. Der Heringsalat sollte ca. 12 Stunden vor dem Essen zubereitet und bis dahin kühl gelagert werden. Schmeckt gut zu dunklem Brot, Gschwellti und Bier.

Gurken/Rettich-Salat

1 Gurke, 2 Rettiche, 1 Eßlöffel Zitronensaft, 1 Becher Joghurt, 1 Eßlöffel gehackter Dill, 1 Prise Zucker, Salz, weißer Pfeffer

Die Gurke fein hobeln oder in dünne Scheiben schneiden, die Rettiche grob raffeln (Röstiraffel). Mit Salz bestreuen. Nach 10 Min. die Gurkenscheibchen leicht ausdrücken, von den Rettichen die «Tränen» abgießen. Miteinander vermischen. Den Joghurt und die übrigen Zutaten zu einer Sauce verrühren, darübergeben. Das Ganze kurz vor dem Auftragen durchmischen, zu Gschwellti oder dunklem Brot servieren.

Broccoli-Salat

500 g Broccoli, 2 Zitronenscheiben, Salz, Provence-Sauce (Rezept siehe Seite 112)

Von den Broccoli die welken Blätter und harten Stielteile entfernen, gut abspülen. Zusammen mit den Zitronenscheiben in kochendes Salzwasser geben und zirka 10 bis 15 Min. köcheln lassen. Den Broccoli in eine Schüssel anrichten und mit der Sauce übergießen. Lauwarm oder kalt servieren.

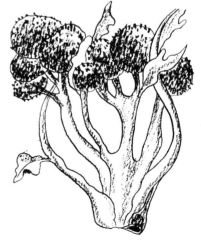

Gemischtes mariniertes Gemüse

Griechisches Gemüse

500 g frische, weiße, nicht zu große Zwiebeln schälen. 500 g Rüebli schaben und der Länge nach in Stengel schneiden. 250 g grüne Bohnen rüsten, 1 mittleren Blumenkohl in Röschen zerteilen. 500 g kleine Zucchetti ungeschält in Rädchen schneiden. 3 grüne Peperoni entkernen und in Streifen schneiden

Marinade:

3 Tassen Hühnerbouillon, 1 Tasse Weißwein, 1 Tasse Olivenöl, ½ Tasse Zitronensaft, 6 Petersilienstengel, 2 große, gehackte Knoblauchzehen, Thymian, 10 Pfefferkörner, 1 Teelöffel Salz

Man gibt alle Marinadezutaten in einen großen Topf und kocht sie halb zugedeckt während 45 Minuten. Dann wird die Marinade gesiebt, in die Pfanne zurückgegeben und nachgewürzt.

Das Gemüse wird *einzeln* in die wieder aufgekochte Marinade gegeben und darin knapp gar gekocht. Mit einer Schaumkelle aus der Pfanne nehmen und in eine Glas- oder Porzellanschüssel legen. Dann die heiße Marinade über die Gemüse gießen (ganz mit Flüssigkeit bedecken). Nach dem Abkühlen stellen wir den Topf gut zugedeckt über Nacht in den Kühlschrank. Zum Anrichten nimmt man die Gemüse aus der Marinade, arrangiert sie hübsch auf einer Platte und befeuchtet sie mit etwas Marinade. Das Gericht kann bis zu einer Woche im Kühlschrank aufbewahrt werden. Man kann auch andere als die oben angegebenen Gemüse dazu verwenden, z.B. Artischockenherzen, Lauch, Gurken, Pilze, Sellerieknollen, rote oder gelbe Peperoni, Broccoli usw.

SEPTEMBER

Grüne Bohnensuppe

500 g grüne Bohnen, 200 g rohe Kartoffelwürfelchen, 2–3 Tomaten (fakultativ), 1 feingeschnittene Zwiebel, 2 Eßlöffel Fett oder Öl, 50 g Schinkenwürfelchen (fakultativ), Salz, weißer Pfeffer, frisches Bohnenkraut oder Petersilie

Die Bohnen putzen, waschen und in daumenbreite Stücke brechen, mit 1,5 l heißem, leicht gesalzenem Wasser aufsetzen, etwa 20 Min. in der offenen Kasserolle köcheln lassen, damit die Bohnen schön grün bleiben. Unterdessen die Zwiebel und die Schinkenwürfelchen in Fett leicht rösten, mit 1 Tasse Bohnenwasser ablöschen, die Kartoffelwürfelchen und Tomaten zugeben und weichdünsten. Die Bohnen unterrühren. Kurz aufkochen lassen, mit Pfeffer, Salz und viel feingewiegtem Bohnenkraut oder Petersilie würzen.

Tessiner Minestrone

600–700 g feingeschnittenes Gemüse (Rüebli, Kohlrabi, Lauch, grüne Bohnen, Sellerie, Pilze, Blumenkohl, Zwiebel, Broccoli usw.), 100 g Speckwürfelchen (fakultativ), 1 Tasse gehäutete, gewürfelte Tomaten oder 3 Eßlöffel Tomatenpüree, 1 Tasse grüne Erbsen, 1–2 Knoblauchzehen, Lorbeer, Basilikum, Kerbel, Petersilie, Estragon, Majoran, Thymian, Pfeffer und Salz, 1 dl Öl (Olivenöl), 1 l Wasser. Körnig gekochter Reis und Teigwaren (evtl. geschnittene Resten) nach Belieben. Geriebener Sbrinz oder Parmesan

Das Gemüse in Öl etwas anrösten, Knoblauch und Speckwürfelchen sowie nach Belieben Würzkräuter und etwas später Tomaten und Erbsen zugeben. Wasser zugießen. Etwa 25–30 Min. köcheln lassen. Mit Salz und Pfeffer abschmecken, nach Belieben Reis und/oder Teigwaren zugeben. Mit geriebenem Käse servieren.

Berner Brotsuppe

In eine Fleischbouillon mit Gemüse werden in Butter goldgelb gebackene Bauernbrotwürfel gegeben. Mit Schnittlauch, Petersilie, Selleriegrün oder Kerbel bestreuen; sofort auftragen.

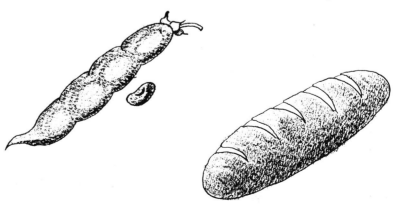

Mailänder Käseomeletten

Französische Omeletten gemäß Rezept auf Seite 115. 200 g Greyerzer oder Emmentaler, 50 g geriebener Sbrinz oder Parmesan, 1 Beutel Weiße Sauce, 1 knappe Tasse Tomatensauce, Butter oder Margarine

Weiße Sauce gemäß Anleitung auf Beutel zubereiten, erkalten lassen, mit dem in Würfelchen geschnittenen Käse mischen. Die Omeletten mit dieser Masse bestreichen, zusammenrollen, nebeneinander in eine gefettete Gratinform geben. Mit Tomatensauce übergießen, Sbrinz oder Parmesan darüberstreuen, bei etwa 220 °C im vorgeheizten Ofen 20 Min. gratinieren.

Grüne Omelette

Französische Omelette oder Omelette mit Mehl (Pfannkuchen) gemäß Grundrezept Seite 115. 300 g Spinat, 200 g Wirz, etwas Bouillon oder Weißwein, 50 g Quark, ½ dl Rahm, Sbrinz oder Parmesan, Salz, Muskatnuß, Butter oder Margarine

200 g Spinat und den Wirz, beides gehackt, in wenig Butter oder Margarine anziehen, mit etwas Bouillon oder Weißwein ablöschen, kurz in offener Pfanne dämpfen, mit dem in einer Schüssel geschlagenen Quark mischen. Die Omeletten mit dieser Gemüsemasse bestreichen, aufrollen und nebeneinander in eine gefettete Gratinform legen. Die übrigen 100 g Spinat fein hacken oder im Mixer fein schlagen, Rahm zugeben und in einem Pfännchen in etwas Butter etwa 3 Min. köcheln, mit Salz und Muskat würzen, über die Omeletten geben. Geriebenen Käse nach Belieben darüberstreuen. Im vorgeheizten Ofen kurz überbacken.

SEPTEMBER

Fischfilets provençale

600–700 g Fischfilets (Kabeljau, Dorsch, Colin usw., auch tiefgekühlt), 2 Eßlöffel Butter, 3–4 Eßlöffel Olivenöl, ca. 3 Eßlöffel Mehl, 1 kleinere Zwiebel, 2 Eßlöffel schwarze Oliven, 2 Eßlöffel frisches gehacktes Basilikum oder Petersilie, 2 Knoblauchzehen, 4 Tomaten, 2 dl Bier, etwas Rotwein, Salz, schwarzer Pfeffer

Die Fischfilets in Bier einlegen, 20 Minuten ziehen lassen. Die gehackte Zwiebel, den durchgepreßten Knoblauch und das Basilikum in 1 Eßlöffel Olivenöl und Butter andämpfen. Die Tomaten schälen, in Würfel schneiden und kurz mitdämpfen. Mit Rotwein ablöschen. Die Oliven beigeben, mit Salz und Pfeffer würzen und 20 Minuten köcheln lassen. Inzwischen die Filets abtropfen, salzen und pfeffern, in Mehl wenden und im restlichen Öl goldbraun backen. Die Sauce über die angerichteten Filets geben. Paßt sowohl zu weißem Brot als auch zu weißem Reis oder Teigwaren.

Eglifilets «vaudoise»

400 g Eglifilets, 2 gehackte Schalotten oder eine kleine Zwiebel, 1 Teelöffel Kräuter wie Petersilie, Estragon und Dill, Salz, Pfeffer, 100 g Butter, 2 dl Weißwein, 1 dl Rahm, 1 Eßlöffel Ketchup und etwas Knoblauchpulver (fakultativ), ½ Teelöffel Mehl

Die Filets salzen, pfeffern und mit den Kräutern bestreuen. 1 Stunde liegenlassen. Die Schalotten in wenig Butter dünsten, mit dem Wein ablöschen, die Eglifilets mit den Kräutern hineingeben und 10 Minuten leise ziehen lassen. Die Fische herausnehmen und warm stellen. Den Weinsud auf großem Feuer zur Hälfte einkochen lassen. Die restliche Butter und das Mehl verrühren, dann mit dem Rahm unter kräftigem Rühren in den Sud geben. Mit Ketchup und Knoblauchpulver (fakultativ) sowie etwas Pfeffer und Salz abschmecken und über die Eglifilets gießen.

Bunter Fischsalat

Für 4 Personen:
400 g gekochter Fisch, 1 grüne Peperone, 1 Zwiebel, 2 Tomaten, 2 hartgekochte Eier. Für die Salatsauce: Salz, Pfeffer, Dill, 4 Eßlöffel Sonnenblumenöl, 1 Eßlöffel Zitronensaft, 3 Eßlöffel Joghurt nature

Peperone und Zwiebel in Streifen, Fisch in etwa 2½ cm große Würfel schneiden. Salatsauce zubereiten. Fisch, Zwiebel und Peperone damit vermischen. Mit Eierscheiben, Tomatenschnitzen und geviertelten Oliven garnieren.

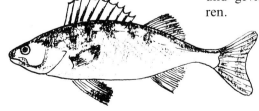

LAUCH

Lauch gibt es in zwei Sorten: Der Suppenlauch *ist kräftiggrün, etwas zäh. Wir verwenden ihn dort, wo wir seinen Geschmack als Würze schätzen, z.B. in Suppen (insbesondere Fleischsuppen).*
Vielseitiger ist der zartere, helle und langstielige Gemüselauch *(auch Winterlauch oder Bleichlauch genannt). Wir verwenden ihn für Salate, Gemüse, Eintöpfe, Kuchen, Gratins usw. (siehe Rezeptverzeichnis).*

Lauchkuchen

250 g Kuchen- oder Hefeteig, 1,2 kg Lauch, 4 dl Rahm, 3–4 Eigelb, 1 knapper Teelöffel Maizena, 1 Teelöffel Kümmel (fakultativ), schwarzer Pfeffer, Salz, Butter oder Margarine. Eventuell Speckwürfelchen

Mit dem ausgewallten Teig eine Springform etwa halbhoch auslegen. Den gut gewaschenen Lauch in Scheibchen schneiden, in Salzwasser kurz blanchieren und in einem Sieb abtropfen lassen. Dann Rahm, Eigelb, Maizena, Kümmel (fakultativ), Pfeffer und Salz verrühren, mit dem Lauch vermischen und alles auf dem Teig verteilen. Bei Mittelhitze etwa 50 Min. im vorgewärmten Ofen backen.
Besonders pikant wird der Kuchen, wenn Sie zwei Handvoll Lauchringe in etwas Butter kräftig – d.h. bis sie sich leicht bräunen – dämpfen und diese der Lauchmasse untermischen.
Sie können zudem den Kuchen mit Speckwürfelchen garnieren.

Gratiniertes Lauchgemüse

12–14 Lauchstengel, 2 Eßlöffel Butter, Béchamel-Sauce aus dem Beutel oder selbstgemacht, 100 g Speckwürfelchen, 100 g Sbrinz, Salz, Pfeffer

Nur die weißen Enden der Lauchstengel verwenden. Sie werden seitlich aufgeschlitzt und gründlich unter fließendem Wasser gewaschen. Dann 6 bis 8 Minuten in wenig Salzwasser dämpfen, in eine bebutterte Auflaufform geben. Die Béchamel-Sauce nach Beutelaufschrift oder aus 1 Eßlöffel Mehl, 5 dl Milch, 1 Eigelb, Salz und Pfeffer zubereiten, die Hälfte des Käses und die gerösteten Speckwürfelchen darunterrühren, über den Lauch geben. Mit dem Rest des Käses und einigen Butterflocken bestreuen, im vorgeheizten Ofen hellgoldgelb überbacken.
Variante: Man kann diesen vorzüglichen Gratin bereichern, indem man alle oder auch jeden zweiten Lauchstengel mit Schinken umwickelt, bevor die Béchamel-Käse-Sauce (eine sogenannte Sauce Mornay) darübergegeben wird.

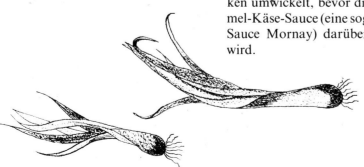

Raclettekartoffeln

8 mittelgroße Kartoffeln, Salz, 250–300 g Raclettekäse, Pfeffer aus der Mühle, Paprika, wenig Butter

Die Kartoffeln in der Schale kochen, erkalten lassen und schälen. Der Länge nach halbieren und in eine bebutterte flache Gratinform anordnen. Den Käse in Scheiben von zirka ½ cm Dicke und in der Größe der halben Kartoffeln schneiden. Die Kartoffelhälften damit bedecken. In den vorgeheizten Ofen geben, bis der Käse zerfließt, er darf keine Farbe annehmen. Sofort auf den Tisch bringen, mit Pfeffer aus der Mühle und Paprika bestreuen. Cornichons, Eierschwämme und Perlzwiebeln oder einen Salat dazu servieren.

Überbackener Spinat mit Speck und Käse

1 kg Spinat, 100 g Magerspeckscheiben, 50–60 g geriebener Sbrinz oder Greyerzer. Für die Sauce: 2 Eßlöffel Butter oder Margarine, 1 Eßlöffel Mehl, 1 dl Fleischbouillon, 1½ dl Milch oder Rahm. Salz, weißer Pfeffer, Muskat (fakultativ)

Der gewaschene Spinat wird unter Zugabe von etwas Wasser und Salz in der Pfanne gar gedämpft. Dann wird er gehackt. Die Saucenzutaten gut verrühren, mit Salz, Pfeffer und etwas Muskat abschmecken. Mit dem Spinat vermischen. Die Hälfte des Spinats in eine gefettete Auflaufform füllen, mit den Speckscheiben belegen, den übrigen Spinat darüber verteilen. Käse und einige Butterflocken darüberstreuen und bei 220 °C im vorgeheizten Ofen ca. 20 Min. backen.
Mit Bratkartoffeln, Salzkartoffeln oder Kartoffelsalat servieren.

Gefülltes

Wer Gefülltes zur Delikatesse machen will, braucht Zeit und jene Sorgfalt, die nur die Erfahrung bringt.

Faustregel: Das Gemüse halbiert man und kocht es, je nach Größe, 5 bis 10 Minuten in kochendem Salzwasser vor, damit das Gratinieren im Backofen nicht allzu lange dauert. Allgemein verbindliche Regeln für die Kochzeiten gibt es nicht; es braucht etwas Fingerspitzengefühl, bis man sie von Fall zu Fall richtig abschätzt. Auberginen brauchen am längsten, bei kleinen, zarten Zucchetti kann man sogar auf das Vorkochen verzichten.

Dann nimmt man das Gemüse aus dem Wasser, höhlt es aus, hackt das Ausgehöhlte, vermischt es mit der Fleischfarce, füllt damit die Gemüse, legt sie in eine gebutterte flache Gratinform und schiebt sie für 30–45 Minuten in den mittelheißen Backofen, bis sie gar sind und die Farce eine goldbraune Kruste hat.

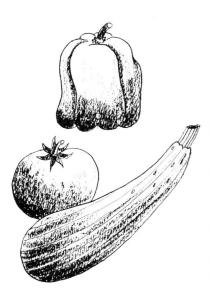

Gefüllte Auberginen

4 Auberginen, 250 g gehackte Fleisch- oder Geflügelresten, 1 Zwiebel, 1 Knoblauchzehe, Petersilie, Basilikum, knapp 1 dl Öl, 1 Tasse gekochter Reis, Parmesan oder Sbrinz, Tomatenpüree oder geschälte, gehackte frische Tomaten, Butter oder Margarine

Die Auberginen, wie in nebenstehenden «Faustregeln» angegeben, knappe 10 Minuten in Salzwasser geben. Wer den Geschmack leicht angerösteter Auberginen liebt, kann die Auberginen ungeschält längs halbieren, auf ein geöltes Blech legen und 10–15 Minuten im heißen Ofen backen. Dann das Fruchtfleisch in der Mitte behutsam herausholen, mit den übrigen Zutaten fein wiegen und kurz in Öl dünsten. Fleisch zugeben, pikant würzen, Reis, Käse nach Belieben und so viel Tomatenpüree oder -fleisch beifügen, daß eine geschmeidige Masse entsteht. Auberginen füllen, in eine gebutterte Form geben, mit Butterflocken überbacken.

Gefüllte Zucchetti

Zucchetti werden ebenfalls – ungeschält – vorerst weichgedünstet und dann mit beliebiger Fleischmischung, der wir das aus der Mitte herausgekratzte Zucchettifleisch beigeben, gefüllt. Die Füllung kann nach Belieben Reis enthalten. Wir können ihr aber auch Paniermehl beigeben oder gehackte hartgekochte Eier; beliebt als Beigaben sind ebenfalls feingehackter Schinken und Mortadella.

Oftmals sind auf dem Markt Zucchetti von über einem Pfund Größe erhältlich. Diese Riesenzucchetti werden ebenfalls längs halbiert und, ungeschält, in Salzwasser etwa 15 Minuten gedämpft. Fortsetzung wie oben.

Gefüllte Peperoni

Das Vorbereiten: Deckel mit Stiel abschneiden, das weiße Innere mit den Kernen entfernen. Die Peperone etwa 3 Min. in kochendes Wasser geben.

Salatfüllungen: Die Schoten können mit den verschiedensten Salaten gefüllt werden, z.B. Reis-, Thon-, Wurst-, Mais-, Bohnensalat usw.

Gekochte Füllungen:

- Aus Fleisch- oder Geflügelresten: Fleisch hacken, gedämpfte Zwiebeln und anderes Gemüse; etwas Paniermehl und Rahm oder Sauerrahm zugeben.
- Reis- oder Risottoreste mit Pilzen: Champignons oder Eierschwämme mit gehackter Petersilie in Butter andünsten, mit dem Reisrest und etwas Rahm vermischen, würzen. Evtl. feingehackten Schinken beigeben.
- Mit Reis und rohem Hackfleisch: feingehackte Zwiebel und Petersilie in Fett kurz anziehen, Hackfleisch (halb/halb) und feingehackten Knoblauch zugeben, braunbraten, würzen. Mit gekochtem Reis und abgetropften gehackten Pelati (oder geschälten Tomaten) vermischen.

Die Füllungen in die Schoten geben. Deckel aufsetzen. In eine gebutterte Gratinform stellen. Eventuell etwas Bouillon oder Tomatensaft in die Form gießen. Im vorgeheizten Ofen bei 220 °C gut 30 Min. backen.

Gefüllte Tomaten (warm)

Tomaten können mit einer Fleischfarce oder einem Fleisch-Reis-Gemisch gefüllt werden, wie in den vorstehenden Rezepten beschrieben ist. Der Tomate wird ein Deckel abgeschnitten. Dann wird sie – nicht zu stark – ausgehöhlt, mit etwas Salz und Pfeffer gewürzt und mit der Farce gefüllt. Deckel aufsetzen, Tomaten in eine feuerfeste Form geben, etwas Öl und nach Belieben Tomatensaft (passiert vom Ausgehöhlten) darübergießen. Im Ofen bei 250°C 8–10 Min. backen.

Hackfleischfüllung

für Auberginen, Zucchetti, Peperoni, Tomaten
250 g Hackfleisch, halb/halb, 1 gehackte Zwiebel, 1 gehackte Knoblauchzehe, Petersilie, Basilikum, 1 Tasse gekochter Reis, Parmesan oder Sbrinz, Tomatensauce aus Pelati oder frischen Tomaten, Butter, evtl. etwas Paniermehl

Fleisch mit den Zutaten in Öl durchbraten, dann den gekochten Reis, Käse und so viel Tomatensauce beigeben, daß eine geschmeidige Masse entsteht. Diese in die blanchierten*, leicht ausgehöhlten Auberginen oder Zucchetti oder die entkernten Peperoni geben. In eine bebutterte Form legen, mit reichlich Tomatensauce übergießen, evtl. mit etwas Paniermehl und Butterflokken bestreuen, in vorgeheiztem, mittelheißem Ofen 30–45 Min. backen.

*Wichtig: Die halbierten Auberginen und Zucchetti wie auch die entkernten Peperoni vor dem Füllen je nach Dicke 5–10 Min. in Salzwasser blanchieren, damit das Gratinieren nicht zu lange dauert.

Kohlrabiauflauf

800–1000 g Kohlrabi oder halb Kohlrabi und Rüebli, 2 Büschel Petersilie, 300 g Schinken- oder Wurstwürfelchen (Landjäger, Salami), Béchamel-Sauce (aus Beutel), weißer Pfeffer, Salz, Muskat (fakultativ), 3 Eßlöffel Paniermehl, Butter oder Margarine

Die Kohlrabi dünn schälen und in Scheiben (die Rüebli in dünne Stengelchen) schneiden. In Salzwasser, dem wir eine Prise Zucker zugeben, 20 Min. gar kochen. Mit feingehackter Petersilie mischen und mit den Schinken- oder Wurstwürfelchen schichtenweise in eine gebutterte Gratinform geben. Oberste Schicht Kohlrabi. Mit der nach Anweisung angemachten Béchamel-Sauce übergießen, kleine Butterflöckchen und Semmelbrösel darübergeben, im vorgeheizten Ofen bei 250 °C etwa 15 Min. backen.

Dazu Salzkartoffeln oder neue Kartoffeln.

Anstelle der Schinken- oder Wurstwürfelchen können wir mit einer gehackten Zwiebel, mit Salz und Pfeffer gewürztes, in Butter angezogenes Hackfleisch verwenden. Wir können der Béchamel-Sauce nach Belieben auch etwas Reibkäse untermischen.

SEPTEMBER

Überbackene Auberginen

4 große Auberginen, 200 g Mozzarellakäse (evtl. Emmentaler), frisches Basilikum, Salz, Pfeffer, 2 Eßlöffel Mehl, Olivenöl

Sauce: Pelati aus der Büchse oder geschälte Tomaten, 1 kleine Zwiebel, 1 Eßlöffel Olivenöl, Salz, Pfeffer

Auberginen waschen und der Länge nach in ½ cm dicke Scheiben schneiden, diese mit Salz bestreuen, übereinanderlegen, beschweren und 1 Stunde ziehen lassen. Dann gut abtrocknen und in heißem Öl kurz anbraten. Zwischen je zwei Scheiben legen wir eine Scheibe Mozzarella und ein Blättchen Basilikum, wenden die «Sandwiches» in Mehl und backen sie im heißen Öl goldbraun. Mit etwas Salz und Pfeffer bestreuen und auf Platte anrichten. In der Zwischenzeit haben wir feingehackte Zwiebeln in Öl weichgedünstet. Die abgetropften Pelati oder zerkleinerten und entkernten Tomaten zugeben und dämpfen, bis die Flüssigkeit verdunstet ist. Mit Pfeffer und Salz würzen. Dann die Sauce über die fertig gebackenen Auberginen geben. Warm oder kalt servieren.

Ungarisches Gurkengemüse mit Schinken

2–3 Gurken (ca. 1 kg), 1 große Zwiebel, 150–200 g Schinken, 1 Joghurt (fakultativ), 1 kleine Büchse Tomatenpüree oder 300 g geschälte Tomaten (aus der Büchse), 1–1½ dl Bouillon, Salz, Pfeffer, Paprika, 1 Bund Petersilie, 2 Eßlöffel Butter oder Margarine

Die Gurken schälen und in etwa 2 cm dicke Scheiben schneiden, mit der feingehackten Zwiebel und den Schinkenwürfeln in Butter oder Margarine andünsten. Tomatenpüree zugeben, mit Bouillon ablöschen, gut 15 Min. schmoren lassen. Mit Salz, Pfeffer und Paprika abschmecken, gehackte Petersilie und nach Belieben Joghurt daruntermischen. Zu Weißbrot, Salzkartoffeln, neuen Kartoffeln oder weißem Reis servieren.

Tip: *Die Schinkenwürfelchen können weggelassen werden, wenn wir das Gemüse als Beilage zu einem Fleischgericht – z. B. Paprikahuhn – geben.*

Chicorée oder Lauch mit Schinkenwürfelchen

1 kg Chicorée oder Lauch, Saft von ½ Zitrone, 200 g Schinken-, Schinkenwurst- oder Speckwürfelchen, 100 g Brotwürfelchen, 50–60 g Butter oder Margarine, Salz, Pfeffer

Chicorée putzen und den bitteren Kern herausschneiden, beim Lauch das harte Grüne wegschneiden. In Salzwasser mit Zitronensaft gar kochen (ca. 15 Min.). In Butter oder Margarine Brot- und Fleischwürfelchen knusprig braten. Über das abgetropfte Gemüse geben.

Zu Salzkartoffeln oder weißem Reis servieren.

SEPTEMBER

Schweinsfüßchen nach Genferart

Für 6 Personen:
6 Schweinsfüßchen, halbiert, 2 Eßlöffel eingesottene Butter, Salz, Pfeffer, Majoran, Rosmarin, Estragon, 2 Rüebli, 1 Zwiebel, gespickt mit Lorbeerblatt und Gewürznelke, 4 Knoblauchzehen, ½ Lauchstengel, halbiert, ½ l Weißwein, ½ l Fleischbouillon, 4 geschälte Tomaten (evtl. aus Dose), 500 g Champignons, 1 Teelöffel Kartoffelmehl, 1 dl Madeira, 2 Eßlöffel Senf, 1 Eßlöffel Butter, 2 Eßlöffel Paniermehl, 1 Büschel Petersilie

Butter in eine große Auflaufform geben, im Ofen erhitzen, dann die der Länge nach halbierten Schweinsfüßchen darin wenden und bei 240 °C etwa 30 Minuten goldgelb braten. Dann die geschälten, in Rädchen geschnittenen Rüebli, halbierten Lauchstengel und durchgepreßten Knoblauch sowie die gespickte Zwiebel zugeben. Mit Wein und Bouillon begießen, mit Salz, Pfeffer, Majoran, Rosmarin und Estragon würzen. Mit Aluminiumfolie zudecken. Im Ofen bei 200 °C 2 Stunden schmoren lassen. Die Füßchen aus der Form nehmen, den Hauptknochen entfernen. Die Füßchen mit Senf bestreichen, wieder in die Form geben. Das in wenig Wasser aufgelöste Kartoffelmehl zur Sauce geben, diese in einem Pfännchen auf die Hälfte einkochen lassen, Madeira zugeben und zu den Füßchen gießen. Diese mit Paniermehl bestreuen und mit einigen Butterflocken belegen. 10 Minuten gratinieren.

Inzwischen die zerkleinerten Tomaten in wenig Butter zu einem dicken Mus kochen, würzen, die gescheibelten Champignons zugeben. Die Form aus dem Ofen nehmen, mit Tomatengemüse garnieren und mit gehackter Petersilie bestreuen. Paßt sehr gut zu Kartoffelstock oder Reis.

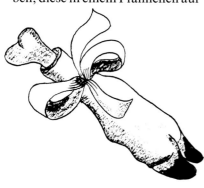

Weißes Kalbsragout

800 g Kalbsbrust, Salz Pfeffer, 25 g Mehl, 25 g Butter
Für den Sud: 1 bestecke Zwiebel, Rüebli, Sellerie, 1 dl Weißwein, Salz, 3–4 Pfefferkörner, ca. 1 l Wasser

Den Sud mit den Suppengemüsen, dem Wein und den Gewürzen aufkochen. Das Fleisch in etwa 5 cm großen Stücken zugeben, 1 Stunde köcheln lassen. Schaum jeweils abschöpfen. In einer Pfanne die Butter zergehen lassen. Mehl beigeben. ½ l Sud beifügen, gut glattrühren, 20 Minuten köcheln lassen. Das Fleisch hineingeben, aufkochen, abschmecken, mit gehacktem Grün bestreuen.

Mit weißem Reis, einem Gemüse (z.B. Spinat oder grünen Erbsen und Rüebli) oder Salat servieren.

Schweinshals im Wasserbad

In älteren Kochbüchern wird der Schweinshals oft als «geringwertig» beschrieben, vielerorts nur geräuchert oder gesalzen verlangt. Dabei ist der Hals ein ausgesprochen gutes Stück für Gulasch, Plätzli (z.B. paniert) oder einen saftigen Braten. Wer den Fettgehalt des Halses fürchtet, der brate ihn, wie das folgende Rezept zeigt, im Wasserbad.

Für 6 Personen:
1 kg Schweinshals, Bratengarnitur, Salz, Pfeffer, Gewürze wie Salbei, Majoran oder auch etwas Paprika, Senf, Bouillon/Weißwein

Der Schweinshals wird gesalzen, gepfeffert und gut mit Senf eingerieben. In den Bratentopf gut daumenbreit halb Bouillon, halb Weißwein geben, aufkochen lassen und den Hals allseitig anbraten, bis die Flüssigkeit verdampft ist. Herausnehmen, die Gemüsegarnitur (1 bestecke Zwiebel, Rüebli, Sellerie und evtl. 1–2 Tomaten) hineingeben, leicht andämpfen, den Fond mit 2–3 Tassen Bouillon aufkratzen, den Braten zugeben und die Kasserolle in den vorgeheizten Ofen schieben. Bei mittlerer Hitze unbedeckt gut 2 Std. braten lassen, hin und wieder wenden, stets jedoch mit dem Fond übergießen, dem Sie dauernd Flüssigkeit (Wasser oder dünne Bouillon und Weißwein) zugeben. Braten herausnehmen. Die Sauce abschmecken, evtl. mit 1 Teelöffel in Wasser aufgelöstem Maizena verdicken.

Paßt ausgezeichnet zu Kartoffelstock, Teigwaren oder Reis.

SEPTEMBER

Piratenreis

250–300 g Langkornreis, 1 Peperone, 1 Knoblauchzehe (fakultativ), 2–3 Eßlöffel Öl (Olivenöl), Salz, Pfeffer, Chili- oder Cayennepfeffer, Safran

Die feingeschnittene Peperone in heißem Öl kurz anrösten, Reis und die gehackte Knoblauchzehe zugeben, mit ca. 4–5 dl Salzwasser oder Bouillon ablöschen, garkochen lassen. Würzen nach Belieben und zugedeckt noch etwas ziehen lassen. Mit einem Gurkensalat servieren.

Ungarischer Reisauflauf

300 g Langkornreis, 250 g gehackter Schinken, 2 Peperoni, 3–4 Tomaten, 1 mittelgroße Zwiebel, 2 Knoblauchzehen, Paprika, Salz, frische gehackte Kräuter nach Belieben, Butter oder Margarine, Paniermehl

Den Reis in Salzwasser körnig kochen, mit 1 Eßlöffel gehackten Kräutern, 2 Eßlöffeln Butter und Schinken mischen. Eine Schicht davon in eine gebutterte Gratinform geben, mit den in Streifen geschnittenen Peperoni belegen. Darauf die geschälten, in Scheiben geschnittenen Tomaten verteilen, mit etwas Salz und Paprika würzen und mit der gehackten Zwiebel und durchgepreßtem Knoblauch bestreuen. Alles mit einer zweiten Schicht Reis bedecken. Butterflöckchen und Paniermehl darüber verteilen. Im vorgeheizten Ofen bei 250 °C etwa 20 Min. backen. Dazu grünen Salat reichen.

Hühnertopf mit Teigwaren

1 gegrilltes oder gesottenes Poulet (evtl. auch Resten), 3–4 Eßlöffel Öl, 2 Peperoni, 1 Zwiebel, 1–2 Knoblauchzehen, 3 Tomaten, gehackte Petersilie, 1 kleines Glas Weißwein, 350–400 g Spaghetti, schwarzer Pfeffer

Das Fleisch von den Knochen lösen und in Stücke schneiden. In der Pfanne das Öl erhitzen, die feingeschnittenen Peperoni, die gewürfelte Zwiebel sowie die zerdrückten Knoblauchzehen beigeben und anrösten. Dann die in Scheiben geschnittenen Tomaten und etwas gehackte Petersilie zugeben, andünsten und das Pouletfleisch beifügen. Aufkochen, mit einem Gläschen Weißwein ablöschen, die al dente gekochten Spaghetti zugeben und das Gericht unter Wenden 3–5 Minuten ziehen lassen, eventuell mit frischgemahlenem Pfeffer würzen.

Anstelle von Spaghetti und Fleisch können Nudeln genommen werden. Ausgezeichnet wird das Gericht, wenn wir Paniermehl und einige Butterflocken darauf verteilen und das Gericht im Ofen gratinieren.

Nudeln mit Auberginen

400 g Nudeln, 2 Auberginen, 300 g Schweinsbratwurst oder 200 g Schinken (evtl. halb Schinken/halb Schweinsbratwurst), 3 Eßlöffel Öl, Pfeffer und Salz, geriebener Sbrinz oder Parmesan

Die gewaschenen Auberginen mit der Schale in ½ cm dicke Scheiben schneiden und im heißen Öl goldgelb dünsten. In einer zweiten Pfanne den gewürfelten Speck auslassen, die gehäutete und in dicke Scheiben geschnittene Wurst zufügen und durchschmoren lassen. Die Nudeln in reichlich Salzwasser al dente kochen und gut abtropfen lassen. Auf eine vorgewärmte Platte anrichten. 1–2 Eßlöffel von dem Nudelkochwasser zu den Würsten geben, verrühren und aufkochen lassen, mit den Auberginenscheiben unter die heißen Nudeln mischen. Mit geriebenem Käse servieren.

Nudelauflauf mit Peperoni

300 g schmale Nudeln, 2–3 Peperoni (möglichst verschiedenfarbig), 1 dl Rahm, 3 Eier, 60–80 g Sbrinz oder Parmesan, 1 Eßlöffel Öl, ½ dl Fleischbouillon, etwas Butter, Salz, weißer Pfeffer, Muskat

Die Peperoni in feine Streifen schneiden, in Öl kurz und kräftig anbraten, etwas Bouillon zugeben und gar dünsten. Mit den al dente gekochten Nudeln mischen. Diese in eine gut gebutterte Gratinform geben. Die mit dem Rahm verklopften und mit etwas Salz, Pfeffer und Muskat gewürzten Eier darübergießen. Den Reibkäse darübergeben, mit einigen Butterflocken bestreuen. Im auf 250 °C vorgeheizten Ofen so lange überbacken, bis sich eine goldgelbe Kruste gebildet hat.

Caramelköpfchen Großmutterart

½ l Milch, 100 g Zucker, 1 Stengel Vanille, 4 Eier

Caramelzucker: 100 g Zucker, 2–3 Eßlöffel Wasser

Milch und Vanillestengel aufkochen. Zucker mit Eiern gut verrühren und mit der Milch vermischen. Vanillestengel entfernen. Diese Mischung in die mit Caramelzucker ausgegossenen Puddingförmchen füllen. Die Förmchen in ein Wasserbad stellen und im mittelheißen Ofen etwa 15 Minuten pochieren (das Wasser soll nicht kochen). Erkalten lassen und stürzen.

Caramelzucker: Zucker und Wasser unter ständigem Rühren kochen, bis der Zucker goldbraun ist; evtl. einige Tropfen Zitronensaft beifügen, wenn die Masse zu dick wird. Mit diesem Caramelsirup sofort die Förmchen ausgießen.

Rohe Apfelcreme

4 Äpfel, Saft einer Zitrone, 2–3 Eßlöffel Zucker, 150 g Rahmquark, ½ Joghurt nature, 1 dl steifgeschlagener Rahm, 1 Eßlöffel geröstete Mandelsplitter

Quark, Joghurt, Zitronensaft und Zucker gut mischen und luftig rühren. Die Äpfel waschen und durch die Bircherraffel direkt in die Sauce reiben. Immer sofort gut mischen. Zum Schluß den steifgeschlagenen Rahm locker darunterziehen, mit Mandelsplittern überstreuen. Kalt servieren.

Tip: *Anstelle von Rahmquark/Joghurt kann auch nur Rahmquark oder Joghurt genommen werden.*

SEPTEMBER

Apfelsuppe

500 g Äpfel, ½ l Weißwein, 2 Eßlöffel Zitronensaft, Apfelsaft, Zucker, Zimt nach Belieben, 1 Eiweiß oder 1 dl Rahm, gehackte Walnüsse

Die Äpfel schälen, entkernen und fein schneiden, mit etwas Wein und dem Zitronensaft im Mixer pürieren. Dann den restlichen Wein und Apfelsaft nach Belieben zugeben, mit Zucker und Zimt abschmecken, fest geschlagenen Eischnee oder Rahm darunterziehen, gehackte Walnüsse darüberstreuen.

Coupe Angélique

6 dl Rahm, 100 g Zucker, 100 g dunkle Schokolade, 1 Tasse Popcorn, 1 Glas Cocktail- oder Weichselkirschen, 1 Päckchen Vanillezucker

Coupegläser in den Kühlschrank stellen. Unterdessen den Rahm (evtl. mit 1 Beutel Rahmhalter, damit der Rahm steif bleibt) steif schlagen und ebenfalls in den Kühlschrank stellen. Den Zucker rösten und das Popcorn darin caramelisieren, abkühlen lassen, mit dem Wallholz zerkleinern. Die Kirschen halbieren, die Schokolade raffeln. Mit dem Schlagrahm mischen. Popcorn und Vanillezucker darunterziehen. In die Coupegläser verteilen und mit Schokoladesplittern garnieren.

Schokoladensoufflé

2 Eßlöffel ungesüßten Kakao, 5 Eßlöffel Puderzucker, 6 Eier, 2 Eßlöffel Zucker

Kakao und Puderzucker in einem Pfännchen gut miteinander mischen. Die Eier trennen, die Eigelb der Kakao-Puder-Mischung beifügen und auf kleinem Feuer unter ständigem Rühren schmelzen. Man sehe zu, daß die Masse süß genug und glatt ist und lasse sie abkühlen. Dann schlägt man die Eiweiß steif und mische sie nach und nach behutsam unter die ausgekühlte Schokoladenmasse. Diese Mischung füllt man in eine gebutterte und mit Zucker ausgestreute Auflaufform und bäckt bei 200 °C während 20 Minuten. Sofort servieren.

Wichtig: Die Türe darf während der Backzeit nicht geöffnet werden.

Zwetschgenauflauf
(Schober)

750 g entsteinte Zwetschgen, 60 g in Stifte oder blättrig geschnittene Mandeln, 80 g Zucker, 3 Eier, 160–180 g Grieß, 2 ½ dl Sauerrahm, 2 ½ dl Milch, 80 g Butter, Paniermehl

Die Zwetschgen im Wechsel mit den Mandelstiften in eine gefettete, mit Paniermehl bestreute flache Auflaufform geben. Butter, Zucker und Eigelb schaumig rühren, Sauerrahm, Milch und Grieß zugießen und mischen. Die zu steifem Schnee geschlagenen Eiweiß darunterziehen und die Masse über die Zwetschgen verteilen. Den Auflauf bei 220 °C 50–60 Min. backen. Dazu eine Vanillesauce (siehe Rezept Seite 65) servieren.

Backen

Ist Backen zu einem Hobby geworden? Können wir denn nicht Kuchen, Torten und Feingebäck beim Bäcker oder im Lebensmittelhandel in guter Qualität kaufen? Doch, wir können es – und könnten uns zudem eine Menge Arbeit und Ärger sparen. Denn gerade das Backen ist Erfahrungssache, nicht immer gelingt ein Rezept auf Anhieb. Neue Bleche, ein neuer Ofen, Luftfeuchtigkeit, andere Zutaten usw. können uns manchen Streich spielen. Trotz alledem: Backen macht Freude, gibt Befriedigung – und überdies ist das «Selbstgebackene» meist doch besser.

DER BACKOFEN

Sammeln Sie Erfahrungen! Schreiben Sie sie auf! Notieren Sie gerade bei einem neuen Herd die Abweichungen zu den in der mitgelieferten Gebrauchsanweisung angegebenen Backzeiten. Denn jeder Backofen hat trotz einheitlicher Gradeinteilung und automatischer Temperaturregulierung seine Tücken.
Achten Sie auf das Material.

Backbleche und Backformen

Am besten eignen sich Metallbleche. Formen aus Glas, Porzellan oder Steingut leiten schlechter und sind für Gebäck wenig geeignet.
Von den Metallblechen ist Blaublech das ideale Material sowohl für elektrische wie auch Gasbacköfen, ausgenommen für die neuesten Gasherde. Zu diesen wird ein großes viereckiges Backblech in einer Aluminiumlegierung (Alusteel, Ferran) mitgeliefert.
Mit Teflon beschichtete Backformen haben den Vorteil, daß nichts anklebt und daß sie sich sehr leicht reinigen lassen. Diese gibt es in vielen Variationen und allen Größen.
Wenn die Backbleche mit Aluminiumfolie ausgeschlagen werden, verlängert sich die Backzeit um einige Minuten. Die Backformen können auch mit Pergament oder dem speziellen «Blechrein»-Papier ausgeschlagen werden.
Kleingebäck und Pasteten, die nicht auslaufen können, bäckt man mit Vorteil auf der Kuchenblechrückseite ohne Rand. Auf diese Weise läßt sich das Backgut leicht vom Blech entfernen. Nach dem Reinigen muß unbeschichtetes Blaublech unbedingt eingefettet werden.
Blaublech und emailliertes Blech ist schnitt- und kratzfest, Blech mit Teflonbelag und Alusteel ist schnittempfindlich. Leichtes Einfetten empfiehlt sich auch beim teflonbeschichteten Material, ganz besonders bei Verwendung zuckerhaltiger Teige.
Vorheizen:
Wenn im Rezept nichts anderes angegeben ist, muß der Backofen auf die erwähnte Temperatur vorgeheizt werden, was ca. 10–12 Minuten dauert. Während der ersten 1–2 Minuten die Türe leicht offen halten, damit das Kondenswasser entweichen kann.

Die richtige Temperatur
Elektrische Backöfen

	Regler mit C-Einteilung	Regler mit 8 Hitzestufen	Regler mit 6 Hitzestufen	Regler mit 4 Hitzestufen
schwache Hitze	80–110	2–3	2	U 2 O 1
schwache Mittelhitze	120–160	3–4	3	U 2 O 2
Mittelhitze	170–220	5–6	4	U 3 O 2
starke Mittelhitze	230–260	6–7	5	U 4 O 3
starke Hitze	270–300	8	6	U 4 O 4

Gasbacköfen mit automatischer Temperaturregulierung

		Gasherde mit 8 Stufen		Gasherde mit 10 Stufen	
		Stufe	Grad C	Stufe	Grad C
schwache Hitze	100–130°	1 =	130–150	1 =	120–130
schwache Mittelhitze	140–170°	2 =	150–170	2 =	140–150
Mittelhitze	180–220°	3 =	180–190	3 =	160–170
starke Mittelhitze	230–260°	4 =	200–220	4 =	180–190
starke Hitze	270–300°	5 =	230–240	5 =	200–210
		6 =	250–260	6 =	220–230
		7 =	270–280	7 =	240–250
		8 =	280–290	8 =	260–270
				9 =	270–280
				10 =	280–290

Backen:
Nach dem Vorheizen das Backgut einschieben, Originalbleche auf die vorgeschriebene Rille (siehe auch nebenstehenden Artikel «Backbleche»), kleine Bleche, Backformen usw. auf die Mitte des Einschiebgitters stellen. Bei Gebäckarten, die während des Backens Dampf entwickeln (z.B. Pasteten oder Krapfen mit feuchter Füllung, Pies, Früchtekuchen usw.), muß die Backofentüre einen Spalt offengehalten werden. Dies gilt auch beim Backen von Meringues und Schäumchen.

GRUNDREZEPTE FÜR TEIG

Allgemeine Regeln:
Das Mehl stets sieben. Sie erhalten dadurch ein viel luftigeres Gebäck.
Das Backpulver wird stets mit dem Mehl gemischt und gesiebt. Es sollte weder mit Flüssigkeit noch mit Fett direkt in Berührung kommen.
Wenn Sie Hefe verwenden, sollte sie frisch sein, also nicht bröckelig, sondern hell und glatt und mit frischem Duft.
Die einzelnen Zutaten schnell verarbeiten. Zu langes Kneten macht den Teig zäh.
Teig kann, in Alufolie oder in ein feuchtes Tüchlein gewickelt, im Kühlschrank etwa 4 Tage, im Tiefkühlfach etwa 3 Monate aufbewahrt werden.

Hefeteig
(für Zöpfe, Sonntagsbrot, Grittibänzen, Wähen)
500 g Mehl, 1 Teelöffel Salz, 1 Teelöffel Zucker, 20 g Frischhefe, zerbröckelt, 1½–2 dl lauwarme Milch, 80–100 g Margarine oder Butter, 1 Ei, zerklopft
Mehl in eine Schüssel sieben und in der Mitte eine Mulde machen. Salz, Hefe und Zucker in die Mulde geben und mit 1 dl lauwarmer Milch in der Vertiefung zu einem Teig anrühren, dann 10–15 Minuten quellen lassen. Nun die restliche lauwarme Milch, die flüssige Margarine und das halbe geklopfte Ei beifügen. Alles mischen und zu einem glatten Teig verarbeiten. Nur kurz kneten und den ganzen Teig mehrmals auf dem Tisch schlagen, bis er regelmäßige Luftlöcher aufweist. In der Schüssel in Ofennähe, d.h. bei ca. 30 °C auf das Doppelte aufgehen lassen.

Geriebener Teig oder Kuchenteig
(für Kuchen, Wähen, Krapfen, Käsepastetchen usw.)
500 g Mehl, 1½ Teelöffel Salz, 225 g Butter oder Margarine, 1 Eßlöffel Essig, 2 dl Wasser
Mehl auf Teigbrett sieben. Butter oder Margarine stückweise beigeben, miteinander zerreiben, bis sich eine feinkrümelige Masse bildet. Damit einen Kranz formen, das Wasser mit dem Essig und dem darin aufgelösten Salz zugeben und von der Mitte aus rasch zu einem Teig verarbeiten. Am Vorabend zubereiten oder mindestens 1–2 Stunden kühl ruhen lassen.

Pie-Teig
500 g Mehl, 1 Teelöffel Salz, 250 g Butter, 1 Eigelb, 2 Eßlöffel brauner Zucker (für süßen Pie-Teig)
Mehl sieben und in Flocken geschnittene Butter zu kleinen Krümeln zerreiben. Braunen Zucker und Salz daruntermischen. Zerklopftes Eigelb mit 4 Eßlöffeln Wasser darunterarbeiten. Zu einer Kugel formen, in Folie wickeln und mindestens 6 Stunden ruhen lassen.

Wichtig: *Bei zu trockener Konsistenz kann den Teigen jeweils noch etwas Milch zugegeben werden.*

Mürbteig
(für Obstkuchen oder -törtchen; nach dem Backen und Füllen sofort servieren)
500 g Mehl, 250 g Butter oder Margarine, 2 Eier, 1 Teelöffel Salz, 1 dl Wasser oder Rahm, nach Belieben 1–2 Eßlöffel zufügen
Das Mehl sieben. Alle übrigen Zutaten dazugeben und leicht mit den Fingern vermischen, nicht zuviel bearbeiten. Zu einer Kugel formen, in ein Tuch einwickeln und 1–2 Stunden kühl ruhen lassen.

Schnellblätterteig mit Quark
(für Pasteten, Kuchen, Kräpfchen, Salzgebäck usw.; Quarkblätterteig ist im Vergleich zum klassischen, sehr zeitraubenden und komplizierten Blätterteig weniger ausgiebig)
400 g Speisequark oder Rahmquark, 350 g Butter, 500 g Mehl, 1½ Teelöffel Salz
Das Mehl auf ein Teigbrett oder in eine Schüssel sieben, Salz, stückweise den Quark und die in kleine Stücke geschnittene Butter dazugeben. Mit zwei Gabeln oder mit kühlen Fingerspitzen rasch alle Zutaten zu einem Teig verarbeiten. Vor Gebrauch einige Stunden kühl ruhen lassen. Besonders luftig wird der Teig, wenn man ihm wie beim Blätterteig 2 bis 3 Touren gibt, d.h. auswallt, einschlägt und wiederum auswallt und einschlägt.

Blätterteig-Tips (gilt auch für gekauften Blätterteig):
• Blätterteig muß für die Verarbeitung immer kühl sein; also erst knapp vor Gebrauch aus dem Kühlschrank nehmen und das fertig verarbeitete Gebäck vor dem Backen nochmals kühl stellen, damit es besser aufgeht.
• Beim Schneiden und Ausstechen nur scharfe Messer und

Formen verwenden, damit die Ränder nicht zusammengedrückt werden, da sonst der Teig nicht richtig aufgehen kann.

• Darauf achten, daß Blätterteig beim Aufgehen sich in der Länge und Breite etwas zusammenzieht; deshalb die Teigstücke jeweils etwas größer schneiden, als man sie fertig wünscht.

• Füllungen nie warm auf den Teig geben, da dieser sonst aufgeweicht wird und nicht aufgehen kann.

• Blätterteig ist sehr fetthaltig, weshalb das Backblech nicht eingefettet, sondern lediglich kalt abgespült werden muß.

• Für Blätterteiggebäck wird der Ofen stets vorgeheizt, damit durch die Hitze der Teig hochgetrieben wird. Um ein zu starkes Bräunen des Gebäcks zu vermeiden, kann dieses mit Alufolie abgedeckt werden.

• Beim Backen die Ofentüre stets einen Spalt offenhalten, damit der Dampf abziehen kann und das Gebäck knusprig wird. Wenn keine entsprechende Vorrichtung besteht, kann eine Kelle zwischen Ofentüre und Rahmen geschoben werden.

Zuckerteig

(etwas fester als Mürbteig und vor allem für feine Obstkuchen und Törtchen geeignet, die nicht sofort serviert werden müssen)

500 g Mehl, 200 g Zucker, 2 Prisen Salz, abgeriebene Schale von 1 Zitrone, 3 Eier, 250 g Butter oder Margarine, 1 Eßlöffel Milch

Mehl auf ein Brett oder in eine Schüssel sieben. Eine Vertiefung anbringen. Zucker, Salz, Zitronenschale und verquirlte Eier hineingeben. Rasch vermischen. In Flocken geschnittene Butter oder Margarine beigeben. Kurz zu einem festen Teig zusammenkneten. 1 Stunde kühl ruhen lassen.

KUCHEN UND TORTEN

Aprikosenwähe

250 g selbstgemachter oder 1 Paket gekaufter Kuchenteig, 50 g Haselnüsse, gerieben, 500 g Aprikosen, 3 Eßlöffel Zucker

Blech einfetten, mit dem ausgewallten Teig belegen, mit Gabel einstechen und mit den geriebenen Haselnüssen bedecken. Aprikosen waschen, halbieren und entsteinen. Die Hälften schön darauf verteilen, mit Zucker bestreuen und 30 Minuten bei 220 °C backen. Man kann auch gedörrte, eingeweichte Aprikosen oder solche aus der Dose verwenden.

Zürcher Pfarrhaustorte

Teig: 500 g Mehl, 50 g Zucker, ½ Teelöffel Salz, 250 g Margarine, 2 Eier, 5 Eßlöffel Rahm

Mehl sieben, Zucker und Salz in einer Schüssel mischen, Margarine in kleinen Stücken beifügen, zusammen verreiben, Eier und Rahm dazugeben und sehr sorgfältig zu einem Teig vermischen. Kühl stellen.

Füllung: 150 g Haselnüsse, gerieben, 2 Eier, 1 Teelöffel Zimt, 100 g Zucker, 1–2 große Äpfel, geraffelt, Saft einer Zitrone, 5–6 kleinere Äpfel, 2 Eßlöffel Himbeer- oder Johannisbeergelee

Haselnüsse, beide Eigelbe, Zimt, Zucker, geraffelte Äpfel, Zitronensaft und steifes Eiweiß gut vermischen. Springform mit Teig belegen und die Füllung darauf verteilen. Die kleineren Äpfel schälen, halbieren, fein einschneiden und mit der Rundung nach oben auf die Füllung verteilen. Mit dem erhitzten Gelee überpinseln und bei 220 °C 30 bis 35 Minuten backen.

Tarte des demoiselles Tatin

(Apfelkuchen nach Art der Demoiselles Tatin)

250 g Kuchenteig, 150 g Puderzucker, 500 g Äpfel, 50 g Butter oder Margarine

Kuchenblech gut ausbuttern und mit 1 cm dicker Puderzuckerschicht belegen. Darüber kommen dicht an dicht die in Schnitze geschnittenen und geschälten Äpfel. Die Butter darauf verteilen und nochmals eine Schicht Puderzucker darübergeben. Dann mit dem 2 mm dick ausgewallten Kuchenteig zudecken und 20 bis 25 Minuten bei 220 °C knusprig backen. Den Kuchen so auf die Platte geben, daß die Apfelschicht oben liegt. Warm auftragen.

Gedeckter Apfelkuchen

Teig: 125 g Butter oder Margarine, 60 g Zucker, 2 Eier, 1 Eßlöffel Wasser, 1 Prise Vanillezucker, 250 g Mehl, ½ Beutel Backpulver
Füllung: 500 g Äpfel, 2 Eßlöffel Zucker, ½ Eßlöffel Wasser, 100 g Rosinen

Butter, Zucker und 1 Ei schaumig rühren, Wasser und Vanille dazugeben, Mehl mit Backpulver dazusieben. Teig zusammenkneten und in ein größeres und ein kleineres Stück teilen. Springform mit der größeren Portion auslegen, Teigrand mindestens 4 cm hochziehen. Boden einstechen und die Form in den Kühlschrank stellen. Unterdessen Äpfel schälen, vierteln und entkernen, in Scheiben schneiden und ganz kurz in Zuckerwasser kochen. Abtropfen, auskühlen und zusammen mit den Rosinen auf dem Teigboden verteilen. Den vorstehenden Teigrand auf die Füllung umlegen, mit Eiweiß bestreichen. Die kleinere Teigportion zu einem Deckel dünn auswallen und auf den Kuchen legen. Mit der Gabel mehrmals einstechen, mit Teigresten verzieren und mit dem Eigelb bestreichen. Bei 200 °C auf der untersten Rille etwa 40 Minuten backen.

Apple-Pie

250 g selbstgemachter oder 1 Paket Blätterteig, 500 g Äpfel, 250 g Zucker, 1 Kaffeelöffel Zimtpulver, 1 Messerspitze Ingwerpulver, 1 Eßlöffel Paniermehl, 30 g Butter oder Margarine, 1 Ei

Die Springform mit dem Teig dünn auslegen, die Äpfel schälen, entkernen und in kleine Würfelchen schneiden und auf dem Teig verteilen. In einer Schüssel Zucker, Zimt, Ingwer und Paniermehl mischen, Butterflöcklein darauf verteilen und auf die Äpfel geben. Den vorstehenden Rand auf die Masse biegen, mit Eiweiß bepinseln und mit einem ebenfalls dünn ausgewallten Teigdeckel zudecken. In den Deckel mit der Gabel einige Dampflöcher stechen und Zierritze anbringen. Mit Eigelb bestreichen. Bei 180 C etwa 30 Minuten backen.

Zwetschgenkuchen mit Guß

250 g selbstgemachter oder 1 Paket gekaufter Kuchen- oder Blätterteig, 800 g Zwetschgen (auch tiefgekühlt), 50 g Haselnüsse, gerieben, 2 Eier, 1 dl Rahm, 1 dl Milch, 120 g Zucker

Teig auswallen, Kuchenblech damit auslegen, mit Gabel einstechen und mit den Haselnüssen bedecken. Mit den halbierten und entsteinten Zwetschgen auffüllen. Eier, Rahm und Milch zusammen verklopfen, über die Früchte gießen und mit der Hälfte des Zuckers bestreuen. Bei 220 C etwa 30 Minuten backen. Mit dem restlichen Zucker bestreuen.

Tuttifrutti im Schlafrock

250 g selbstgemachter oder 1 Paket gekaufter Blätterteig, 200 g Dörrbirnen, 50 g Baumnußkerne, 1 Eßlöffel Orangeat, 2 Eßlöffel Rosinen, 3 Feigen, 2 Eßlöffel Rum, 4 Eßlöffel Einweichwasser, 1 Messerspitze Zimt, 1 Ei

Die Birnenschnitze über Nacht in warmem Wasser einweichen und dann im Einweichwasser weichkochen und passieren. Die Nüsse und das Orangeat grob hacken. Die Feigen würfeln und zusammen mit den Rosinen im Rum ziehen lassen. Dann alles zusammen gut mischen.

Den Blätterteig 2 mm dick auswallen und in Quadrate von etwa 7 bis 12 cm Kantenlänge schneiden, je einen Eßlöffel Füllung in die Mitte geben und ringsherum die Ränder mit Eiweiß bepinseln. Die vier Teigecken fassen und zu einem Päckchen formen, obenauf mit einem Teigrondell verzieren. Mit Eigelb bepinseln und bei 180 °C 15 bis 20 Minuten backen.

Orangenkuchen

250 g Mehl, 150 g Zucker, 150 g Butter oder Margarine, 1 Ei, Wasser, Orangenkonfitüre, 1 Messerspitze Salz

Mehl auf Tischplatte sieben, Kranz formen, in die Mitte Eigelb, die zerlassene Butter und das Salz geben. Alles zusammen kneten, evtl. Wasser zufügen. Blech gut ausbuttern und mit Mehl bestäuben. Teig auswallen, Blech damit auslegen, 3 cm hohen Rand formen. Orangenkonfitüre auf Teigboden dick auftragen, mit Teigresten verzieren und bei 180 °C ungefähr 20 Minuten bakken.

Aargauer Rüeblitorte

8 Eier, 400 g geriebene Rüebli, 400 g Zucker, 400 g geriebene Mandeln, 80 g Mehl, 1 Eßlöffel Backpulver, 1 Zitrone (Saft und geriebene Schale), 1 Prise Salz

Eier trennen. Eigelbe mit Zucker schaumig rühren, Rüebli, Zukker, Mandeln, gesiebtes Mehl, Backpulver, Saft und Schale der Zitrone und Salz daruntermischen. Dann das Eiweiß steifschlagen und sorgfältig darunterziehen.
Bei 170 °C 1 bis 1¼ Stunden bakken.
Die ausgekühlte Torte mit Glasur bedecken:

375 g Puderzucker, 4 Eßlöffel Wasser, 1–2 Eßlöffel Kirsch

Puderzucker sieben, Wasser und Kirsch zusammen glattrühren. Davon 2 Eßlöffel mit Schokoladenpulver mischen und in den Spritzsack füllen.
Die helle Masse auf dem Kuchen verteilen, dann sofort mit der dunklen Masse aus der Mitte Kreise ziehen und mit spitzem Messer von innen nach außen durchziehen.

Birnweggen

250 g selbstgemachter oder 1 Paket gekaufter Blätterteig, 1 kg Dörrbirnen, 300 g gedörrte Zwetschgen, 100 g Feigen, 250 g Baumnüsse, 200 g Rosinen, 100 g Zitronat, 150 g Zucker, 1 Teelöffel Zimt, 2 Messerspitzen Nelkenpulver, 5 Eßlöffel Kirsch, 1 Ei

Die gedörrten Früchte 24 Stunden in Wasser (evtl. halb Wasser, halb Rotwein) einweichen, dann 20 Minuten in dieser Flüssigkeit kochen und abtropfen lassen. Die Früchte hacken, Feigen klein würfeln, Nüsse und Zitronat hakken. Nun alles zusammen samt den Rosinen, dem Zucker, dem Kirsch und den Gewürzen mischen. Den Teig etwa 3 mm dick auswallen und ein sehr langes Rechteck formen. Die eine Hälfte mit der Füllung bedecken, die andere Hälfte darüberschlagen und die Ränder mit Eiweiß gut aufeinanderkleben. Mit Teigresten den Deckel verzieren und mit Eigelb bestreichen. Mit der Gabel einstechen. Bei 180 °C 30 bis 40 Minuten goldbraun backen.

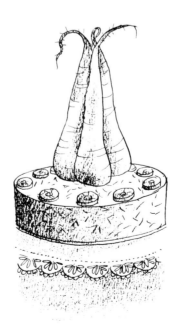

Nußtorte

150 g Baumnüsse, 50 g Haselnüsse, 50 g Paniermehl, 6 Eier, 200 g Zucker, Saft und Schale von ½ Zitrone

Glasur: 200 g Puderzucker, 2 Eiweiß

Füllung: 150 g Butter, 150 g Puderzucker, 2 Eigelb

Eigelb und Zucker schaumig rühren. Die feingeriebenen Nüsse, Paniermehl sowie den Zitronensaft und die Zitronenschale dazugeben. Das steifgeschlagene Eiweiß darunterziehen. Springform gut einfetten. Teig einfüllen und bei 180 °C 45 bis 60 Minuten backen.
Torte auskühlen lassen, quer halbieren und folgende Creme darauf verteilen: Butter schaumig rühren, Eigelb und gesiebten Puderzucker beigeben. Evtl. mit 1 Eßlöffel Kakao oder 1 bis 2 Eßlöffeln starkem kaltem Kaffee parfümieren.
Für die Glasur Puderzucker sieben und mit dem steifen Eiweiß gut mischen. Nach Belieben mit halben Baumnüssen garnieren.

Obstkuchen mit Glasur

Teig: (wie bei Zürcher Pfarrhaustorte, siehe Seite 180)
500 g Birnen oder Äpfel, 30 g Zucker, 3 Gläschen Maraschino

Die Form mit dem Teig auslegen. Die Birnen schälen, entkernen und in Schnitze schneiden, die wir ungefähr 20 Minuten in Zucker und Maraschino marinieren, um sie dann auf dem Kuchen zu verteilen. Mit Zucker bestreuen.
Glasur: Gekaufter Kristallguß oder Tortenguß nach Vorschrift zubereiten und darüberpinseln.

Linzer Torte
(nach einem Biedermeierrezept)

280 g Butter, 280 g hartgesottene Eidotter, 280 g Zucker, 280 g geschälte, geriebene Mandeln, 2 ganze Eier und 2 Eigelb, 500 g Mehl, 1 Zitrone, 1 Messerspitze Zimt, 1 Messerspitze Nelkenpulver, Johannisbeerkonfitüre

Butter in Flocken schneiden und mit den harten Eidottern, dem Zucker und den Mandeln vermischen. Dazu geben wir die beiden ganzen Eier samt den 2 Eigelb und zuletzt das gesiebte Mehl mit der abgeriebenen Zitronenschale, dem Zimt und Nelkenpulver. Der Teig wird gut geknetet und auf ein rundes Blech ausgewallt. Mit den Teigresten rädeln wir die dünnen Streifen für das Gitter. Der Teigboden wird mit der Johannisbeerkonfitüre bestrichen, darüber legen wir das Teiggitter und backen die Torte bei 200 °C etwa 45 Minuten.

Fruchttorte

Teig: 400 g Mehl, 200 g Zucker, 200 g Butter, 1 Ei, 1 Zitrone, 1 Prise Salz

Füllung: 500 g Äpfel, 500 g Birnen, 50 g Zucker, 1 Glas herber Weißwein, Zitronenschale, 1 Vanillestengel, 1 Glas Cognac oder Brandy

Dekor: 3 Mandarinen, 1 Dose Ananas, 300 g Erdbeeren, tiefgefroren oder frisch, 50 g Zucker, 1 Zitrone, 1 Orange

Mehl und Salz auf Tischplatte sieben und einen Kranz formen, die Butter in Stückchen schneiden, in die Mitte geben, ebenso das Ei, den Zucker und die Zitronenschale und alles von Hand vermischen und kurz zusammenkneten. 30 Minuten kühlstellen. Teig halbieren, erste Hälfte auswallen und auf bebuttertes Blech geben, 2 cm Rand stehenlassen. Äpfel und Birnen schälen, entkernen, in Stücklein schneiden. In Pfanne zusammen mit Zucker, Zitronenschale, Weißwein, Cognac und Vanillestengel etwa 20 Minuten köcheln, dann abkühlen. Vanillestengel und Zitronenschale entfernen.
Füllung auf Teigboden geben, mit der andern ausgewallten Hälfte zudecken und bei 200 °C goldbraun backen, auskühlen lassen.
Mandarinen schälen, in Schnitze zerlegen, die Erdbeeren waschen oder auftauen lassen und zusammen mit den Ananasscheiben die Torte garnieren.
In einem Pfännchen Zucker, Orangen- und Zitronensaft gut mischen und erhitzen und über die frischen Früchte gießen. Vor dem Servieren mindestens 1 Stunde im Kühlschrank aufbewahren.

Ananastorte
(Upside down cake)

50 g Margarine, 200 g Rohzucker, 7 Ananasscheiben, 150 g Baumnußkerne, Herzkirschen, 240 g Zucker, 6 Eier, 120 g Margarine, 1 Zitrone (Schale), 1 Prise Salz, 240 g Mehl, 2 Teelöffel Backpulver

Springform dick mit Margarine ausstreichen und den Rohzucker darüber verteilen. Ananasscheiben darauf anordnen, Baumnüsse mit der runden Seite nach unten dazwischen verteilen, ebenfalls die Herzkirschen.
Nun bereiten wir den Teig: Eigelb und Zucker schaumig rühren, Margarine und Zitronenschale beimischen, Mehl, Backpulver und Salz und das steife Eiweiß unterrühren. Diesen Teig sorgfältig über die Ananas gießen, bei 180 °C etwa 50 Minuten backen und nach 10 Minuten stürzen.

Zitronentorte mit Geleevierteln

8 Eier, 250 g Zucker, ½ Zitrone, 100 g Butter, 250 g Mehl

Die Eier mit dem Zucker sowie Schale und Saft der Zitrone auf der Herdplatte warm und dickschaumig und nachher wieder kalt schlagen, dann das gesiebte Mehl und die flüssige Butter darunterziehen. Die Torte in einer ausgebutterten und mit Paniermehl bestreuten Springform ungefähr 40 Minuten bei 180 °C backen, dann auskühlen. Mit der Zitronenglasur überziehen, evtl. mit Geleevierteln garnieren.

Zitronenglasur: 200 g Puderzucker, 1 Eiweiß, 2 Eßlöffel Zitronensaft

Puderzucker sieben, mit dem steifen Eiweiß und dem Zitronensaft mischen und die Torte damit bestreichen. Tortenrand mit Mandelsplittern garnieren.

Himbeertorte

750 g Mürbteig: selbstgemacht (siehe Seite 179)

Rundes Blech mit Teig auslegen, mit Gabel einstechen und mit weißen Bohnen belegen und blind backen.

Füllung: Himbeergelee, 5 dl Rahm, 3 Blatt Gelatine, 2 Eßlöffel Zucker, 200 g frische oder tiefgekühlte Himbeeren, 50 g Mandelsplitter, 2 Eßlöffel warmer Himbeersaft

Den gebackenen Kuchenboden mit Himbeergelee bestreichen. Die Gelatine in kaltem Wasser einweichen, dann im Wasserbad auflösen und unter den steifgeschlagenen Rahm ziehen. Die Schaummasse auf den Kuchenboden füllen, mit Mandelsplittern bestreuen und die Himbeeren darauf verteilen. Mit Himbeersaft beträufeln. Mindestens eine Stunde kaltstellen.

Biskuittorte mit Konfitürefüllung

6 Eier, 180 g Zucker, 1 Zitrone, Schale abreiben, 150 g Mandeln, gerieben, 3 Eßlöffel Mehl, 1 kleine Prise Salz, Aprikosenkonfitüre

Eier trennen, Eigelb und Zucker schaumig rühren, Zitronenschale und die geriebenen Mandeln beifügen, vermischen. Nun das gesiebte Mehl, Salz und das steife Eiweiß unter die Masse ziehen. Die Springform einfetten und mit der Hälfte füllen. Eine Schicht Aprikosenkonfitüre daraufgeben und mit der andern Hälfte der Teigmasse zudecken.
Bei 180 °C auf der untersten Rille etwa 50 Minuten backen. Mit Staubzucker, Marzipanfrüchten usw. garnieren.

Sachertorte

Teig: 140 g dunkle Schokolade, 140 g Margarine oder Butter, 140 g Zucker, 6 Eier, 120 g Mehl
Guß: 100 g dunkle Schokolade, 20 g Butter oder Margarine, 1 Eßlöffel Kakaopulver
Füllung: Aprikosenkonfitüre

Teig: Butter und Zucker schaumig rühren, Eigelb beifügen, Schokolade im Wasserbad mit ganz wenig Wasser schmelzen, unter die Masse mischen. Mehl und Salz gesiebt beigeben, das steife Eiweiß darunterziehen. Masse in gut eingefettete Springform füllen und bei 180 °C 55 bis 60 Minuten backen. Die ausgekühlte Torte quer durchschneiden, Schnittfläche mit Aprikosenkonfitüre bestreichen, aufeinanderlegen.
Glasur: Schokolade zerkleinern, im Wasserbad mit wenig Wasser schmelzen, Butter und Kakaopulver beigeben und auf kleinstem Feuer glattrühren. Glasur auf der Torte verteilen, Rand ebenfalls bestreichen, mit Smarties verzieren.

Schokolade-Pie

350 g Mehl, 170 g Butter, 150 g Zucker, 50 g Kakao, ungesüßt, 2 Eier, 2 Teelöffel Hefepulver, 1 Prise Salz

Für die Creme: 80 g Zucker, 3 Eier, 25 g Mehl, 3 Glas Milch, 1 Beutel Vanillezucker, 1 Büchse Aprikosen, 100 g Makronen, 1 Beutel Vanillepulver

Mit dem Mehl, Zucker, Salz, Butter, Kakao, den Eigelb und dem Hefepulver den Teig herstellen. In einem Tuch eingeschlagen eine halbe Stunde im Kühlschrank ruhen lassen. Dann ein Blech mit dem Teig auslegen, einen Rand bilden und mit Folie zudecken. Mit weißen Bohnen auffüllen, im Ofen bei 190 °C während etwa 40 Minuten blind backen, auskühlen lassen.
Unterdessen die Füllung herstellen: Eigelb mit Zucker schaumig schlagen, Mehl und Milch beifügen. Die Creme 10 Minuten kochen, Vanille zufügen und auskühlen lassen. Teigboden mit Creme auffüllen. Aprikosenhälften gut abtropfen lassen und darauf verteilen. Mit zerbröckelten Makronen überstreuen.

Tip: *Eine Anleitung zum Garnieren von Torten, Kuchen usw. mit Rahm oder Rahm-/Eiweißcreme finden Sie auf Seite 104.*

Mokkacake

200 g Zucker, 4 Eier, 1½ dl Sonnenblumenöl, 1 Prise Salz, 2 Eßlöffel Pulverkaffee, 2–3 Eßlöffel Wasser, 250 g Mehl, ½ Paket Backpulver

Eier trennen, Eigelb und Zucker schaumig rühren, Öl, Salz und Pulverkaffee im Wasser aufgelöst beifügen, Mehl mit Backpulver dazusieben, darunterziehen, zuletzt das steifgeschlagene Eiweiß. In eine sehr gut eingefettete und bemehlte Form (25 bis 30 cm lang) füllen. 45 Minuten auf der untersten Rille bei 180 °C backen.

Glasur: 200 g Puderzucker, 3–4 Eßlöffel starker Kaffee

Gut mischen, die ausgekühlte Torte damit bestreichen, eventuell mit Kakaobohnen verzieren.

Früchtecake

250 g Margarine oder Butter, 250 g Zucker, 5 Eigelb, 5 Eiweiß, 50 g kandierte Früchtewürfeli, 50 g Orangeat, 50 g Zitronat, 50 g Rosinen, 50 g Sultaninen, 4 Eßlöffel Rum, 1 Zitronenschale, abgerieben, 250 g Mehl, 1 Teelöffel Backpulver, 1 Prise Salz

Butter schaumig rühren, den Zucker und die Eigelbe beigeben und weiterrühren. Orangeat und Zitronat würfeln, mit den Rosinen und den Sultaninen und Früchtewürfeln in Schüsselchen geben, den Rum darübergießen und etwas stehenlassen. Nun geben wir die eingelegten Früchte und die abgeriebene Zitronenschale zur Butter-Zucker-Ei-Masse. Die steifgeschlagenen Eiweiße geben wir abwechslungsweise mit dem gesiebten Mehl und dem Salz unter die Masse. Wir füllen alles in eine 30 bis 35 cm lange eingebutterte Cakeform und backen auf der untersten Rille bei 180 °C etwa 60 Minuten.

Baumstamm mit Schokolade oder Konfitüre

Für den Teig: 1 Tasse Puderzucker, 1 Tasse Mehl, 6 Eier, 1 Paket Backpulver.
Für die Füllung: 5–6 Rippen Kochschokolade, 3 Eßlöffel Zucker, 4 Eßlöffel Butter. Oder Aprikosenkonfitüre

Die Eier mit dem Zucker schaumig schlagen, Mehl und Backpulver zugeben, auf ein bebuttertes Backblech streichen. Im Ofen bei etwa 180 °C 6 Minuten backen lassen. Inzwischen auf den Tisch oder ein Pergamentpapier Zucker (am besten groben Kristallzukker) streuen, dann den gebackenen Teig daraufstürzen. Nun Aprikosenkonfitüre nehmen oder aus der geschmolzenen Schokolade mit Zucker und Butter eine Creme zubereiten. Damit den Teig bestreichen, diesen zusammenrollen. Mit Vorteil wird die Rolle an zwei oder drei Stellen gebunden. Dann wird der Baumstamm mit einer Schokoladeglasur oder Rahm mit Schokolade garniert.

Weincremeroulade

Für den Rouladenteig nehmen wir:
4 Eier, 75 g Mehl, 50 g Maizena, 120 g Zucker, 3–4 Eßlöffel heißes Wasser, je 1 Prise Vanillezucker, Backpulver und Salz

Die Teigschüssel in heißes Wasser stellen und darin die Eier, den Zucker und das heiße Wasser mit einer Prise Vanillezucker gute 10 Minuten schaumig schlagen. Dann Mehl, Maizena, Backpulver und Salz daruntermischen, die Masse auf ein eingefettetes Kuchenblech streichen. Bei 200 °C 8–10 Minuten hellgelb backen. Tischplatte mit Zucker bestreuen, den Teig kopfüber mit dem Blech darauf stürzen, unter dem Blech auskühlen lassen.

Für die Füllung rühren wir: 1 Beutel Vanilledessert, 1 Eßlöffel Maizena und 6 Eßlöffel Weißwein sowie 50 g Zucker

zusammen an. In einem Pfännchen 3 dl Weißwein und etwas Zitronensaft erhitzen, das Angerührte beigeben und 4 Minuten köcheln, dann auskühlen lassen. 175 g Margarine schaumig rühren und der Creme beigeben (wichtig: Creme und Margarine müssen die gleiche Temperatur haben). Die Creme auf den Biskuitteig streichen, aufrollen. Das Ganze mit einem Cremerest überziehen, mit Schokoladestreuseln oder Kakao bestreuen.

GLASIEREN

Glasuren

Sie machen anfänglich vielleicht etwas Mühe; aber schon nach kurzer Übungszeit lassen sich die allerfeinsten Glasurstriche auf die – glattgestrichene – Tortenoberfläche zeichnen. Die dreieckigen Papiertüten – wir kaufen sie im Haushaltgeschäft oder formen sie (vgl. Abbildung) aus Pergamentpapier – füllen wir etwa zur Hälfte auf und falten oben einen Rand um, damit der Inhalt tatsächlich durch die Spitze und nicht oben hinausgepreßt wird.

Eiweißglasur:

Sie bewährt sich für alle Zierarbeiten; ebenfalls kann sie zum Zusammenkleben von Gebäck verwendet werden.

200 g Puderzucker fein sieben und mit einem zu Schnee geschlagenen Eiweiß und 2 bis 3 Teelöffeln Zitronensaft so lange (im Mixer etwa 5 Minuten) rühren, bis die Glasur glatt und glänzend ist. Diese Glasur mit einem Messer auf das Feingebäck streichen oder in Papiertüten füllen und damit Striche und Schriften spritzen.

Zum Färben benutzen wir die in Drogerien käuflichen Lebensmittelfarben, die in allen Farben erhältlich sind.

Zuckerwasserglasur:

60 g Puderzucker, 2 Eßlöffel Wasser (oder Fruchtsaft, Likör, Apfelsaft)

Puderzucker durch Sieb geben und mit der Flüssigkeit so lange rühren, bis sich der Zucker gut gelöst hat und eine weiße samtene Glasur entstanden ist. Auf das heiße Feingebäck streichen.

Vanilleglasur:

200 g Puderzucker, 1/2–1 Pack Vanillezucker, 1/2 Eiweiß, 2–4 Teelöffel Wasser

Alles zu einer Glasur verrühren, auftragen.

Schokoladenglasur:

100 g dunkle oder helle Couverture- oder Fondant-Schokolade, 2 Eßlöffel Wasser

Die Schokolade wird zerbröckelt, mit dem Wasser in ein Schüsselchen gegeben und in einem nicht zu heißen Wasserbad (knapp 35 °C) geschmolzen; sofort verwenden.

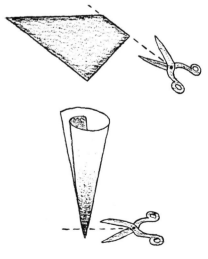

OKTOBER

Der Oktober ist der Monat der Äpfel und Birnen und des frischgepreßten Süßmostes, der Trauben und des Sausers, der Jagd- und Wildgerichte sowie der günstigen Wintergemüse.

Man sitzt wieder gerne zu Hause und in Gesellschaft beisammen. Zu einem Eintopfessen, zu einem Fondue vielleicht oder auch zu Gschwellti. Die Kartoffeln sind jetzt ohnehin am günstigsten; wer Platz zum Einlagern hat, sollte die entsprechenden Aktionen nutzen. Günstig auf dem Markt sind ebenfalls Spinat, Lauch, Rüebli, Sellerie, Fenchel, Lattich, Kohlrabi und Kohl; preiswerte Salate sind Randen-, Endivien- und Nüßli(Feld-)salat; billig können noch Auberginen und letzte Artischocken erstanden werden.

TIP Jetzt kündigen sich mehr und mehr die Metzgeten an und somit die Zeit der Blut- und Leberwürste, Gnagi, Säuschwänzli, Bauernbratwürste und des Gesottenen. Es lohnt sich, die Sonderangebote von Metzgereien und Großverteilern zu beachten.

Gschwellti mit Butter, Käse, Quark und Zieger – eventuell auch mit geräucherten Fischen – und ein gutes Glas Most dazu: es gibt nicht vieles, das in seiner Einfachheit besser wäre als dieses urchige Essen (mehr über Gschwellti lesen Sie auf Seite 191).

Bunter Oktobersalat an Sauce vinaigrette

3 Cervelats oder 250 g Siedfleisch in Scheiben bzw. Würfel geschnitten, 150 g Emmentaler oder Greyerzer, in feine Streifen geschnitten, 1 Peperone, in feine Streifen geschnitten, 2–3 Tomaten, in Achtel geschnitten, 2 gekochte Kartoffeln, gewürfelt, 1 kleine feingeschnittene Zwiebel, Sauce vinaigrette (Rezept siehe Seite 112)

Die Zutaten mit der Vinaigrette vermischen, eine gute halbe Std. ziehen lassen.

Fenchelsalate

– aus rohem Fenchel:
Die äußern, harten Blätter entfernen, dann den Knollen der Länge nach halbieren und in hauchdünne Scheiben schneiden, mit einer Öl/Essig-Sauce (Rezepte siehe Seite 112) anmachen, etwas ziehen lassen.

– aus gekochtem Fenchel (griechische Art):
6 kleine Fenchel, Sud: ¾ l Wasser, 1 dl Olivenöl, etwas Salz, Pfeffer, Koriander, Thymian
Sauce: 6 Eßlöffel Sud, 1 Eßlöffel Zitronensaft, 1–2 Eßlöffel Kapern (fakultativ)

Die Fenchel halbieren und im Sud nicht allzu weich kochen. Abtropfen und erkalten lassen. In Scheiben schneiden, mit der Sauce vermischen.

OKTOBER

Sauerkraut/Rettich-Salat

250 g Sauerkraut, 1 großer Rettich, 1 säuerlicher Apfel, Joghurtsauce normal (siehe Rezept Seite 112)

Den Rettich hobeln und salzen, etwas ziehen lassen und die «Tränen» abtropfen lassen, dem Sauerkraut zugeben. Den Apfel mit der Schale grob raspeln und mit reichlich Joghurtsauce unter den Sauerkraut/Rettich-Salat mischen.

Dieser erfrischende Salat eignet sich als Verdauungshilfe zu fetten Würstchen und fettem Schweinefleisch.

Nizzasalat (Salade Niçoise)

Klassische Art: In Scheiben geschnittene gekochte Kartoffeln mit ebenso vielen gekochten, in Stücke geteilten grünen Bohnen mischen. Mit reichlich französischer Öl/Essig-Sauce (Rezept siehe Seite 112) vermischen, mit Sardellenfilets, schwarzen Oliven, Kapern sowie Tomatenscheiben garnieren, mit gehacktem Kerbel, Estragon oder auch Petersilie überstreuen.

Neuere Art: 1 Kopfsalat mit reichlich Öl/Essig-Sauce nach Belieben (Rezepte siehe Seite 112) anmachen. In Dosen gekaufte Artischockenböden (geviertelt), 3 geschälte, kleingeschnittene Tomaten, schwarze Oliven, Sardellenfilets, etwa 2 in Scheiben geschnittene gekochte Kartoffeln (fakultativ), 2 Eßlöffel Kapern beimischen. Mit hartgekochten, geviertelten Eiern garnieren. Eine ausgezeichnete Vorspeise oder, beispielsweise, mit gebähtem Brot oder einem Knoblauchbrot (Rezept Seite 204) serviert, eine ausgezeichnete Hauptmahlzeit.

Räucherfischsalat

400 g geräucherte Fische, 150 g Mayonnaise (aus der Tube), 3–4 Eßlöffel Joghurt, 2 Eßlöffel Kapern, 2 Tassen körnig gekochter Langkornreis, 1 Apfel, 1 hartgekochtes Ei, 1 Gewürzgurke, Saft einer halben Zitrone, Pfeffer

Die Fische enthäuten, entgräten und in kleine Stücke zerpflücken. Die Mayonnaise mit dem Joghurt verrühren, leicht pfeffern und mit den Kapern, dem kleingewürfelten Apfel, dem grobgewürfelten Ei, der feingehackten Gewürzgurke und dem Reis mischen. Dann den Fisch untermengen. Etwas ziehen lassen. Mit Kressesalat servieren.

Tessiner Kuttelsuppe
(Busecca)

400 g vorgekochte, in Vierecke geschnittene Kutteln, 1 Zwiebel, 2 Knoblauchzehen, 2 Eßlöffel Öl (Olivenöl), 50 g Speckwürfelchen (fakultativ), 3 Rüebli, 2 Lauchstengel, ½ Sellerieknolle, 3 Tomaten oder 2 Eßlöffel Tomatenpüree, 5 Kartoffeln, 1 Teelöffel Salz, 1 Prise Pfeffer, je eine Prise Safran, Majoran, Basilikum und Rosmarin, 1,5 l Fleischbrühe, geriebener Sbrinz

Zwiebel und Knoblauchzehen fein hacken und zusammen mit den Speckwürfelchen im heißen Olivenöl hellgelb rösten. Kartoffeln, Rüebli, Sellerie und Tomaten in Würfelchen, den Lauch in feine Rädchen schneiden. Alles, zusammen mit den Kutteln, beigeben und kurz dämpfen. Mit den Gewürzen überstreuen, Fleischbrühe aufgießen. Etwa 1½ Stunden leise köcheln lassen. Geriebenen Sbrinz dazu servieren.
Bei der Zubereitung im Dampfkochtopf nur 1 l Fleischbrühe zugeben.

Chicorée-Suppe

400 g Chicorée, 50 g feingewürfelter, magerer Speck, 1 Eßlöffel Mehl, je 5 dl Bouillon und Milch, 2 Eier, Salz, Pfeffer und Muskat

Den Speck anbraten, die feingeschnittenen Chicorées hineingeben und unter Wenden etwas anziehen lassen, dann mit Bouillon und Milch auffüllen und die Suppe gut 5 Minuten köcheln lassen. Die Eier mit etwas Weißwein schlagen und sorgfältig in die Suppe einrühren und sie nochmals erhitzen, ohne sie kochen zu lassen. Mit Salz, Pfeffer, Muskat abschmecken.

OKTOBER

Berner Erbsensuppe mit Schweinsohr

250 g gelbe Erbsen, 2 Schweinsohren, 1 große Zwiebel, 1 Rüebli, 2 Lauch, 1 zerriebenes Lorbeerblatt, 1 Tasse rohe Kartoffelwürfelchen oder 3–4 Eßlöffel Reis, 1–2 Eßlöffel Fett oder Butter, Brotwürfelchen, Salz und Pfeffer. (Wenn wir die Schweinsohren aus dem Salz haben, einige Stunden vorher ins Wasser legen.)

Erbsen mit gut 1½ l Einweichwasser und mit den Schweinsohren kalt aufsetzen, zum Kochen bringen. Das feingeschnittene Suppengemüse sowie die Hälfte der gehackten Zwiebel zugeben, etwa 1¼–1½ Stunden köcheln lassen. Die Schweinsohren herausnehmen, Reis oder Kartoffelwürfelchen zugeben, nochmals etwa 30 Min. köcheln; falls die Suppe zu dick ist, Wasser nachgießen. Unterdessen die Schweinsohren in Streifen schneiden, der Suppe zugeben. Diese mit Salz und Pfeffer abschmecken. In Fett oder Butter die andere Hälfte der gehackten Zwiebel und dann die Brotwürfelchen rösten, über die Suppe geben.

Fisch-Gemüse-Topf

600 g Fischfilets irgendwelcher Sorte (frisch oder tiefgekühlt), 750 g grüne Bohnen oder ebensoviel Kohl oder Sellerie, 400 g in Würfel geschnittene Kartoffeln, eine große Zwiebel, Salz, Pfeffer, Gewürze, Fett oder Butter

Im Fett die halbe Zwiebel (gehackt) und das Gemüse andämpfen. Wasser (evtl. Bouillon), Salz und Gewürze beigeben und köcheln lassen; etwa ¼ Stunde vor dem Auftragen die mit etwas Salz oder Senf und Pfeffer gewürzten Filets daraufgeben, vor dem Auftragen mit gerösteten Zwiebelringen garnieren.

Colin-Fisch-Schnitten auf Fenchel

4 große Colin-Schnitten (je ca. 180 g), 500 g Fenchel, etwa 80 g Butter oder Margarine, Senf, Salz, Pfeffer, Paprika, Zitronensaft, Zitronenscheiben, Petersilie

Die Fenchel rüsten, halbieren und in Salzwasser garkochen. In eine gut gebutterte feuerfeste Form geben, mit Pfeffer würzen. Die Colin-Schnitten gut mit Zitronensaft beträufeln, mit Salz, Pfeffer, Paprika und Senf einreiben, auf die Fenchel legen. Etwa 60 g zerlassene Butter darübergießen. Mit Alufolie decken und im vorgeheizten Ofen bei 220° etwa 20 Min. kochen, dann die Folie wegnehmen und weitere 5 Min. überbacken lassen. Herausnehmen, mit Zitronenscheiben und Petersilie garnieren. Zu Salzkartoffeln oder weißem Reis servieren.

Spinatwähe mit Champignons oder Speck

1 Portion Blätter- oder geriebener Teig, 600 g Spinat, 1 kleine Zwiebel, 120 g blättrig geschnittene Champignons oder 100 g Speckwürfelchen (oder halb/halb), 3 dl Sauerrahm, 2 Eier, 1 Eßlöffel Mehl, Salz, etwas Muskat

Junger Spinat – mit ihm wird die Wähe besonders gut – wird roh verwendet, d.h. nur gewaschen, «alter» Spinat wird zuerst kurz in kochendes Wasser gegeben.
Den Spinat abtropfen lassen und zusammen mit der Zwiebel fein hacken. Sauerrahm, Mehl und Eier zu einem Brei verrühren. Champignons oder/und Speckwürfelchen zugeben, mit dem Spinat vermischen. Mit dem ausgewallten Teig ein Kuchenblech auslegen (bei Verwendung von Blätterteig das Blech nicht ausfetten), die Spinatmischung daraufgeben, bei 220 °C im vorgeheizten Ofen backen. Heiß servieren.

Florentiner Eier
(Spinatgratin mit Eiern)

8 Eier, 1,2 kg Spinat, 1 Zwiebel, 1 Beutel Weiße Sauce, 120 g geriebener Emmentaler oder Edamer, 5 Eßlöffel Essig, 1 l Wasser, Salz, weißer Pfeffer, Muskat, Fett oder Margarine

Spinat waschen und abtropfen lassen, großblättrigen Winterspinat grob hacken. Zwiebel hacken und in wenig Fett oder Margarine hellgelb dünsten. Spinat zugeben, mit Salz und Muskat würzen.
Die Sauce gemäß Anleitung auf dem Beutel zubereiten, mit etwas weißem Pfeffer würzen, den Käse unterrühren. Das Wasser mit dem Essig aufkochen, die Eier aufschlagen und hineingleiten lassen, bei kleinem Feuer etwa 5 Min. ziehen lassen.

OKTOBER

Den Spinat ohne Flüssigkeit in eine gefettete Gratinform geben, die abgetropften Eier darüber verteilen, mit der Käsesauce übergießen und im vorgeheizten Ofen bei 250 °C überbacken, bis sich eine braune Kruste gebildet hat.

Ungarischer Kartoffelgratin

600 g Kartoffeln, 6 Peperoni, 4 Schweinswürstchen, 1 Büschel Petersilie, etwas Salz, Pfeffer, 1 Eßlöffel Paprikapulver, 1–2 Eßlöffel Majoran, 2 dl Milch, 1 Joghurt, 2 Eßlöffel geriebener Sbrinz, Fett oder Margarine, Butter

Die Kartoffeln schälen und in dünne Scheiben, die entkernten, gewaschenen Peperoni in Streifen schneiden. In Fett oder Margarine die Peperoni kurz, aber scharf anbraten, dann die Kartoffeln und die in Stückchen geschnittenen Würstchen zugeben, salzen, pfeffern. Paprikapulver beifügen. Das Ganze unter gelegentlichem Wenden etwa 10 Min. dünsten. In eine gebutterte Gratinform geben. Milch, Joghurt, die feingehackte Petersilie und den zerriebenen Majoran vermischen, über das Kartoffel-Paprika-Gemisch gießen. Käse darüberstreuen und mit Butterflöckchen belegen. Bei gut 250 °C etwa 20 Min. backen. Mit grünem Salat servieren.

Überbackener Fenchel

6–8 kleinere Fenchelknollen, 60 g Butter oder Margarine, 3 Eßlöffel geriebener Sbrinz oder Parmesan, 3 Eßlöffel Paniermehl, 2 hartgekochte Eier, 4–5 Sardellenfilets, 1 Büschel feingehackte Petersilie, Salz und Pfeffer, Zitronensaft

Die Fenchelknollen säubern, waschen und halbieren. In Salzwasser mit etwas Zitronensaft garkochen. Herausnehmen und in eine bebutterte Gratinform verteilen, leicht pfeffern. Mit zerlassener Butter beträufeln, Käse darüberstreuen, Paniermehl darübergeben und im vorgeheizten Ofen bei 220 °C etwa 15 Min. goldbraun backen. Die Eier fein hacken, mit der Petersilie und den in kleine Stückchen geteilten Sardellen mischen, über die noch heißen Fenchelknollen verteilen.
Dazu können Salz- oder Bratkartoffeln serviert werden.

Gedämpftes Weißkraut auf bayrische Art
(Bayrisch Kraut)

1 Weißkabis (ca. 1 kg), 2 Zwiebeln, 50 g Fett oder Schweineschmalz, 3 dl Weißwein oder Bouillon, weißer Pfeffer, Salz, 1 Eßlöffel Essig, 1 gute Prise Zucker, gemahlener Kümmel, 1–2 rohe Kartoffeln

Die äußern Blätter und den Strunk entfernen. Fein hobeln und mit siedendheißem Wasser überbrühen. Abtropfen lassen. In Schmalz oder Fett die feingehackten Zwiebeln anziehen, das Kraut zugeben, den Wein zugießen, nach Belieben würzen, mit den geriebenen rohen Kartoffeln binden.
Zu gesottenem Schweinefleisch, Schweinsnieren oder -leber, Blut- und Leberwürsten servieren. Dazu Salzkartoffeln, Kartoffelschnee oder -stock.

So gibt's die besten Gschwellti!

- Richtige Sorte verwenden: Bintje, Désirée, Patrones, Urgenta.

- Möglichst gleich große Kartoffeln nehmen. Gut waschen. Nicht oder nur wenig salzen, evtl. etwas Kümmel beigeben.

- Zum Garkochen eignet sich am besten ein Dampfkochtopf. Die Kartoffeln auf den Siebeinsatz geben, bis zu maximal ¾ Höhe des Topfes füllen. Nicht mehr als 2 dl Wasser beifügen. Damit die Kartoffeln nicht aufspringen, den Dampfkochtopf nicht abschrecken, sondern langsam abkühlen lassen.

- Falls wir keinen Dampfkochtopf haben, sollte die verwendete Pfanne einen gut verschließbaren Deckel haben.

Die Kartoffeln in einer Schüssel (mit Deckel) oder in einem ausgepolsterten Körbli mit Deckel servieren.

Zu Gschwellti servieren wir, was uns Spaß macht:

Verschiedene Käse, Ziger, mit Kräutern angemachter Quark oder Hüttenkäse, geräucherte oder eingelegte Fische, Wurst, Gesottenes aller Art, Essiggemüse, pikante Joghurt- und Salatsaucen (Rezepte siehe Seite 112), Butter und Konfitüre usw. Aber auch Salate (z.B. Kabissalat, Sauerkrautsalat) passen gut dazu.

HÜLSENFRÜCHTE

Der Nährwert der Hülsenfrüchte ist groß dank ihrem hohen Eiweißgehalt. Außerdem sättigen sie rasch, sind wertvolle Vitamin-B-Träger und reich an Mineralstoffen und wichtigen Spurenelementen. Die Kalorien hingegen gewichten recht schwer. 100 g Hülsenfrüchte enthalten rund 360 Kalorien. Da sie jedoch gut sättigen, können die Portionen entsprechend klein sein.

Werden Hülsenfrüchte schwer vertragen, esse man sie als Püree (indem man sie nach dem Kochen durch ein Sieb streicht, damit die schwerverdaulichen Schalen zurückbleiben) oder säuere sie leicht mit etwas Essig oder Wein. Hülsenfrüchtesalate gelten deshalb auch als bekömmlicher und leichter verdaulich als die traditionellen Hülsenfrüchtegerichte.

Linsencurry

350 g Linsen, über Nacht in 1 l Wasser eingeweicht, oder 1 kg Linsen aus der Büchse, 1 große Büchse Thon, 3 Eßlöffel Zitronensaft oder 2 Eßlöffel Essig, 1 Eßlöffel Curry, 1–2 Knoblauchzehen, 1 große Zwiebel, Kochbutter oder Margarine, Salz

Die Linsen mit einer Zwiebel und einer Nelke im Einweichwasser weich kochen. Oder Büchsenlinsen in etwas Butter erwärmen, eventuell etwas Bouillon zugeben. Unterdessen die Zwiebel hacken, in 3 Eßlöffeln Kochbutter oder Margarine anziehen, den durchgepreßten Knoblauch, Currypulver und Salz zugeben, mit etwas Bouillon oder Wasser ablöschen, mit Zitronensaft oder Essig abschmecken, mit den Linsen vermischen.

Dem Gericht kann eine große Büchse Thon, mit der Gabel gut zerpflückt, beigegeben werden.

Oder man kann es ohne Thon nur mit Salzkartoffeln servieren.

Linsen mit Gemüse spezial

500 g Linsen (über Nacht einweichen), Lauch, Sellerie, gelbe Rüben oder Rüebli, Zwiebeln, zusammen etwa 500 g, Fett, Salz, Essig oder Rotwein, 1 kleines Lorbeerblatt, Thymian und Rosmarin, Petersilie, Wurst, Fleisch oder Speck nach Belieben

Die Linsen mit dem Einweichwasser langsam weichkochen, die kleingeschnittenen Gemüse mitkochen. Wurst, Fleisch oder Speck beigeben. Vor dem Anrichten einen Schuß Essig oder etwa ½ dl Rotwein darangeben. Nach Belieben mit Thymian, Rosmarin und Petersilie würzen.

GEHEIMNISSE DER HÜLSENFRÜCHTE-KOCHKUNST

• Hülsenfrüchte werden mit Vorteil erst dann gesalzen, wenn sie gar sind, da sie sonst nicht richtig weich werden.

So werden weiße Bohnen zubereitet:

Die gewaschenen Bohnen über Nacht einweichen. Dann schüttet man sie in einen Topf, gibt etwas Wasser (etwa zwei Fingerbreit über den Inhalt), etwas Salz, 2–3 Eßlöffel Öl, eine halbe Zwiebel, 1–2 Salbeiblätter und evtl. 1–2 Knoblauchzehen, 1 Lorbeerblatt und Bohnenkraut bei. Zugedeckt je nach Sorte 2 bis 3 Stunden köcheln – ja nicht brodeln – lassen.

Was man nicht tun sollte:

Weiße Bohnen im Dampfkochtopf gar kochen. Erstens ist die Kochzeit von Sorte zu Sorte, ja sogar innerhalb der gleichen Sorte verschieden; zweitens können Bohnen in der kurzen Garzeit im Dampfkochtopf den Geschmack der beigegebenen aromatischen Kräuter usw. nicht annehmen.

So geht es auch:

Wenn die Zeit knapp ist, darf man auch für Salate zu Büchsenbohnen greifen. Im Handel erhältlich sind weiße Bohnen, große spanische Bohnen, rote Indianerbohnen und braune Borlotti-Bohnen. Der Büchsen- bzw. Tomatensaft (bei den weißen Bohnen) wird abgespült und, wenn wir den Salat lauwarm wünschen, die Bohnen etwa zwei Minuten in heißes Wasser geben. Anschließend verfährt man, wie in den Rezepten beschrieben.

• Ebenfalls werden für Suppen mit Hülsenfrüchten (z.B. Minestrone, Busecca) die über Nacht eingeweichten Bohnen usw. mindestens eine Stunde vorgekocht, bevor wir sie der Suppe beigeben.

• Falls Sie vergessen haben sollten, die Hülsenfrüchte über Nacht oder wenigstens einige Stunden einzuweichen, können

OKTOBER

Cassoulet au Languedoc

½ kg weiße Bohnen, 1 Zwiebel, Salz und Pfeffer, oder: 1 große Büchse weiße Bohnen, Gemüse, je nach Saison, wie Lauch, Peperoni, Zwiebeln usw., Fleisch (nach Wunsch und Portemonnaie): ½ kg Lamm- oder Schweinefleisch, 1 Gänsekeule, 1 Schweinswurst, 200 g Schinken, gewürfelt, oder Speck, 2 Knoblauchzehen (pressen), 1 Tomate, 1 Büschel Petersilie, 1 Eßlöffel Butter, Salz, Pfeffer, Rosmarin

Die weißen Bohnen über Nacht einweichen und mit Salz, Pfeffer und einer Zwiebel weichkochen. Oder man nehme Büchsenbohnen, doch spült man sie gut ab.

Das Fleisch und/oder den Speck in Würfel schneiden, mit der Gänsekeule in Butter anbraten und gut mit Knoblauch, Salz oder Streuwürze, Pfeffer und Rosmarin würzen. Die zerteilte Tomate und den Schinken beifügen, mit Weißwein ablöschen und etwa 1 Stunde zusammen mit der Saucisson weich schmoren. Dann die Bohnen beifügen, mischen, gut abschmecken und evtl. mit Weißwein feucht halten. Die gehackte Petersilie daruntermischen, die Wurst aufschneiden. Das Gericht mit geröstetem Paniermehl überdecken und servieren.

Sie sich einer **Schnellmethode** bedienen: Hülsenfrüchte waschen, das Waschwasser weggießen. Dann mit neuem Wasser auf dem Herd aufkochen, den Topf zugedeckt beiseite stellen und die Hülsenfrüchte eine Stunde quellen lassen. Danach können sie so verarbeitet werden, wie wenn sie über Nacht eingeweicht gewesen wären.

Gratinierter Bohnentopf

1 kg gekochte weiße Bohnen oder 1 große Dose weiße Bohnen, 1 Eßlöffel Butter, 1 kleine Dose geschälte Tomaten, 300 g Schinkenwürfelchen, 100 g Speckwürfelchen, 150 g Brotwürfelchen, 1 Teelöffel Streuwürze oder Salz, Majoran, Thymian, Pfeffer

Die Hälfte der weißen Bohnen in eine bebutterte Auflaufform füllen. Die Tomaten abtropfen lassen und zerteilen. Die Hälfte davon auf die Bohnen verteilen, mit Pfeffer, Streuwürze oder Salz würzen und mit einem Teil des Schinkens bedecken. Die restlichen Bohnen darauflegen. Den Rest von Schinken, Speck und Tomaten mit den Brotwürfelchen mischen, würzen, Gewürzkräuter beifügen und über die Bohnen geben. Butterflöckchen darüber verteilen. In heißem Ofen 30 Minuten backen.

• Hülsenfrüchte, insbesondere Linsen, werden leichter verdaulich, wenn wir ihnen bei Kochende etwas Essig beigeben.

Lammragout «Chasseur»

Für 5–6 Personen:
1 kg Lammfleisch, in Würfel geschnitten, 2 Eßlöffel Butter, 100 g Speckwürfelchen, 1 Teelöffel Salbei, 2 Knoblauchzehen, ½ Teelöffel Rosmarin, Salz, Pfeffer aus der Mühle, 1 Eßlöffel Mehl, 3 dl trockener Weißwein, 2 Eßlöffel Weinessig, 2 Sardellenfilets

Das Fleisch mit den Speckwürfelchen in der heißen Butter gut anbraten. Ausgepreßten Knoblauch, Salbei und Rosmarin beifügen, mit Salz und Pfeffer würzen. Mehl über das Fleisch stäuben und anziehen lassen, bis es sich leicht bräunt. Mit Wein und Essig ablöschen. Etwa 1 Stunde schmoren lassen. Vor dem Servieren die feingehackten Sardellen beigeben. Das Lammragout paßt gut zu Nudeln oder auch zu (gebratenem) Mais.

Kutteln mit Sauce vinaigrette

(nach Neuenburgerart)

750 g Kutteln, in Vierecke von ca. 7 × 7 cm geschnitten. Für den Sud: 1 l Wasser, ½ l Neuenburger Weißwein, 1 bespickte Zwiebel, 10 schwarze Pfefferkörner, Salz.

Sauce vinaigrette gemäß Rezept auf Seite 112.

Den Sud aufkochen und die Kutteln beifügen. Etwa 1 Stunde köcheln lassen. Die Kutteln herausnehmen, abtropfen lassen. Warm zu Schalenkartoffeln servieren. Separat die Sauce vinaigrette dazu reichen.

Leberknödel/-knöpfli

(Grundrezept)

Etwa 300 g weiße Brötchen in Milch einweichen, ausdrücken und mit 500 g Rindsleber und 100 g Butter im Mixer oder Fleischwolf zu einem Püree verarbeiten. Eine feingehackte, in Butter gedünstete Zwiebel, zwei Eier, etwas Paniermehl und Mehl sowie gehackte Petersilie beifügen. Salzen und pfeffern, nach Belieben mit Majoran würzen. Alles zu einem festen Teig kneten, ¼ Std. ruhen lassen, runde Knödel formen. Diese je nach Größe 15 bis 30 Min. in Salzwasser garziehen lassen (zur Probe einen Knödel aufschneiden).

Leberknödelsuppe: Die Knödel – pro Person 2 bis 3 kleinere – statt in Salzwasser in einer starken Bouillon ziehen lassen. Schnittlauch und etwas Petersilie dazugeben.

Hinweis: Viele Metzger offerieren Leberknödel in guter Qualität, die sich ausgezeichnet für eine Leberknödelsuppe eignen.

Für Leberknöpfli werden die gleichen Zutaten wie zu Leberknödel (siehe oben) verwendet. Doch darf der Teig etwas flüssiger sein. Über das Küchenbrettchen oder mit einem kleinen Löffel den Teig abstechen und in kochendes Salzwasser geben. Sobald die Knöpfli schwimmen, mit einer Schaumkelle herausnehmen, in eine vorgewärmte Schüssel geben, mit in Butter und etwas Speck goldgelb gebratenen Zwiebelringen garnieren.

Kartoffelsalat und andere Salate dazu geben.

OKTOBER

Blut- und Leberwürste

• In heißem Wasser, das nicht kochen darf, 20 Min. durchziehen lassen. Dann servieren.

• Oder: Die Würste in heißem Wasser 20 Min. ziehen lassen, herausnehmen und abtrocknen und leicht in nicht zu heißem Fett überbraten, gebräunte Zwiebeln darübergeben.

Zu Blut- und Leberwürsten reicht man Apfelmus oder Apfelschnitze.

Erbsen mit Gnagi, Wädli oder Schüblig

500 g gelbe oder grüne Erbsen, 500 g Kartoffeln, 1 Eßlöffel Grünes, Gnagi, Wädli oder Schüblig, einige Rüebli, Zwiebeln

Erbsen am Abend einweichen; am Morgen mit dem Einweichwasser und dem Gnagi auf kleines Feuer geben. Später die kleingewürfelten Kartoffeln, die feingeschnittene Zwiebel, evtl. einige gewürfelte Rüebli beifügen. Alles weichkochen. Zuletzt den Schüblig darin recht heiß werden lassen. Mit dem gehackten Grün überstreuen.

Falls kein Gnagi mitgekocht wird, läßt man die Zwiebelstreifchen im Fett weichdämpfen, damit das Gericht sehr viel schmackhafter wird. Zuletzt unter das Erbsmus ziehen.

Hasenpfeffer

1 kg Hase mit Knochen, in Stükken (inklusive Herz, Lunge, Leber), Kräutermarinade (s. Rezept), 6 Eßlöffel Butter, 2 Eßlöffel Mehl, 2 dl Rotwein, 5 dl Bouillon, 1 Prise Zucker, Salz und Pfeffer, 2 dl Klare Sauce (Würfel), 1 Messerspitze Wacholderpulver, 2 Eßlöffel Äpfel- oder Quittengelee, 1 dl Sauerrahm, 1 Stück Lebkuchen, 50 g Magerspeckwürfelchen, 1 Speckschwarte, 12 Perlzwiebelchen, 100 g Eierschwämme (eventuell Dose)

Fleischstücke aus der Marinade nehmen, abtrocknen und in 2 Eßlöffeln Butter gut anbraten. Mit 2 dl passierter Marinade ablöschen, etwa 1 Stunde köcheln lassen. Fleisch aus der Pfanne nehmen, von den Knochen lösen. Mehl mit 4 Eßlöffeln Butter in einer frischen Pfanne braun dünsten. Zucker zugeben, mit Rotwein ablöschen und Bouillon auffüllen. Unter Rühren einkochen lassen, bis die Sauce samtig wird. Fleischstücke, geriebenen Lebkuchen, Wacholderpulver und Gelee zugeben, nach 10 Minuten Sauerrahm und Klare Sauce zufügen. Nicht mehr kochen, sondern nur so lange erhitzen, bis die Sauce braun und dicklich geworden ist. – Eierschwämme, Perlzwiebelchen und Speckwürfel in Butter anbraten, weichdünsten und über den Hasenpfeffer geben.

Kräutermarinade

Für etwa 1 kg Wildfleisch: 3 Eßlöffel Cognac, 1 dl Öl, 6 Wacholderbeeren (mit Wallholz zerdrückt), 12 Pfefferkörner, je 1½ Teelöffel Rosmarin, Majoran und Thymian, 1 Rüebli, ½ Sellerieknollen, 1 Lauchstengel, ganz klein geschnitten, 1 kleiner Tannenzweig, 1 Knoblauchzehe

Alle Zutaten gut mischen, das Fleisch damit einreiben, 24 Stunden ruhen lassen.

POLENTA

Es gebe, so sagt man, keine bessere Polenta, als eine über offenem Feuer in einem Kupferkessel gekochte.
Tatsächlich ist eine so gekochte Polenta ein in seiner Einfachheit bestechend gutes Gericht; ob wir sie nun, wie etwa die Bergler, nur mit frischer Butter und Käse genießen, oder aber zu einer der traditionellen Polentabeigaben wie Wild, Geflügel oder zu einem Rinds- oder Schweinebraten. Aber auch eine in unserer modernen Küche zubereitete Polenta ist vorzüglich, auch dann, wenn wir sie aus vorpräpariertem Maisgrieß (Schnellpolenta) zubereiten, das nicht mehr als 2 Min. Kochzeit benötigt.

Traditionelle Polenta
(Kochzeit 45–60 Min.)

300 g gewöhnlicher Maisgrieß, 1 l Wasser oder halb Wasser, halb Milch, Salz

Das gesalzene Wasser oder Milchwasser aufkochen, dann das Maismehl auf einmal ohne zu rühren hineingeben, kurz ziehen lassen. Dann mit der Kelle den Mais vom Boden her aufrühren. So lange aufrühren, bis sich die Polenta vom Pfannenrand und der Kelle löst. Die Polenta wird auf ein Holzbrett gestürzt und so serviert.

Schnellpolenta
(Kochzeit knapp 2 Min.)

300 g Schnellpolenta, 1 l Wasser, ½ l Milch, 1 Teelöffel Salz

Das Wasser mit dem Salz zum Kochen bringen, Milch dazugießen. Dann den Mais einlaufen lassen und mit einer Holzkelle ständig rühren. Nach Belieben Wasser nachgießen, falls die Polenta dünnflüssig gewünscht wird.

Polentaschnitten/-gratins

Kochen Sie jeweils das doppelte Quantum Mais; die zweite Portion noch heiß auf ein nasses Holzbrett oder auf eine kalt abgespülte Porzellanplatte streichen, mit einem feuchten Tuch oder Alufolie bedecken. Am nächsten oder übernächsten Tag lassen sich daraus vorzügliche Gerichte zubereiten:

- Die Polenta in Scheiben schneiden oder – mit einem Glas – runde Plätzchen ausstechen. In Butter oder Margarine beidseitig hellbraun braten. Mit Gemüse, Salat oder auch Kompott servieren.

- Die Polentascheiben oder -plätzli schuppenartig in eine gefettete Gratinform schichten, mit geriebenem Käse und dicht mit Butterflocken bestreuen, bei 250 °C im vorgeheizten Ofen etwa 15 Min. überbacken.

- Eine erste Schicht Polenta in eine gut gefettete Gratinform geben, mit Butterflocken und darüber mit Scheiben von Gorgonzola belegen. Eine zweite Schicht Polenta darübergeben, mit etwas geriebenem Sbrinz und Butterflocken bestreuen. Im vorgeheizten Ofen bei 250 °C etwa 20 Min. backen.

(Weitere Gratin-Rezepte mit Polenta siehe Rezeptverzeichnis.)

Tip: *Zu gebratenem Mais passen immer auch geröstete Speckwürfelchen oder Frühstückspeck.*

Makkaroni-Gratin mit Fleisch

400 g Makkaroni, 300 g gehacktes, mageres Lammfleisch, wenig Mehl zum Bestäuben, ½ gehackte Zwiebel, 1 durchgepreßte Knoblauchzehe, Salz, Pfeffer, 1 gestrichener Eßlöffel Origano, 1 Prise Rosmarin, 1 Eßlöffel Butter zum Anbraten

Für den Guß: 3 Eier, 1 dl Rahm, 1 dl Milch, 1 Eßlöffel Mehl, 30 g Butter

Die Makkaroni in Salzwasser knapp weich kochen, abtropfen lassen. Das Hackfleisch in Butter hellbraun anbraten, alle Gewürze beigeben, gut vermischen und im eigenen Saft stehen lassen. Ein Blech von etwa 30 cm ø gut ausbuttern, lagenweise Makkaroni und Hackfleisch einfüllen. Die Zutaten für den Guß miteinander verquirlen und über die Makkaroni gießen. Mit Butterflocken belegen. Im vorgeheizten Ofen bei 250 °C etwa 25 Minuten goldgelb mit hellbrauner Kruste überbacken.

Mit Tomaten-, Gurken- und Peperonisalat servieren.

Tiroler Hörnli
(Hörnli mit Kartoffeln)

250 g Hörnli, 2–3 geschwellte Kartoffeln, 1 kleine Zwiebel, 100–150 g Speck- oder Wurstwürfeli, 2 Eßlöffel Öl, 2 Eßlöffel Butter

Die gehackte Zwiebel mit den Fleischwürfeli im Öl/Butter-Gemisch anziehen, die in Würfel geschnittenen Gschwellti und die gekochten Hörnli zugeben und mitrösten. Notfalls noch etwas nachsalzen.

OKTOBER

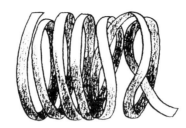

Bahmi Goreng
(Gebratene Nudeln nach indonesischer Art)

300 g Bahmi-Nudeln oder schmale Eiernüdeli, 4–5 Eßlöffel Öl, 2 Eier, 200–250 g geschnetzeltes Schweine- oder Hühnerfleisch, 1 Lauchstengel, 1 Stück Sellerie, 1–2 Rüebli, 2 Knoblauchzehen

Für die Marinade mischen wir: 5 Eßlöffel Sojasauce, 1 knappen Eßlöffel Maismehl (Maizena), 1 Teelöffel Salz, ½ feingehackte Zwiebel

Das Fleisch mit der Marinade mischen und etwas ziehen lassen. Nun in einer Bratpfanne 1 Eßlöffel Öl erhitzen und die verquirlten, leicht gesalzenen Eier einzeln zu einer dünnen Omelette backen, auskühlen lassen und in schmale Streifen schneiden. Dann das restliche Öl erhitzen, das Fleisch darin anbraten, das in feine Streifen geschnittene Gemüse beifügen und einige Minuten mitschmoren lassen. Dann die in Salzwasser oder Fleischbouillon gekochten und gut abgetropften Nudeln kurz zugeben, sorgfältig mischen. Das Gericht in eine vorgewärmte Schüssel anrichten und die Eierstreifen darüberlegen.

Tip: *Anstelle von Schweine- oder Hühnerfleisch können auch blättrig geschnittene Champignons und Schinkenwürfelchen genommen werden.*

Spaghetti mit Thon

400 g Spaghetti, 250 g Tomaten oder 1 Büchse (400 g) Pelati, 1 kleinere Zwiebel, 1–2 Knoblauchzehen, 1 Büchse Thon, 1 großes Büschel Petersilie, 1 zerriebenes Lorbeerblatt, 1 Prise Rosmarin, Salz, Pfeffer, 3–4 Eßlöffel Öl, geriebener Sbrinz oder Parmesan, evtl. ein feingeriebenes Rüebli oder/und ein Stücklein Zitronenschale

Die gehackte Zwiebel in heißem Öl anziehen, dann Lorbeer, Rosmarin, Rüebli oder/und Zitronenschale und den zerdrückten Knoblauch zugeben. Die gehackten Tomaten (oder Pelati, mit wenig Saft) beifügen, das Ganze gut 15 Min. zugedeckt köcheln lassen. Dann den grob zerpflückten Thon und vor dem Auftragen noch viel gehackte Petersilie beifügen, nochmals aufköcheln und mit dem Käse zu den al dente gekochten Spaghetti servieren.

Spaghetti oder Rigatoni alla carbonara
(nach Art der Köhlerfrau)

400–500 g Spaghetti oder kleine Rigatoni, 100 g magere Speckwürfelchen, 3–4 Eigelb, grob gemahlener schwarzer Pfeffer, Butter, Parmesan. Nach Belieben gehackte Zwiebeln, feingehackte Petersilie, 1 Knoblauchzehe

Die Speckwürfelchen in Butter braten, die heißen, al dente gekochten Teigwaren zugeben, mischen und portionenweise in feuerheiße Suppenteller geben. Sofort servieren. Jeder Esser gibt ein bereitgestelltes Eigelb darüber, rührt gut durch und würzt reichlich mit Pfeffer und Parmesan.

Variante: Die Eigelb mit dem Käse (dem Parmesan kann etwas Schafkäse beigemischt werden) in einer vorgewärmten Schüssel verrühren, die heißen Teigwaren zugeben, mischen. Dann die mit den Zwiebeln, der Petersilie und einer Knoblauchzehe in Butter gebratenen Speckwürfelchen darübergeben.

Nudeln mit panierten Käseschnitzeln

300 g Greyerzer oder Tilsiter, Paprika, Senf, 2 Eier, Paniermehl, Fett oder Margarine

Den Käse in knapp zentimeterdicke Scheiben schneiden, gut mit Paprika bestäuben und mit Senf einstreichen. In den gut verklopften Eiern und dann im Paniermehl drehen, nochmals wiederholen, damit sich eine schöne Kruste bildet. In heißem Fett bei mäßiger Hitze beidseitig braungold backen. Gut abtropfen lassen und auf einer Schüssel heißer, al dente gekochter Nudeln oder Hörnli servieren.

OKTOBER

Pralinécreme

¾ l Milch, 250 g Zucker, 100 g Mandeln (geschält und gerieben), ¼ l Wasser, 4 Eier, 1 dl Schlagrahm

100 g Zucker mit 100 g Mandeln rösten, bis die Masse hellbraun ist. Vom Feuer nehmen, etwas abkühlen lassen und mit ¼ l Wasser ablöschen. Leicht köcheln lassen, bis sich der Zucker aufgelöst hat und dann die Milch beigeben. 1 Eßlöffel Maizena, 4 Eier und 150 g Zucker gut verrühren und die heiße Milch dazugeben. Unter ständigem Rühren die Masse fast bis zum Siedepunkt erhitzen.
Nach dem Erkalten den geschlagenen Rahm darunterziehen, in Schalen, Coupes oder Gläser anrichten und nach Wunsch mit Schlagrahm verzieren.

Kaffeeflammeri

Pro Portion:
½ l Milch, 65 g Maizena, 60 g Zucker, 1 Tasse starken Kaffee, 1 Prise Salz

Maizena mit 2 Eßlöffeln Milch anrühren und in die restliche siedende Milch einlaufen lassen. Langsam Kaffee, Zucker und Salz zugeben und steif kochen lassen. In eine kalt ausgespülte Form gießen, nach dem Erkalten stürzen und mit kalter Vanillesauce servieren.

Apfelauflauf mit Mandeln

4–6 Äpfel, 3 Eßlöffel Johannisbeerkonfitüre, 2 Eier, 75 g Zucker, 2 Eßlöffel Wasser, 100 g Mehl, 1 Päcklein Backpulver, 50 g geriebene Mandeln

Äpfel schälen, Kerngehäuse entfernen, mit der Konfitüre füllen und in eine gebutterte Auflaufform stellen. Die beiden Eigelb mit dem Zucker und wenig Wasser schaumig rühren, den steifen Eischnee darunterziehen. Das Mehl und das Backpulver dazusieben und zusammen mit den geriebenen Nüssen vorsichtig mischen. Diesen Teig rings um die Äpfel streichen und bei 180 °C 30 Minuten backen.

Mandelreisköpfchen

1 l Milch, ¼ l Wasser, 1 Prise Salz, 200 g Reis (Vialone oder Arborio), 100 g Mandeln, 50 g Zucker

Mandeln mit kochendem Wasser übergießen und so heiß wie möglich schälen. Auf einem Tuch oder im schwach geheizten Ofen trocknen. Mit der Mühle mahlen und mit der Milch langsam zum Kochen bringen, damit das feine Aroma gut ausgezogen wird. Den Reis waschen und mit dem Salz der Milch beifügen und bei schwachem Feuer weichkochen. Nun füllt man den Reis in die kalt ausgespülte Form, läßt ihn erkalten und stürzt ihn auf eine Platte. Mit Sirup, Kompott oder Früchten servieren.

Schon die alten Römer...

garten ihre Speisen in Tontöpfen. Der römische Feldherr Lukullus (117–57 v.Chr.), der als einer der größten Feinschmecker aller Zeiten gilt, soll sogar den Tontopf dem schon damals gebräuchlichen eisernen Kochtopf vorgezogen haben. Aber schon Jahrtausende vor ihm kannte man das raffiniert einfache Verfahren, Speisen im eigenen Saft in dicht schließenden Tongefäßen zu garen – und heute hat man dies wiederentdeckt.

VOM UMGANG MIT DEM RÖMERTOPF

– vor jedem Gebrauch 15 Minuten wässern (vor dem allerersten Einsatz etwa 60 Minuten),
– nie auf offenes Feuer oder eine Herdplatte, sondern
– stets in den kalten Backofen stellen,
– während des Garens nie kalte, sondern nur angewärmte Flüssigkeit zugießen,
– heiße Töpfe nie auf eine kalte Unterlage, sondern auf ein Tuch oder einen Holzrost stellen,
– lediglich mit heißem Wasser reinigen.

Speisen im Römertopf brauchen während des Garens nicht überwacht zu werden, ein Anbrennen ist nicht möglich.

In der Regel gibt man die im Römertopf gegarten Speisen direkt in diesem auf den Tisch.

Sein kleiner Nachteil: Das Kochgut braucht längere Garzeiten. Was wir aber mehr an Gas oder Elektrischem ausgeben, sparen wir um ein Vielfaches an Fett und Arbeit ein.

Der Römertopf ist zweifellos eine Bereicherung der guten Küche, für eine Vielzahl von Gerichten bietet er geradezu die ideale Zubereitungsart, wie die nachstehenden Rezepte zeigen.

Heute hat man den sogenannten Römertopf als vielseitigen Koch- und Brattopf wiederentdeckt. Die derzeit in idealer Form und Qualität hergestellten Tontöpfe bieten mehrere Vorteile:
• die Speisen können mit einem Minimum oder gar ohne Flüssigkeit gegart werden. Aroma, Geschmack, Nährstoffe und Saft bleiben dadurch ganz oder zum großen Teil erhalten.
• die Gerichte können ohne oder nur mit wenig Fett zubereitet werden, das Garen im Tontopf erfüllt daher ideal die Erfordernisse der modernen Diätetik (siehe Diätrezepte auf Seite 201).

Gulasch mit Variationen

600–700 g Gulaschfleisch von Rind, Schwein oder Schaf oder auch gemischt. 400–500 g gehackte Zwiebeln, 1½–2 Eßlöffel Mehl, Salz, Pfeffer, 2 oder mehr Eßlöffel Paprikapulver, etwas Zitronenschale, 2–3 dl Bouillon. Nach Belieben etwa 3 Eßlöffel Speckwürfeli, etwas Lorbeer

In einer Pfanne die Speckwürfelchen, das Fleisch und die Zwiebeln in Fett oder Margarine anbraten, salzen, pfeffern und nach Belieben mit Paprikapulver bestreuen, mit Mehl bestäuben. In die gewässerte Tonform geben, Zitronenschale, Lorbeer und Bouillon beifügen. Verschließen und im Ofen bei 200 °C 2½ Stunden garen lassen.

Variationen:
– in Stücke geschnittene Kartoffeln mitgaren lassen.
– Bouillon ganz oder teilweise durch Rotwein ersetzen.
– mit Kümmel oder etwas Tomatenpüree oder gepreßtem Knoblauch oder einem Schuß Weinessig würzen.
– feingeschnittene, geröstete Peperoni oder Champignons aus der Büchse oder kleingeschnittene Gewürzgurken vor dem Auftragen zugeben, etwa 5 Minuten mitziehen lassen.
– Sauerrahm daruntermischen.

Szegediner Gulasch

600 g Sauerkraut und 1–2 Teelöffel Kümmel mitdünsten lassen, vor dem Auftragen etwa 1 dl Sauerrahm daruntermischen.

Kasseler Rippenspeer

Nicht die deutsche Stadt Kassel, sondern ein Metzgermeister namens Kassel im alten Berlin soll dieser Spezialität den Namen gegeben haben; er soll als erster auf den Einfall gekommen sein, gesalzene Schweinsrippchen leicht zu räuchern und als Bratenstück anzubieten. Heute werden nicht nur Rippenstücke, sondern auch andere Teile des Schweins wie Carré, Filet und gar Schweinshals

(preiswert und delikat!) als «Kasseler» bei uns angeboten. Wir können ihn nach klassischer Methode braten (Rezept siehe nachstehend) oder aber auch in wenig Wasser mit einigen Pfefferkörnern, 1 Zwiebel und Lorbeerblatt gar dämpfen (nicht kochen!).

Rippenspeer, klassisch

800–1000 g «Kasseler» (Rippenstück oder auch andere), 1–2 Teelöffel Senf, 1–2 dl Rotwein, 1 dl Bouillon

Den Römertopf wässern, das Fleisch mit der Fettschicht nach oben hineinlegen, zudecken, in den Ofen einschieben und bei 220 °C während 1¼ Stunden braten. Dann den Deckel wegnehmen, das Fleisch oben mit einer dünnen Schicht Senf einstreichen, den Topf ohne Deckel in den Ofen zurückgeben und während 15–20 Minuten weiterbraten lassen, damit die Fleischoberfläche knusprig braun wird.
Den Braten herausnehmen und auf einem Teller warm stellen. Für die Sauce zuerst den größten Teil des Fettes abgießen. Nun den Fond zuerst mit Rotwein auflösen, kurz einkochen lassen, dann mit Bouillon ergänzen. Nach Belieben würzen. Die Sauce in eine Saucière anrichten. Den Kasseler tranchieren und auf eine Lage separat gekochtes Gemüse, z.B. Sauerkraut, Rotkohl oder Erbsen mit Rüebli, anrichten und mit Salzkartoffeln oder Kartoffelstock servieren.

Rindfleischroulade

500 g Rindfleisch, vom Metzger möglichst dünn zu 1 oder 2 Plätzli schneiden und schön flach klopfen lassen. Salz, Pfeffer, Senf
Für die Füllung: 5–6 dünngeschnittene Specktranchen, 1 gut gefüllte Tasse feingeschnittenes Gemüse wie Lauch, Rüebli, Sellerie, Peperoni
Als Bratengarnitur: 2–3 Zwiebeln, 1 Lorbeerblatt, 2 Nelken, 1 Rüebli, 1 Stück Sellerie
1 Eßlöffel Mehl, Fett oder Öl zum Anbraten, 1 Glas Rotwein, 1 Tasse Bouillon, etwas gebundene Bratensauce (aus Tube oder Würfel), 1 kleine Büchse Eierschwämme oder Champignons (fakultativ).
Nach Belieben saurer Rahm

Den Römertopf wässern. Das Fleisch würzen und mit etwas Senf bestreichen. Die Specktranchen flach darauf legen. Das Gemüse von der Mitte gegen außen verteilen und das Fleisch aufrollen. Die Enden mit Zahnstochern befestigen. Die Roulade(n) im Mehl wenden und in heißem Fett in einer Bratpfanne anbraten. Auch die Bratengarnitur etwas bräunen. Fleisch und Garnitur in den Römertopf geben. Den Fond der Pfanne mit Wein und Bouillon auflösen, Bratensauce zugeben, über das Fleisch gießen.
Den Römertopf in den Ofen schieben, auf 200 Grad einstellen und während mindestens 1½ bis 1¾ Stunden schmoren lassen. Vor dem Servieren die Sauce mit saurem Rahm verfeinern, eventuell 1 Döschen Pilze beifügen. Polenta, Knöpfli oder Kartoffelstock dazu reichen.

POULARDEN

(Masthühner) sind besonders delikat: ihr Fleisch ist zart und zudem mit etwas Fett durchzogen. Berühmt sind die Bresse-Poularden aus der Gegend von Lyon, und die Brüsseler Poularden. Auf dem Markt werden meist (tiefgefrorene) Poularden aus dem Osten angeboten. Poularden haben ein Gewicht von 2 bis 3 kg.

Poularde, gebraten

1 Poularde wird innen und außen gesalzen, mit Zitronensaft beträufelt und mit Butter bestrichen. In das Innere zwei Zweige Thymian und 1 Stückchen Butter geben. In die gut gewässerte Tonform legen, 1 kleine Büchse Champignons (ohne Flüssigkeit) und 2 Eßlöffel gehackte Petersilie dazugeben. Den Topf verschließen und die Poularde gut 1½ Stunden bei 220 °C im Ofen braten. Dann aus dem Tontopf nehmen und auf den Bratrost legen, nach Belieben mit Paprikapulver bestreuen. Mit dem Bratsaft begießen und im Ofen noch etwa 15 Minuten bräunen lassen. Inzwischen den Bratsatz mit etwas Wasser oder Weißwein aus der Tonform lösen, in einem Pfännchen mit etwas Bouillon, Pfeffer und Thymian abschmecken, gesondert zu der heiß aufgetragenen Poularde reichen.
Dazu passen weißer Reis und grüne Erbsen, Broccoli oder Blumenkohl.

Poularde, französische Art

Das Tier wird innen und außen mit Salz, Zitronensaft, geriebener Muskatnuß und Senf gut eingerieben und mit nachstehender Mischung gefüllt: 250 g Birnen (oder auch säuerliche Äpfel) geschält, geviertelt und entkernt, 250 g halbierte Traubenbeeren, 80–100 g feingeschnittener geräucherter Speck.
Die Poularde in den gewässerten Tontopf geben, mit warmer Butter oder etwas Öl übergießen und bedeckt gut 90 Minuten bei 220 °C braten. Herausnehmen und warm stellen. Sauce mit etwas Weißwein oder Bouillon aufkratzen, nach Belieben abschmecken und separat dazu servieren.

Aus dem Römertopf: # Diätgerichte für Übergewichtige und Diabetiker

Truthahnrollbraten

500 g Truthahnrollbraten (falls tiefgefroren, nach Vorschrift auftauen). 1 Tasse getrocknete Pilze (in kaltem Wasser einweichen). Salz, Pfeffer, Paprikapulver

Das Fleisch waschen, abtrocknen und mit Salz, Pfeffer und Paprikapulver würzen, in den Römertopf geben. Die Pilze um das Fleisch verteilen. Den Topf mit dem Deckel schließen, in den kalten Ofen schieben und das Fleisch bei 220°C gut 1½ Stunden garen lassen. Dann den Deckel abnehmen, das Fleisch mit dem Fleischsaft begießen und noch einige Minuten im Ofen bräunen lassen. Dann in 4 Tranchen schneiden.
Beilagen: Kopfsalat, Spargeln, Blumenkohl und Salzkartoffeln, unter Berücksichtigung der erlaubten Kohlenhydratmengen und Kalorien.
Nährstoffgehalt pro Person: 19 g Eiweiß, 14 g Fett, 0 g Kohlenhydrate. 208 Kalorien/871 Joules.

Gefüllter Hackbraten

Je 200 g fettarmes Rinds- und Schweinehackfleisch, 1 Ei, Salz, Pfeffer, Paprikapulver, 2 Zwiebeln, 1 Eßlöffel Wasser, 1 Ei zum Füllen, 1 Tomate, 20 g Pflanzenmargarine

1 Ei wird hartgekocht und der Länge nach geviertelt. Die eine Zwiebel fein würfeln, die andere grob zerschneiden.
Das Hackfleisch mit einem Ei, Salz, Pfeffer, Paprikapulver, der gewürfelten Zwiebel und dem Wasser verkneten. Daraus ein Längseck formen und die Eiviertel darin eindrücken. Dann in den gewässerten Römertopf legen und die zerschnittene Zwiebel und die grob zerteilte Tomate dazugeben.
Den Römertopf mit dem Deckel schließen, in den kalten Ofen schieben und den Hackbraten bei 220°C 40 Minuten garen. Den Hackbraten in 4 gleichmässige Scheiben schneiden. Den Fleischsaft durchsieben, abschmecken und über das Fleisch giessen.
Nährstoffgehalt pro Person: 20 g Eiweiß, 18 g Fett, 0 g Kohlenhydrate. 249 Kalorien/1042 Joules.

Kalbshaxe

1 Kalbshaxe von 1 kg, Salz, Pfeffer, 1 Stückchen Sellerie oder/und Rüebli, 2 Tomaten (frisch oder Pelati aus der Büchse), 1 Tasse Weißwein, 20 g Butter oder Margarine, etwas Rosmarin, Salbei oder Thymian

Die Kalbshaxe enthäuten, mit Salz und Pfeffer einreiben und in den gewässerten Römertopf legen. Sellerie und Tomaten zerschneiden und um die Kalbshaxe verteilen. Weißwein darüber gießen und die Butter oder Margarine in Flöckchen darüber verteilen. Den Römertopf mit dem Deckel verschließen, in den kalten Backofen schieben und das Fleisch bei 220°C etwa 1¼ Stunden garen lassen.
10 Minuten vor Beendigung der Garzeit den Deckel abnehmen, die Kalbshaxe mit dem Fleischsaft begießen und bei Oberhitze bräunen.
Das Fleisch von den Knochen trennen, in 4 Portionen teilen, den Fleischsaft darüber gießen.
Dazu: Gemischte Salate, unter Berechnung der Kalorien, Salzkartoffeln oder Weißbrot, unter Berücksichtigung der erlaubten Kohlenhydratmenge und Kalorien.
Nährstoffgehalt pro Person: 32 g Eiweiß, 10 g Fett, 1 g Kohlenhydrate. 241 Kalorien/1010 Joules.

Kabeljaufilets mit Champignons und Tomaten

600 g Kabeljaufilets, Zitronensaft, Salz, etwas Rosmarin- oder Nelkenpulver, 200 g Champignons, 200 g Tomaten, ½ Tasse Weißwein, 20 g Margarine, Petersilie

Die Kabeljaufilets waschen, abtrocknen, mit Zitronensaft beträufeln und salzen. In den gewässerten Römertopf geben. Darüber die gewaschenen und grob zerkleinerten Champignons und die enthäuteten, geachtelten Tomaten verteilen. Den Weißwein darüber gießen und die Margarine in Flöckchen darüber verteilen. Den Topf verschließen, in den kalten Ofen schieben, und das Gericht 45 Minuten bei 220°C garen.
Die Kabeljaufilets mit den Tomaten und Champignons in 4 Portionen teilen, und frisch gehackte Petersilie darüber streuen.
Dazu: Blattsalate, unter Anrechnung der Kalorien, Salzkartoffeln oder Reis, unter Berücksichtigung der Kohlenhydratmenge und Kalorien.
Nährstoffgehalt pro Person: 28 g Eiweiß, 4 g Fett, 4 g Kohlenhydrate. 168 Kalorien/703 Joules.

NOVEMBER

Denken wir einmal an die Zwiebel. Nicht nur, weil die Berner diesen Monat ihren berühmten Zibelemärit feiern, sondern vielmehr deswegen, um diese köstliche Knolle für mehr als nur für Zwiebelkuchen oder als Beilage zum sonntäglichen Schweinebraten zu verwenden. Gute Zwiebelrezepte gibt es nämlich viele (siehe Seite 206 und Rezeptverzeichnis). Und jetzt sind die Zwiebeln am günstigsten. Auch mit einem andern Gemüse sollten wir uns diesen Monat befassen: mit Kohl. Zurzeit sind die verschiedensten Kohlarten auf dem Markt, und die Auswahl an ausgezeichneten Kohlrezepten ist groß (siehe Seite 208 und Rezeptverzeichnis). Ohnehin schätzt man in diesem Monat bodenständige Kost; währschafte Eintöpfe wie auch nahrhafte Suppen als Hauptmahlzeit werden jetzt willkommen sein.

TIP Im November denkt man schon an Weihnachten; das ist gut so. Man kann bereits einige Weihnachtsvorbereitungen treffen, beispielsweise in Ruhe die Geschenke aussuchen und mit den Bastel- und Handarbeiten beginnen. Man kann aber auch schon Guetzli backen (siehe Vorschläge und Anleitungen auf Seite 216), denn tiefgefroren halten sie sich weit über Weihnachten hinaus.

Zu unserm Bild: Kartoffelsuppen sind richtige Magenwärmer, ob nun zu Beginn einer Mahlzeit oder als Hauptgericht genossen. Und dies, ob wir sie nun nach französischer, flämischer oder deutscher Art kochen oder nach einem der vielen guten Rezepte, wie sie überall in der Schweiz zu finden sind. (Siehe Seite 205 und Rezeptverzeichnis.)

DAS GROSSE SALATTREFFEN

In keinem Monat gibt es so viele köstliche Salate wie im sonst so düsteren November. Denn in diesem Monat finden sich die letzten Herbst- und ersten Wintersalate zum großen Familientreffen ein.

Blattsalate

Als Blattsalate bietet uns der Monat November: weißen Chicorée (Brüsseler) und roten Chicorée (Cicorino), Catalogna, glatte und krause Endivie, Kabis, Kresse, Kopfsalat, Nüßli-(Feld-)Salat, Rotkraut, Zuckerhut. Alle diese Salate werden am besten mit einer Öl/Essig-Sauce oder Joghurtsauce (Rezepte siehe Seite 112) angemacht.

Für Blattsalate besonders wichtig:
- Salate jeweils sauber rüsten, kurz waschen und in der Salatschleuder, einem Sieb oder auch Tuch trocknen. So wird die Sauce nicht verwässert.
- Möglichst frische Salate kaufen und wenn immer möglich sofort verwenden. Dies gilt für alle Blattsalate, ausgenommen Kabis und Wirz (siehe nachstehend).
- Wenn Salate aufbewahrt werden müssen: den Salat rüsten, waschen, trocknen; locker in ein Tuch wickeln und in das Gemüsefach des Kühlschranks geben.

Blüten- und Fruchtgemüsesalate

An diesen bietet uns der November-Markt: Avocados, Blumenkohl, Broccoli, Gurken, Peperoni, (Treibhaus-)Tomaten.
Geeignet für diese Salate ist eine Öl/Essig-Sauce wie auch eine Joghurtsauce (Rezepte siehe Seite 112).

Blumenkohl verwenden wir sowohl gekocht wie auch roh;

Avocados geben wir einem andern Salat als Schnitze oder Scheiben bei oder füllen sie mit einer pikanten Farce oder Salat; Tomaten sind jetzt eher teuer und haben nicht mehr das kräftige Aroma und die Frische der frei gewachsenen Sorten des Sommers, weshalb wir sie zu Dekorationszwecken oder als Beilage benutzen.

Tip: *Wintersalate sind nicht nur eine vitaminreiche Vor- oder Nebenspeise, die reichern Kombinationen eignen sich ebenfalls als leichte Hauptspeise. Wir servieren sie mit:*

- *Geschwellten Kartoffeln. Wenn man sie in einer Pfanne mit Locheinsatz oder im Dampftopf kocht, kann man ein paar Minzblätter dazugeben. Das gibt ihnen einen ganz neuen Geschmack.*

- *Pariser Brot, das man schräg in zwei bis drei Zentimeter dicke Stücke schneidet, aber so, daß das Brot unten noch zusammenhält. In die Einschnitte streicht man dick frische Butter, die man mit feingehackten Kräutern oder Knoblauch würzt. Dann wickelt man das Brot in Alufolie und gibt es 5 bis 6 Minuten in den heißen Ofen. Wem der Knoblauch zu penetrant riecht, der läßt ihn vor dem Hacken ein paar Minuten in siedendem Wasser ziehen.*

Tips für Kabissalate
- Kabissalate möglichst fein mit dem Gemüsehobel oder einem scharfen Messer schneiden, er ist so leichter zu verdauen.
- Eine Beigabe von Kümmel tut Weißkabis vom Geschmack wie auch von der Verdauung her besonders gut.
- Die Salatsauce bereits 20 bis 30 Minuten vor dem Auftragen untermischen.

204

Knollen- und Wurzelsalate

Von diesen sind jetzt günstig:

Fenchel, Kartoffeln, Radieschen, Randen, Rettich, Rüebli, Sellerie, Zwiebeln.

Sellerie, Rüebli und Randen können sowohl roh (geraffelt) wie auch gekocht (in Stäbchen oder Scheiben geschnitten) verwendet werden; am besten schmecken sie an einer Joghurtsauce. Diese Sauce eignet sich ebenfalls für dünn geschnittenen Fenchel.

Kartoffeln werden gekocht verwendet. Sie werden noch warm geschält und in Scheiben geschnitten. Wenn man den Salat saftig will, gibt man etwas Bouillon und dann reichlich Öl/Essig-Sauce (Rezepte siehe Seite 112) darüber. Die Kartoffeln können auch roh, in Scheiben oder Würfel geschnitten, in Bouillon gekocht werden; nach dem Erkalten mit einer – beispielsweise mit Mayonnaise bereicherten – Salatsauce anmachen. Zwiebeln sind nicht nur eine erfrischende Salatzugabe, sondern sind – in Scheiben geschnitten, kurz blanchiert und mit einer Öl/Essig-Sauce angemacht – ein erfrischender Salat.

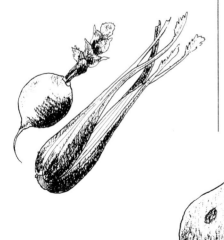

NOVEMBER

Immer wieder:

Kartoffelsuppen

Berner Kartoffelsuppe mit Milch

Eine feingeschnittene Zwiebel wird in Fett leicht gedünstet, 600 g Kartoffelwürfelchen wie auch feingehackte Kräuter (Majoran, Thymian, Petersilie) werden zugegeben. Mit ¼ l Wasser ablöschen, salzen. Die Suppe gut 20 Minuten kochen lassen und durch ein Sieb streichen. Etwa ¾ l Milch zugeben, nochmals aufkochen und über gebratene Brotdünkli anrichten.

Berner Kartoffelsuppe mit Majoran

4 Tomaten, ein Stück Sellerie und etwa 500–600 g Kartoffeln in kleine Würfel schneiden, mit etwas Butter und ½ Eßlöffel Mehl dämpfen und mit 1 l Bouillon oder Wasser ablöschen. 15–20 Minuten köcheln lassen, mit Kräutern (viel Majoran) und etwas Salz würzen.

Rote Kartoffelsuppe

½ Zwiebel, 1 Rüebli, 1 Stück Sellerie, 1 kleinen Lauch fein schneiden und in Fett andämpfen. Etwa 500 g Kartoffelstock (Resten) oder zerstoßene, durch das Sieb gestrichene Salzkartoffeln zugeben. 1 l Wasser unter Rühren zugeben, 30 Minuten köcheln lassen, salzen. Dann 2–3 Eßlöffel Tomatenpüree und 1–2 Eßlöffel Paprika mit etwas Milch der Suppe unterrühren. Diese nochmals aufkochen und mit Salz und Pfeffer abschmecken. Nach Belieben 100–150 g gewürfelten, gekochten Schinken zugeben, aufkochen und mit Weißbrotwürfelchen anrichten.

Grüne Kartoffelsuppe

2 bis 3 Lauchstengel in Fett leicht andünsten, 1 gehäuften Teller kleine Kartoffelwürfelchen zugeben, mitschwitzen und mit 1 l Wasser ablöschen, salzen. 15 Minuten köcheln lassen, mit Muskat und Würze abschmecken und über 2 Eßlöffel Rahm und viel gehacktes Grün (Petersilie, Schnittlauch, Majoran) anrichten. Damit die Suppe recht grün wird, kann feingehackter Spinat mitgekocht werden.

Kartoffelsuppe mit Fleisch

1 Stück gesalzenes oder geräuchertes Fleisch in ungesalzenem Wasser halbweich kochen. 500 g Kartoffeln und reichlich Lauch, Rüebli, Sellerie, Kabis würfeln und in Fett andämpfen, das Fleisch und 1 l Wasser zugeben, gar köcheln lassen, mit Salz, Pfeffer, Muskat oder Majoran abschmecken. Dieses alte Bauerngericht wird zu Brot und gekochtem Obst aufgetragen.

ZWIEBELN

Zwiebeln sind Liliengewächse: einknollig die einen, zusammengewachsen oder mehrknollig die andern (siehe Schalotten). Daß sich mit den Zwiebeln delikateste Gerichte zubereiten lassen, zeigen unsere Rezepte. Daß die Zwiebel zudem außerordentlich gesund ist, haben neueste wissenschaftliche Forschungen bestätigt: Sie enthält wertvolle Vitamine (vor allem Vitamin C und B) und Mineralien (Phosphor und schwefelhaltiges Öl). Sie fördert die Verdauung, schützt gegen Herzinfarkt und reinigt das Blut. Zudem enthält die Zwiebel so viele natürliche Antibiotika, daß ihr Saft wirksam gegen Husten und Heiserkeit hilft.

Die Speisezwiebel, gelb- bis dunkelgold in der Farbe, ist die populärste aller Zwiebelarten: im Geschmack und Geruch ist sie würzig bis stechendscharf. Es gibt sie in verschiedenen Größen: Als Saucenzwiebel wird sie vom Fachhandel bei 22 bis 30 mm Größe bezeichnet, als Roller bei 30 bis 35 mm, als normale Speise- oder Haushaltzwiebel bei 35 bis 75 mm und als Metzgerzwiebel bei 75 mm und mehr. Rote Zwiebeln sind ihres milden Geschmacks wegen besonders als Salatgemüse geeignet: Sie sind – im Unterschied zur Speisezwiebel – nur beschränkt haltbar. Die «weiße» Schwester der Speisezwiebel, die Frühzwiebel, kommt im Sommer auf den Markt. Sie wird meist mit dem Grün – das man ebenfalls verwenden kann – in verschiedenen Größen angeboten: kleine Sorten werden oft als Lauchzwiebeln (Lauch ist übrigens auch eine Zwiebelart) bezeichnet. Ausgezeichnet zum Rohessen. Schalotten unterscheiden sich in Art und Geschmack von der gewöhnlichen Zwiebel in den Farben Goldgelb bis Rostbraun; sie sind zusammengewachsen wie Knoblauch oder mehrknollig. Schalotten schmecken feiner und aromatischer als Küchenzwiebeln und sind für die «Grande cuisine» unentbehrlich: zum Würzen von Salaten, Saucen und feinen Speisen.

Zwiebeltricks für Anfänger

Trick Nr. 1: Die ätherischen Öle, vor allem die Senföle, sind schuld daran, daß wir beim Zwiebelschneiden Tränen vergießen. Wir können uns einigermaßen schützen, wenn wir beim Schälen mit der flachen Zwiebelwurzel beginnen, die geschälte Zwiebel kurz in Wasser tauchen, der Länge nach halbieren und unsere Scheiben oder Würfel auf einem nassen Brettchen schneiden.

Trick Nr. 2: Gegen Zwiebelgeruch an Händen und auf Küchenbrettern schützt man sich, indem man alles, was mit der rohen Knolle in Berührung kommt – Hände, Messer, Brett – vor und nach dem Schneiden kalt abspült. Essen Sie nach dem Genuß roher Zwiebeln – gekochte haben praktisch keinen wahrnehmbaren Geruch – rohe Petersilie; der von Außenstehenden als lästig empfundene Zwiebelgeruch verschwindet.

Trick Nr. 3: Rohe, zerschnittene Zwiebeln verlieren an Geschmack und an Bekömmlichkeit. Also erst kurz vor dem Servieren an die Speisen geben; zerschnittene Zwiebeln behalten jedoch den Geschmack einigermaßen bei, wenn sie kurz überbrüht werden. Angeschnittene Zwiebeln können Sie im Kühlschrank einige Zeit halten, jedoch nur, wenn Sie sie luftdicht in Alufolie packen. Wollen Sie sich einen Zwiebelvorrat anlegen, dann lagern Sie die Knollen möglichst luftig, kühl (aber frostfrei) und nebeneinander.

Zwiebelsalate

einfach: Zwiebeln in nicht zu dünne Streifen schneiden, in Öl knapp glasig dämpfen, mit einer Salatsauce nach Belieben anmachen. Zu Teigwaren, Polenta, Fleisch usw. servieren.

nach Appenzellerart: 3 Zwiebeln in feine Streifen schneiden und mit 3 gekochten, geschälten und in Scheiben geschnittenen Appenzeller Würsten (= grüne Würste) in einer Salatsauce aus Öl, Essig, Salz und Pfeffer anmachen. 1 Stunde ziehen lassen. Zu Brot, Salzkartoffeln oder «Gschwellten» servieren.

Zwiebelsuppen

gebrannte: 3 feingeschnittene Zwiebeln in Öl glasig werden lassen. Dann 300 g in feine Scheiben geschnittenes Brot zugeben und alles hellbraun braten. 1,2 l Fleischbouillon zugießen, mit Pfeffer und Muskat würzen, das Ganze etwa 15 Min. köcheln lassen.

weiße (Crème soubise): 300 g feingehackte Zwiebeln in Fett dämpfen, ohne Farbe annehmen zu lassen. Mit 3 Eßlöffeln Mehl bestäuben, 1,2 l Bouillon zugeben, 1 Lorbeerblatt beifügen, 40 Min. köcheln lassen. Die Suppe passieren oder im Mixer pürieren. 1 Eigelb mit 3 Eßlöffeln Rahm verrühren und unter die Suppe ziehen. Mit Pfeffer und Muskat abschmecken, mit gerösteten Brotwürfelchen servieren. (Siehe auch: Gratinierte Pariser Zwiebelsuppe und Schaffhauser Zwiebelsuppe.)

NOVEMBER

Gefüllte Zwiebeln

4 große Zwiebeln, je 100 g Schinkenwürfelchen und blättrig geschnittene Champignons, 1 in Milch eingeweichtes Brötchen, Salz, Pfeffer, Paprika, Paniermehl, Milch, Butter oder Margarine

Die Zwiebeln schälen, oben je eine Scheibe abschneiden, in Salzwasser halbweich kochen. Den innern Teil der Zwiebeln herausheben, hacken. Mit Schinken, Champignons, dem Brötchen, Salz, Pfeffer und Paprika mischen, in die Zwiebeln füllen. Eine gefettete Auflaufform mit Milch 1 cm hoch aufgießen, die Zwiebeln hineinsetzen, mit Paniermehl bestreuen, je eine Butter- oder Margarineflocke daraufgeben. In der mittleren Ofenrille im vorgeheizten Ofen bei 220 °C etwa 30 Min. backen.

Schaffhauser Bölletünne
(Zwiebelkuchen)

Für ein Kuchenblech von 26 cm ⌀ : 300 g Kuchenteig (oder Brotteig vom Bäcker), 700 g Zwiebeln, 50 g Speckwürfelchen, 2 Eßlöffel Butter, 3 Eier, 2 dl saurer Rahm (Haushaltrahm), Salz, Pfeffer aus der Mühle, Muskatnuß, ½ Teelöffel Kümmel, Butter für das Blech

Ein rundes Kuchenblech mit Butter bestreichen und mit Teig auslegen.

Die Zwiebeln fein schneiden und zusammen mit den Speckwürfelchen in Butter dünsten, ohne sie Farbe annehmen zu lassen. Erkalten lassen.

Eier, Rahm, Salz, Pfeffer und Muskatnuß gut verrühren.

Den Teigboden mit einer Gabel mehrmals einstechen. Die Zwiebeln darauf verteilen und den Guß darübergeben. Mit Kümmel und Butterflocken bestreuen und im vorgeheizten Ofen bei 200 °C etwa 45 Minuten backen.

Zwiebelwähe

1 Portion (ca. 300 g) Hefe- oder Kuchenteig, 700 g Zwiebeln, 50 g gewürfelter Speck, 2 Eßlöffel Fett oder Margarine, 2 Eier, 1 Eßlöffel Mehl (fakultativ), 1½ dl Rahm oder Milch, Salz, Pfeffer, nach Belieben Kümmel oder Origano, Muskat, 1–2 Eßlöffel Reibkäse

Den Speck in Fett anbraten, die gehackten oder in Ringe geschnittenen Zwiebeln zugeben und glasig dünsten, leicht salzen, pfeffern und nach Belieben ein anderes Gewürz beigeben. Den Teig auswallen und ein gefettetes Kuchenblech damit auslegen. Eier, Mehl, Rahm oder Milch verquirlen, etwas Muskat beigeben, über die Zwiebeln gießen. Evtl. etwas Reibkäse darüberstreuen. Im vorgeheizten Ofen bei 220 °C backen.

KOHL

Kohl gibt es in den verschiedensten Arten und Formen: Der Kohlrabi mit seiner seltsamen Stengelknolle gehört ebensosehr zur Kohlfamilie wie der Wirz (Wirsing) mit den gekräuselten Blättern. Kohl ist ebenfalls der Blumenkohl, dessen große weiße Blüte wir verzehren, wie der zarte Broccoli, von den Deutschen Spargelkohl genannt. Der Chinakohl, der fast wie Krautstiele (Mangold) aussieht, ist Kohl wie der Rosenkohl mit den Kohlröschen und der Grünkohl mit seinen krausen Blättern am Stiel.

Alle diese wie auch weitere Kohlsorten stammen von einer einzigen Urpflanze, dem Wildkohl, ab, der noch heute an der Küste des Atlantiks und des Mittelmeeres als sogenannter Strandkohl wächst.

Ebenfalls vom Wildkohl stammen Weiß- und Rotkohl ab, bei uns als Weiß- und Rotkabis oder -chabis bezeichnet. Es sind dies die bekanntesten Kohlarten.

Weißkabis
(Weißkraut, Weißkohl)

Die Haupternte von Weißkabis ist August, September. Gut gelagert hält er sich jedoch bis März, April. Die äußern Blätter sehen dann meist nicht mehr appetitlich aus und werden daher bei der Zubereitung abgeschnitten.

Grundrezept: Geviertelt und dann mit einem scharfen Messer fein geschnitten, wird der Kabis mit gehackten Zwiebeln in heißem Fett (hervorragend: Geflügelfett) angezogen und mit Salz, Pfeffer, Kümmel (oder auch etwas Curry) gewürzt. Wenn überhaupt, ganz wenig Flüssigkeit (Bouillon oder Weißwein) beigeben. Etwa 1 bis 1½ Stunden dämpfen, eventuell mit etwas Essig und Zucker abschmecken. Wenn die grünliche Farbe erhalten werden soll, muß der Kabis in einem offenen Topf gedämpft werden. Es entwickelt sich dann aber der oft unangenehme Kohlgeruch, den man – unter Verzicht auf die Farbe – nur vermeiden kann, wenn

• man den Topf zudeckt und über den Deckel ein angefeuchtetes, überhängendes Frottétuch gibt, in welchem sich der entweichende Dampf festsetzen kann (das Tuch wird nach Beendigung des Kochvorganges gewaschen),

• man das Gemüse im Dampfkochtopf kocht.

Rotkabis
(Rotkraut, Blaukraut)

Rotkabis ist ebenfalls bis etwa März, April auf dem Markt zu finden.

Grundrezept: Er wird wie Weißkabis zubereitet, gewürzt jedoch meist mit Salz, Pfeffer, Nelken, Lorbeer, in Schnitze geschnittenen säuerlichen Äpfeln und etwas Zucker.

In kalkhaltigem Wasser gekocht, bekommt das Rotkraut eine bläuliche Farbe. Wünscht man die rote Farbe zu erhalten, schneiden wir ihn möglichst dünn und geben ihm je einen Eßlöffel Rotwein und Essig bei.

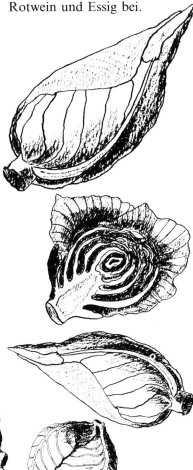

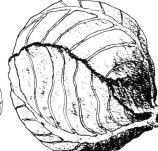

Gefüllter Kohlkopf

1 mittelgroßer Rot- oder Weißkabis. Weitere Zutaten wie beim Krautwickel, wobei ¼ des Hackfleisches durch feingeschnittenen Schinken ersetzt werden kann

Den gereinigten Kabis in kochendes Salzwasser geben, etwa 30 Minuten bei schwacher Hitze köcheln. In einem Sieb abtropfen und auskühlen lassen, aushöhlen. Die Höhlung mit Salz und Pfeffer ausreiben, Füllung hineingeben. In einer Kasserolle in heißem Fett die kleingeschnittenen Kabisreste der Höhlung und den Kabis anbraten, etwa ¼ l Bouillon beigeben und bei schwacher Hitze eine Stunde zugedeckt schmoren.

Urner Häfelichabis

Für 6 Personen:
1 kg Lammfleisch (Schulter oder Brust) oder je 500 g Lamm- und Schweinefleisch, 3 Eßlöffel eingesottene Butter oder Fett, Salz, Pfeffer, Muskatnuß, 3 feingehackte Zwiebeln, 1–2 Knoblauchzehen, 1 Kabis (etwa 1,5 kg), 3 dl Fleischbouillon, 1 kg Kartoffeln

Fleisch in nicht zu große Würfel schneiden. In Butter oder Fett goldgelb braten und aus der Pfanne nehmen. Zwiebeln und feingeschnittenen Knoblauch hineingeben, leicht anziehen lassen, dann den in Streifen geschnittenen Kabis beifügen. Das Gemüse unter Rühren dünsten, der Kabis darf leicht Farbe annehmen. Dann den Kabis mit dem Fleisch lagenweise in einen großen Topf füllen, mit Bouillon begießen und zugedeckt mindestens 1 Stunde kochen. Nach dieser Zeit die in Stücke geschnittenen Kartoffeln zugeben, würzen und 30 Minuten weiterkochen. Bei der Zubereitung im Dampfkochtopf die Fleischbouillon auf 2 dl reduzieren.

Kabisbünteli

(Krautwickel, Kohlrouladen)

1 gut 1 kg schwerer Kabis, 400 g Gehacktes, halb Schweine-, halb Rindfleisch, 2 Brottranchen, in Milch eingeweicht und ausgedrückt, 1 kleine Zwiebel, 1 Ei, Öl, Fett oder Butter, Salz, Pfeffer, Petersilie, fakultativ: Tomatensauce

Den gereinigten Kabis etwa 10 Minuten in kochendes Salzwasser geben und die größten Blätter ablösen und deren Rippen flach schneiden (der Kabis-Innenteil kann für Salat oder Gemüse verwendet werden). Aus dem Fleisch, dem Ei, der gehackten Zwiebel, dem Brot und der Petersilie (oder etwas gehacktem Kabis-Innerem) eine Farce mischen, salzen und pfeffern und auf die Kabisblätter verteilen. Von der Spitze her aufrollen, die Seiten dabei einschlagen, mit Faden binden oder mit einem Zahnstocher oder einer Rouladenklammer zusammenhalten. Die Wickel im Fett zuerst scharf anbraten (besonders von Männern geliebt), dann in eine bebutterte Gratinform geben, etwas Bouillon zugeben und im Ofen etwa 1 Stunde zugedeckt schmoren lassen. Vor dem Auftragen etwas Tomaten- oder Bratensauce (aus Beutel) darübergeben.

Hinweis: Angebranntes ist vielen Frauen ein Greuel, meist zu Recht. Beim Kabis kann man jedoch geteilter Meinung sein: Braun angebratener Kabis ist bei vielen als geschmackliche Verbesserung beliebt; ein Versuch lohnt sich.

Lammfleisch/Kabis-Eintopf (Irish stew)

750 g Schafschulter, 2 Zwiebeln, 3–4 Rüebli, 2 weiße Rüben (Navets) oder Kohlräbli, 1 Sellerie, 1–2 Lauch, ½ kg Kartoffeln in Würfeln, 1 kg oder mehr Kabis oder Kohl, Salz, Pfeffer, Kümmel, Muskat, Lorbeerblatt, ½ l Bouillon

Die Art der Zubereitung ist nicht einheitlich:

- Es gibt Leute, die braten das Fleisch an; andere geben es, gesalzen und gepfeffert, über einer Schicht fetten Specks auf den Pfannenboden. Darüber werden die gehackten Zwiebeln und die in Scheiben geschnittenen andern Gemüse (ohne Kabis) gegeben. Dann kommen die Kartoffeln und als Abschluß die ganzen Kohl- oder Kabisblätter. Die mit den Gewürzen vermengte Bouillon zugeben, und das Ganze zugedeckt gut 1½ Stunden köcheln lassen.

- Eine andere Variante ist es, Fleisch, Gemüse, Kartoffeln und den in mundgroße Stücke geschnittenen Kabis abwechselnd schichtweise in den Topf zu geben, wobei jede Schicht etwas gewürzt wird, dann Bouillon zugießen, zuletzt zwei, drei große Kabisblätter als Abschluß darübergeben. Gut 1½ Stunden köcheln lassen.

- Andere geben die Zutaten wiederum wie Kraut und Rüben in den Topf und rühren hin und wieder. Auch so wird es gut.

- Eine weitere Variante: Geben Sie dem Irish stew 1–2 Teelöffel Madras-Curry bei. Ein guter Tip und gar nicht so abwegig: Die Vorfahren der Iren, Schotten und Engländer hatten früher oft als Kolonialsoldaten in Indien gedient und von dort den Gebrauch von Curry nach Hause gebracht.

Großmutters Sauerbraten

1. Essigbeize (rezent)
1½ Glas Essig, 1½ Glas Wein, 1½ Glas Wasser, 2 Rüebli, eine Handvoll kleine Zwiebeln, 1 Teelöffel Pfefferkörner, 1 Lorbeerblatt

2. Weinbeize (eher mild)
½ l Weiß- oder Rotwein, 2 Rüebli, eine Handvoll kleiner Zwiebeln, 1 Teelöffel Pfefferkörner, 1 Lorbeerblatt

Ein Stück Mocken oder runder Riemen von etwa 1 kg Gewicht muß etwa 5–8 Tage in der Beize liegen können, bevor das Fleisch gebraten wird. Die Beize soll das Fleisch decken; trotzdem muß es täglich gewendet werden.

Das aus der Beize gehobene Fleisch abtropfen lassen, leicht abtrocknen, ringsum mit Salz und Pfeffer leicht einreiben. In heißem Fett allseitig dunkelbraun anbraten, die Beize nach und nach zum Ablöschen verwenden. Wünscht man die Sauce nicht zu pikant, die Beize zur Hälfte mit Wasser verdünnen, 1 Bouillonwürfel beigeben, der der Sauce ein gutes Aroma gibt. Das Fleisch muß nach dem Anbraten 2 Stunden zugedeckt in der Sauce dämpfen. Jede halbe Stunde wenden. Dabei stets etwas Flüssigkeit nachgießen, gerade so viel, als jeweilen wieder eingedämpft ist. Wird gleich zu Beginn der Bratzeit ein Stück Weißbrot neben den Braten gelegt, so soll dieses nach der zweistündigen Bratzeit verkocht, die Sauce dafür sämig geworden sein. Sie kann zudem durch Beifügen von 1 Teelöffel Mehl noch leicht eingedickt werden. Durch Beifügen von etwas Rahm oder Milch wird sie milder, beigefügte Perlzwiebelchen sind eine willkommene Bereicherung.

NOVEMBER

Coq au vin

1,2 kg Pouletteile, 50 g Speckwürfelchen (fakultativ), 2–3 Eßlöffel Perlzwiebelchen, etwas Rüebli, Sellerie und Knoblauch, ½–1 Eßlöffel Mehl, Rotwein, Salz, Pfeffer, zerriebener Lorbeer, Thymian, gehackte Petersilie, gebratene Brotwürfelchen, Butter oder Margarine

Die Pouletteile enthäuten, in heißer Butter anziehen, separat gebratene Speckwürfelchen (fakultativ) und Perlzwiebelchen zufügen, salzen, pfeffern und etwas Lorbeer und Thymian beigeben. Rüebli, Sellerie und Knoblauch, alles fein gehackt, zufügen. Mit Mehl bestäuben und unter Rühren etwas dämpfen. Mit so viel Rotwein ablöschen, daß alles bedeckt ist. 45 Min. köcheln lassen, mit Petersilie und Brotwürfelchen bestreuen. Zu Salzkartoffeln, Nudeln oder Reis servieren.

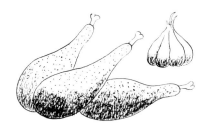

Zum Thema Herz

Herz ist gesund und preisgünstig. Es ist fettarm, eiweiß- und vitaminreich. Und es enthält außerdem Kalzium, Phosphor, Eisen und viel Vitamin C.

Kalbsherz ist das zarteste. Es kann zum Füllen, Braten und Grillieren verwendet werden.

Rindsherz und Schweinsherz eignen sich vor allem für Schmorgerichte.

Lammherz ist für Kenner besonders delikat (vorbestellen).

Tips für die Zubereitung: *Vor der Zubereitung von Blut, Fett und knorpeligen Gefäßen befreien.*

Gefülltes Kalbsherz

1 Kalbsherz. Füllung: 65 g Kalbfleisch, 65 g Schweinefleisch, 50 g frischer Speck, 1 Semmel, 1 kleine Zwiebel, Petersilie, etwas Butter, 1 Ei, Salz, Mukatnuß, Räucherspeckscheiben, Butter, 1 Zwiebel, 125 g Champignons, 1 Glas Rotwein, ½ l Bouillon, 1 Teelöffel Maizena, Pfeffer, Salz

Drehen Sie Kalbfleisch, Schweinefleisch und frischen Speck durch Ihre Fleischmaschine, das eingeweichte, gut ausgedrückte Brötchen dazugeben. Die kleingehackte Zwiebel und die Petersilie in Butter anschwitzen, zur Fleischmasse geben, das Ei daruntermischen, die Farce mit Salz und geriebener Muskatnuß abschmecken. Die Masse in das gereinigte Herz geben, zunähen und mit Speckscheiben umwickeln. In heißer Butter kräftig anbraten, eine gehackte Zwiebel und die halbierten Pilze mitbraten lassen. Den Bratensatz mit Rotwein ablöschen, mit heißer Bouillon auffüllen und geruhsam schmoren lassen. Die Sauce legieren Sie mit etwas Maizena, mit Pfeffer und Salz abschmecken. Paßt zu allen Beilagen.

Dreimal Schweinshaxen

Schweinshaxe Münchnerart

Die Haut der Schweinshaxe würfelförmig vom Metzger einschneiden lassen, die Borsten absengen, die Haxe waschen und gut mit Salz und weißem Pfeffer einreiben. Mit einer halben besteckten Zwiebel und 2 Rüebli mit 2–3 Tassen Bouillon in die Kasserolle geben und unter mehrmaligem Wenden und Begießen 2 Std. schmoren lassen.
Den Ofen auf 280–300 °C stellen, die Haxe auf den Rost legen, die Tür durch eine dazwischengesteckte Kelle einen Spaltbreit offen lassen und die Haxe knusprig braten. Es muß knacken, wenn man auf die Schwarte beißt. Wichtig ist die große Hitze gleich zu Anfang; die Schwarte schlägt dann Blasen. Dann die Hitze etwas verkleinern. Eine so gebratene Haxe hat sehr viel Fett verloren, ohne trocken zu sein. Ein richtiger Münchner ißt dazu Bauernbrot; viele bevorzugen jedoch auch Sauerkraut oder Kartoffelknödel und Kabissalat.

Gekochte Schweinshaxe

2 Zwiebeln, 2 Rüebli, 1 Lauch, ¼ Sellerie und Petersiliewurzeln oder -stiele geben wir mit 1 Lorbeerblatt in gut 2 l Wasser, das wir mit 5 Eßlöffeln Weinessig, etwas Salz und 4 Pfefferkörnern würzen. Aufkochen lassen, die gewaschene Haxe (etwa 2 kg) hineingeben. Bei schwacher Hitze etwa 2 Std. köcheln lassen. Wir servieren die Haxe mit verschiedenen Senfsorten zu Bauernbrot und Bier, evtl. mit einer kleinen Platte von gedämpftem Gemüse.

NOVEMBER

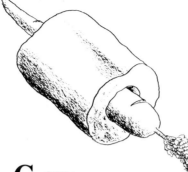

Gefüllte Schweinshaxe

Aus einer großen Haxe (reicht gut für 2–3 Personen) den Knochen herauslösen, ohne sie aufzuschneiden. Dann die Schwarte einigemal einkerben, salzen und gut mit Senf einreiben. 100 g kleingewürfelten Speck und 2 gewürfelte Äpfel mit einem Büschel gehackter Petersilie vermengen, mit Pfeffer, 1 Teelöffel Majoran und etwas Zitronensaft oder/und etwas geriebener Zitronenschale würzen, in die Haxe geben. Die Öffnungen mit Schinkenscheiben verschließen und das Ganze wie ein Paket kreuzweise binden. In einer Kasserolle knusprig anbraten. Wasser zugießen und etwa 2 Stunden unter gelegentlichem Wenden und Nachgießen schmoren lassen. Herausnehmen, den Fond mit Bouillon aufkratzen, Senf und frische Kräuter beigeben, abschmecken und mit etwas saurem Rahm verfeinern; die Sauce über die Haxe geben, von der man vorher die Schnur gelöst hat.

Hackbraten nach Metzgerart

500 g Hackfleisch, halb/halb, 100 g Bratwurstbrät, 50 g gehackter Speck, 1 Schweinsnetz, 1 feingehackte Zwiebel, 1 Knoblauchzehe und 1 Büschel feingehackte Petersilie, Bratengarnitur, Salz, Pfeffer, Majoran oder Basilikum, 1 Ei, 1 Stück Brot, Bouillon

Hackfleisch, Bratwurstbrät und das eingeweichte und gut ausgedrückte Brot mit dem Ei vermengen. Zwiebel, Petersilie und Knoblauch andünsten und zur Fleischmasse geben, würzen nach Geschmack. Nun auf einem mit Mehl bestäubten Brett die Masse zu einem rundlich-länglichen Stück formen, mit dem Netz umwickeln und in einer Kasserolle allseitig gut anbraten. Bratengarnitur dazugeben, mit knapp zwei Tassen Bouillon ablöschen, den Hackbraten während 1½ Stunden im vorgewärmten Ofen bei mittlerer Hitze durchbraten. Kasserolle nicht zudecken, von Zeit zu Zeit mit dem Fond übergießen, diesem wenn nötig jeweils etwas Bouillon zufügen.
Den fertig gebratenen, knusprigen Hackbraten tranchieren Sie auf einem Brett, legen ihn in eine vorgewärmte Platte. Die abgeschmeckte, evtl. verdünnte Sauce darübergießen oder separat dazu servieren.

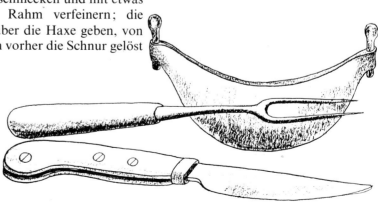

Mexikanischer Reis

250 g Langkornreis, ca. 5 dl Bouillon, 300 g Hackfleisch vom Rind, 1 Tasse Maiskörner oder grüne Erbsen (aus der Dose), 2 Eßlöffel gehackte Petersilie, 1 feingehackte kleine Zwiebel, ½–1 Tasse aufgeweichte Rosinen, 1 Teelöffel Paprika, Salz, Pfeffer, nach Belieben Cayenne-Pfeffer oder Chili-Pulver, Fett

Zwiebel goldgelb dünsten. Reis zugeben, mit Bouillon ablöschen, kurz aufrühren und dann ohne Rühren köcheln lassen. Gegen Ende der Kochzeit (ca. 20 Min.) Maiskörner oder Erbsen auf den Reis geben.

In der Bratpfanne in Fett das Hackfleisch durchbraten, mit wenig Wein oder Bouillon ablöschen, Rosinen, Petersilie zufügen, mit den Gewürzen beliebig scharf abschmecken. In eine vorgewärmte Schüssel die Hälfte des Reises, dann das Hackfleisch, darüber den Rest des Reises geben. Dazu Tomaten- oder Gurkensalat reichen.

Tip: *Man kann das Ganze mit einer dicklichen Sauce von frischen Tomaten oder Pelati übergießen.*

November

Älpermagronen

500 g große Hörnli oder Makkaroni, 2 l Milch, Salz, Pfeffer, 300 g geriebener Käse (Sbrinz oder Bergkäse), 2 große Zwiebeln, 2 Eßlöffel Butter, 2 dl Rahm

Die Teigwaren in der gesalzenen Milch al dente kochen und gut abschütten. Den Rahm erwärmen und 100 g Käse beifügen. Die Teigwaren mit der Hälfte des restlichen Käses vermischen und in eine Bratpfanne oder feuerfeste Platte geben. Mit der Käsesauce begießen, würzen und mit dem restlichen Käse bestreuen. Pfanne oder Platte zudecken und auf dem Ofen oder im Backofen aufwärmen, bis der Käse geschmolzen ist. Die gehackten Zwiebeln in Butter goldgelb dünsten und darüberstreuen.

Das Rezept aus dem Kanton Unterwalden enthält noch kleine gekochte Kartoffelstückchen, die mit den Teigwaren vermischt werden.

«Rys und Poor»

(Reis und Lauch nach Urner Art)
500 g Lauch, 1 Zwiebel, 1 Eßlöffel Butter, 300 g Reis (für Risotto), 7½ dl Fleischbouillon, Salz, Pfeffer, 1 Knoblauchzehe, 120 g Käse (geriebener Sbrinz oder Urner Käse), 4 Zwiebeln, 3 Eßlöffel eingesottene Butter

Die gehackte Zwiebel und den in 1 cm lange Stücke geschnittenen Lauch in Butter dünsten. Den Reis beifügen. Mit einer Holzkelle rühren. Bouillon und durchgepreßte Knoblauchzehe beigeben, würzen und 15 Minuten kochen. Pfanne vom Feuer nehmen und den geriebenen Käse daruntermischen. Auf eine Platte anrichten und die grobgeschnittenen, in Butter goldgelb geschmorten Zwiebeln darübergeben.

Serbisches Reisfleisch

200–250 g Langkornreis, 300 g Schweinshals oder entbeinte Kalbsbrust (in zentimetergroße Würfel geschnitten), 2 feingehackte Zwiebeln, 1 in Streifen geschnittene Peperone oder 200 g blättrig geschnittene Pilze, 3 kleingeschnittene Tomaten oder 2 Eßlöffel Tomatenpüree, 2 feingehackte Knoblauchzehen, 1 Eßlöffel Paprika, Pfeffer, 2–3 Eßlöffel Öl oder 2 Eßlöffel Fett, kräftige Bouillon

Zwiebeln, Peperone oder Pilze und Fleisch in Öl oder Fett anbraten, Reis beifügen und so viel Bouillon zugießen, daß dieser fingerbreit damit bedeckt ist. Tomaten oder Tomatenpüree, Paprika und etwas Pfeffer zugeben, aufrühren und ohne Rühren ungefähr 40 Min. auf kleinem Feuer köcheln lassen. Dann vom Feuer nehmen und zugedeckt gar ziehen lassen, was etwa 10 Min. dauert.

Spaghetti mit Oliven

400–500 g Spaghetti, 150 g schwarze Oliven (aus Glas oder Beutel), 4–6 Sardellenfilets (kleines Büchschen), 1–2 Eßlöffel Kapern, 1 Eßlöffel feingehackte Petersilie, 2 Knoblauchzehen (fakultativ), 300 g geschälte Tomaten (evtl. aus der Büchse), 2 Eßlöffel Butter, 3 Eßlöffel Öl, Salz, Pfeffer, etwas Lorbeer

Butter und Öl in eine Pfanne geben und darin die in Stücke geteilten Sardellenfilets, die feingehackten Kapern und Knoblauchzehen, etwas zerriebenen Lorbeer sowie die geschälten, in Stücke geschnittenen Tomaten andünsten und auf kleinem Feuer in ca. 15 Min. zu einer dicklichen Sauce köcheln. Dann die entkernten, feingeschnittenen Oliven zugeben, die Sauce mit etwas Salz und Pfeffer abschmecken, nochmals aufkochen und über die auf einer warmen Platte angerichteten, al dente gekochten Spaghetti geben. Mit der feingehackten Petersilie bestreuen.

Pouleteintopf mit Nudeln

1 Poulet von etwa 1,5 kg, 1 l Hühnerbouillon aus Würfeln, ½ Paket (etwa 250 g) feine Nudeln, 2 feingehackte Zwiebeln, 1 gewürfelte grüne Peperone, ½ Dose Tomatenpüree, 3 gestrichene Eßlöffel milder Paprika, 1½ dl Rahm, Streuwürze, Salz, Pfeffer, Cayennepfeffer

Poulet in Ragoutstücke schneiden. Die Haut nach Belieben abziehen. Die Hühnerbouillon im Dampfkochtopf aufkochen, die Fleischstücke hineinlegen und ab Siedepunkt 10 Minuten kochen lassen. Die Nudeln in einer separaten Pfanne in viel Salzwasser gar kochen. In ein Sieb abschütten und kalt überbrausen. Die Pouletstücke aus der Bouillon nehmen und das Fleisch von den Knochen lösen. Warm halten. Zwiebel und Peperoniwürfel in Butter andämpfen, Tomatenpüree und Paprikapulver beigeben, mit 5 dl Hühnerbouillon ablöschen, etwas köcheln lassen. Nachwürzen, eventuell noch etwas Bouillon sowie Zitronensaft und Rahm dazumischen. Abschmecken, Fleisch und Nudeln in die Sauce geben, sorgfältig mischen. In vorgewärmte Platte anrichten.

Ravioli, Tortellini oder Nudeln an Käse/Rahm-Sauce

(alla panna)

500 g Ravioli oder Tortellini (tiefgefroren oder eine große Büchse) oder 400 g breite Nudeln, 150 g geriebener Parmesan, ½ Eßlöffel Mehl, 1 dl Milch, 1½–2 dl Rahm, Salz, Pfeffer, Muskat

Die Teigwaren in reichlich Salzwasser kochen und gut abgetropft oder direkt aus der Büchse in eine ausgebutterte Auflaufform schichten und jede Lage mit etwas Käse bestreuen. In kleiner Pfanne die Butter schmelzen, das Mehl beifügen und bei kleiner Hitze während einiger Minuten andünsten. Die Pfanne vom Herd nehmen und mit dem Schneebesen die kalte Milch zum Mehl rühren, dann bei kleiner Hitze während 15–20 Min. quellen lassen. Den restlichen Reibkäse und den Rahm dazurühren und mit wenig Muskatnuß, Pfeffer und Salz würzen. Die fertige Sauce über die Teigwaren verteilen. Die Form in den vorgeheizten Backofen geben und 20 Min. bei 250 °C überbacken.

Die richtige Zubereitung von Spätzli oder Knöpfli

Der aus 400 g Mehl, 2½–3 dl Wasser, 3 Eiern und etwas Salz glattgeklopfte Teig kann nach verschiedenen Methoden weiterverarbeitet werden:

1. Mit der Spätzlimühle: Man fügt dem Teig noch 1–2 Eßlöffel Milch bei und arbeitet ihn nochmals durch; dann durch die Spätzlimühle (siehe Bild) in kochendes Salzwasser gleiten lassen.

2. Durch das Spätzlisieb streichen: Der Teig wird mit einem Kartoffelstößel durch ein spezielles Spätzlisieb oder ein grobgelochtes Abtropfsieb getrieben (siehe Bild).

3. Von Hand schaben: Man gibt den Teig portionenweise auf ein Brettchen und schabt (siehe Bild) mit einem breiten Messer Flokken ins kochende Wasser.

4. Abstechen: Wir verwenden dazu einen kleinern Suppenlöffel, mit dem wir den Teig löffelweise ins Wasser geben.

Wichtig:
Das Salzwasser muß stets gut brodeln, bevor wir den Teig hineingeben. Zuerst 5 Min. brodelnd kochen, dann etwa 10 Min. ziehen lassen. Die Knöpfli sind durch, wenn sie an die Wasseroberfläche gestiegen sind. Dann mit einer Schaumkelle herausheben und gut abtropfen lassen, eventuell mit kaltem Wasser abspritzen, damit sie sich nicht klebrig anfühlen. Dann in heißer Butter, Margarine oder Fett erwärmen oder leicht anbraten, nach Belieben geriebenen Käse, eine helle Zwiebelschwitze, geröstetes Paniermehl usw. darübergeben.

NOVEMBER

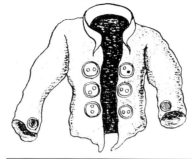

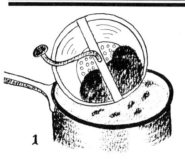

1

2

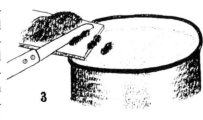

3

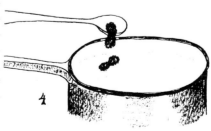

4

Glarner Knöpfli

400 g Mehl, 3 Eier, 2½–3 dl Wasser, 1 gute Handvoll Spinat, 1 mittelgroßes Schabziegerstöckli, Butter, Fett oder Margarine, Salz

Aus Mehl, Wasser, Eiern und dem feingehackten Spinat (evtl. Resten) einen glatten und zähen Teig schlagen. Mit etwas Salz und einem gehäuften Eßlöffel geriebenem Schabzieger würzen. Eine halbe Stunde ruhen lassen. Dann gemäß einer der nebenstehenden Methoden die Knöpfli zubereiten.

Die fertigen, gut abgetropften Knöpfli in etwas Butter, Margarine oder Fett kurz überbraten und lagenweise mit geriebenem Schabzieger in eine gut vorgewärmte Schüssel anrichten, noch etwas Schabzieger darüberstreuen und mit heißer Butter abschmelzen.

Schwäbische Spätzle

Unsern nördlichen Nachbarn, den Schwaben, gehen hausgemachte Spätzle über alles; die Zubereitung der original schwäbischen Spätzle ist gleich wie die unserer Knöpfli, nur daß der Teig etwas dünnflüssiger ist und in länglichdünnen Teigstückchen ins Wasser geschabt wird (siehe Methode Nr. 3).

Im Schwabenland werden die Spätzle nach dem Abtropfen in heißer Butter kurz angeschwitzt und in der Regel zu Sauerbraten, sauren Leberle, Schweins- oder Kalbsbraten serviert.

Schwäbische Käsespätzle erhalten wir, wenn wir dem Teig geriebenen Käse und statt Wasser Milch beigeben.

Die abgetropften Spätzle werden mit geriebenem Käse bestreut, mit brauner Butter übergossen und mit grünem Salat serviert.

November

Öpfelchüechli mit Vanillesauce

Zutaten für 6 Personen: 6 große, säuerliche Äpfel, 3 Eßlöffel Zucker, Saft einer Zitrone, 250 g Mehl, 1 Prise Salz, 3 dl Apfelsaft oder Weißwein, 3 Eier. Vanillesauce gemäß Rezept Seite 65

Die geschälten Äpfel vom Kernhaus befreien, in etwa 1 cm dicke Scheiben schneiden, mit Zucker überstreuen und mit dem Zitronensaft beträufeln. Zugedeckt einige Zeit stehen lassen.
Mehl, Salz, Flüssigkeit und Eigelb glattrühren und ebenfalls etwas stehen lassen.
Vor Gebrauch noch die steifgeschlagenen Eiweiß unter den Teig ziehen. Die Apfelscheiben darin wenden und schwimmend bei etwa 170 °C, während 5–6 Minuten backen. Gut abtropfen lassen und heiß mit einer kühlen Vanillesauce servieren!

Tip: *Auch zartschmelzende Vanilleglace (Familienblock) paßt ausgezeichnet zu den heißen Öpfelchüechli!*

Ananas glacé
500 g Vanilleglace, 8 Tranchen frische Ananas (oder aus der Büchse), 4 Mandarinen oder Schnitze aus der Büchse, 2 dl Rahm, 1 Eßlöffel Zucker

Die Vanilleglace in die vorgekühlten Coupegläser verteilen, die Ananas darüberlegen und mit Mandarinenschnitzen garnieren, evtl. auch mit steifem Rahm.

Coupe Apfelmus
1 kg Äpfel, am besten Boskop oder Reinetten, Saft einer halben Zitrone, etwas Zitronenschale, 1 dl Wasser oder Apfelsaft, evtl. ½ Zimtstengel, Zucker nach Belieben

Äpfel gut waschen, ungeschält in Schnitze schneiden und mit dem Kerngehäuse weich dämpfen. Durch ein Sieb streichen und nach Belieben mit Zucker süßen. Kühl stellen.

Apfelmus kann verschieden bereichert werden:

- Rahm steif schlagen und darunterziehen oder separat dazu servieren

- 250 g Rahmquark mit wenig Milch schaumig schlagen und darunterziehen

- Mandeln oder Haselnüsse rösten, darüberstreuen

- Sultaninen in Rum, Cognac oder Calvados einlegen und darübergeben

- mit Zimtzucker bestreuen

- 100 g Zucker in einer Bratpfanne rösten, bis er braun ist und schäumt; mit 1 Eßlöffel Wasser ablöschen, den Zucker gut lösen und den Caramel heiß über das Apfelmus gießen.

Kaiserinreis
(Riz à l'impératrice)
120 g Reis (Vialone), 9 dl Milch, 1 Vanillestengel, 120 g Zucker, 4 Blatt Gelatine, 1 Dose Ananaswürfel, 3–5 dl Rahm

Milch und Zucker mit Vanillestengel aufkochen, Reis beigeben, während etwa 30 Minuten weichkochen. Die Gelatineblätter einweichen und gut ausgepreßt dem Reis beigeben und auflösen. Unter zeitweisem Rühren erkalten lassen. Zuerst die Ananaswürfel, dann den steifgeschlagenen Rahm sorgfältig daruntermischen und die fertige Masse in eine kalt ausgespülte Form einfüllen und im Kühlschrank fest werden lassen. Mit Himbeersirup, Fruchtsalat oder frischen Beeren servieren.

Guetzli Feingebäck

*sind die immer wieder ersehnten Weihnachts-Leckereien.
Schon jetzt zubereitet, halten sie sich tiefgefroren bis weit über Weihnachten hinaus.*

Name und Zutaten

Anisbrötchen (Chräbeli)
5 Eier
500 g Puderzucker
1 Eßlöffel Kirsch
1½ Eßlöffel Anis
1 Messerspitze Salz
500 g Mehl

Basler Brunsli
250 g Zucker
250 g Mandeln, gerieben
1 Messerspitze Zimt
2 Eßlöffel Mehl
2 Eiweiß
100 g bittere Schokolade

Berner Haselnuß-Leckerli
275 g Haselnüsse (davon
150 g geröstet)
75 g Mandeln, ungeschält
300 g Würfelzucker
60 g feinst verwiegtes Orangeat
½ abgeriebene Zitrone
½ Teelöffel Zimt, 80 g Honig
1 großes Eiweiß
1 Eßlöffel Kirsch
Puderzuckerglasur

Zubereitung

Eier und Puderzucker sehr gut schaumig rühren, wenn möglich mit Rührwerk. Gesiebtes Mehl, Kirsch, Anis und Salz zu einem geschmeidigen Teig verarbeiten, 1 cm dick auswallen, mit der flachen Hand glattstreichen. Evtl. die bemehlten Modelförmchen aufdrücken, ausschneiden.

Zucker, Mandeln, Zimt und Mehl zusammen vermischen. Die steifgeschlagenen Eiweiß darunterziehen. Die Schokolade in eine Tasse zerbröckeln und mit heißem Wasser übergießen. Die geschmolzene Schokolade mit dem Teig gut mischen.

Haselnüsse, Mandeln und Würfelzucker zweimal durch die Mandelmühle drehen, dann mit Orangeat, Zitronenschale und Zimt gründlich vermischen. Zuletzt Kirsch und steifes Eiweiß daruntermischen. Von Hand kneten, bis sich Ballen formen lassen. Auf Staubzucker 7 mm dick auswallen. Sterne ausstechen, mit einer Haselnuß garnieren. Oder Streifen von 3–4 cm schneiden, quer durchschneiden, daß «Leckerli» von 5 cm Länge entstehen.

Backen

«Chräbeli» formt man aus einer fingerdicken Teigrolle, die in 4 cm lange Stücke mit je 2–3 Einschnitten zerkleinert wird. Auf gefettetem Blech mindestens 1 Tag ruhen lassen. Dann bei 160°C unten im Ofen bei offener Dampfklappe während 15–20 Minuten backen.

Teig 8 mm dick auswallen auf gezuckerter Unterlage, mit Förmchen ausstechen, auf gefettetem und bemehltem Blech einige Stunden trocknen lassen. Bei 220°C etwa 5 Minuten backen.

Über Nacht antrocknen lassen, dann bei 170°C etwa 8–10 Minuten backen. Noch heiß mit Puderzucker bepinseln.

Katzenzüngli
½ l Rahm, steifgeschlagen
400 g Zucker
500 g Mehl
12 steifgeschlagene Eiweiß

Kokos-Makrönli
250 g geriebene Kokosnuß
250 g Zucker
3 kleine Eiweiße
evtl. geriebene Zitronenschale

Lebkuchen
125 g Butter oder Margarine
250 g Honig oder Melasse
450 g Mehl
70 g Zucker
70 g geriebene Mandeln
1 Zitrone
125 g Orangeat, ganz fein gehackt
½ Teelöffel Zimt
1 Prise Nelkenpulver
2 Eßlöffel Rosenwasser (aus der Drogerie)
½ Eßlöffel Backpulver
1 Prise Salz

Ein Kuchenblech mit Butterpapier auslegen. Alle Zutaten miteinander vermengen, die Masse in einen Spritzsack abfüllen und fingerdicke und fingerlange Stengelchen auf das Blech dressieren.

Die Eiweiße steif schlagen, den Zucker nach und nach beigeben und 10 Minuten weiterrühren. Nun die geriebene Kokosnuß langsam daruntermischen, ebenso die Zitronenschale.

Honig und Butter in einem Pfännchen erwärmen, gut mischen und abkühlen lassen. Mehl in Schüssel sieben, Backpulver beifügen. Orangeat, Zimt, Nelkenpulver, Zitronenschale und die Mandeln dazugeben und gut mischen. In der Mitte der Teigmasse eine Vertiefung machen, den Honig, Salz und Rosenwasser einrühren und alles gut durchkneten.

Bei 150°C backen. Das Gebäck sollte nach dem Backen gelblichweiß sein und einen braunen Rand haben, deshalb den Ofen gegen Ende der Backzeit auf etwa 180°C stellen.

Aus der Masse kleine Kugeln formen, auf ein gefettetes Blech oder gefettetes Pergamentpapier setzen (5 cm Abstand) und bei 170°C und leicht geöffneter Backofentür etwa 15 Minuten backen. Sie sollten innen noch weich sein.

Den Teig 1 cm dick auswallen, rechteckige Plätzchen ausschneiden und auf ein bebuttertes Blech legen; über Nacht stehen lassen. Bei 190°C 15–20 Minuten backen.

Wichtig: *Bei zu trockener Konsistenz kann den Teigen jeweils noch etwas Milch zugegeben werden.*

Marzipan
250 g geschälte Mandeln
250 g Puderzucker
2 Eiweiße
Saft einer halben Zitrone

Die geschälten Mandeln mit Puderzucker 2–3mal durch die Mandelmühle oder den Wolf drehen, dann mit dem Eiweiß und Zitronensaft mischen. In ein Pfännchen geben und auf kleinem Feuer rühren, bis sich die Masse vom Pfannenboden löst.

Gut auskühlen lassen und auf wenig Mehl auswallen. Kugeln oder Figuren formen und auf dem Blech über Nacht trocknen lassen. Am andern Morgen 10 Min. bei 120°C backen.

Mailänderli
350 g Butter
250 g Zucker
500 g Mehl
1 Zitrone
5 Eigelb
1 Prise Salz

Butter 5 Minuten schaumig rühren, abgeriebene Zitronenschale, Zucker, Eier und Salz dazugeben und gut umrühren. Mehl hineinsieben und alles rasch zu einem Teig kneten. 1 Stunde an kühlem Ort ruhen lassen.

Nun wird der Teig etwa 8 mm dick ausgewallt, und die Förmchen werden ausgestochen. Auf bebuttertes Blech legen, mit Eigelb bestreichen und bei 180°C 15–20 Minuten backen.

Mandel- und Rosinen-Schnitten
100 g Butter
120 g Zucker
2 Eigelb
200 g Mehl
50 g geschälte Mandeln oder Mandelsplitter
50 g Rosinen
Puderzuckerglasur

Butter und Zucker schaumig rühren. Eigelb beifügen und weiterrühren. Mehl dazusieben. Mit kühlen Händen gut verarbeiten. Unter die eine Hälfte des Teiges die Mandeln mischen, unter die andere die Rosinen. Zu 4–5 cm dicken Stangen rollen und über Nacht im Kühlschrank ruhen lassen.

Mit Messer aus den Stangen ½ cm dicke Plätzchen schneiden. Auf bebuttertem Blech bei 200°C 10–12 Minuten hellgelb backen und sofort mit der Glasur überpinseln.

Meitschibei
(Wiener Nußgipferl)
500 g süßer Hefeteig
Füllung: 250 g geriebene Nüsse (Hasel- und/oder Baumnüsse, geriebene Mandeln, gemischt), 100 g Zucker, 2 Eßlöffel Aprikosenkonfi, Zitronenrinde und -saft oder 1 Eßlöffel Rum und 2 Eßlöffel Rahm zu einer nicht zu nassen Masse mischen.

Den dünn ausgewallten Hefeteig in 30 × 6 cm große Rechtecke schneiden, mit etwas Füllung belegen, die Ränder befeuchten und zu einer Wurst rollen.

Hufeisenförmig auf ein Blech legen, gehen lassen und nach dem Backen (170–180°C) mit Zuckerglasur oder gezuckerter Milch bestreichen.

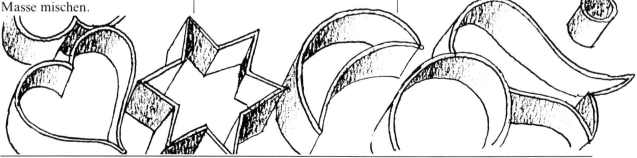

Orangenblättchen
250 g Mehl, 125 g Butter
100 g Zucker, 2 Eigelb
1 Eßlöffel Orangensaft
Orangenschale, abgerieben
kandierte Orangenscheiben
Puderzuckerglasur

Pfaffenchäppli
500 g Mehl
250 g Butter oder Margarine
250 g Zucker, 3 Eier

Pfeffernüßli
2 Eier, 250 g Zucker
250 g Mehl
1 Messerspitze Backpulver
20 g feingehacktes Zitronat
und Orangeat
1 Teelöffel Zimt
1 Messerspitze Nelkenpulver
1 Teelöffel Ingwerpulver

Pomeranzenbrötchen
250 g Zucker, 3 Eier
250 g Mehl
geriebene Zitronenschale
je 30 g Zitronat und Orangeat

Rumringli
200 g Weißmehl
200 g geriebene Mandeln
200 g Zucker, 200 g Butter
1 Prise Salz, 1 Eßlöffel Rum
Rumglasur: 200 g Puderzucker
3–6 Eßlöffel Rum

Butter und Zucker schaumig rühren, Eigelb und Orangensaft sowie die Orangenschale beigeben und weiterrühren. (Für Zitronenblättchen verwenden wir Zitronensaft und -schale.) Mehl dazusieben und den Teig zu einer Kugel formen. 30 Minuten ruhen lassen.

Wir stellen zuerst einen Mailänderliteig her. Den Teig zusammenkneten und eine halbe Stunde ruhen lassen. Dann etwa 3 mm dick auswallen und runde (für Dreispitzhütchen) oder viereckige (für Viereckhütchen) Plätzchen ausstechen; in der Mitte mit ein wenig säuerlicher Konfitüre (z.B. Aprikosen, Kirschen, Zwetschgen) belegen.

Eier und Zucker 20 Minuten schaumig rühren, Gewürze daruntermischen. Mehl und Backpulver zur Eiermasse sieben und zu einem gleichmäßigen Teig kneten. Auf dem bemehlten Tisch nun Stangen von 2–3 cm Dicke rollen, davon Stücke von 2–3 cm abschneiden und zu einer Kugel formen.

Zucker, Eier und Zitronenschale eine halbe Stunde rühren, das gesiebte Mehl langsam dazugeben, ebenso die Zitronat- und Orangeatwürfel. Aus dem Teig längliche Brötchen formen, mit schmalen Zitronatstreifchen belegen, auf das eingefettete Blech geben.

Mehl in Schüssel sieben, mit Zucker und Mandeln gut vermischen, Rum beifügen. Butter in Flöcklein dazugeben, reiben, bis der Teig zusammenhält. An der Kälte einige Zeit ruhen lassen.

½ cm dick auswallen, Blättchen ausstechen, bei Mittelhitze (190°C) 18–20 Minuten hellgelb backen und noch heiß mit der Puderzuckerglasur bestreichen und auf jedes Blättchen ein Streifchen der kandierten Orangenscheiben kleben.

Die Plätzchen nun zu Dreieck- bzw. Viereckhütchen formen, mit Ei bestreichen und bei ungefähr 170°C hellbraun backen.

Über Nacht antrocknen lassen und dann bei 150°C hellgelb backen. Noch heiß vom Blech lösen und mit Zuckerwasserglasur überpinseln.

Brötchen darauf über Nacht stehenlassen und am anderen Tag bei mittlerer Hitze (170°C) backen.

½ cm dick auswallen, Ringe ausstechen, bei 190°C hellbraun backen. Mit Rumglasur bepinseln und als Garnitur einige Mandelsplitter in die noch feuchte Masse drücken.

Sablés
350 g Butter
150–200 g Zucker
1 Prise Salz
1 Pack Vanillezucker
1 Eiweiß
500 g Mehl

Butter schaumig rühren, Zucker, Salz und Vanillezucker sowie das leicht verklopfte Eiweiß nach und nach beimengen und 15 Minuten weiterrühren. Das Mehl dazusieben und alles rasch zu einem Teig zusammenwirken. Teig zu einer 5 cm dicken Rolle formen, in Folie eingewickelt kalt stellen.

Von der erstarrten Rolle ½ cm dicke Rädchen abschneiden und diese in Mittelhitze (180°C) 15–20 Minuten hellgelb backen.

Schnäggli
200 g weiche Butter
100 g Zucker, 300 g Mehl
1–2 Eßlöffel Vanillepulver
1 Prise Salz
20 g Kakaopulver
2 leicht geschlagene Eiweiß

Zutaten ohne Kakao und Eiweiß verreiben, mit der Hälfte Eiweiß zu einem Teig kneten, ½ Stunde kühlen lassen. Eine Teighälfte mit Kakao mischen, beide Teile zu 3 mm dicken Rechtecken auswallen, mit Eiweiß bestreichen, aufeinanderlegen, zusammen aufrollen.

Im Kühlschrank fest werden lassen. In Scheiben schneiden, bei 180°C backen.

Schwabenbrötchen
125 g Butter
125 g Zucker
1 Prise Salz
3 Eßlöffel Milch
½ Teelöffel Zimt
50 g geriebene Mandeln
250 g Mehl
1 Teelöffel Backpulver

Die Butter ca. 5 Minuten rühren, Zucker, Salz und Milch beigeben, weitere 15 Minuten rühren, Zimt, geriebene Mandeln, Backpulver und das gesiebte Mehl beifügen, alles zu einem Teig kneten.

Teig ungefähr 30 Minuten ruhenlassen und dann etwa 8 mm dick auswallen, die gewünschten Formen ausschneiden, auf bebuttertes Blech geben und mit Glasur verzieren.

Schuhsohlen
Blätterteig
150 g Zucker

Wir schneiden ein Stück Blätterteig ab, falten es zu einem kleinen Päcklein, drehen es im Zucker, wallen es auf Zucker wieder aus, falten es wieder zusammen und wallen es ein letztes Mal zu länglich-ovalen, schuhsohlenförmigen Plätzlein auf Zucker aus.

Diese legen wir auf ein eingefettetes Blech und backen sie im mittelheißen Ofen (170–180°C) hellbraun.

Spitzbuben
200 g Butter, 350 g Mehl
100 g feinen Zucker
Puderzucker zum Bestäuben
Konfitüre zum Füllen
(Aprikosen, Hagebutten, Himbeer, Orangen)

Butter und Zucker schaumig rühren. Mehl sieben und langsam dazugeben, leicht zusammenkneten, eine halbe Stunde ruhenlassen. Den Teig 3 mm dick auswallen und runde Plätzchen ausstechen, die Hälfte dieser Plätzchen mit 1 bis 3 Löchern versehen.

Alle Plätzchen bei guter Mittelhitze (200°C) 8 bis 10 Minuten hellgelb backen. Die Plätzchen ohne Fensterchen bestreicht man noch warm mit Konfitüre und deckt sie mit den anderen Plätzchen zu, mit Puderzucker bestäuben.

Shortbread
125 g Butter, 160 g Mehl
1 Eßlöffel Rahm
60 g Weizengrieß
60 g Puderzucker
Mandelsplitter und Orangeat

Das Mehl sieben und mit dem Grieß vermischen. Mit Zucker und Butter zu einem festen Teig verarbeiten. Ist die Masse krümelig, 1 Löffel Rahm beifügen. Teig 1½ cm dick auswallen und Plätzchen ausstechen.

Mit Orangeat und Mandeln dekorieren und bei Mittelhitze (170°C) goldbraun backen. Die Menge ergibt etwa 30 Stück Feingebäck.

Totenbeinchen
100 g Butter
500 g Zucker, 6 Eier
500 g grobgehackte Mandeln
1 Eßlöffel Zimt
500 g Mehl

Butter, Zucker und Eier schaumig rühren, bis sich der Zucker aufgelöst hat. Die übrigen Zutaten beifügen und mischen. Vom Teig 10 cm breite Streifen auf bebuttertes Blech streichen.

Über Nacht ruhen lassen. Bei 190°C hellbraun backen. Noch heiß in Stengelchen schneiden und nochmals im Ofen kurz ausbacken. Totenbeinchen sind in einer verschlossenen Dose sehr lange haltbar.

Vanille- und Schokoladebrezel
200 g Butter
300 g Mehl
100 g Zucker
1 Teelöffel Vanillezucker
1 Teelöffel Kakaopulver
1 Prise Salz
1 Eiweiß

Mehl, Zucker, Vanille und Salz in eine Schüssel geben, die weiche, kleingeschnittene Butter dazugeben und alles fein verreiben. Die Masse mit dem leicht geschlagenen Eiweiß anfeuchten und rasch zu einem Teig kneten. Teig teilen, in die eine Hälfte das Kakaopulver einarbeiten. Den Teig, zugedeckt, kühl ruhen lassen.

1 cm dick auswallen und Streifen von 1 cm Breite und 15–20 cm Länge schneiden. Die Streifen auf dem Tisch zu runden Stäbchen rollen und zu Brezeln formen. Auf gefettetem Blech bei 180°C hellgelb backen (12–14 Minuten). Die Vanillebrezel noch heiß mit Vanilleglasur bepinseln, die abgekühlten Schokoladenbrezeli mit der Oberfläche in Schokoladenglasur tauchen und trocknen lassen.

Zimtsterne
3 Eiweiße
450 g Puderzucker
500 g Mandeln, gerieben
1½ Eßlöffel Zimt
2 Eßlöffel Zitronensaft oder Kirsch

Die Eiweiße steif schlagen, den Puderzucker kurz mitrühren. Davon 1 Tasse für die Glasur beiseite stellen. Die Mandeln, Zimt, Zitronensaft zur verbliebenen Masse geben, zusammenkneten. Teig auf der mit Zucker bestreuten Unterlage 1 cm dick auswallen.

Sterne ausstechen und diese mit der Glasur sorgfältig überpinseln. An warmem Ort evtl. über Nacht antrocknen lassen, dann bei guter Hitze (220°C) 4–5 Minuten backen. Die Oberfläche soll weiß bleiben.

Apfelkrapfen
Müsli-/Salbeichüechli
«Nonnenfürzchen»
Orangenküchlein
Rosenküchlein
«Schenkeli»
«Strübli»
Ziegerkrapfen

Diese Rezepte für fritiertes Süßgebäck finden Sie auf den Seiten 68 und 69.

DEZEMBER

Dieser Monat ist uns teuer! Zum einen ist der Dezember die Zeit großer Feste (Advent, Samichlaus, Weihnachten, Silvester), zum andern ist er uns teuer im wahrsten Sinne des Wortes: Er kostet viel! Wir machen Geschenke, haben Gäste, und seit den Zeiten der Germanen und Römer liebt es der Mensch, den Dezember über gut zu schmausen. Doch mahnen uns die Steuerrechnung wie auch unser schmalbrüstiges Portemonnaie, Zurückhaltung zu üben. So gibt es denn nur einen Weg: ohne große Kosten, dafür mit um so mehr Phantasie, festliche Dezembergerichte zuzubereiten. Günstig fahren Sie nach wie vor mit Geflügel, Fischen und Champignons; an Früchten bieten sich Äpfel, Birnen, Bananen, Orangen, Mandarinen, Grapefruits und Ananas recht preiswert an; ebenfalls sind gerade jetzt die typischen Wintergemüse (siehe dem Buch beigelegte Saisontabelle) billig zu haben.

TIP Bratäpfel gehören untrennbar zur Vorweihnachtszeit (Rezept siehe Seite 231). Wenn sie leise und geheimnisvoll im Ofen brutzeln, erzählen sie – so heißt es in der Legende – was das Christkind uns bescheren will.

Auf das Jahresende hin, so riet einmal ein Lebenskünstler, sollten wir alles das, was unerledigt ist und uns belastet, in ein Päckchen verschnüren und auf Nimmerwiedersehen verschicken. Nun, ähnlich können wir es mit den über die Festtage angesammelten Resten machen: wir packen sie in Teig und backen uns damit eine wohlschmeckende «Jahresendepastete». Rezepte für «Pasteten nach Hausfrauenart» (siehe unser Bild) finden Sie auf den Seiten 228/229.

DEZEMBER

Weihnacht und Neujahr ist die Zeit der Essensfreude und des Schlemmens. Die Hausfrau allerdings sieht dem Festtagsschmaus nicht immer begeistert entgegen: einerseits ist der Gaumenspaß recht kostspielig, und andererseits ist es auch nicht eitel Freude, an einem Festtag stundenlang Küchendienst zu leisten. Kurzum: Mit einer Bündner Gerstensuppe oder einem russischen Borschtsch oder einer andern währschaft-reichen Suppe (siehe Rezeptverzeichnis) können Sie Ausgaben und Arbeit weitgehend einschränken und Ihre Familie wie Ihre Besucher trotzdem – oder erst recht – mit einem fröhlich-festlichen Essen überraschen.

Grapefruit/Geflügel- oder Thonsalat

Rechnen Sie pro Person zirka 1 Grapefruit, 100 g gekochtes Hühnerfleisch (z.B. Brustfleisch) oder je 50 g Huhn und gekochte Rindszunge oder 1 mittelgroße Büchse Thon, Gurkenwürfel nach Belieben, Joghurt-Sauce (Rezept siehe Seite 112, nach Belieben etwas Ketchup beigeben)

Die Grapefruits schälen, die Schnitze enthäuten oder halbieren. Mit dem in Stückchen geschnittenen Fleisch oder dem zerpflückten Thon sowie den Gurkenwürfeln mischen, Joghurt-Sauce unterrühren. Bei Verwendung von Hühnerfleisch, Zunge und Gurken erhalten Sie ein äußerst kalorienarmes Gericht.

Endiviensalat mit Orange

1 Endiviensalat (Chicorée frisée), 2 Orangen, Französische Salatsauce (Rezept siehe Seite 112), schwarzer Pfeffer aus der Mühle

Die Endivie wie oben angegeben teilen und waschen. Die Orangen kurz in heißes Wasser geben, schälen, evtl. das Weiße sorgfältig abkratzen, in Schnitze teilen und diese in Würfel schneiden. Dem Salat zufügen und beides gut mit der Sauce vermischen, evtl. noch mit Pfeffer würzen.

Endiviensalat mit Roquefort-Sauce

1 Endiviensalat (Chicorée frisée), Roquefort-Sauce (Rezepte siehe Seite 113)

Von der Endivie die gelben und die zarteren grünen Blätter nehmen und, falls notwendig, in etwa fingerlange Stücke teilen. Kurz waschen und gut ausschwingen. Mit Roquefort-Sauce vermischen.

Sellerie/Apfel-Salat
(Waldorfsalat)

250 g Knollensellerie, 200 g säuerliche Äpfel, 50 g Baumnußkerne, etwas Zitronensaft oder 1 Orange (fakultativ), mit Sauerrahm oder Joghurt vermischte Mayonnaise

Die geschälten Äpfel und den Sellerie in Stäbchen hobeln, mit reichlich Mayonnaise/Sauerrahm-Sauce sofort vermischen. Die in Würfel geschnittene Orange beigeben oder nach Bedarf mit Zitronensaft würzen. Falls notwendig, mit etwas Salz und Pfeffer abschmecken. Mit halben Baumnußkernen servieren. Eine festliche Vorspeise!

Russischer Salat

800 g gekochte Kartoffeln, 400 g gekochte Rüebli, 1 kleine Büchse Erbsen (fakultativ), 4 kleine Essiggurken, 1 Zwiebel, Petersilie, 4 Eßlöffel Mayonnaise, 4 Eßlöffel Ketchup oder 3 Tomaten, 1 gehäufter Eßlöffel feingeriebener, roher Sellerie (fakultativ), Salz, Pfeffer

Die Gemüse werden in kleine Würfelchen geschnitten, Zwiebel, Petersilie fein gewiegt. Mit der Mayonnaise, dem Joghurt, Ketchup (anstelle von Ketchup können geschälte, ausgedrückte und gewiegte Tomaten genommen werden), dem Sellerie, Salz und Pfeffer eine Sauce anrühren, mit den Gemüsen vermischen.

Bündner Gerstensuppe
Für 6 Personen:

120 g Gerste, 3 Eßlöffel eingesottene Butter oder Margarine, 1,2 l Fleischbouillon, 4½ dl Milch, 1 mit Nelke und Lorbeer besteckte Zwiebel, 1 in Rädchen geschnittener Lauchstengel, 75 g fein geriebene Rüebli, 75 g Bündner Fleisch am Stück, 1½ dl Rahm, Salz, Pfeffer, Muskatnuß, 6 Paar geräucherte Schweinswürstli

Gerste in der eingesottenen Butter dünsten. Mit Bouillon ablöschen. Von Zeit zu Zeit etwas Milch nachgießen. Nach etwa 1 Stunde die feingeriebenen Rüebli und das in kleine Würfelchen geschnittene Bündner Fleisch zugeben. Noch ¼ Stunde weiterkochen. Die Suppe muß cremig werden. Die Würstchen 15 bis 20 Minuten auf kleinem Feuer in der Suppe ziehen lassen und am Schluß mit Rahm und Butterflocken verfeinern. Gut mit Pfeffer, Muskat und Salz würzen.
Bei der Zubereitung im Dampfkochtopf die Flüssigkeitsmenge auf 1½ l reduzieren (Milchquantum belassen).

Russische Randen/Kohl-Suppe
(Borschtsch)

war und ist noch die beliebteste russische Alltagsspeise. Ihre Zubereitung ist je nach Landesgegend, Geldbeutel und Saison verschieden.

400 g würfelig geschnittenes Rindfleisch, 150 g kleingewürfelter Schinken, 300 g grob geschnetzelter Kohl, 150 g gehackte Zwiebeln, 1–2 Eßlöffel Tomatenpüree (fakultativ), 500 g gekochte Randen, in Streifen geschnitten, etwas feingeschnittene Rüebli, Sellerie, Lauch, Lorbeerblatt, Thymian, Rosmarin, 2–3 feingehackte Knoblauchzehen, ½ dl Weinessig, 1 Teelöffel Zucker, Salz und Pfeffer

In der Butter werden die Zwiebeln mit den Rindfleischwürfeln angedämpft. Dann werden Schinken, Lorbeerblatt, Rosmarin, Thymian, Rüebli, Sellerie, Lauch und Knoblauch beigegeben. Alles gut vermengen, den Weinessig, Salz und Pfeffer und den Zucker zufügen, mit 2 ½ l Fleischbrühe auffüllen, aufkochen lassen, den Schaum abschöpfen und 1 Std. köcheln lassen. Jetzt den Kohl – die großen Rippen werden fein gehackt – und das Tomatenpüree (fakultativ) beigegeben, weich werden lassen. Zuletzt die Randen zugeben. Die Suppe abschmecken, evtl. nachwürzen. Auftragen. Auf jeden geschöpften Teller wird ein Löffel saurer Rahm gegeben, der dann unter die Suppe gerührt wird. Zum Borschtsch werden kleine Fleisch- oder Pilzkrapfen (Piroschki) gereicht (Rezept nachfolgend).

DEZEMBER

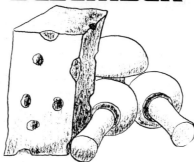

Russische Fleischkrapfen (Piroschki)

Sie werden vor allem zum Borschtsch gegessen, sind aber auch eine ausgezeichnete Vor- oder Zwischenspeise. Wir können für sie gekauften Blätterteig verwenden. Diesen etwa 3 mm dick ausrollen, mit einer Form Kreise von 8 bis 9 cm Durchmesser ausstechen. Gut zwei Eßlöffel der Füllung in die Mitte geben, zusammenfalten, mit der Gabel besticheln, mit Eigelb bestreichen und goldgelb backen.

200 g Rindfleisch, 200 g Schweinefleisch, 100 g Fett, 1 gehackte Zwiebel, 1 hartgekochtes Ei, Salz, Pfeffer, ¼ Tasse Bouillon

Das Fleisch durch den Wolf drehen, mit der Zwiebel vermengen, in Fett dünsten, mit dem feingehackten Ei und der Bouillon mischen, würzen. Die Piroschki füllen und backen (siehe oben).

Pilzpiroschki
750 g Pilze, 2 Bündel Petersilie, 1 kleine Zwiebel, Salz, Pfeffer, ¼ Tasse saurer Rahm, ¼ Tasse Bouillon, 50 g Butter

Die Pilze und die Zwiebel fein hacken und in Butter dünsten, Bouillon dazugießen, salzen und pfeffern, die gehackte Petersilie und den sauren Rahm beifügen, auskühlen lassen und die Piroschki damit füllen.

Tessiner Käsekuchen mit Pilzen

1 Paket Blätterteig, 200 g Käsewürfelchen (Käseresten aller Art, auch Weichkäse), beliebig viele frische oder eingeweichte Pilze oder 1 Dose Champignons, 100 g gehackter Schinken, 3 Eier, 2 dl Milch, weißer Pfeffer, Muskat oder etwas Rosmarin, feingehackte Petersilie nach Belieben

Den Blätterteig etwa 3 mm dick auswallen und damit ein mit kaltem Wasser abgespültes Wähenblech auslegen, mit der Gabel stupfen. Käsewürfelchen, die abgetropften grobgehackten Pilze und den Schinken darüber verteilen. Eier und Milch verquirlen und würzen, darübergießen. Bei 220 °C 35–40 Min. backen.

Tip: *Falls Sie Kuchenteig verwenden, das Kuchenblech nicht abspülen, sondern einfetten.*

Restenomelette
8 Eier, 1 Eßlöffel gehackte Zwiebel, 100 g Speck-, Schinken- oder Fleischwürfelchen (gekochtes oder gebratenes Fleisch oder Geflügel), 100 g gekochte Kartoffeln (Resten), 100 g gekochte Rüebli (Resten), 100 g Erbsli (Resten oder aus der Büchse), Butter, Margarine oder Fett, Salz, Pfeffer, nach Belieben gehackte Petersilie

Die Zwiebel mit den Fleischwürfelchen in etwas Fett anziehen, das Gemüse beigeben. Die Eier mit etwas Salz und Pfeffer verquirlen. In einer Bratpfanne etwas Fett erhitzen, Feuer ganz klein stellen und die Eier zugeben, kurz anziehen lassen, das Gemüse darüber verteilen, nach Belieben mit etwas Petersilie bestreuen und die Omelette fertig backen.

Tip: *Auf diese Weise lassen sich verschiedenste Gemüse und Fleischresten verwerten.*

Im Ofen gebackener Zwiebelfisch

600 g Dorschfilets (auch tiefgefroren), 600 g Zwiebeln, 4 Eßlöffel Butter oder Margarine, 1½ Becher Joghurt, Salz, Pfeffer, Zitronensaft, 2 Eßlöffel Paprikapulver, Petersilie

Die gehackten Zwiebeln in der Butter oder Margarine weich dünsten, in eine Gratinform verteilen. Das in Portionenstücke geschnittene Fischfleisch mit reichlich Zitronensaft beträufeln, salzen und pfeffern, auf die Zwiebeln legen. Den Joghurt gut mit dem Paprikapulver verrühren, darübergeben. Im auf etwa 250 °C vorgeheizten Ofen gut 20 Min. backen. Mit Salzkartoffeln und Salat servieren.

Fischragout mit Ananas

600–700 g Fischfilets (Kabeljau, Dorsch, Colin usw.; auch tiefgekühlt), 1 Tasse Ananaswürfel (wenn aus der Büchse, gut abtropfen lassen), ½ Tasse Ingwerwürfel oder ca. 1 Teelöffel Ingwerpulver, 1 Prise Curry, 1 Tasse blättrig geschnittene Champignons (auch aus der Büchse), 2 Eigelb, knapp 1 dl Rahm oder nach Belieben Sauerrahm oder Joghurt, 2–3 Eßlöffel Butter oder Margarine, Salz, weißer Pfeffer, Zitronensaft

Die Champignons mit den Ananas- und Ingwerwürfeln oder dem Ingwerpulver sowie dem Curry in Butter oder Margarine andämpfen. Die in Würfel geschnittenen, vorher mit Zitronensaft gesäuerten Fischfilets beigeben und gar dünsten (ca. 15 Min.), salzen und pfeffern. Mit den Eigelb, die mit dem Rahm, Sauerrahm oder Joghurt verquirlt wurden, legieren. Dazu körnig gekochten weißen Reis reichen.

DEZEMBER

Rotkohl mit Marroni

Als Beilage zu einem Gänsebraten für 8 Personen:

1,5 kg Rotkohl, 50 g Fett, 2–3 Zwiebeln (250 g), 6 Eßlöffel Weinessig, 1½ dl Rotwein, Salz, 30 g Zucker, 1 Lorbeerblatt, 500 g Marroni, 2–3 Eßlöffel Fett, aus der Gänsebratenpfanne abgeschöpft

Den Rotkohl eher grob schneiden oder hobeln. Im Fett die gewürfelten Zwiebeln andünsten, Rotkohl darin wenden, dann Essig, Wein und Gewürze dazugeben, 1 Stunde zugedeckt schmoren lassen. Rohe Marroni schälen, in Salzwasser etwa 10 Minuten kochen, abgießen, die braune Haut abziehen, solange sie noch heiß sind. Nach 1 Stunde zum Rotkohl geben und 30 Minuten weiterdünsten. Abschmecken und das Gänsefett unterrühren.

Weißkohlpüree

Zirka 800 g feingeschnittener Weißkabis mit etwas Thymian und Lorbeer in leicht gesalzenem Wasser weichkochen. Im Mixer pürieren. Aus Mehl und Margarine eine helle Mehlschwitze zubereiten, mit Mehl und Rahm ablöschen, das Kohlmus hineinrühren und mit Salz, Pfeffer und Muskat würzen.

Nidwaldner Ofetori

4 Portionen fester Kartoffelstock (Rezept siehe Seite 28, evtl. auch aus Kartoffelflocken zubereitet), 30 g Butter, 1 Ei, Muskatnuß, 3 Eßlöffel geriebener Sbrinz, 200 g Magerspeck, Butter für die Form, Butterflocken

Lauwarme flüssige Butter, verquirltes Ei, geriebenen Käse und nach Belieben Muskatnuß unter den Kartoffelstock mischen. Eine Gratinform gut ausbuttern, die Kartoffelmasse hineingeben und mit einem Spachtel oder Messer leicht gewölbt formen und glattstreichen. Magerspeck in kleine Stäbchen schneiden und in die Oberfläche des Kartoffelstocks stecken. Im vorgeheizten Backofen bei 230 °C 15 Minuten überbacken. Einige Butterflocken auf den Gratin verteilen, damit die Oberfläche braun wird und nochmals 10 bis 15 Minuten in den Ofen schieben.

Kartoffelgratin mit Thon

8 mittelgroße geschwellte Kartoffeln, 2 große Büchsen Thon, 1 Beutel Weiße Sauce, 1 Büschel Petersilie oder 1 Lauchstengel, Salz, frischgemahlener Pfeffer, Majoran, Butter oder Margarine

Die Kartoffeln schälen und in dicke Scheiben schneiden. Abwechslungsweise mit dem zerpflückten Thon (Öl nicht abgießen) und der gehackten Petersilie oder dem Lauch in eine gebutterte Gratinform schichten; zuoberst sollte eine Schicht Kartoffeln sein. Die Weiße Sauce gemäß Anleitung zubereiten, mit etwas Milch oder Kaffeerahm verdünnen, leicht salzen und mit Pfeffer und Majoran würzen, über die Kartoffeln gießen. Einige Butter- oder Margarineflocken darüber verteilen, bei 250 °C backen.

Ente (Canard) à l'orange

Zutaten für 6 Personen:
2 Enten, 6 Orangen, Salz, Pfeffer, Thymian, 1 dl trockener Sherry oder Weißwein, ½–1 l Salzwasser, 3 dl klare Sauce aus Würfel oder Bouillon, Butter und 1 Eßlöffel Zucker

Die Enten mit je einer in Würfelchen geschnittenen und mit Salz, einer guten Prise Thymian und mit etwas abgeriebener Schale gewürzten Orange füllen, die Öffnung zunähen. Die Enten in den Bräter oder in das Tüpfi geben, mit heißem Salzwasser übergießen, auf dem Herd bei einmaligem Wenden etwa 15 Min. köcheln lassen, das Fettwasser weggießen.

Die Enten nun mit heißer Bouillon oder klarer Sauce übergießen und im vorgeheizten Ofen bei 220 °C während einer Stunde braten. Von Zeit zu Zeit wenden und übergießen, nach und nach den Saft zweier Orangen zugeben. Ente herausnehmen und warm stellen. Den Bratenfond mit etwas Sherry oder Weißwein aufkratzen und nach Belieben abschmecken, separat zu der Ente servieren, die wir mit in heißer Butter und Zucker gewendeten Orangenscheiben garnieren.

Dazu: weißer Reis, Rosenkohl.

Tip: *Man kann der Sauce vor dem Aufkratzen kurz in wenig Wasser aufgekochte, fein nudlig geschnittene Orangenschalen (nur das Gelbe) zugeben und/oder die Sauce noch mit etwas Johannisbeergelee würzen.*

DEZEMBER

Lammgigot, gebraten

Dieses Rezept unterscheidet sich von andern Gigot-Rezepten in einem: in der Brattemperatur. Allgemein wird diese mit 220–240 °C angegeben; der Gigot wird jedoch eindeutig saftiger, wenn wir ihn nur bei 150 °C braten lassen.

Für 5–6 Personen:
1 Lammkeule (Gigot) von etwa 1,2 kg Gewicht, 2–3 Knoblauchzehen, 1 Zitrone, je 1 Teelöffel Rosmarin, Thymian oder Origano, Salz, Pfeffer, 3–4 Eßlöffel Margarine

Das Fleisch mit einem spitzen Messer einstechen und die in Stifte geschnittenen Knoblauchzehen so hineinstecken, daß sie nicht mehr zu sehen sind. Das Fleisch mit Zitronensaft einreiben, mit Margarine oder Öl bestreichen und mit Salz, Pfeffer, Rosmarin, Thymian oder Origano kräftig würzen. In einen Bräter, ein Tüpfi oder auf den Rost legen, im vorgeheizten Ofen bei 150 °C zirka 60–70 Min. braten lassen (man rechnet 45–50 Min. pro kg Fleisch). Falls Sie ein Fleischthermometer benutzen, ist das Fleisch gar, wenn es um 80 °C anzeigt.

Zum Gigot können Sie grüne oder weiße Bohnen oder Bohnenpüree (gut gekochte, durch ein Sieb gestrichene und gewürzte weiße Bohnen) oder Weißkohlpüree servieren.

Gänsebraten mit Äpfeln

Für zirka 8 Personen:
1 Gans, etwa 4–5 kg schwer, 500 g säuerliche Äpfel (Boskop), 1½ l Salzwasser, Salz, Pfeffer, Thymian, 5 dl Bouillon

Die Gans innen salzen, pfeffern und mit Thymian würzen. Den gewaschenen, ungeschälten, halbierten Äpfeln das Kernhaus entfernen, die Gans damit füllen, zunähen. Die Brusthaut an einigen Stellen einstechen, damit das Fett auslaufen kann. Das Salzwasser in den Bräter oder das Tüpfi geben, die Gans mit der Brustseite nach unten hineinlegen, im Backofen etwa eine Stunde bei 200 °C schmoren lassen. Die Gans herausnehmen, das Fettwasser weggießen. Die Gans, Brustseite nach oben, zurück in den Bräter oder das Tüpfi geben, mit Bouillon übergießen und bei 200 °C unter häufigem Begießen weitere 2 Stunden braten. Dann sollte die Gans gar sein. Herausnehmen, die Sauce entfetten, mit etwas Weißwein oder Bouillon den Fond aufkratzen, nach Belieben einkochen lassen und würzen. Separat zu der tranchierten Gans reichen. Zu Rotkohl (siehe Rezept Seite 226), Kartoffeln oder Reis servieren; nach Belieben mit Früchten usw. garnieren.

Brustspitz/ Schweinsprägel

Brustspitz vom Schwein oder Schweinsprägel sind hierzulande praktisch unbekannt; auch in populären Kochbüchern hat dieses Gericht keine Aufnahme gefunden, obschon es eines der besten Spargerichte überhaupt ist. In den USA sind «Spare ribs» wahrscheinlich populärer als Schweinskoteletts. Und ebenfalls in der chinesischen Küche gilt Brustspitz als Delikatesse.

Beim Brustspitz handelt es sich um die letzten vier Rippen vom Schwein, welches bei uns zerschlagen, in den USA aber am Stück verkauft wird.

Die **Spare ribs** (am Stück) werden in den USA mit Barbecue-Sauce, Senf und etwas Ingwerpulver gut eingerieben und im Ofen oder auf dem Grill knusprig gebraten. Verschiedene Amerikaner fügen dem Barbecue/Senf-Gemisch etwas Zucker bei, wie es wohl auch die Chinesen ähnlich tun.

Brustspitz oder Schweinsprägel nach Schweizerart ist ganz anders, wichtig ist dabei die überaus gute Sauce, die wir erhalten.

800 g–1 kg Brustspitze oder Schweinsprägel, 1–2 Rüebli, 1 Stück Sellerie, 1 Lauch, 1 Zwiebel, 1 Knoblauch, Salz, Pfeffer und Gewürze nach Belieben, etwas Mehl, Fett oder Öl, 5 dl oder mehr Bouillon

Die Fleischstücke mit dem grobgehackten Gemüse in Fett kräftig anrösten, würzen, mit etwas Mehl bestäuben und mit Bouillon ablöschen. Zirka 1 Stunde köcheln lassen, nach Belieben noch etwas Flüssigkeit zugeben, abschmecken. Dazu: Kartoffelstock oder Polenta.

DEZEMBER

Gebratene Kalbsbrust nach italienischer Art
(Vitello arrosto)

Für 5–6 Personen:
1½ kg Kalbsbrust (vom Metzger Knorpel und Sehnen entfernen lassen), 2 Knoblauchzehen, 2 Eßlöffel gehackte Petersilie, 1 Teelöffel geriebene Salbeiblätter, 1 Teelöffel Salz, ½ Teelöffel Pfeffer, 2 Eßlöffel Fett oder Margarine

Petersilie, Salbei, den ausgepreßten Knoblauch, Salz und Pfeffer vermischen, über die ausgebreitete, mit Senf bestrichene Kalbsbrust streuen. Die Brust zusammenrollen und binden. Das Fett erhitzen, das Fleisch ringsum schön anbraten, in den Ofen geben und bei 200 °C gar braten, was ungefähr 70–80 Min. dauert.

Zu Teigwaren, Reis und Gemüse (grünen Bohnen, Spinat, Broccoli usw.) servieren.

Tip: *Mit der Gewürzmischung können auch 100 g feine Speckwürfelchen über die ausgebreitete Kalbsbrust gestreut werden.*

ZUM THEMA HAUSFRAUEN- PASTETEN

Sie werden, im Gegensatz zur klassischen Pastete, ohne Form gebacken (siehe Bild Seite 229) und bestehen meist aus Kuchen- oder Blätterteig. In diese Pasteten kann man tatsächlich alles einpacken: Gehacktes aus Fleischresten sowie mit Gemüse, Gemüse mit Wurst oder Schinken, Fisch oder Fisch mit Reis und harten gehackten Eiern oder Eier mit Geflügelresten und Nudeln usw. Wichtig ist, daß die Füllung nicht zu naß ist, Sauerkraut z.B. ist etwas auszudrücken.

Am besten ißt man diese Pasteten warm oder kurz nach dem Erkalten.

Varianten dieser Hausfrauenpastete sind:

● **der gedeckte Fleisch- oder Gemüsekuchen.** Er wird im Kuchenblech oder in der Springform gebacken;

● **der Krapfen.** Er besteht aus Blätterteig oder Kuchenteig, ist halbkreisförmig, rund oder viereckig und von Daumen- bis Ellbogengröße;

● **der Weggen** aus Kuchen- oder Blätterteig, den man meist mit Brät füllt;

● **Pies.** Wir benutzen dazu am besten eine Auflaufform; die Füllung wird hineingegeben und mit einem Teigdeckel aus Mürb- oder Kuchenteig gut verschlossen. Der Teigdeckel kann mit Teigresten hübsch verziert und mit Eigelb bepinselt werden – nicht vergessen, den Teigdeckel mit der Gabel einzustechen, bevor wir die Form in den Ofen geben.

«Jahresendepastete»

Zutaten: Fleischresten, roher Speck (etwa ⅓ der Menge der Fleischresten), 1 Ei, 2 Zwiebeln, Petersilie, Gewürze, Cognac oder Weinbrand

Die Reste von gekochtem oder gebratenem Fleisch, Geflügel oder Wild werden mit dem Speck durch den Wolf getrieben, die gehackten Zwiebeln, die Petersilie und das Ei zugeben, mit Salz, Gewürzen und einem kräftigen Schuß Cognac abschmecken.

Den Teig nun etwa 4 mm dick auswallen, das Gehackte daraufgeben und die mit Eiweiß bestrichenen Teigränder zusammenschlagen. Die Pastete nun umgekehrt auf das Backblech legen, so daß die Naht unten ist. In die Mitte ein Kamin stechen. Evtl. die Oberfläche mit Teigresten verzieren, die Sie mit Eiweiß festkleben, jedenfalls aber das Ganze mit in wenig Wasser verquirltem Eigelb bestreichen. Die Pastete dann in den knapp mittelheißen Ofen schieben.

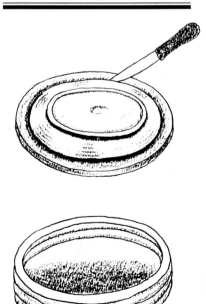

Krustadenpasteten

Sie sind ideal, Resten in appetitlicher, ja geradezu in festlicher Form auf den Tisch zu bringen. Wir geben den Krustaden eine Tortenform von 20 bis 30 cm Durchmesser und 3 bis 5 cm Höhe sowie einen Deckel. Form wie Deckel werden aus gekauftem oder selbstgemachtem Blätter-, Mürb- oder Pastetenteig blind gebacken*. In diese Form wird die heiße Füllung gegeben und dann der Deckel aufgesetzt. Sofort servieren; die Krustade kann als Vorgericht oder als Mittelpunkt der abendlichen Tafel gereicht werden.

* Für das Blindbacken der Krustadenhülle benötigen wir zwei Teller oder flache Platten, wobei der eine Teller um 2 cm kleiner als der andere sein sollte. Den größern Teller legen wir auf den etwa 3 mm dick ausgewallten Teig und schneiden mit einem scharfen Messer seinem Rand entlang 3 bis 4 (je nach Höhe der Pastete) Rondellen. Die eine Rondelle dient als Boden. Darauf setzen wir – mit Eigelb festkleben! – 1 bis 2 Rondellränder, d.h. 1 bis 2 Rondellen, bei denen wir mit Hilfe des kleineren Tellers den Mittelteil ausgeschnitten haben. Daneben auf das Backblech geben wir einen der herausgeschnittenen Mittelteile als Deckel. Vom andern stechen wir kleine Formen, mit denen wir den Deckel – der noch mit Eigelb bepinselt wird – verzieren. Im mittelheißen Ofen goldbraun backen. Dann die Füllung hineingeben.

Krustade Valencia:

Wir benötigen dazu körnig gekochten Reis, den wir mit gewürfeltem Restenfleisch (Huhn, Truthahn, Ente, Gans, Kalb- oder Schweinefleisch) und in Butter und feingehackten Zwiebeln gebratenen Büchsenchampignons mischen; es können auch heißgemachte Büchsenerbsen beigegeben werden. Das Ganze wird nach Geschmack gewürzt, am besten mit einer dicklichen Tomatensauce. In die Krustadenhülle geben; heiß servieren.

Nanteser Krustade:

Hacken Sie gekochten Seefisch und in Butter gedünstete Champignons in Würfelchen und binden Sie das Gehäck mit einer dikken weißen Fischsauce. Der Füllung können gekochte Kartoffelwürfelchen oder/und weißer Reis beigegeben werden.

Fischsauce:

Etwas Mehl in Butter anschwitzen, Fischresten sowie etwas Fischgewürz beigeben, eventuell – wenn Sie die Sauce besonders pikant wollen – einige Sardellenfilets darin verkochen lassen. Mit feingehackter Petersilie, etwas Salz und Pfeffer abschmecken.

Gemüsekrustade:

Spargeln in Würfelchen schneiden, Büchsenerbsen und nicht zu weich gekochte Rüebliwürfelchen beifügen: eventuell auch gekochte Kartoffelwürfelchen, Bohnenstückchen usw. Alles in Butter gut und kurz durchwärmen, würzen und dann in die Krustade schöpfen (es darf nicht allzuviel Flüssigkeit mitkommen), eine dicke Béchamelsauce (aus Beutel) darübergeben. Warm servieren.

Artischockenkrustade:

Artischockenböden aus der Büchse passen ausgezeichnet zu den verschiedensten Fleischresten, insbesondere zu gesottenem oder gebratenem Geflügel. In Verbindung mit andern Gemüsen, mit Reis, Kartoffeln lassen sich beste Füllungen zusammenstellen.

DEZEMBER

Polenta mit Zwiebeln

350–400 g Maisgrieß oder Schnellmais, halb Wasser, halb Milch, 400 g Zwiebeln, 2 Eßlöffel Öl oder Butter, 1 Eßlöffel Tomatenpüree, Salz, Pfeffer

Die in Scheiben geschnittenen Zwiebeln in wenig Salzwasser etwa 5 Min. dämpfen, abtropfen lassen. In der Bratpfanne Öl oder Butter erhitzen, die Zwiebeln und das Tomatenpüree hineingeben und gut anziehen lassen, salzen und pfeffern. Die Polenta gemäß Grundrezept auf Seite 195 zubereiten. Ein gefettetes Kuchenblech etwa 2 cm dick damit ausstreichen. Darüber das Zwiebelgemüse verteilen, noch 10 Min. in den vorgeheizten Ofen schieben.

Tip: Dem Zwiebelgemüse etwa 50 g Speck- oder Salamiwürfelchen untermischen.

Urner Kraut mit Reis

1 Wirz (ca. 1 kg), 400 g Reis, etwa ¾ l Wasser, 1–2 Bouillonwürfel, 1 Zwiebel, Fett, ca. 50 g Reibkäse. Zum Überschmelzen: Fett oder Butter, 1 Zwiebel

Zwiebel fein schneiden und in Fett hellgelb braten, den Reis kurze Zeit mitdämpfen, bis die Körnchen glasig sind. Salz, Wasser und Bouillonwürfel beigeben. Den Wirz entblättern, die dicken Rippen wegschneiden und fein hacken und mit den gewaschenen Blättern in Salzwasser weich kochen. Abtropfen lassen, zusammen mit dem Käse leicht unter den Reis mischen und das Gericht mit gerösteten Zwiebelringen überschmelzen.

Teigwaren mit Schinken und Erbsen

400 g Teigwaren (Hörnli, kleingebrochene Makkaroni oder mittelbreite Nudeln), ca. 300 g Erbsen (aus der Büchse oder tiefgefroren), 1 kleine Zwiebel, 100–150 g Schinken, 50 g in Würfelchen geschnittener Greyerzer oder Emmentaler, 50 g geriebener Sbrinz oder Parmesan, gut 50 g Butter oder Margarine, Salz, Pfeffer, etwas Fleischbouillon (aus Würfeln)

In einer Pfanne in der Hälfte der Butter die feingehackte Zwiebel andünsten, die Erbsen dazugeben, salzen und pfeffern und bei mäßiger Hitze gar kochen bzw. erwärmen, etwas Bouillon beifügen, daß die Erbsen nicht anbrennen. In einer andern Pfanne den in Streifen geschnittenen Schinken im Rest der Butter anbraten, den Erbsen zugeben, kurz köcheln lassen. Die al dente gekochten Teigwaren in eine ausgebutterte feuerfeste Schüssel geben, mit den Erbsen vermischen.

Schabziegerhörnli nach Glarnerart

Die einfachste Art ist, die gekochten Hörnli anstelle von Reibkäse mit reichlich Schabzieger zu mischen und mit heißer Butter abzuschmelzen.

Für *echte* Glarner Hörnli braucht es aber mehr. Wir benötigen:

400–450 g Hörnli, 1 Stöckli Schabzieger (ca. 100 g), 1 Zwiebel, Salz, Petersilie, Thymian oder/und Majoran, 3 l Fleischbouillon, 80–100 g Butter

Die gehackte Zwiebel mit den feingehackten Kräutern in der Hälfte der Butter gut anziehen. Dann die in der Fleischbouillon al dente gekochten Hörnli dazugeben und unter sorgfältigem Mischen einige Minuten mitrösten. Auf eine vorgewärmte Platte geben und die restlichen Butter sowie den geriebenen Schabzieger darunter mischen.

Schinkenmakkaroni nach Bernerart

400 g Makkaroni, etwa 150–200 g Schinken, 1–2 Eßlöffel Butter, gut 100 g geriebener Emmentaler oder Greyerzer, 2 dl Rahm, etwas weißer Pfeffer oder 1 Prise Muskat, 1 Tasse Brotwürfeli

Die Makkaroni al dente kochen und im Sieb abtropfen lassen. In die noch warme Pfanne die Butter und die Makkaroni geben. Den Schinken fein schneiden, mit dem Rahm vermischen und mit etwas Pfeffer oder/und Muskat würzen, zu den Makkaroni geben und unter Mischen alles zusammen noch einmal heiß werden lassen. Dann lagenweise in eine gut vorgewärmte Schüssel anrichten, wobei wir jeweils etwas Reibkäse zwischen die Lagen streuen. Vor dem Auftragen in etwas Butter geröstete Brotwürfelchen über das Gericht geben.

Café au parfait

Für 6 Personen

3 Eigelb, 150 g Zucker, 2½ dl Milch, 1 Vanillestengel, 2 dl starker Kaffee, 2½ dl Rahm, 150 g Löffelbiskuits

Eigelb und Zucker zu einer dikken Creme rühren. Milch mit Kaffee und aufgeschlitztem Vanillestengel aufkochen. Etwas erkalten lassen und über die Eicreme gießen. Auf kleinem Feuer rühren, bis die Creme leicht anzieht. Erkalten lassen. Vanillestengel entfernen, 2½ dl steifgeschlagenen Rahm daruntermischen.

Biskuits lagenweise mit Creme in eine mit Teflon beschichtete Cakeform einfüllen. Einige Stunden gefrieren lassen. Vor dem Servieren stürzen.

Oder, bei Einzelportionen, ein Glas mit (evtl. farbig glasierten) Löffelbiskuits auskleiden, mit der Creme auffüllen, garnieren. Kühl stellen oder gefrieren lassen.

Orangenbavaroise

3 Eigelb, 150 g Zucker, 2½ dl Weißwein, 1 kg Orangen, Saft von ½ Zitrone, 3½ dl Rahm

Eigelb mit Zucker zu einer Creme rühren. Weißwein aufkochen, vom Feuer nehmen. Eicreme darunterrühren. Langsam unter Schlagen aufkochen, bis eine dicke Creme entsteht. Orangen schälen, 2 davon für die Garnitur zurückbehalten. Restliche Orangen würfeln und mit dem Zitronensaft unter die Weincreme mischen. Rahm steif schlagen. 2½ dl unter die Creme ziehen. In eine Coupe geben und in den Eisschrank stellen. Oder in kalt gespülte Puddingform einfüllen und gefrieren, dann stürzen und mit Orangenscheiben und Schlagrahm garnieren.

DEZEMBER

Gedeckter Apfelkuchen mit Vanillesauce

Zutaten (für eine Springform von 21 cm ⌀): 100 g Butter, 1 Ei, 150 g Mehl, 50 g Zucker, ½ Päckchen Vanillezucker, ⅓ Päckchen Backpulver. Für die Füllung: 1 kg Äpfel, 50 g Zucker, 2 Eßlöffel Sultaninen, 1 Eigelb

Ei, Zucker und Vanillezucker mit etwa ⅓ des mit Backpulver gemischten und gesiebten Mehls verrühren. Dann die kalte, in Stücke zerpflückte Butter mit dem Mehlrest unter die Masse arbeiten. Mit gut der Hälfte dieser Masse den Boden und knapp die Hälfte hoch die Springform auskleiden, hellgelb backen. Die vorher mit etwas Zucker und den Sultaninen gedämpften, dann erkalteten Äpfel leicht vom Rand entfernt in die Springform geben. Einen dünn ausgerollten Teigdeckel darübergeben, der so groß bemessen ist, daß man ihn seitlich auf dem untern Teigrand andrükken kann. Den Deckel mit einem geschlagenen Eigelb bestreichen, die Torte im Ofen braun backen. Noch warm auftragen. Dazu kann geschlagener Rahm oder eine Vanillesauce oder auch (gekaufte) Vanilleglace gereicht werden.

Orangensalat

Zutaten für 6 Personen: 12 Orangen, etwa 100 g Zucker, 4 Eßlöffel Kirsch, 50 g kandierte Früchtewürfelchen, entsteinte Datteln oder zerschnittene Feigen, 50 g Mandelsplitter

Die Orangen sorgfältig schälen und möglichst alles Weiße entfernen. In dünne Scheiben schneiden und lagenweise mit dem Zucker in eine Schüssel geben. Mit der Hälfte des Kirsches überträufeln.

Die kandierten Früchtewürfelchen mit dem restlichen Kirsch während etwa ½ Stunde marinieren, dann – zusammen mit den leichtgerösteten Mandelsplittern – über den Orangensalat streuen. Diesen nach Möglichkeit vor dem Servieren noch einige Zeit ziehen lassen.

Tip: *Anstelle der mit Kirsch marinierten Früchte und den Mandelsplittern kann der Orangensalat mit zerbröckeltem Nougat bestreut werden.*

Weihnachts-Bratäpfel

Die ganzen, weder geschälten noch entkernten Äpfel werden gewaschen und mit Butter bestrichen oder auch eingerieben und in einer feuerfesten Form im mittelheißen Ofen weich gegart. Dann aufbrechen, mit Zucker und Ingwer oder Zimt bestreuen, nach Belieben Vanilleglace darübergeben.

Getränke

Ohne Flüssigkeit (Wasser) kann unser Körper nicht leben. Wasser hält unser Gewebe straff, löst Nährstoffe und Salze auf und transportiert sie; kurz, unser ganzer Stoffwechsel wird durch das Wasser «im Fluß» gehalten.

Von unserm Körper wird jedoch ununterbrochen Wasser abgegeben: durch die Atemluft, die Haut (z.B. Schwitzen), durch den Darm und die Nieren.

Es ist also nötig zu trinken, also immer wieder Flüssigkeit aufzunehmen.

Der Tagesbedarf eines erwachsenen Menschen beträgt zwischen 2 und 2 1/2 Liter Wasser.

Da die meisten unserer Nahrungsmittel zu einem großen Prozentsatz aus Wasser bestehen, muß nur ein geringer Teil des Tagesbedarfs in Form von Getränken aufgenommen werden.

WASSER

ist dabei die ursprünglichste Form für das Löschen unseres Durstes. Selbst vom besten Quellwasser trinken wir jedoch nur so viel, bis wir unsern Bedarf gedeckt haben. Andere Getränke trinken wir hingegen vielfach «über den Durst» hinaus.

MINERALWASSER/ LIMONADEN

Natürliche Mineralwasser kann man nur loben: Sie löschen den Durst, führen dem Körper lebenswichtige Mineralstoffe zu und sind – falls man sie nicht in großen Mengen eisgekühlt auf einmal konsumiert – für Gesunde und Kranke gleichermaßen bekömmlich. Zudem: Mineralwasser haben keine Kalorien.

Bei den gezuckerten Limonaden verhält es sich anders. Sie sind – im Unterschied zu dem natürlichen Mineralwasser – meist weniger gute Durstlöscher; durch ihren Zuckeranteil kommen wir auch zu oft unerwünschten Kalorien.

MILCH

macht tatsächlich vieles gut. Milch macht Müde wieder munter, hält Alte jung, macht aus Dicken Dünne, aus Kranken Gesunde, aus mickrigen Kindern Prachtskerle. Bei Zuckerkrankheit, chronischen Gallen- und Leberleiden, bei Fettsucht und Bluthochdruck sind Milch und Milchprodukte, wie Sauermilch, Joghurt, Mager- oder Buttermilch, Magerquark, ein absolutes Muß auf dem täglichen Speisezettel.

Oft schätzt man es, Milch nicht nur «nature», sondern als Mischgetränk zu genießen:

Milchmischgetränke

Fitness-Apero

Je Person werden 1 Tasse Milch, 1 Eidotter, 1 Eßlöffel Sanddornvollfrucht und 3–4 Eiswürfel gemischt und gut durchgeschüttelt.

Bergfrühling

Frisches Pfefferminzkraut wird leicht zerdrückt, so daß es ein wenig von seinem aromatischen Saft abgibt, und in Gläser mit einem Zuckerrand (Crusta) verteilt. Dazu wird der Glasrand mit Zitronensaft befeuchtet und dann in feinen Staubzucker getaucht, so daß das Glas einen weißen Kragen bekommt. Man gibt je 1 Eiswürfel, ein wenig Zucker, 1 Schuß Cognac, etwas Zitronensaft und zuletzt kalte Milch darauf. Wenn man keine frische Minze hat, so brüht man etwas Pfefferminztee auf, siebt ihn ab und gibt ihn kalt über das Eis.

Kräuterweiblein

1/2 Bund Dill, 1/2 Bund Petersilie, weitere frische Kräuter nach Belieben, 4 Kaffeelöffel Orangensaft, 1 Kaffeelöffel Zitronensaft, 1/4 l kalte Milch, Salz, Pfeffer, 1 Messerspitze Zucker oder 1 Kaffeelöffel Honig, 1 Stengel Petersilie zum Garnieren

Die Kräuter waschen und im Mixer pürieren. Orangen- und Zitronensaft sowie Milch dazugeben. Mit Salz und Pfeffer würzen, mit Zucker oder Honig abschmecken und nochmals im Mixer mischen. In ein Glas gießen und mit Petersilie garnieren.

Brombeerischön

2 gehäufte Eßlöffel Brombeeren, Zucker nach Belieben, 2 dl Milch, 2 Eiswürfel

Beeren, Milch und Zucker im Mixer gut verquirlen, in ein Glas gießen, Eiswürfel beifügen und mit einem Tupfer Schlagrahm und einer Brombeere garnieren.

Schottenmilch

Je Person verrührt man 1 Teelöffel Honig mit ½ Cocktailglas Whisky und füllt in Tumbler (Becher) ab. Mit eiskalter Milch aufgießen.

Milcheisgetränke

Grenadinefrappé

Pro Portion:
½ dl Grenadinesirup, 1½ dl kühle Pastmilch, 1 Portion Vanille-Eiscreme

Milch und Eiscreme gut mixen, Sirup zugeben und mit einem Löffel leicht mischen.

Vanillefrappé

Pro Portion:
1 Portion Vanille-Eiscreme, 2 dl kühle Pastmilch, 50 g Beeren

Milch und Eiscreme gut mixen. Leicht zerdrückte Beeren zufügen.

Pistazienmilch

1 l Milch, 4 Kugeln Pistazien-Eiscreme, nach Belieben 1–2 Eßlöffel Zucker, 2 dl Rahm, 2 Eßlöffel Pistazienkerne

Milch, Eiscreme und Zucker nach Belieben im Mixer oder Shaker sehr gut vermischen. In Coupe- oder Kelchgläser abfüllen, mit der Schlagsahne und den gerösteten Pistazienkernen garnieren.

Heidelbeerbecher

200 g Heidelbeeren. 1 Becher Vanille-Eiscreme, ¾ l Milch, 1 Teelöffel Zimt

Alle Zutaten mixen und in vorgekühlte Gläser füllen. Sofort servieren.

Shakes für harte Männer

Pro Shake (Schüttelbecher) ½ Fläschchen Weichselsaft, 2 Esslöffel Vanille-Rahmeis, ½ Eßlöffel Zucker, 2dl Milch, 1 Messerspitze Zimt, 1 Eßlöffel Rum

Alle Zutaten, wenn möglich im Mixer, schaumig rühren. In ein vorgekühltes Glas geben und sofort servieren. Als Dekoration zwei frische, zusammenhängende Kirschen am Glasrand anbringen. Varianten für die Zutaten:

2 Eßlöffel Mokka-Rahmeis, ½ Eßlöffel Zucker, 1 Teelöffel Schokoladepulver, 2 dl Milch, 1 Eßlöffel Whisky

3 Eßlöffel Vanille-Eiscreme, ½ Eßlöffel Zucker, ½ fein geriebener Apfel, 1 dl Milch, 1 kleines Glas Calvados

2 Eßlöffel Zitronensorbet (fertig gekauft), ½ Eßlöffel Zucker, 1 kleingeschnittene, frische Feige, 2 dl Milch,
1 Gläschen Wodka

OBSTSÄFTE

Obstsäfte sind «aufgespeicherte Sonnenkraft». Das gilt insbesondere für Traubensaft. Er enthält nämlich nicht weniger als einen Fünftel Trauben- und Fruchtzucker, der zudem ohne Verdauungsarbeit direkt in die Blutbahn gelangt. Orangen-, Grapefruit- und Zitronensaft enthalten insbesondere einen hohen Anteil an natürlichem Vitamin C. Diese Zitrusfrüchte können tatsächlich der Grund sein, eine kleinere Grippe oder die Frühjahrsmüdigkeit zu überwinden.

Der gesundheitliche Aspekt der Obstsäfte ist jedoch nur das eine. Das andere ist, daß Obstsäfte auch noch gut schmecken. Ob wir sie nun naturrein trinken oder unsere Phantasie walten lassen und mit ihnen Fizzes, Flips-Bowlen und Drinks aller Art mixen.

Fizzes

Sie werden ausgiebig geschüttelt. Man füllt den Schüttelbecher etwa zur Hälfte mit Eisstückchen, gibt die im Rezept vorgeschriebenen Zutaten hinzu, schließt den Becher und schüttelt – je kräftiger, um so besser.

Swiss Miss

(für 2 Personen)
1 dl Zitronensaft, ½ dl Orangensaft, ½ dl Obstsaftkonzentrat

Gut schütteln, in die Gläser geben und mit je ½ dl Apfelsaft auffüllen. Eine Zitronenscheiben beifügen.

Alpenglühen

½ dl Grenadinesirup, ½ dl Obstsaftkonzentrat, ½ dl Rahm
1 dl Orangensaft

Sehr gut schütteln, in die Gläser gießen, mit je ½ dl Apfelsaft auffüllen, in jedes Glas eine Orangenscheibe geben.

Flips

sind uralte Stärkungsgetränke. Sie bestehen in der Regel aus einem Eigelb und irgendeiner Flüssigkeit. Man füllt 1 Eßlöffel gehacktes Eis pro Person sowie die entsprechenden Zutaten in den Schüttelbecher, dann kräftig schütteln.

Grape-Egg
(für 2 Personen)

½ dl Traubensaft, 2 dl Orangensaft, 4 Eigelb

Eigelb, Orangen- und Traubensaft gut mixen. Nach Geschmack 2–3 Eßlöffel Sanddornsirup beifügen.

Orangenflip
(für 2 Personen)

6 dl Orangensaft, 4 Eigelb, 4 Eßlöffel Zucker, 1 dl Rahm, 4 Würfel Eis

Alle Zutaten gut mischen (mixen) und in die Gläser absieben. Mit Schlagrahm garnieren.

DRINKS

Cherrydrink

½ l Traubensaft, 2 dl Mineralwasser, 1 Dose Weichselkirschen, 2 Eßlöffel Zitronensaft

In jedes Glas 1 Eßlöffel Kirschen, je nach Größe auch mehr, und ½ Eßlöffel Zitronensaft geben, und mit Traubensaft und Mineralwasser auffüllen.

BOWLEN
(alkoholfrei)

Andalusische Bowle

1 l Traubensaft, 200 g Beeren, je nach Saison, 1 Orange, 1 Zitrone, 1 Zimtstengel, 50 g Zucker, Eis, Mineralwasser

Beeren rüsten, vierteilen, mit Zucker bestreuen und ziehen lassen. Unterdessen Traubensaft mit Zimt, Orangen und Zitronen, in Scheiben geschnitten, aufkochen. Abkühlen lassen. Über die Beeren geben und nach Geschmack Eis und Mineralwasser beigeben.

Gartenbowle
(für 4–6 Personen)

1 l Traubensaft, 1 dl Grenadinesirup, 1 dl Zitronensaft, 2 dl Ananassaft, 300 g Erdbeeren, 6 Scheiben Ananas, in Würfel geschnitten

Alle Zutaten in eine Bowlenschüssel geben und gut umrühren. Kalt stellen und etwa 2 Stunden ziehen lassen. In vorgekühlten Gläsern servieren.

Regenbogenbowle

2 Scheiben Ananas, 1 kleine Dose Mandarinenschnitze, ½ Melone, 100 g Zucker, 1 l Apfelsaft, 1 l Apfelsprudel, 1 Zitrone, einige frische Pfefferminzblätter

Ananas in Würfel schneiden, mit Mandarinen und feinen Melonenscheiben in die Bowlenschüssel legen, Zucker darüberstreuen und den Apfelsaft zugießen. 1 Stunde kühl stellen. Kurz vor dem Servieren mit eisgekühltem Sprudel spritzen.
Einige Zitronenscheiben mit je 1 Pfefferminzblatt garnieren und obenauf schwimmen lassen.

GEMÜSESÄFTE

sind besser, als viele glauben. Schön kühl, schön farbig und schön rassig serviert haben sie schon manchem faulen Gemüseesser zu den notwendigen Vitaminen verholfen.
(Für die folgenden Rezepte ist eine Gemüsesaftpresse erforderlich.)

Rote Liebe

Man verrührt 6–8 große reife, in der Zentrifuge ausgeschleuderte, Tomaten mit Zitronensaft, etwas Zucker, Paprika, Salz und ein paar Tropfen Worcestersauce. Der nach Belieben mehr oder weniger scharf abgeschmeckte Saft wird mit etwas Kresse verziert.

Grüner Heinrich

Eine gute Handvoll Spinat wird ausgeschleudert. Man gibt 1 Eßlöffel Zitronensaft, 1 Teelöffel Honig, nach Belieben 1 Gläschen Cognac und 1 Wasserglas Apfelsaft dazu. Der Drink wird in kleinen Gläsern, mit etwas Muskat bepudert und mit einem Zitronenschnitz serviert.

Astronauten-Drink

1–2 Knollen frischer Sellerie werden grob geschnitten und ausgeschleudert. Man gibt etwas Selleriesalz, ein wenig Traubenzucker und 2 Eidotter dazu, mixt alles gut und serviert den Drink mit etwas Mineralwasser oder Milch und je 1 Eiswürfel. Obenauf streut man ein wenig Schnittlauch.

TEE

In einem gut verschlossenen Behälter bewahrt der Tee sein Aroma ungefähr sechs Monate. Man muß aber darauf achten, daß die Dose immer wieder gut verschloßen wird und der Tee weder mit Gewürzen noch mit Küchendünsten in Berührung kommt.

Einige Tips für die richtige Teezubereitung:

1. Die Teekanne sollte immer nur für Schwarztee benützt werden. Zur Reinigung genügt heißes Ausspülen.

2. Das Wasser muß immer frisch sein, also nie Boilerwasser verwenden. Knapp zum Aufkochen bringen. Dann sofort über die Teeblätter in der mit heißem Wasser vorgewärmte Teekanne gießen. Am besten eignen sich als Teekannen solche aus Porzellan, Ton oder Gußeisen.

3. Pro Tasse rechnet man je nach gewünschter Stärke und je nach Teesorte ½–1 Teelöffel Blätter. Verwenden Sie nie ein Tee-Ei!

4. Lassen Sie den Tee immer die richtige Zeit ziehen: 4 Minuten bei «Broken Tea», 5 Minuten bei Blatt-Tee.

5. Vor dem Eingießen in die Tassen sollte man kurz mit einem Löffel umrühren, um einen gleichmäßig starken Tee zu erhalten. Wer weniger starken Tee liebt, kann heißes Wasser in die Teetasse nachgießen.

6. Niemals Rahm oder Kaffeerahm zu Tee servieren, immer nur Milch. Der Geschmack wird dadurch erhöht. Wenn als Beigabe Zitrone gewünscht wird, dann nur ein paar Tropfen! Mehr würde das feine Teearoma zerstören.

Die Wahl der Teesorte ist Geschmackssache

Darjeeling- oder Himalaja-Tee = besonders zartes, duftiges Aroma.
Ceylon-Tee = klassisch englisch, angenehm herb.
China-Tee = für Kenner, mit oder ohne Rauchgeschmack. Versuchen Sie auch einmal grünen Tee, zum Beispiel nach einem chinesischen Essen. Er wird ohne Milch, Zitrone und Zucker genoßen und schmeckt angenehm herb.
Als «Souchong» bezeichnet man die gröbste Blattsorte. «Pekoe» sind jüngere, zartere Blätter, «Orange Pekoe» sind noch feinere jüngere Blätter und «Flowery Orange Pekoe» sind die zartesten Spitzenblätter.
Ein weiteres Unterscheidungsmerkmal ist, ob es sich um ganze Teeblätter (Blatt-Tee) oder um gebrochene «broken» handelt. Beim «broken» kann das Wasser schneller Aroma und Wirkstoffe ausziehen; er ist darum sparsamer im Gebrauch.

Englischer Milchtee
1 Eßlöffel Tee, ¼ l Milch, ¼ l Wasser

In eine vorgewärmte Teekanne gibt man 1 Eßlöffel Tee, den man mit halb Milch und halb Wasser aufgießt und wie gewöhnlich 5–6 Minuten ziehen läßt.

Nikolaschka-Tee

Ein Glas je zur Hälfte mit Tee und Cognac füllen, eine Zitronenscheibe auf das Glas legen und darauf 1 Teelöffel Zucker. Man zerkaut die Zitronenscheibe mit dem Zucker und trinkt die Tee-Cognac-Mischung durch die zerkaute Zitronenscheibe, die man dann ausspuckt.

Tibetanischer Tee

Für 4 Portionen 8 Teelöffel Tee mit 2 Tassen kochendem Wasser aufbrühen und den Tee-Extrakt nach 5 Minuten in eine vorgewärmte Kanne abgießen. Dazu reicht man eine zweite Kanne mit kochend heißem Wasser. Nun füllt man die Tassen zur Hälfte mit Tee-Extrakt süßt mit einem Stück kandiertem Ingwer und gießt dann je nach Geschmack heißes Wasser darüber.

Eistee
1 l Schwarztee, 8 Teelöffel Zucker, Eiswürfel oder grobgemahlenes Eis, 4 Eßlöffel Zitronensaft

Mittelstarken Tee zubereiten und Zitronensaft. Erkalten lassen, dann in den Kühlschrank stellen. In einen Thermoskrug abfüllen, damit er kühl bleibt. Gläser halbhoch mit Eis füllen, Tee darübergießen.

Tip: *Anstelle von Eiswürfelchen kann man eine Kugel Vanille-Eiscreme ins Glas geben!*

KAFFEE

Am besten schmeckt frisch gerösteter Kaffee, den Sie unmittelbar vor Gebrauch mahlen.
Bewahren Sie Ihren Kaffee in der Verkaufspackung und zusätzlich in einer gut schließenden Dose auf; im Kühlschrank hält er sich länger frisch.
Halten Sie nicht nur Kaffeemaschine und -kanne sauber, sondern auch Mühle und Dose. Sonst werden die zurückgebliebenen Kaffeereste ranzig, und der nächste Aufguß schmeckt entsprechend.
Versuchen Sie einmal auch folgende Kaffeerezepte:
Cappuccino: Die Tasse halb mit Espressokaffee und halb mit schaumig geschlagener Milch auffüllen. Darüber etwas Zimt, Muskatnuß oder eine Prise Kakao.
Schokoladenkaffee: In ¼ l starken Kaffee 2 Rippen erweichter Kochschokolade rühren. Mit Zucker und Rahm servieren.
Café noisette: Sehr starken Kaffee servieren, ungeschlagenen Rahm und Zucker nach Belieben. Dazu einen Schuß Kirsch. Diese Mischung bringt einen feinen Haselnußgeschmack hervor.
Kapuziner, ein altes Wiener Rezept: Kaffee mit schaumig geschlagener Milch mit einem Schlagsahnehäubchen krönen, mit etwas Schokolade bestreuen, Zucker nach Belieben.

Mokka türkisch

ist der einzige Kaffee, der gekocht wird. Zwei Eßlöffel pulverfein gemahlenen Kaffee und die gleiche Menge Puderzucker in das türkische Kännchen geben, mit Wasser dreimal aufkochen lassen und vorsichtig, damit nicht allzuviel Satz mitkommt, in die Mokkatäßchen gießen.

Irish coffee

verschafft Hochstimmung. In ein vorgewärmtes, altmodisches Stengelglas 2 Teelöffel Zucker geben, zu etwa zwei Drittel mit heißem Kaffee auffüllen und gut mischen. Dazu 2 Eßlöffel Whisky, und das Ganze wird mit geschlagenem Rahm gekrönt. Der heiße Kaffee will durch den kühlen Rahm geschlürft werden.

Eiskaffee

Starker Kaffee wird mit Kondensmilch oder Rahm und Zucker geschüttelt, in hohe Stielgläser gefüllt und kaltgestellt. Vor dem Servieren legt man in jedes Glas eine Kugel Vanille- oder Bananeneis. Bitte den Strohhalm nicht vergessen!

Eiskaffee
(klassische Art)

3 Eigelb, 5 Eßlöffel Zucker, 5 dl starker Kaffee (aus Sofortkaffee zubereitet), 3 dl Rahm, steif geschlagen

Eigelb und Zucker zu einer schaumigen Creme schlagen. Kaffee zugeben, mit 2 dl steifgeschlagenem Rahm mischen. 3 bis 4 Stunden gefrieren lassen. Nach Belieben mit restlichem Rahm garnieren.

KAKAO

Schokolade und Kakaogetränke sind sehr nahrhaft und sehr gut dazu geeignet, eine ausgefallene Mahlzeit zu überbrücken. Da auch der Magen nicht von ihnen belastet wird, ist es nur zu verständlich, wenn Sportler, Bergsteiger, Autofahrer und intensiv geistig Arbeitende häufig zu einem Stückchen Schokolade oder einer Praline, zu einer Tasse Kakao oder Schokolade greifen.

Echte Trinkschokolade

2 Eßlöffel Kakao, ungesüßt, 3 Eßlöffel Zucker, 2 Eßlöffel Wasser, 4 dl Milch, 3 Nelken, 4 Zimtstengel, 1 dl Rahm

In einer Pfanne mischt man Zucker, Wasser, Kakao und die Nelken gut miteinander. Dann erhitzen und einige Minuten kochen lassen. Milch zufügen, anschließend den Rahm. Aufpassen, daß es nicht mehr zum Kochen kommt. In die Tassen sieben und Zimtstengel hineinstecken.

APERITIFS

Unter Aperitifs versteht man Getränke, die appetitanregend wirken. Ob es ein klarer Schnaps, einer der bekannten Longdrinks, ein Glas herber Weißwein, ein Cocktail, ein trockener Sherry oder Porto ist, sie haben immer den gleichen Zweck: die Geschmacksnerven wie auch die Verdauungssäfte anzuregen. Es ist dabei zu beachten:

- *Ein guter Aperitif sollte leicht und von eher herbem Geschmack sein; süße Getränke verderben den Appetit.*
- *Ein Aperitif sollte nicht aus zuviel und zu starkem Alkohol bestehen.*
- *Er sollte kühl, doch nicht eiskalt serviert werden.*

Als alkoholfreie Aperitifs eignen sich Obst- wie auch Gemüsesäfte (siehe Seiten 233 und 234).

Aperitifs auf Weinbasis

Nebst dem klassischen reinen Sherry oder Porto gibt es eine Menge typische, mit Kräutern und Aromastoffen versetzte Aperitifweine.
Bekannt sind Byrrh, Saint-Raphael, Dubonnet, Punt e Mes, Rosso Antico, Ramazotti.
Am bekanntesten innerhalb dieser Familie sind vor allem die Wermuts. Als Aperitif geeignet sind hauptsächlich die pur getrunkenen roten und trockenen Arten. Sie lassen sich jedoch auch mit Mineralwasser, Bitter Lemon oder Bitter Orange verlängern und werden so zum erfrischenden Longdrink. Wenn Sie auch über Wermut mehr auf Seite 241 lesen werden, möchten wir hier noch den wohl berühmtesten, den vor allem von den Amerikanern geschätzten Wermut-Aperitif aufführen, nämlich den

Martini-Dry

Wir mischen ihn aus $\frac{1}{4}$ Martini extra-dry und $\frac{3}{4}$ Gin mit Eiswürfeln im Mixbecher. Ins Glas gießen. Eine grüne Olive und/oder etwas Zitronenschale beifügen.

Kangourou

ist obigem Drink in der Idee verwandt; statt Gin verwenden wir jedoch Wodka.

LONGDRINKS

eignen sich insbesondere die bekannten Anisgetränke wie Pernod, Ricard, der griechische Onzo oder der türkische Raki. Man trinkt sie kalt, unter Beigabe von klarem Wasser und meist ohne Eisstückchen im Glas.
Bekannter als Longdrinks sind die Marken-Bitter, denen wir nach Belieben mehr oder weniger kaltes Mineralwasser oder Siphon beifügen. Cynar und Artos sind Bitter-Aperitifs auf Artischockenbasis. Sie werden kühl mit einer Orangenscheibe serviert; dem Campari, ebenfalls ein Bittergetränk, geben wir etwas Zitronenschale bei; den aus Bitterorangen, Wurzeln und Kräutern hergestellten Rossi servieren wir mit Eis und einer Orangenscheibe.

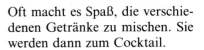

Oft macht es Spaß, die verschiedenen Getränke zu mischen. Sie werden dann zum Cocktail.

COCKTAILS

Unter Cocktails – der Name dieser meist farbigen Getränkemischungen leitet sich vom buntfarbenen Hahn (= cock) Schwanz (= tail) ab – versteht man vorwiegend alkoholische Getränke; indessen kennt man auch alkoholfreie, meist aus Obst- und Gemüsesäften sowie Milch zusammengestellte Getränke.

Um Cocktails zu mischen, brauchen Sie kein erfahrener Barkeeper zu sein, und Ihre Bar muß auch nicht mit den Flaschenbatterien internationaler Hotelbars konkurrieren; ja Sie fahren sogar besser, wenn Sie sich auf einige wenige Getränke beschränken. Was Sie jedoch immer bereit haben sollten, ist ein Mixbecher (oder auch Krug) mit langstieligem Löffel, einige Zitronen und Orangen, grüne Oliven und Cocktailkirschen. Und dann natürlich Fruchtsäfte (Orangen, Grapefruits, Zitronen), etwas Zucker, genügend Soda- und Mineralwasser und viele Eiswürfel.

Americano

$\frac{1}{2}$ Campari oder Rossi, $\frac{1}{2}$ roten Wermut (Martini rosso) mischen, mit Soda- oder Mineralwasser auffüllen, Eiswürfel und eine Zitronen- oder eine Orangenscheibe beifügen.

Miami-Sunshine

$\frac{1}{4}$ Orangensaft, $\frac{1}{4}$ Abricot Brandy und $\frac{1}{2}$ Whisky werden mit 1 Würfel Eis ins Glas gegeben und mit Cocktailkirschen und einer an den Glasrand gesteckten Orangenscheibe serviert.

Irish Summer

ist die etwas erfrischendere Variante des obigen Getränks: Wir mischen ⅓ Orangensaft mit ⅓ (irischem) Whisky. Mit Schaumwein (Mauler, Sekt oder Champagner) auffüllen.

Wodka Martini

Pro Person: 4 Teile Wodka und 1 Teil Dry Wermut, mit Eis im Mixer gut schütteln. In Cocktailgläser füllen und mit einem Stückchen Zitronenschale und einer Perlzwiebel servieren.

Wodka Gimlet spezial

40 g Wodka, 10 g Zitronensaft
in ein mit gehacktem Eis gefülltes Glas gießen und obenauf kleine Zitronenwürfel geben.

Negroni

10 g Carpano, 20 g Gin, 20 g Campari
in einem Milchglas gut rühren, in einem Glas mit viel Eis servieren.

Old England

40 g Gin, 10 g Zitronensaft
in ein Longdrinkglas geben, mit Schweppes Tonic Water, 3 Eisstücken mit einer Scheibe Zitrone auffüllen.

Orange Blossom

Viel Eis, 40 g Gin
in ein Longdrinkglas geben und mit viel Orangensaft auffüllen.

ALKOHOLFREIE COCKTAILS

Nicht alle mögen Cocktails mit Alkohol. Das muß aber auch nicht sein; es gibt herrliche, erfrischende Drinks und Cocktails, die ihn nicht vermissen lassen. Einige Vorschläge «mit – und ohne»:

Cocktail «Angelina»

Pro Person: ¼ Rüeblisaft, ¼ Grapefruitsaft, ¼ Selleriesaft und ¼ Tomatensaft gut mischen. 1 Messerspitze Fenchelpulver, ½ Teelöffel gehackte Petersilie und ½ Teelöffel Lime Juice zugeben.

Bananencocktail

4 Eßlöffel Honig mit ½ l Traubensaft leicht erwärmen. Sobald der Honig aufgelöst ist, vom Feuer nehmen. Erkalten lassen und den Saft von 3 Orangen zugeben. Eine geschälte und in Würfel geschnittene Grapefruit, 3 reife, zerdrückte Bananen und 3 Spritzer Angostura Bitters zugeben. Alles im Mixer pürieren, kalt stellen und in hohen Gläsern mit Trinkhalm servieren.

Cocktail «Slim line»

Pro Person: ⅓ Selleriesaft, ⅓ Rüeblisaft, ⅓ Apfelsaft und ½ Teelöffel Lime Juice gut mischen. Mit Worcester und Pfeffer würzen.

Früchtecocktails

Einige bewährte Mischungen, die kühl serviert werden müssen: ¾ Apfelsaft und ¼ Himbeersaft und ½ Teelöffel Lime Juice (pro Person); ½ Orangensaft und ½ Tomatensaft und einige Spritzer Angostura Bitters; ½ Traubensaft und ½ Johannisbeersaft und Lime Juice nach Belieben; ⅔ Ananassaft und ⅓ Grapefruitsaft und 2 Spritzer Angostura Bitters (pro Person).

BOWLEN

Bowlen kann man das ganze Jahr hindurch trinken. Am beliebtesten sind sie im Sommer, wenn die Nächte lau sind und wenn man sie als kühlen Trunk seinen Gästen auf einer lauschigen Terrasse oder in einer gemütlichen Gartenecke kredenzt. Aber auch dann, wenn es draußen stürmt, regnet oder schneit, kann eine Bowle die Stimmung heben: heiß muß sie dann sein, und mit Wein und Branntwein darf nicht gespart werden.

Rezepte für alkoholfreie Bowlen finden Sie auf Seite 234.

Mai- und Sommerbowlen

für 6–8 Personen:
Mai- und Sommerbowlen werden immer eiskalt serviert. Sowohl der Wein wie die Bowlenschüssel müssen vorgekühlt werden. Wenn nötig stellt man das Bowlengefäß auf zerhacktes Eis; Eis, das in der Bowle schwimmt verwässert sie.
Noch etwas: Frisches Obst ist stets besser als Obst aus Büchsen. Mit Zucker können Sie sparsam sein wie auch mit «harten» Schnäpsen zum Ansetzen.
Wenn Sie Schaumwein zugießen, halten Sie die Flasche so, daß die Öffnung knapp über dem Bowleninhalt liegt. Dadurch geht kaum etwas von der prickelnden Kohlensäure des Sekts oder Champagners verloren.

Erdbeerbowle

600 g Erdbeeren, 3 Eßlöffel Zucker, Saft einer Orange und Zitrone, etwas geriebene Orangenschale, 2 Flaschen Weißwein (Aigle oder Neuenburger), 1 Flasche Sekt oder Champagner
Die gewaschenen Erdbeeren halbieren, mit dem Orangen- und Zi-

tronensaft und dem Zucker vermischen. 1 Flasche Weißwein dazugießen, an die Kühle stellen und ungefähr 1–2 Stunden ziehen lassen. Dann den Weißwein und kurz vor dem Servieren den Schaumwein dazugeben und die Bowle so kühl als möglich servieren.

Himbeerbowle

Wie oben, statt Erdbeeren jedoch 500 g frische Himbeeren verwenden. Den Orangensaft weglassen und durch einen guten Schuß Himbeergeist ersetzen.

Erdbeer/Ananasbowle

500 g Erdbeeren, 1 mittlere Ananas, 1 Glas trockener Sherry, 2 Eßlöffel Zucker, 3 Flaschen Weißwein (Aigle oder Neuenburger), 1 Flasche Sekt oder Champagner
Die gewaschenen Erdbeeren in die Bowle geben, ebenfalls das in Würfel geschnittene und von der Rinde und dem hölzernen Kern befreite Fruchtfleisch der Ananas. Zucker und den Sherry darübergießen; vorsichtig mischen. Eine Flasche des gut gekühlten Weißweines angießen und die Bowle ca. 2 Stunden in den Kühlschrank stellen. Erst dann den restlichen Wein und kurz vor dem Servieren den Sekt oder den Champagner zugießen.
Falls man die Bowle alkoholfrei will, anstelle von Weißwein halb und halb weißen Traubensaft und Mineralwasser und anstelle von Schaumwein Rimuß verwenden.

Waldmeisterbowle

3 l Weißwein, 200–300 g Zucker, 2 Büschel Waldmeisterkraut ohne Blüten, 1 Orangenschale, 1 Zitronenschale, 1 Flasche Champagner oder herber Sekt
Zucker in 1 l Weißwein unter Rühren gut auflösen. Das Waldmeisterkraut zusammenbinden und in den Wein hineinhängen, so daß die Stiele nicht naß werden. Nach 20–30 Minuten das Kraut wieder herausnehmen. Die Lösung und den restlichen Wein sowie Orangen- und Zitronenschale 1 Stunde lang kühl stellen, dann in eine Bowlenschale zusammengießen. Bis vor Gebrauch kühl stellen und im letzten Moment den Schaumwein dazugeben. Vor dem Servieren abschmecken. Sollte die Bowle zu süß sein, kann man Wein nachgeben.

Sangría

2,5 l Rioja tinto (dunkel und möglichst herb), 6 Teelöffel Zucker und ½ Zimt zusammen im Wein auflösen, 1 Orange und 1 Zitrone hineinpressen, 1 Orange in Scheiben aufschneiden und hineingeben
Von einer Zitrone eine Spirale schneiden, und zwar direkt über der Flüssigkeit, um die ätherischen Öle, die dabei frei werden, aufzufangen. Zum Schluß etwas Mineralwasser dazugeben. Im Sommer mehr, im Winter weniger.

BIER

Bier ist ein vollmundiges Getränk – hergestellt aus Malz, Hopfen und Wasser. Malz ist nichts anderes als geweichte, gekeimte und dann getrocknete Gerste. Hopfen ist eine rebenartige Pflanze, deren Dolden dem Bier den geschätzten herbbitteren Geschmack geben.

Lagerbier

ist das meistgetrunkene. Es ist rassig und leicht, sein Alkoholgehalt liegt bei 3–4%.

Spezialbier

verspricht besonderen Genuß. Es ist voller, weil es etwas stärker eingebraut wird.

Starkbier

steht über dem Durst. Seine Qualitäten sind Gehalt und Aroma. Alkoholgehalt etwa 5%.
Mit Noblesse trinkt sich das

Luxusbier

im besonders eleganten Fläschchen.
Das Geschenk der Brauereien an die treuen Kunden ist das

Festbier

Es ist über die Oster- und Weihnachtstage erhältlich. Im Gehalt entspricht es etwa dem Spezial.

Bier ausschenken
Ein schöner Schaum setzt dem Bier die Krone auf. Aber: das Bier darf nicht zu kalt und nicht zu warm sein. 8–11°C sind gerade richtig. Und nur im blitzblank sauberen Bierglas entsteht und hält der Schaum.

Bier lagern
Dort, wo es kühl und dunkel ist. Zu warmes Bier erfrischt nur halb, zu viel Licht verdirbt es. – Das sogenannte Lagerbier hält sich im kühl-dunklen Keller gut gegen einen Monat, Spezialbier etwas länger, und Dosenbier bleibt sogar einige Monate frisch.

WEIN

Wein ist kein Getränk, um damit schlechthin den Durst zu löschen; ein guter Wein verschönt uns stille Stunden daheim, erfreut Freunde und Gäste bei geselligem Zusammensein und krönt, wenn er richtig gewählt und kredenzt wird, jedes Mahl, sei es ein einfaches Essen oder ein großartiges Dîner.

Das Angebot an guten reellen Weinen ist heute groß. Mit etwas Gespür kann man für wenig Geld oft ausgezeichnete Tischweine sowohl beim Weinhändler wie auch im Warenhaus oder bei Großverteilern (Konsumvereine, Volg, Usego usw.) kaufen. Es lohnt sich meist, die eine oder andere Sorte zuerst zu kosten, bevor wir uns zu einem größeren Kauf entschließen.

In allen Fällen ist jedoch wichtig, daß wir neu gekauften Wein mindestens zwei bis drei Wochen vor dem Ausschenken lagern. Das gilt insbesondere für gehaltvollere Weine. Einfachere Tischweine, wie sie allenthalben im Lebensmittelhandel und Kaufhäusern angeboten werden, sind weniger empfindlich, für gute Behandlung sind sie jedoch ebenfalls dankbar.

Einige Regeln für die Weingesellschaft:

Das Einschenken

ist Sache des Hausherrn; hat eine Dame allein Gäste zu bewirten, wird ihr einer der geladenen Herren das Einschenken wie auch das Öffnen der Flaschen abnehmen.

Er kostet den ersten Schluck aus seinem Glas, um die Temperatur zu prüfen und festzustellen, ob der Wein keinen Korkgeschmack hat. Erst dann schenkt er ein.

Das Einschenken geschieht rechts herum, von rechts her und den Damen zuerst.

Rotweingläser werden bis zur Hälfte, Weißweingläser bis zu zwei Dritteln gefüllt.

Das Entkorken

Mit einem scharfen Messer die Stanniol- oder Wachskappe knapp oberhalb des Flaschenwulstes abschneiden, den Rand der Flasche mit einem Tuch abreiben.

Den Korkenzieher durch die Mitte des Korkens tief eindrehen und dann sorgfältig den Zapfen ausziehen. Nach dem Entkorken den inneren Rand des Flaschenhalses mit einem sauberem Tuch reinigen.

Weine mit Korkgeschmack können nicht mehr getrunken werden. Sie eignen sich auch nicht zum Kochen oder als Weinessig.

Ältere Rotweine, bei denen sich möglicherweise Bodensatz gebildet hat, beim Entkorken wie auch beim Tragen nicht schütteln. Am besten im Weinkorb aus dem Keller holen.

Temperaturtabelle

(Im allgemeinen kann man sich an die Regel halten, daß die Temperatur mit dem Gehalt des Weines steigen soll.)

Rotweine werden meist zu warm serviert; ein Hauptgrund liegt in der aus früheren Zeiten übernommenen Regel, daß Rotweine Zimmertemperatur haben müssen. Die Zimmer waren aber früher nicht mehr als 15, 16 oder höchstens 18°C geheizt, und das ist auch die Temperatur, die einen schweren Rotwein bekömmlich macht. Temperaturen von 22 oder gar 23°C, wie sie heutzutage in vielen ge- bzw. überheizten Räumen anzutreffen sind, sind einem guten Wein abträglich. Besonders gefährdet sind die oft hinter kunstvoll geschmiedeten Gittern untergebrachten Weine in vornehmen Gaststätten, die oft 24°C und mehr aufweisen.

Wichtig: Rasches Erwärmen von zu kalten oder schockartiges Kühlen von zu warmen Weinen schadet; ein heißes Wasserbad wie auch das Tiefkühlfach sind dem Wein gleichermaßen abträglich.

Weißweine:
Trockene Weißweine/Traubensäfte 6–8°C
Leichtere deutsche Weine 8–10°C
Spätlese/Auslese 12–14°C
Roséweine/Weißherbst: 8–10°C
Rotweine:
Leichte und helle Rotweine 10–12°C
Leichte Burgunder 12–14°C
Italiener 14–16°C
Schwere Burgunder 16–18°C
Bordeauxweine 18–20°C
Dessertweine: 16–18°C
Sekt/Champagner/Asti: 6–8°C

Beim Dekantieren wird der Wein mit Vorsicht in eine Karaffe umgegossen, um ihn vom allfälligen Bodensatz zu trennen.

Das Chambrieren
Gehaltvolle rote Weine, wie schwere Burgunder oder Bordeauxweine, werden mit Vorteil chambriert, das heißt, sie werden entkorkt und mindestens drei bis vier Stunden vor dem Trinken in ein Zimmer (chambre) mit einer Temperatur von 18°C gestellt; das Bouquet (der Duft des Weines) hat Zeit, sich voll zu entfalten, und der Wein kann sich der Zimmertemperatur anpassen (siehe jedoch den Nachsatz zu nebenstehender Temperaturtabelle).
Wenn die Flasche zum Chambrieren entkorkt wird, ist es üblich, den Korken auf oder neben die Flasche zu legen und dem Gast zu präsentieren.

WERMUT

ist ein süßer oder auch trockener Weißwein, dem Wermut und verschiedene andere bittere und aromatische Kräuter beigegeben werden. Wermut ist ein vorzüglicher Aperitif, doch auch für die Küche ideal: Ein trockener Wermut (dry) verleiht einen aparten, angenehmen Geschmack.

Vorzüglich eignet sich Wermut jedoch zum Mixen, denn mit Wermut (rot, weiß, sec/extra-dry) werden Sie nie fehlgehen. Ob sie ihn nun mit Brandy, Campari, oder/und Rossi, Cynar, Gin, Whisky, Wodka und/oder mit Fruchtsäften, Cognac, Kirsch, Limonaden, Fruchtliqueur, Soda- oder Mineralwasser mixen.

SCHNÄPSE

Calvados
ist ein Apfelbranntwein aus der Normandie, gebrannt aus Apfelwein (cidre). Ein guter Calvados wird sechs bis sieben Jahre in Eichenfässern gelagert, die ihm eine schöne gelbe Farbe verleihen.

Cognac
ist ein französischer Edelweinbrand aus dem Departement Charente, gebrannt aus genau vorgeschriebenen Weinarten; die Bezeichnung «Cognac» dürfen nur solche Branntweine tragen, die nachweisbar aus der erwähnten Region stammen. *** ist die handelsübliche Bezeichnung eines gut gelagerten, mindestens drei Jahre alten Cognacs von sehr guter Beschaffenheit; V.O. (very old) bedeutet «sehr alt»; V.S.O.P. (Very Soft Old Pale) ist die Abkürzung für einen alten Cognac oder Brandy von heller Farbe.
Die Ausschanktemperatur liegt beim Cognac bei 18°C, doch tut es gut, wenn wir das Glas wie beim Armagnac (siehe dort) mit der Hand erwärmen, was das Aroma des Getränkes steigert.

Grappa
ist die italienische Bezeichnung für ein Destillat, das sich durch das Brennen vergorener Traubentrester (Rückstände von gepreßten Trauben) ergibt. Den Geschmack der Grappa erzielt man meist durch ein der abgefüllten Flasche beigegebenes kleines Rautenzweiglein (erba ruga).

Kirsch
Einer der herrlichsten unter den Edelbranntweinen. Kirsch wird erzeugt durch das Brennen von Kirschenmaische. Berühmt sind vor allem die Produkte aus der Urschweiz, dem Baselbiet, dem Aargau und der Waadt. Qualitativ ebenfalls guten Kirsch liefern der Schwarzwald, das Elsaß und das Burgund.
Der bäuerliche Produzent, der einen wirklich hervorragenden Kirsch herstellen will, verwendet immer noch sein an einen alten Waschhafen erinnerndes «Brennhäfeli» (daher der Ausdruck «hafen-» oder «häfeligebrannt»).

Wodka
Ein besonders von den Russen bevorzugter Kartoffel- oder Korn-Schnaps, den aber auch die Polen, Litauer und Finnen schätzen. Die wörtliche Übersetzung lautet «Wässerchen», das bei den Russen desto angenehmere und lieblichere Empfindungen hervorruft, je stärker es gebrannt ist. Wodka ist aber auch im Westen Mode geworden.

Whisky
Der Whisky stammt von den Iren, die ihn in ihrer gälischen Sprache «Uisge beatha», d.h. Lebenswasser nannten. Das beatha verschwand, übrig blieb das mit «Whisky» ausgesprochene Uisge. Von Irland gelangte der Whisky zu den Schotten, die ihm zu Weltruhm verhalfen. Heute gibt es irischen, schottischen, kanadischen und amerikanischen (oft auch deutschen, japanischen, spanischen und schwedischen Whisky); am beliebtesten ist der schottische, der «Scotch».
Whisky trinkt man am besten pur (oder «neat», wie die Schotten sagen), und zwar nicht zu kalt, denn Eiskälte nimmt gutem altem Whisky sein Aroma.
«On the rocks» trinkt man Whisky nur, wenn man seinen Durst löschen will; ebenfalls ein guter Durstlöscher ist Whisky mit (eisgekühltem) Wasser.
Für Mixgetränke (siehe unter Cocktails) wird der Whisky eisgekühlt verwendet.

Rezept- und Sachregister

SALATE UND VORSPEISEN

Salate als Hauptmahlzeit   152
Salattreffen der
- Blattsalate   204
- Fruchtgemüsesalate   204
- Knollen- und Wurzelsalate   205

Bohnensalate (Hülsenfrüchte)
- Italienische Art   153
- Spanische Art   153
- Tessinerart   153

Broccolisalat   168
Champignons mit Ei   61
Champignonsalat   114
Champignons mit Zwiebeln   40
Chicorée/Apfelsalat   56
Corned beef garniert   56
Eier, gefüllt   56
Eiersalate allgemein   78
Eiersalat, pikant   96
Eier, gekocht, mit Sardellen/
  Mayonnaise/pikanter Sauce   78
Endiviensalat mit Orangen   20
Endiviensalat mit Roquefort-Sauce   224
Endiviensalat mit Speck   20
Fenchelsalat
- aus rohem Fenchel   188
- aus gekochtem Fenchel   188

Fischsalat, «bunter»   170
Fischsalat, pikant   134
Fischsalat mit Fenchel   58
Geflügelsalat mit Ananas   20
Gemüse mariniert (griechisch)   169
Grapefruit/Geflügel- oder Thonsalat   224
Griechischer Salat   56
Gurken als Salat   132
Gurken/Rettichsalat   168
Gurkenschiffchen, gefüllt   114
Heringsalat   168
Hörnlisalat   152
Hüttenkäsesalat   20
Insalata Novaggio   67
Kabissalate (Tips)   204
Kabissalat nach Großmutterart   40
Kräuterquark   56
Krautstiele mit Mayonnaise   156
Kresse als Salat   76
Kresse mit Sardinen   56
Lammfleischsalat   152
Lauchsalat   168
Linsensalat mit Speckwürfelchen   153
Linsensalat provençale   40
Nizzasalat, einfach   67
Nizzasalat, klassisch   188
Nizzasalat, neuere Art   188
Niklausen-Salat   67
Novaggiosalat   67

Oktober-Salat   188
Orangen/Grapefruitsalat   40
Orangensalat mit Zwiebeln   40
Pilzsalat   155
Pouletsalat mit Äpfeln   96
- mit Maiskörnern   168

Provence-Salat   114
Randensalat, russische Art   40
Randen/Sellerie/Endivien-Salat   20
Räucherfischsalat   188
Reissalat mit Schinken   152
- mit Äpfeln   96

Rettich/Gurkensalat   168
Rettich/Sauerkrautsalat   188
Rindfleisch mit grüner Sauce   96
Rüebli an Sauce vinaigrette   76
Russischer Salat   224
Salade Niçoise   67/188
Sauerkrautsalat   76
Sauerkraut/Rettichsalat   188
Sellerie als Salat   60
Sellerie/Apfelsalat (Waldorfsalat)   224
Sulze   71
Rindfleischsulze/gesulzte Schinken-
  rollen/Pouletsulze «Roi Soleil»   72
Sülzli, gefüllt (Aspike)   71
Tomaten, gefüllt   154
Tomaten, gratiniert (kalt)   156
Waldorfsalat (Sellerie/Äpfel)   224
Wurstsalat, spezial   152
- Deutschschweizer   159
- Welschschweizer   159

Zigeunersalat   152
Zucchetti, mariniert   96

Spezielles über Vorspeisen auf Seite   96
sowie über fritierte Vorspeisen   108

SALATSAUCEN

Öl/Essigsaucen:
Französische Sauce, Sauce
  Escoffier, Italienische Sauce,
  Provencesauce, Senfsauce,
  Spanische Sauce   112

Vinaigrettes:
Klassische (Kräuter-)Vinaigrette   112

Joghurtsaucen:
Joghurtsauce normal, Amerikanische
  Joghurtsauce, Nordische Joghurtsauce, Kräutersauce mit Joghurt
  und Quark   112

Mayonnaisen (siehe auch Seite 66):
Mayonnaiseschaum, Currymayonnaise,
  Grüne Mayonnaise, Meerrettich-
  und Senfmayonnaise, Aioli   113

Käse-(Roquefort)sauce   113

JOGHURT-/QUARK-SPEISEN

Cottage-Cheese-/Hüttenkäse-Rezepte   165
Joghurt, allgemeines über   162
Süße Joghurtmischungen   162
Gemüsecocktails mit Joghurt   162
Joghurtkaltschale   123
Joghurt-/Gurkensuppe, griechische   133
Quark, Allgemeines über   164
Quarkaufstriche, süß und pikant   164
Quarkkuchen und -torten   165
Früchtequarkspeise   49
Liptauer   164
Omelette mit Quark/Apfelfüllung   65
Palatschinken   164

SUPPEN/BOUILLONS

**Allgemeines über Bouillon, Consommé,
Suppe und Eintopf**   56
Schnellbouillons/Fertigsuppen   67
Suppen (Fertiggerichte) tiefkühlen   148
Kalte Suppen und Kaltschalen   133
Bohnensuppe, grüne   169
- serbische   41
- vorsommerliche   97

Borschtsch, russische Randensuppe   225
Bouillon, geeiste   133
Brotsuppe, Berner   169
- französische (Panade)   57

Busecca (Kuttelsuppe)   189
Chicoréesuppe   189
Curry-Soup, kalte   133
Currysuppe mit Huhn   57
Erbsensuppe mit Schweinsohr   189
Fischsuppe   79
Frühlingsbouillon   97
Gazpacho andaluz (kalte
  Tomatensuppe)   133
Gerstensuppe, Bündner   224
Grießsuppe   21
Gurken/Joghurtsuppe, griechische   133
Gurkensuppe, russische   154
Haferflockensuppe   21
Hühnerbouillon mit Ei
  (Zuppa alla pavese)   114
Hühnersüppchen, indisches   67
Kartoffelsuppen
- Bernerart mit Milch   205
- Bernerart mit Majoran   205
- flämische   21
- grüne   205
- rote   205
- mit Fleisch   205

Kartoffel/Lauchsuppe, kalt (Vichyssoise)	133	Eier mit Mayonnaise	78	**Käseschnitten:**	80
Käsesuppe	76	– an pikanter Sauce	78	– Baslerart	80
Kressesuppe	76	– mit Sardellen	78	– Bernerart	81
Kuttelsuppe (Tessiner Busecca)	189	Gefüllte Eier	56	– Mailänderart	170
Lauchsuppe	41	**Omeletten/Pfannkuchen:**		– Neuenburgerart	80
Minestrone, Tessinerart	169	Französische Omelette (Grundrezept)	115	– St.-Gallerart	80
Nudelsuppe mit Huhn	97	Omelette mit Mehl/Pfannkuchen (Grundrezept)	115	– Waadtländerart	81
Panade (franz. Brotsuppe)	57	Omeletten-Resten	115	– mit Blumenkohl	22
Randen/Kohlsuppe, russische	225	Artischocken-, Peperoni-, Spinat-Omelette	115	– vom Feuer (Grill)	128

EIER- UND KÄSESPEISEN

So werden Eier zubereitet:	
Frühstückseier	77
Pochierte Eier	77
Rührei	77
– mit feinen Kräutern	77
– mit Sbrinz oder Parmesan	77
– mit Speck	77
Spiegeleier	77
Warme Eiergerichte:	
Aurora-Eier (Huevos à la Aurora)	79
Curry-Eier mit Reis	97
Florentiner Eier	190
Eier mit Champignons	78
Eier mit Hühnerleber	21
Eier mit Tomaten und Käse	78
Eierrösti	34
Spanische Eier	79
Weiße Eier mit Reis	86
Rezepte aus gekochten Eiern:	
Eiersalat, allgemein	78
Eiersalat, pikant	96

Grüne Omelette	170
Käseomelette, einfache	115
Käseomelette, Mailänderart	170
Kräuteromelette	115
Omelette mit Fleischfüllung	21
Omelette mit Quark/Apfelfüllung	65
Omelettes soufflées	105
Palatschinken	164
Pilzomelette	155
Restenomelette	225
Schinkenomelette	115
Thonomelette, italienische	155
Allgemeines über Käse	36
Käseplatte	66
Käseauflauf mit Brot	22
Käse/Kartoffelgratin	22
Käsekartoffeln	157
Käseschnitzel, paniert, mit Nudeln	197
Käseomelette	115/170
Käsesoufflé	57
Käsesuppe	76
Gorgonzola-Makkaroni	103
Gorgonzola-Polenta	195
Ramequin (Käse/Brot-Auflauf)	97
Quark-/Hüttenkäserezepte	164/165
Käsekuchen/-wähen:	
– Großmutterart	22
– Hausfrauenart	22
– Tessinerart, mit Pilzen	225
– Lothringerart (Quiche Lorraine)	41

FRITÜREN

Fritieren, allgemein	106
Fritiertes Gebäck	68
Fritierte Vorspeisen	108
Bierteig	109
Fleischkrapfen	108
Pommes (de terre) frites, – chips, – bricelets, – paille, – soufflées	106
Sardinen San Sebastian	109
Tempura, japan. Fritüren	109

FISCHE

Fische tiefkühlen	147/148
Süßwasserfische:	
– braten, – grillieren, – pochieren, – gratinieren, – blaukochen	116
Eglifilets «vaudoise»	170
Felchen à la meunière	117
Forelle blau	134
Marinierte Fische Tessinerart,	117
Seeforelle an Zitronensauce	117
Meerfische, Allgemeines über	58
Dorschauflauf, schwedisch	42
Dorschfilets (paniert) mit Kräutern	59
– an weißer Sauce	79
Dorschgratin mit Champignons	59
Dorsch, mariniert und gebraten	134
Fischkroketten mit Tomaten	24
Fischcurry	58

Das klassische Gedeck I.

(mit Suppe)

Das klassische Gedeck II.

(mit Vorspeise und Fisch als zweitem Gang)

Fischfilets provençale	170
– mit Grapefruitschnitzen	42
– an Joghurtsauce, kalt	154
Fisch im Erbsenbett	24
Fisch, gekocht, mit Dillsauce	42
– Gemüse-Topf	189
– Krustade Nantenserart	229
– Ragout mit Ananas	226
– mit Sauerkraut	25
– Schnitten (Colin) mit Fenchel	189
– Topf, dänischer	59
Kabeljaufilet (Diät)	201
Nantenser Krustade	229
Zwiebelfisch, gebacken	226
Fischsalat, bunter	170
– pikanter	134
– mit Fenchel	58
Heringsalat	168
Räucherfischsalat	188
Fischsuppe	79
Das Grillieren von Fischen	129

KARTOFFEL- UND GEMÜSEGERICHTE

Kartoffeln als Beilage:

Bratkartoffeln	27
Brüh- oder Bouillonkartoffeln	27
Gschwellti, allgemein	27/191
Gschwellti – mit Minzblättern	204
Junge Kartoffeln	27
– gebraten, gedämpft	27
Kartoffelschnee	28
Kartoffelstock	28
Kartoffelsalat	28
Lauchkartoffeln	29
Lyonerkartoffeln	29
Kräuterkartoffeln	29
Kümmelkartoffeln	29
Pommes (de terre) bricelets	106
– chips	106
– frites	106
– frites (falsche)	29
– pailles (Strohkartoffeln)	106
– soufflées	106
Rahmkartoffeln mild, pikant	29
Salzkartoffeln	29
Kartoffelsuppen	21/205

Über Rösti 44

Appenzeller Röstipfanne; Bauernrösti; Berner Rösti; Glarner Rösti; Rösti à la romande; Schaffhauser Rösti; Tessiner Rösti; Urner Rösti; Zürcher Rösti 44/45

Kartoffeln als Hauptgericht:

Baked Potatoes (Grillgericht)	128
Bauernschmaus	26
Béchamel-Kartoffeln	81
Berner Kartoffeln	99
Gschwellti, allgemein	191
Großmutters Kartoffelkuchen	41
Kartoffelgulasch	26
Kartoffeln «Café de Paris»	99
Kartoffelgratin dauphinoise	81
Kartoffelgratin mit Fleischkäse	81
Kartoffel/Käsegratin	22
Kartoffelgratin mit Thon	226
Kartoffelgratin, ungarischer	190
Käsekartoffeln	157
Nidwaldner Ofentori (Kartoffelstockgratin)	226
Kartoffeln mit Teigwaren	
– Glarnerart	33
– Tirolerart (Tiroler Hörnli)	196
Raclettekartoffeln	171

Gemüse als Beilage und Hauptgericht:

Gemüse tiefkühlen	146/148
Artischockenkrustade	229
Auberginen, gefüllt	172
– gratiniert (Mussaka)	156
– paniert	137
– überbacken	174
– mit Nudeln	176
Blumenkohl, gratiniert	42
– mit Käseschnitten	22
– mit Paniermehl und Ei	117
Bohnensuppe, grüne	169
Bohnen, gedörrt	52
Bohnen, weiße (s. Hülsenfrüchte)	
Broccolisalat	168
Champignons, Grundrezept	61
– Krapfen	61
– mit Ei	61
Champignons mit Zwiebeln	40
Chicorée, Pariserart	26
– mit Schinkenwürfelchen	174
– -suppe	189
Erbsen (s. Hülsenfrüchte)	
Fenchel, überbacken	190
– Salate, roh und gekocht	188
Gemüse, mariniert	169
Gemüsekrustade	229
Gemüsesuppe (Minestrone)	169
Gurken, allgemeines	132
Gurkenschiffchen, gefüllt	114
Gurkengemüse mit Schinken	174
Gurken/Rettichsalat	168
Kabis/Kohl, allgemeines	208
Bayrisch Kraut	190
Häfelichabis, Urner	209
Kabisbünteli	209
Kabisgratin	22
Kabis/Lammfleisch-Eintopf (Irish Stew)	209
Kabissalat Grossmutterart	40
Kabissalate (Tips)	204
Kohlkopf, gefüllt	209
Rotkohl mit Marroni	226
Urner Kraut mit Reis	230
Weißkohlpüree	226
Weißkraut, gedämpft, bayrisch	190
Wirzauflauf	43
Kastanien, gedämpft, gedörrt	52

1 WEISSWEIN
2 MOSELWEIN ODER RHEINWEIN
3 ASTI ODER ANDERE SCHAUMWEINE
4 CHAMPAGNER

Kohlrabiauflauf	174
– gedünstet	117
Krautstiele mit Mayonnaise	156
– mit gebräunter Butter	137
– an Käsesauce	99
Kresse mit Quark/Hüttenkäse	76
– Salat	76
– Suppe	76
Lauch, allgemeines	171
Lauchgemüse, gratiniert	171
Lauchkuchen	171
Lauchreis mit Hackfleisch	42
Lauchreis Urnerart (Rys und Poor)	212
Lauch mit Pilzsauce	26
Lauch/Kartoffel-Eintopf (Waadtländer Potée oder «Papet»)	43
Lauch mit Schinkenwürfelchen	174
Lauchsalat	168
Linsen (s. Hülsenfrüchte)	
Peperoni, Allgemeines über	135
Peperoni, gefüllt	172
– Gemüse	134
– Gemüse, süßsauer	134
– mit Nudeln (Auflauf)	176
– mit Sardellen	135
– Salat	134
– mit Ravioli	140
– überbacken	135
Pilze, Allgemeines über	155
Champignons siehe	40/61
Pilzomelette, italienisch	155
Pilzpiroschki, russische Krapfen	225
Pilzsalat	155
Pilz-/Thonomelette	155
Randensalat, russische Art	40
Randen/Kohlsuppe (Borschtsch)	225
Rettich/Gurkensalat	168
Rettich/Sauerkrautsalat	188
Rüebli an Vinaigrette-Sauce	76
Sauerkraut, allgemein	24
Sauerkraut-Auflauf	24
– gratiniert	24
– mit Enten- oder Huhnragout	25
– mit Fisch	25
– «Jurassienne»	25
– Salat	76

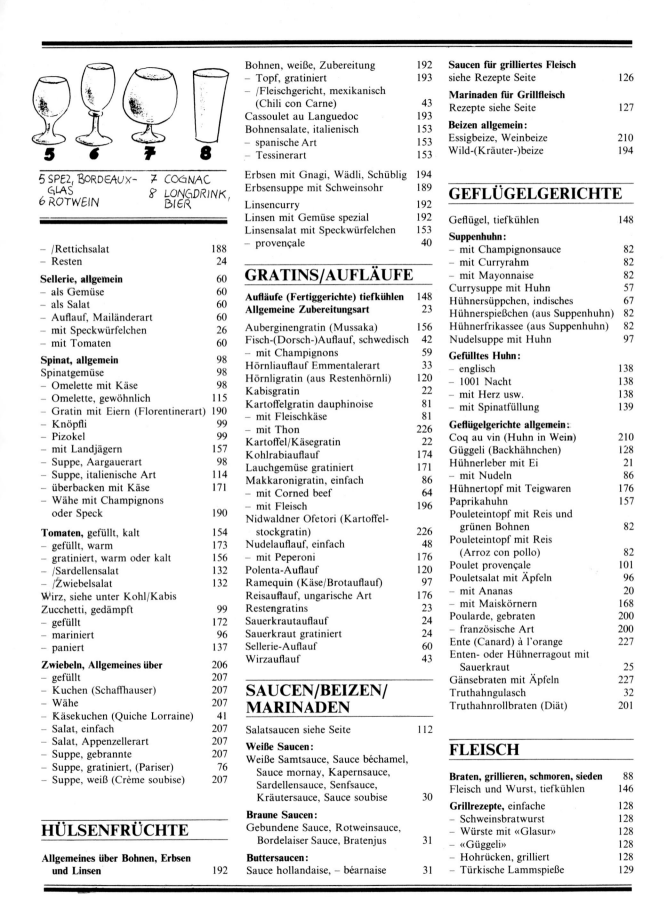

5 SPEZ. BORDEAUX-GLAS
6 ROTWEIN
7 COGNAC
8 LONGDRINK, BIER

– /Rettichsalat	188
– Resten	24
Sellerie, allgemein	60
– als Gemüse	60
– als Salat	60
– Auflauf, Mailänderart	60
– mit Speckwürfelchen	26
– mit Tomaten	60
Spinat, allgemein	98
Spinatgemüse	98
– Omelette mit Käse	98
– Omelette, gewöhnlich	115
– Gratin mit Eiern (Florentinerart)	190
– Knöpfli	99
– Pizokel	99
– mit Landjägern	157
– Suppe, Aargauerart	98
– Suppe, italienische Art	114
– überbacken mit Käse	171
– Wähe mit Champignons oder Speck	190
Tomaten, gefüllt, kalt	154
– gefüllt, warm	173
– gratiniert, warm oder kalt	156
– /Sardellensalat	132
– /Zwiebelsalat	132
Wirz, siehe unter Kohl/Kabis	
Zucchetti, gedämpft	99
– gefüllt	172
– mariniert	96
– paniert	137
Zwiebeln, Allgemeines über	206
– gefüllt	207
– Kuchen (Schaffhauser)	207
– Wähe	207
– Käsekuchen (Quiche Lorraine)	41
– Salat, einfach	207
– Salat, Appenzellerart	207
– Suppe, gebrannte	207
– Suppe, gratiniert, (Pariser)	76
– Suppe, weiß (Crème soubise)	207

HÜLSENFRÜCHTE

Allgemeines über Bohnen, Erbsen und Linsen	192
Bohnen, weiße, Zubereitung	192
– Topf, gratiniert	193
– /Fleischgericht, mexikanisch (Chili con Carne)	43
Cassoulet au Languedoc	193
Bohnensalate, italienisch	153
– spanische Art	153
– Tessinerart	153
Erbsen mit Gnagi, Wädli, Schüblig	194
Erbsensuppe mit Schweinsohr	189
Linsencurry	192
Linsen mit Gemüse spezial	192
Linsensalat mit Speckwürfelchen	153
– provençale	40

GRATINS/AUFLÄUFE

Aufläufe (Fertiggerichte) tiefkühlen	148
Allgemeine Zubereitungsart	23
Auberginengratin (Mussaka)	156
Fisch-(Dorsch-)Auflauf, schwedisch	42
– mit Champignons	59
Hörnliauflauf Emmentalerart	33
Hörnligratin (aus Restenhörnli)	120
Kabisgratin	22
Kartoffelgratin dauphinoise	81
– mit Fleischkäse	81
– mit Thon	226
Kartoffel/Käsegratin	22
Kohlrabiauflauf	174
Lauchgemüse gratiniert	171
Makkaronigratin, einfach	86
– mit Corned beef	64
– mit Fleisch	196
Nidwaldner Ofetori (Kartoffelstockgratin)	226
Nudelauflauf, einfach	48
– mit Peperoni	176
Polenta-Auflauf	120
Ramequin (Käse/Brotauflauf)	97
Reisauflauf, ungarische Art	176
Restengratins	23
Sauerkrautauflauf	24
Sauerkraut gratiniert	24
Sellerie-Auflauf	60
Wirzauflauf	43

SAUCEN/BEIZEN/MARINADEN

Salatsaucen siehe Seite	112
Weiße Saucen:	
Weiße Samtsauce, Sauce béchamel, Sauce mornay, Kapernsauce, Sardellensauce, Senfsauce, Kräutersauce, Sauce soubise	30
Braune Saucen:	
Gebundene Sauce, Rotweinsauce, Bordelaiser Sauce, Bratenjus	31
Buttersaucen:	
Sauce hollandaise, – béarnaise	31
Saucen für grilliertes Fleisch siehe Rezepte Seite	126
Marinaden für Grillfleisch Rezepte siehe Seite	127
Beizen allgemein:	
Essigbeize, Weinbeize	210
Wild-(Kräuter-)beize	194

GEFLÜGELGERICHTE

Geflügel, tiefkühlen	148
Suppenhuhn:	
– mit Champignonsauce	82
– mit Curryrahm	82
– mit Mayonnaise	82
Currysuppe mit Huhn	57
Hühnersüppchen, indisches	67
Hühnerspießchen (aus Suppenhuhn)	82
Hühnerfrikassee (aus Suppenhuhn)	82
Nudelsuppe mit Huhn	97
Gefülltes Huhn:	
– englisch	138
– 1001 Nacht	138
– mit Herz usw.	138
– mit Spinatfüllung	139
Geflügelgerichte allgemein:	
Coq au vin (Huhn in Wein)	210
Güggeli (Backhähnchen)	128
Hühnerleber mit Ei	21
– mit Nudeln	86
Hühnertopf mit Teigwaren	176
Paprikahuhn	157
Pouleteintopf mit Reis und grünen Bohnen	82
Pouleteintopf mit Reis (Arroz con pollo)	82
Poulet provençale	101
Pouletsalat mit Äpfeln	96
– mit Ananas	20
– mit Maiskörnern	168
Poularde, gebraten	200
– französische Art	200
Ente (Canard) à l'orange	227
Enten- oder Hühnerragout mit Sauerkraut	25
Gänsebraten mit Äpfeln	227
Truthahngulasch	32
Truthahnrollbraten (Diät)	201

FLEISCH

Braten, grillieren, schmoren, sieden	88
Fleisch und Wurst, tiefkühlen	146
Grillrezepte, einfache	128
– Schweinsbratwurst	128
– Würste mit «Glasur»	128
– «Güggeli»	128
– Hohrücken, grilliert	128
– Türkische Lammspieße	129

Fest der Kleinen

Wichtig ist:

- Kein Kinderfest ohne Vorbereitung. Das heißt nicht: viel Aufwand, große Kosten. Sondern: viele lustige Einfälle zur Unterhaltung.
- Kein Kinderfest ohne Spielleiter, der die Kinder anregt, immer wieder Vorschläge macht und allfällige Streitigkeiten schlichtet. Das kann eine Mutter, Großmutter oder auch ein Kind sein; Drei- bis Fünfjährige hören oft eher auf Gleichaltrige als auf Erwachsene.

Indianerspiele – ein beliebter Evergreen

Geradezu ein Klassiker unter den Kinderspielen sind Indianerspiele. Mit einfachen Mitteln läßt sich die unbedingt notwendige Montur herstellen – nur braucht es etwas Zeit, und es lohnt sich nur, wenn die Indianerspiele später einmal fortgesetzt werden können.

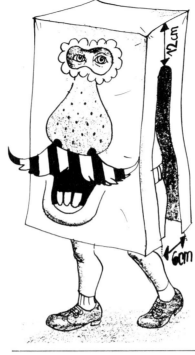

MASKIEREN MACHT DEN GRÖSSTEN SPASS

Es gibt für Kinder kein größeres Vergnügen, als sich zu Beginn eines Festes zu maskieren oder zu bemalen. Die Steifheit der ersten Viertelstunde fällt dann aus.
Oben: Einfache, doch wirkungsvolle Masken basteln wir aus Papier-Kehrichtsäcken. Sie werden mit Buntpapier beklebt und bemalt. Auf Augen-, evtl. Mundhöhe haben wir eine Öffnung und für die Arme seitlich etwa 6 cm breite Schlitze angebracht.

Häuptlingsschmuck

Stoff- und Papierstreifen von beliebiger Länge falzen und in diese bunte Federn (echte oder aus Zeichenpapier) einkleben oder nähen. Ein Gummiband sorgt für den unumgänglichen festen Sitz unter dem Kinn.

Hackfleisch, Allgemeines über	85
Hackbraten, gefüllt (Diät)	201
Hackbraten Metzgerart	211
Hackfleisch/Gemüse-Pie	84
Hackfleischchüechli, Grundrezept	85
– Curryfrikadellen	85
– Mutterart	85
Hackfleischfüllung für gefüllte Auberginen, Peperoni usw.	173
Hackfleischplätzli	85
Meerrettichfrikadellen	85
Mussaka (Auberginen/Fleischgratin)	156
Russische Fleischkrapfen	225
Kalbfleisch, allgemein	91
Kalbsbrust, gebraten (Vitello arrosto)	228
Kalbfleischschnitzel, Grundrezept	90
– Römerart (Saltimbocca alla romana)	158
– Moskauerart	158
– Wienerart	90
– Mailänderart	90
– Pariserart	90
– Holstein-Schnitzel	90
Kalbfleischvögel	118
– Florentinerart	118
– in Gemüsesauce (Involtini)	118
Kalbskopf mit Sauce vinaigrette	100
Kalbshaxe (Diät)	201
Kalbsragout, weißes	175
Kalbsrollbraten, gefüllt	32
Kaninchen nach Bündnerart	83
– mit Kartoffeln	63
– mit Senf	83
Kaninchenragout	83
Hasenpfeffer	
– in Kräutermarinade	194
Lammfleisch, allgemein	93
Lammcurry	157
Lammgigot, gebraten	227
Lammkoteletts mit Tomaten	157
Lammragout «Chasseur»	193
Lammschulter, gerollt, Windsor	101
– Gascognerart	101
– Albigenserart	101
Lammspießchen, türkisch	129
Lammfleischsalat	152
Lammtopf provençale	50
Lammvoressen, weißes	32
Lammfleisch/Kabistopf (Irish Stew)	209
Rindfleisch, allgemein	84/89
Corned beef garniert	56
Gulasch mit Pilzen	155
Gulasch mit Variationen	198
Hohrückenbraten	84
– /Sardellenbraten	84
Ochsenmaulplätzli	158
Ochsenschwanz-Ragout	47
Rindfleisch, geschmort, Tessinerart (Stufato)	139
Rindfleischroulade	200
Rindfleisch mit grüner Sauce	96

Rindfleischvögel	119
Rindszunge	62
Rindszunge an Kapernsauce	139
Sauerbraten Großmutterart	210
– Essigbeize, Weinbeize	210
Steak Moyen-Age (grill. Hohrücken)	128
Rindfleisch, teure Stücke:	89/90
Entrecôte à l'anglaise, – à la béarnaise, – à la bordelaise, – strasbourgeoise, – aux champignons	90
Filet Mercedes	90
Roastbeef bouquetière	90
Tournedos Masséna, – Rossini	90
Garzeiten (für grilliertes Fleisch)	129
Siedfleischplatte	62
Bœuf bouilli/Bollito misto	62/63
Gratinierte Siedfleischresten	63
Schweinefleisch, allgemein	92
Brustspitz/Schweinsprägel	228
Füßchen nach Genferart	175
Geräuchertes	92
Gnagi oder Wädli mit Erbsen	194
Rippenspeer, Kasseler	198
Schweinsbrust, gebraten	119
Schweinsbrust, gefüllt	101
Schweinscurry	157
Schweinshals im Wasserbad	175
Schweinshaxe, gefüllt	211
– gekocht	211
– Münchnerart	211
Spare-ribs (Brustspitz) grilliert	228

WURSTGERICHTE

Kantonale Wurstspezialitäten	158
Blut- und Leberwürste	194
Cervelat-Cordon-bleu	159
Fleischwurst im Schlafrock	159
«Glasierte» (grillierte) Würste	128
«Saltimbocca al muratore»	159
Schweinsbratwurst grilliert	128
Vogelnestlein	159
Wurstgulasch	159
Wurstsalat spezial	152
– Deutschschweizerart	159
– Welschschweizerart	159
Sulze:	
Sulze-Rezept aus Pulver	71
– mit Gelatine	71
Gefüllte Sülzli	71
– Poulet «Roi soleil»	72
– Gesulztes Rindfleisch	72
– Schinkenrolle	72

LEBER UND NIEREN/ HERZ/KUTTELN

Herz	210
Kalbsherz, gefüllt	210
Herzschnitten, geschmort	63
– mit Speck	63
Kutteln, Dijonerart	100
– Florentinerart	52
– an Weißweinsauce	100
– mit Sauce vinaigrette	193
Kuttelsuppe (Busecca) Tessinerart	189
Leber und Nieren	46/47
Leberknödel, -knöpfli	194
Leberschnitten, allgemein	47
– paniert, – schwedisch, – tirolerisch, – berlinerisch, – mit Erbsli	47
Nieren mit Reis	100
– Schottenart	46
– auf Toast	46

FLEISCHPASTETEN UND -KUCHEN

Fleischkrapfen, russische Piroschki	225
Fleisch-Krapfen, -Weggen, -Pies	228
Fleisch-Omelette	21
Fleischweggen, «hausgemacht»	119
Gedeckte Fleischkuchen	228
Hackfleisch/Gemüse-Pie	84
«Jahresende-»/Resten-Pastete	229
Krustadenpasteten, diverse	229

REIS-, MAIS- UND GRIESSGERICHTE

Polenta, traditionelle und Blitz-Zubereitung	195
Polenta-Auflauf	120
– schnitten und -gratins	195
– mit Landjäger und Tomaten	32
– mit Zwiebeln	230
Maisplätzli	160
Maisschnitten mit Tomaten	140
– überbacken	48
Grießpfluten	33
Grießköpfli, Großmutterart	65
Reis, allgemeine Hinweise	102
Grundrezepte Risotto, Langkornreis und chinesischer Reis	102
Gemüsereis, indisch	64
Lauchreis	43
Piemonteser Reis (Paniscia)	48
Piratenreis	176
Reis mit Curry-Eiern	97
– mit weißen Eiern	86
– mit Kartoffeln (Riso in cagnone)	33
– gebraten, mit Champignons	140
Reisresten mit Schinken und Ei	48
Reissalat mit Äpfeln	96
Tessiner Risotto	120
Tomatenreis	32
Reis-Töpfe:	
Arroz con pollo (span. Pouleteintopf)	82
Paella (spanische Reisplatte)	160
Pouleteintopf mit Reis und grünen Bohnen	82
Reisfleisch, serbisches	212
Reissalat mit Schinken	152
Reissalat mit Äpfeln	96
Reistopf, mexikanisch	212
Reistopf, orientalisch (Pilaw)	86
Rys und Poor, Reis- und Laucheintopf Urnerart	212
Urner Kraut mit Reis	230
Ungarischer Reisauflauf	176
Kaiserin-Reis (Riz à l'impératrice)	215
Mandelreisköpfchen	197
Milchreis	65

TEIGWAREN

Allgemeines über Teigwaren	121
Aufgewärmte Teigwaren	121
Geprägelte Nudeln, Hörnli usw.	121
Bahmi Goreng (indon. Nudeln)	196
Cannelloni à la provençale	140
Hörnli «national»	120
Hörnliauflauf Emmentalerart	33
Hörnligratin	120
Hörnli oder Makkaroni mit Kartoffeln, Glarnerart	33
Hörnli mit Kartoffeln, Tirolerart	196
Hörnlisalat	152
Hörnli mit Zucchetti	103
Schabziegerhörnli Glarnerart	230
Älplermagronen (Makkaroni Unterwaldnerart)	212
Makkaronigratin, einfach	86
Makkaronigratin mit Fleisch	196
Makkaroniauflauf mit Corned beef	64
Makkaroni mit Milch und Käse	48
Makkaroni niçoise	160
Makkaroni mit Gorgonzola	103
Makkaroni oder Spaghetti niçoise	160
Schinkenmakkaroni Bernerart	230
Müscheli, Hausfrauenart	103
Nudeln mit Auberginen	176
Nudelauflauf mit Peperoni	176
Nudelauflauf	48
Nudeln, indonesisch (Bahmi Goreng)	196
Nudeln mit Hühnerleber	86
– mit panierten Käseschnitten	197
– mit Spinat	33
Nudelsuppe mit Huhn	97
Pouleteintopf mit Nudeln	213
Vermischte Nudeln	64
Spaghetti oder Nudeln mit Basilikumsauce (Pesto Genovese)	140
Spaghetti con burro (mit Butter)	86
– bolognese	103
– alla carbonara	197
– Großmutterart	64
– alla milanese	160
– napoletana	160
– niçoise	160
– alla romana	160
– mit Oliven	213
– oder Nudeln mit Sardellen	103
– mit Thon	33/196

Teigwaren alla panna (an Käse/ Rahmsauce)	213
– mit Schinken und Erbsen	230
– Hühnertopf mit Teigwaren	176
Ravioli mit Peperoni	140
– al forno	64
Knöpfli/Spätzli, allgemeines	214
Glarner Knöpfli	214
Schwäbische Spätzle	214
Spinat-Knöpfli	99
Spinat-Pizokel, Puschlaver	99
Leberknöpfli/-knödel	194

PIZZA

Pizza, allgemein	136
Pizza napoletana (Grundrezept)	136
Weitere Rezepte siehe Seite	137

BACKEN/GUETZLI

Backwaren tiefkühlen	147/148
Teigrezepte (Hefe-, Kuchen-, Geriebener, Quark-, Mürb-, Pizzateig)	179/180
Früchtekuchen und -torten	180/183
Rüebli-/Linzer Torte	182/183
Biskuit- und Schokoladetorten	184
Baumstamm, Cake, Rouladen	184/185
Glasuren (Eiweiß, Zuckerwasser, Vanille, Schokolade)	185
Guetzli-Rezepte siehe Seite	216–221
Backwaren tiefkühlen	147/148

FRITIERGEBÄCK

Apfelküchlein, Apfelkrapfen, Müsli, Nonnenfürzchen (Zürcher- und franz. Art), Orangenküchlein, Rosenküchlein, Schenkeli, Salbeichüechli, Strübli, Ziegerkrapfen	68/69

BROTSPEISEN/ SANDWICHES USW.

Klosterbrot-Rezept	34
Gebähtes Brot/Knoblauch-Brot	204
Verwertung von altem Brot	34/35
Apfelrösti	35
Brotpudding, englisch	35
Brotauflauf, Variante I	65
– Variante II	35
Brot/Käseauflauf (Ramequin)	97
Fotzelschnitten	35
Schytterbigi	35
Brotsuppe, französisch (Panade)	57
– Bernerart	169
Vogelheu/Eierrösti/Studentenfutter	34

Sandwiches/Canapés/Gefüllte Brote:	
Schinken/Käse-Sandwich, à l'espagnole, Rahmquark-, Radieschen-, Sardinen-Sandwich	124
Poulet/Champignon-, Wurst-, Thon-, Käse-, Sardellensandwich	125
Sandwiches, tiefgekühlt	125
Canapés (Snacks), belegte Brötchen	71
Gefülltes Brot mit Schinken	70
– mit Pilzen	70

FRÜCHTEGERICHTE, -DESSERTS/CREMES

Obst und Beeren tiefkühlen	146/148
Früchtekuchen und -torten siehe Kapitel «Backen» Seite	178
Ananas, gefüllt	72
– glacé	215
Apfelauflauf mit Mandeln	197
Apfelcreme, rohe	177
Apfeljalousien	37
Apfelkuchen, gedeckt	231
Apfelmus, Coupe	215
Apfelrösti	35
Apfelsuppe	177
Äpfel mit Zimt	87
Apfelchüechli	215
Bratäpfel, gefüllt, an Calvados	49
Bratäpfel, Weihnachts-	231
Aprikosencoupe	123
– creme, halbgefroren	141
Aprikosen und Vanillespeise	123
Bananen, gratiniert	65
Bananenznacht	65
– creme	49
Birnen «Belle Hélène»	87
Erdbeer/Ananas-Sorbet	105
Erdbeerbecher	123
Erdbeermakai	123
Erdbeerschnitten	123
Erdbeershake	105
Erdbeeren, flambiert	141
Flambierte Desserts	141
Früchtequarkspeise	49
Fruchtsalat, einfacher	73
– bretonischer	49
– italienischer	87
Götterspeise (Aprikosen/Vanille)	123
Heidelbeerdessert	141
– Kaltschale	161
Himbeerdessert (Sweet Dreams)	161
Johannisbeer-Milkshake	141
Kirschen, flambiert	141
Orangenbavaroise	231
Orangensalat	73/231
Orangensoufflé	37
Orange surprise	37

Rhabarberschnitten	
Rhabarberschaum	
Rhabarber/Quark-Torte	122
Rhabarberwähe	122
Weihnachtsbratäpfel	231
Zwetschgenauflauf (Schober)	177
Zwetschgenkompott	35
Zitronencreme, englisch	37

DESSERTS/SÜSSE NACHTESSEN

Angélique-(Schokolade/Popcorn-) Coupe	177
Bananenznacht	65
Bananen gratiniert	65
Bread and butter pudding	35
Brotauflauf, süß	65
Café au lait glacé	141
Café au parfait	231
Caramelköpfchen	177
Chantilly-Creme	105
– Meringues	105
Englischer Brotpudding	35
Grießköpfli Großmutterart	65
– mit Schokoladesauce	49
Joghurtkaltschale	123
Kaffeeflammeri (Pudding)	197
Kaiserin-Reis (à l'impératrice)	215
Mandelreisköpfchen	197
Milchreis	65
Ofechüechli mit Rahm	87
Omeletten mit Quark/Apfelfüllung	65
Omelettes soufflées	105
Pralinécreme	197
Rahmgarnituren	104
Schokoladepudding	49
Schokoladesoufflé	177
Vacherin fédéral	161
– glacé	161
Vanillecreme/-sauce	65
Zabaglione/Zabaione, italienische	87

GETRÄNKE

Rezepte für:	
– Aperitifs (Longdrinks, Cocktails)	237
– Bier (Arten)	239
Bowlen, alkoholfrei	234
Bowlen, mit Alkohol	238
Cocktails, alkoholfrei	238
Gemüsesäfte	234
Kaffee	236
Kakao	236
Kindergetränke,	125
Milchmischgetränke	232
Milcheisgetränke/Shakes	233
Obstsäfte (Fizzes, Flips, Drinks, Bowlen/alkoholfrei)	233
Schnäpse	241
Tee	235
Wein-Regeln, – Ausschank	240
Wermut	241